Islamische ReligionslehrerInnen
auf dem Weg zur Professionalisierung

Studien zur Islamischen Theologie und Religionspädagogik

herausgegeben von

Yaşar Sarıkaya und
Zekirija Sejdini

Band 5

Mehmet H. Tuna

Islamische ReligionslehrerInnen auf dem Weg zur Professionalisierung

Waxmann 2019
Münster • New York

Mit finanzieller Unterstützung des Forschungsschwerpunktes „Kulturelle Begegnung – Kulturelle Konflikte" sowie des Vizerektorats für Forschung der Universität Innsbruck.

Bibliografische Informationen der Deutschen Nationalbibliothek
Die Deutsche Nationalbibliothek verzeichnet diese Publikation in der Deutschen Nationalbibliografie; detaillierte bibliografische Daten sind im Internet über http://dnb.dnb.de abrufbar.

Studien zur Islamischen Theologie und Religionspädagogik
Band 5

ISSN 2509-8268
Print-ISBN 978-3-8309-4086-9
E-Book-ISBN 978-8309-9086-4

© Waxmann Verlag GmbH, 2019
Steinfurter Straße 555, 48159 Münster

www.waxmann.com
info@waxmann.com

Umschlaggestaltung: Pleßmann Design, Ascheberg
Satz: MTS. Satz & Layout, Münster

Gedruckt auf alterungsbeständigem Papier,
säurefrei gemäß ISO 9706

Vorwort der Herausgeber

Seit dem Schuljahr 1982/83 wird an öffentlichen Schulen in Österreich ein konfessioneller islamischer Religionsunterricht angeboten, ohne dass zu Beginn qualifiziertes Lehrpersonal zur Verfügung gestanden hätte – es mangelte schlicht an adäquaten Ausbildungsmöglichkeiten. Folglich wurden Personen eingestellt, die häufig nur Grundkenntnisse der islamischen Religion besaßen und sich eher schlecht als recht auf Deutsch artikulieren konnten. Diese Situation hatte naturgemäß enorme Auswirkungen auf die Qualität des Unterrichts, aber auch auf die Stellung der muslimischen LehrerInnen an den Schulen. Der Mangel an religionspädagogischer Ausbildung führte unweigerlich auch dazu, dass islamische Religionslehrkräfte niedrig eingestuft und dementsprechend gering besoldet wurden. All dies und noch weitere Umstände trugen dazu bei, dass die islamischen ReligionslehrerInnen oftmals nicht in der Lage waren, ihren Beruf mit der gebotenen Ernsthaftigkeit auszuüben, da sie zwecks finanzieller Absicherung auf Nebentätigkeiten angewiesen waren.

Erst circa 15 Jahre nach der erstmaligen Erteilung des islamischen Religionsunterrichts wurde in Österreich eine Ausbildungsmöglichkeit für angehende Religionslehrkräfte geschaffen. Diese wurde in weiterer Folge kontinuierlich ausgebaut und wird zurzeit – mit Wien und Innsbruck – an zwei österreichischen Universitäten angeboten. Durch die Etablierung von Ausbildungsstätten für künftige islamische Religionslehrkräfte hat sich in diesem Bereich ein Paradigmenwechsel vollzogen, der sich vor allem dadurch auszeichnet, dass nunmehr viele mit dem islamischen Religionsunterricht verbundene Aspekte wissenschaftlich erforscht werden. Diese wissenschaftliche Erforschung, welche aus den bereits angeführten Gründen relativ neu ist, liefert wichtige Ergebnisse und Erkenntnisse für die allmähliche Entwicklung und Optimierung des islamischen Religionsunterrichts. Bedenkt man zudem auch die gesellschaftspolitische Brisanz der aktuellen Diskussionen über den Islam – und damit verbunden auch die Herausforderungen für das Zusammenleben in einer pluralen Gesellschaft –, wird die Notwendigkeit und Bedeutung der Forschung in diesem Bereich und damit die Versachlichung dieser Thematik offenkundig.

Genau an dieser Stelle knüpft die vorliegende Arbeit von Mehmet Hilmi Tuna an. Indem er die Professionalisierung islamischer ReligionslehrerInnen im österreichischen Kontext zum Untersuchungsgegenstand macht, dringt der Autor in einen sehr wichtigen, bisher aber kaum erforschten Bereich vor und liefert bedeutsame Ergebnisse vor allem für die zukünftige Ausbildung islamischer Religionslehrkräfte.

Ausgehend von den beruflichen Werdegängen, den Erfahrungen, Erlebnissen, Sichtweisen, Haltungen und Einstellungen islamischer ReligionslehrerInnen werden auf dem Weg der qualitativ-empirischen Analyse Faktoren für die professionalitätsorientierte Konzeptualisierung bzw. Professionalisierung des Berufs herausgearbeitet. Die Analyse beruht auf narrativ-problemzentrierten Interviews, die mittels der Situationsanalyse von A. Clarke ausgewertet wurden.

Dabei geht der Autor nicht nur den (religions-)pädagogischen Aspekten der Professionalisierung islamischer Religionslehrkräfte nach, sondern setzt die Ergebnisse seiner Studie auch mit dem Forschungsgegenstand korrespondierenden Disziplinen, wie etwa Professionsforschung und Sozialwissenschaften, in Beziehung.

Welche Faktoren Einfluss auf die Professionalisierung nehmen können, wie islamische ReligionslehrerInnen das Lehren lernen, wie sie zu Lehrpersonen werden bzw. welche (Bildungs-)Prozesse sie durchmachen und wie sie das LehrerIn-Sein sehen und erleben – dies sind zentrale Fragen, an die diese spannende Studie auf profunde Weise herangeht und zu denen sie aufschlussreiche Ergebnisse präsentiert.

Wir freuen uns sehr, dass diese wichtige Arbeit in unserer Publikationsreihe erschienen ist, und wünschen allen LeserInnen eine anregende und erkenntnisreiche Lektüre.

Innsbruck, im Juli 2019

Im Namen der Herausgeber
Zekirija Sejdini

Worte des Danks

Die vorliegende Publikation wurde im September 2018 von der Fakultät für LehrerInnenbildung der Universität Innsbruck als Dissertation angenommen und für die Veröffentlichung geringfügig überarbeitet und aktualisiert. An dem Forschungsprozess waren Menschen beteiligt, denen ich an dieser Stelle meinen besonderen Dank aussprechen möchte. Sie haben maßgeblich zum Gelingen des Projekts beigetragen.

An erster Stelle danke ich herzlichst meinem Doktorvater Zekirija Sejdini für die stets freundliche Unterstützung, die anregenden Diskussionen, die wertvollen Anmerkungen und Empfehlungen. Besonders bedanke ich mich für die von ihm gewährte Freiheit, die wesentlich zum Gelingen der Arbeit beitrug.

Herzlichst danke ich auch meiner Doktormutter Martina Kraml, die sich stets Zeit nahm und mich in zahlreichen Gesprächen mit ihren wohlwollenden und gehaltvollen Anregungen unterstützte und ermunterte. Ihr kompetenter Rat bei der Planung, Durchführung und Analyse der Studie sowie beim Schreibprozess war mir eine große Hilfe.

Besonderer Dank gebührt den islamischen ReligionslehrerInnen, die sich bereit erklärten, an der qualitativen Studie teilzunehmen. Diese Arbeit wäre ohne die mit ihnen geführten offenen Interviews nicht möglich gewesen.

Danken möchte ich außerdem meinen MitdoktorandInnen für die kollegiale Zusammenarbeit und Unterstützung bei der Interpretation und Auswertung der Daten.

Mein inniger Dank geht an meine Eltern, die mich bei meinem Werdegang und Studium immer liebevoll unterstützt haben.

Abschließend danke ich von ganzem Herzen meiner Frau Yasemin und meinen beiden Söhnen Yaşar Arif und Yunus Emre für ihre Ausdauer, Ruhe, Geduld und die Liebe, mit der sie mir stets zur Seite standen und durch die sie mich immer wieder aufgemuntert haben.

Inhalt

1 Einleitung:
Islamische ReligionslehrerInnen im Wandel

Religion spielte in der Geschichte des Lehrerberufs und in der Entwicklung des Schulsystems sowohl im christlich geprägten Abendland
als auch im muslimisch geprägten Orient eine herausragende Rolle. Im
europäischen Kontext treffen diese beiden Bildungstraditionen mit ihren unterschiedlichen Voraussetzungen aufeinander. Die europäischen
MuslimInnen sind aufgefordert, sich in einen christlich geprägten Bildungskontext einzuleben. Im Folgenden soll die Entwicklung der beiden
Bildungstraditionen und ihre Rolle für das heutige Bildungswesen und
Schulsystem kurz beschrieben werden.

In Mitteleuropa errichteten Mönche und Nonnen bereits im achten
Jahrhundert die ersten Klosterschulen mit dem Ziel, geistlichen Nach-
wuchs auszubilden bzw. dessen Ausbildung zu verbessern. Die gelehrten Mönche, Nonnen, Bischöfe und später auch Gehilfen nahmen die
Rolle der Lehrenden ein und unterrichteten sowohl die eigenen SchülerInnen als auch adelige Laien. Bis ins dreizehnte Jahrhundert waren
die kirchlichen Schulen ohne Konkurrenz. Im dreizehnten Jahrhundert
entstanden aufgrund steigender Nachfrage nach Bildung im militäri-
schen und im kaufmännischen Bereich die ersten städtischen Schulen,
in denen sowohl kirchliche als auch weltliche Lehrkräfte unterschiedlicher Disziplinen unterrichteten.[1]

In der islamischen Welt wurde im siebten und achten Jahrhundert
der Koran kompiliert und in Form eines Buchs (*mus'haf*) kanonisiert
und vervielfältigt. Der Koran, der als primäre Quelle des Wissens gilt,
wurde zum Mittelpunkt des Lehr- und Schulwesens in der gesamten
islamischen Welt.[2] Die in den Moscheen wirkenden Imame waren somit

---

1   Vgl. Enzelberger, Sabina: *Sozialgeschichte des Lehrerberufs: Gesellschaftliche
    Stellung und Professionalisierung von Lehrerinnen und Lehrern von den An-
    fängen bis zur Gegenwart*, Weinheim 2001, S. 16ff.
2   Siehe dazu Ǧābirī, Muḥammad Ābid al: *Kritik der arabischen Vernunft: Naqd
    al-'aql al-'arabī die Einführung*, Berlin 2009, S. 15, 32; siehe auch Günther,
    Sebastian: „Das Buch ist ein Gefäß mit Wissen und Scharfsinn": Pädagogi-
    sche Ratschläge klassischer muslimischer Denker', in: Peter Gemeinhardt/
    Sebastian Günther (Hrsg.): *Von Rom nach Bagdad: Bildung und Religion von*

nicht nur für die Gestaltung und die Leitung der Freitagsgebete verantwortlich, sondern auch für die Bildung der Menschen muslimischen
Glaubens. So formierten sich innerhalb und außerhalb der Moscheen
um einzelne Gelehrte und Imame Lernkreise, die auch die ersten Grund-
steine für die Herausbildung verschiedener Rechts- und Denkschulen
legten.[3]

Im zehnten Jahrhundert entstanden im heutigen Irak die ersten Hochschulen, die sogenannten Medresen.[4] Diese wurden im elften Jahrhundert institutionalisiert und fanden innerhalb des gesamten islamischen
Reichs Verbreitung. In den Medresen wurden u. a. Fächer wie Hadith
(Propheten-Tradierung), Tafsir (Koranexegese), Fikh (Jurisprudenz)
sowie Arabisch gelehrt – später kamen weitere Sprachen wie Persisch
und Urdu hinzu. In einigen Medresen wurden auch Philosophie, Logik,
Mathematik und andere Wissenschaften gelehrt. Bis ins 20. Jahrhundert
waren die Medresen das Rückgrat der Bildung in islamischen Ländern.[5]
Imame, Scheichs, Mullahs, Hodschas und Geistliche übernahmen die
Lehrtätigkeit und unterrichteten sowohl ihre eigenen Studierenden als
auch Laien. Diese Bildungstradition bzw. dieses Bildungswesen wurde
ohne große Umbrüche bis in das 19./20. Jahrhundert fortgeführt.

Im 18. Jahrhundert begann in Europa die Aufklärung, die mit Säku-
larisierungsprozessen[6] einherging und die sowohl das Schulsystem als

der römischen Kaiserzeit bis zum klassischen Islam, Tübingen 2013, S. 357–
380; Sejdini, Zekirija: „Wer das eigene Ufer nie verlässt, wird Neues nicht
entdecken.": Herausforderungen für die Islamische Religionspädagogik im
europäischen Kontext', in: DERS.: Islam in Europa: Begegnungen, Konflikte
und Lösungen, Münster 2018, S. 17–32, hier S. 20f., 26.

3   Vgl. Arjmand, Reza: ,Introduction to Part I: Islamic Education: Histori-
    cal Perspective, Origin, and Foundation', in: Holger Daun/Reza Arjmand
    (Hrsg.): Handbook of Islamic Education, Cham 2018, S. 3–32, hier S. 21ff.

4   Medrese bezeichnet eine islamische (Hoch-)Schule bzw. Lehranstalt, in der
    islamische Wissenschaften gelehrt werden. Vgl. Brandenburg, Dietrich: Die
    Madrasa: Ursprung, Entwicklung, Ausbreitung und künstlerische Gestaltung
    der islamischen Moschee-Hochschule, Graz 1978, S. 1.

5   Vgl. ebd., S. 2–18.

6   Charles Taylor stellt folgende „Säkularisierungstheorie" auf: 1. Rückzug der
    Religionen aus dem öffentlichen Raum, 2. Niedergang des Glaubens und der
    Praxis und 3. Veränderungen in den Bedingungen des Glaubens. Vgl. dazu
    Taylor, Charles: Ein säkulares Zeitalter, Frankfurt am Main 2009.

auch den Lehrerberuf in allen Fachbereichen beeinflusste. Die Säkularisierung bzw. Aufklärung führte schließlich auch zur religiösen Pluralisierung der Gesellschaft. Spätestens ab dem 20. Jahrhundert waren die Grenzen der Gesellschaft nicht mehr automatisch deckungsgleich mit den Grenzen der christlichen Kirchen. Die bisherigen Ziele des katholischen Religionsunterrichts (im Folgenden kurz: KRU) – die Einführung in den Glauben, seine Vertiefung und die Vergewisserung im Glauben sowie die Sozialisation im Geist der Kirche – mussten neu überdacht werden. So wurden durch die „Gemeinsame Synode der Bistümer in der Bundesrepublik Deutschland (1971–1975)" (kurz: Würzburger Synode) die Ziele des KRU neu bestimmt und von der Katechese in der Gemeinde unterschieden. Fortan verstand sich der katholische Religionsunterricht nicht mehr primär als Katechese, sondern als ein in den pluralen schulischen Kontext eingebettetes Fach, das auch bildungstheoretisch und schulpädagogisch begründet werden kann. Dadurch sollte auch eine kritische Auseinandersetzung mit und das Hinterfragen von religiösen Traditionen, Dogmen und Weltanschauungen ermöglicht werden.[7]

Zu Beginn des 21. Jahrhunderts brachten die Pluralisierung der Gesellschaft und interkulturelle sowie interreligiöse Begegnungen ein Bewusstsein der Einseitigkeiten im Religionsunterricht hervor. Diese Bewusstwerdung machte sich etwa darin geltend, dass Bert Roebben, ein katholischer Religionspädagoge, die im englischen Sprachraum geprägte Unterscheidung *about/from religion*[8] aufgriff und daraus die drei Elemente *in religion, from religion* und *about religion* ableitete, die im Religionsunterricht und in der Gemeindekatechese stets vorhanden, aber unterschiedlich ausgeprägt sind.[9] Diese Unterscheidung verhalf u. a. zu einem bewussten und pluralitätssensiblen Verständnis von Reli-

---

7   Vgl. dazu Bertsch, Ludwig (Hrsg.): *Gemeinsame Synode der Bistümer in der Bundesrepublik Deutschland: Offizielle Gesamtausgabe – Band I*, Freiburg im Breisgau ⁴1978.

8   Vgl. dazu Grimmitt, Michael: *Religious Education and Human Development: The Relationship Between Studying Religions and Personal, Social and Moral Education*, Great Wakering 1987.

9   Vgl. Bert Roebben: *Religionspädagogik der Hoffnung: Grundlinien religiöser Bildung in der Spätmoderne*, Münster ²2011, S. 141.

gionsunterricht, in dem in, von und über Religionen gelehrt und gelernt wird.[10]

In der islamischen Bildungstradition blieben dieser Wandlungsprozess und die Bewusstwerdung der eigenen Einseitigkeiten aus verschiedenen Gründen – wie etwa der Verbannung der Religion aus dem öffentlichen Leben sowie der damit einhergehenden Privatisierung und Isolierung einzelner Glaubensgemeinschaften – aus. Zwar gab es in einigen Ländern, wie z. B. der Türkei, Versuche, das Staatssystem, das Schulwesen und den Lehrerberuf nach europäischem Vorbild zu modernisieren,[11] diese Modernisierungsmaßnahmen waren jedoch nur mäßig erfolgreich und erreichten den islamischen Religionsunterricht (im Folgenden kurz: IRU) bzw. Islamunterricht kaum. In der Türkei z. B. war der IRU in der schulischen Bildung nur eine Randerscheinung und die Modernisierungsmaßnahmen bedeuteten in vielen Fällen einen Bruch mit der bis dahin stark religiös geprägten traditionellen Bildung.[12] Eine große Rolle spielte hierbei auch das in den muslimischen Staaten vorherrschende Verständnis von Säkularisierung als Verbannung der Religion aus dem öffentlichen Raum, was bei der eigenen muslimischen Bevölkerung auf heftige Kritik bzw. Ablehnung stieß und stößt.[13]

---

10 Siehe dazu Scharer, Matthias: „‚Learning (in/through) Religion' in der Gegenwart der/des Anderen: Unfall und Ernstfall öffentlicher Bildung', in: Österreichisches Religionspädagogisches Forum 22 (2014), H. 1, S. 93–102.

11 Vgl. Zekirija Sejdini: „Wer das eigene Ufer nie verlässt, wird Neues nicht entdecken."', S. 22–25.

12 Vgl. Sarıkaya, Yaşar: ‚Die Entwicklung des „modernen" Religionsunterrichts in der Türkei (1839–1923)', in: Bülent Uçar/Yaşar Sarıkaya (Hrsg.): *Entwicklung der modernen islamischen Religionspädagogik in der Türkei im 20. Jahrhundert*, Hamburg 2009, S. 15–36, hier S. 15.

13 Charles Taylor unterscheidet zwischen zwei säkularen Regierungs- bzw. Staatsformen, dem sogenannten „republican model" und dem „liberal-pluralist model". Das „republican model" zeichne sich durch die Marginalisierung der Religionen und ihre Verdrängung aus dem öffentlichen Raum in das Private aus. Vgl. Maclure, Jocelyn/Taylor, Charles: *Secularism and Freedom of Conscience*, Cambridge, Mass. 2011, S. 34; vgl. auch Brix, Emil: ‚Die politische Diskussion um eine „Leitkultur" als Kritik an Moderne und Säkularisierung', in: Wilhelm Guggenberger/Dietmar Regensburger/Kristina Stoeckl (Hrsg.): *Politik, Religion, Markt: Die Rückkehr der Religion als*

Heute noch sind im islamischen Kontext einzelne Institutionen wie Moscheen und Koranschulen zu finden, die Elemente des alten Medrese-Systems beibehalten haben. Bezeichnungen wie Imam, Scheich oder Hodscha etwa sind nach wie vor gebräuchlich und erfreuen sich in der Gesellschaft großer Beliebtheit. Bisweilen werden diese Titel auch dann verwendet, wenn die damit angesprochene Person gar keine abgeschlossene Ausbildung vorweisen kann. So bilden der Moscheeunterricht und die islamische Bildungstradition den Nährboden für Anforderungen, die von den Lernenden, den Eltern und der Gesellschaft immer wieder an die islamischen ReligionslehrerInnen (im Folgenden kurz: IRL) und den IRU herangetragen werden.[14]

Vor diesem Hintergrund beschäftigt sich die vorliegende Arbeit mit der Herausforderung der Professionalisierung der IRL. Den Anfang bilden der Aufriss der Problemstellung und die Entwicklung der Forschungsfragen (Kapitel 2). Daran schließt sich – in Kapitel 3 – ein kurzer Überblick über den aktuellen Stand der Forschung in diesem Bereich an. In Kapitel 4 folgen die Begriffsbestimmung und die Erörterung diverser theoretischer Zugänge zur (LehrerInnen-)Professionsforschung. Als Nächstes wird die Situationsanalyse als die erkenntnisleitende theoretische Perspektive eingeführt und die methodische Vorgehensweise erläutert (Kapitel 5). Kapitel 6 hat dann die Präsentation der Ergebnisse zum Inhalt. Anschließend werden die Ergebnisse zu Thesen verdichtet (Kapitel 7). Den Thesen folgt die Diskussion der Ergebnisse aus religionspädagogischer und professionstheoretischer Perspektive (Kapitel 8). Die Betrachtung der Ergebnisse im Kontext der Bildung bildet das Abschlusskapitel (9).

Anfrage an den politisch-philosophischen Diskurs der Moderne, Innsbruck 2009, S. 187–196, hier S. 190.

14 Vgl. Tuna, Mehmet Hilmi: *„Islam ist nach der Schule..."*: *Die Situation des islamischen Religionsunterrichts mit Blick auf Abmeldungsmotive und -praxis*, Wien 2014.

Anmerkungen zur gendergerechten Schreibweise

In der Arbeit wurde auf eine gendergerechte Schreibweise Wert gelegt, mehrheitlich durch Einsatz des Binnen-I, aber auch – wo immer dies möglich war – durch entsprechende Umformulierung von Sätzen. Außer auf sprachliche Gendergerechtigkeit wurde auch auf Leserlichkeit geachtet. Bei manchen Begriffen musste daher auf eine Schreibweise mit Binnen-I zugunsten der Leserlichkeit verzichtet oder ein Begriff gewählt werden, der (grammatikalisch) nicht geschlechtsneutral ist.

2 Problemstellung und Entwicklung der Forschungsfragen

In Österreich und Deutschland ist die muslimische Glaubensgemeinschaft aufgefordert, im säkularen Raum einen modernen Religionsunterricht anzubieten, der sowohl den europäischen Werten als auch den eigenen Werten und Traditionen gerecht wird.[15] In diesem Zusammenhang kommt der Ausbildung und Professionalisierung der IRL eine zentrale Bedeutung zu.

2.1 Die Problemstellung und ihre Genese im österreichischen Kontext

Zur Vertiefung des Verständnisses der Problemstellung mag ein Blick in die Geschichte und Entwicklung des IRU und der IRL in Österreich und Deutschland hilfreich sein: In Österreich wird der IRU bereits seit 1982 an öffentlichen Schulen bundesweit angeboten, ohne jedoch ein einheitliches, modernes und spezifisch österreichisches Berufs- bzw. Professionalitätsprofil der IRL zu definieren. Dem LehrerInnenmangel und den fehlenden Ausbildungsmöglichkeiten suchte man zunächst durch die Anwerbung von LehrerInnen aus der Türkei zu begegnen. Dies reichte jedoch nicht aus, um das chronische Defizit an IRL abzudecken, und so wurden darüber hinaus auch in Österreich lebende Männer und Frauen muslimischen Glaubens angeworben, die weder eine pädagogische noch eine theologische Ausbildung besaßen. Die Rekrutierung pädagogischer Lehrkräfte aus der Türkei wurde später aus verschiedenen Gründen (wie z. B. deren Sprachschwierigkeiten und mangelnde Kenntnis des

---

15   Siehe dazu Sejdini, Zekirija: ‚Zwischen Gewissheit und Kontingenz: Auf dem Weg zu einem neuen Verständnis von islamischer Theologie und Religionspädagogik im europäischen Kontext‘, in: DERS.: *Islamische Theologie und Religionspädagogik in Bewegung: Neue Ansätze in Europa*, Bielefeld 2016, S. 15–31.

österreichischen Schulsystems und des österreichischen Kontexts) aufgegeben.[16]

1998 kam es zur Gründung der ersten Ausbildungsstätte für IRL in Österreich, der Islamischen Religionspädagogischen Akademie (im Folgenden kurz: IRPA).[17] Darauf folgte 2008 die Einführung des Masterstudiums an der Universität Wien. 2009 stellte Mouhanad Khorchide in seiner Studie fest, dass in Wien und Niederösterreich 37 Prozent der IRL die theologische Qualifizierung und 41 Prozent der IRL die pädagogische Qualifizierung fehlte.[18] Laut Khorchide holen viele der bereits berufstätigen IRL die fehlende Ausbildung nicht nach.[19]

Nach Bekanntwerden dieser Studie, die insbesondere die Haltungen der IRL zu bestimmten Themenfeldern wie Demokratie und Integration untersuchte, befassten sich die Medien und die Politik erstmals intensiver mit dem IRU und der Islamischen Religionspädagogik (im Folgenden kurz: IRP). Damit begann für den IRU bzw. die IRL in Österreich eine Reformphase. Die öffentliche Kritik und das Aufsehen, das die Studie

---

16   Vgl. Khorchide, Mouhanad: *Der islamische Religionsunterricht zwischen Integration und Parallelgesellschaft: Einstellungen der islamischen ReligionslehrerInnen an öffentlichen Schulen*, Wiesbaden 2009, S. 20; vgl. auch Khorchide, Mouhanad: *Der islamische Religionsunterricht in Österreich*, 2009, URL: https://www.integrationsfonds.at/publikationen/oeif-dossiers/(letzter Abruf: 15.05.2019), S. 22.

17   Die IRPA ging 2015 eine Kooperation mit der Kirchlichen Pädagogischen Hochschule (KPH) Wien/Krems ein und erhielt dort den Status eines Instituts. Siehe dazu KPH: *Ausbildung von christlichen und islamischen ReligionslehrerInnen erstmals unter einem gemeinsamen Dach*, 2015, URL: http://www.kphvie.ac.at/fileadmin/Dateien_KPH/News/Fotos/PA_KPH_Ausbildung_islamischer_ReligionslehrerInnen_an_Pflichschulen_IRPA.pdf (letzter Abruf: 17.04.2019).

18   Vgl. Mouhanad Khorchide: *Der islamische Religionsunterricht zwischen Integration und Parallelgesellschaft*, S. 175.

19   Vgl. ebd., S. 20. Die mediale Berichterstattung sowie Erfahrungsberichte von Personen, die IRL persönlich kennen, legen nahe, dass diese Problematik z. T. heute noch aktuell ist. So lautet z. B. ein Fazit am Ende eines Berichts im Kurier: „Doch Lehrer wie er werden noch lange im Klassenzimmer stehen". Brühl, Ute/Davidovits, Daniela: Islam-Lehrer im Zwielicht: Schule. Debatte um Religionsunterricht provoziert die Frage: Wer sucht eigentlich die Lehrer aus?, in: *Kurier*, 14. September 2017. Siehe auch Pachner, Jürgen: Islamischer Lehrer vom Unterricht abberufen, in: *kurier.at*, 15. Juni 2016.

erregt hatte, veranlassten das Unterrichtsministerium und die Islamische Glaubensgemeinschaft in Österreich (im Folgenden kurz: IGGÖ)[20] als die verantwortliche Religionsgesellschaft, gemeinsam verschiedene Maßnahmen für den IRU zu erarbeiten. Dieses Maßnahmenpaket sah u. a. die Inspektion der IRL durch die Schulaufsicht (die Schulleitungen) vor. SchulleiterInnen mussten nunmehr – neben anderen Kompetenzen – insbesondere die Sprachkenntnisse der IRL beurteilen. Des Weiteren gewann der IRU an Qualität durch den Neuentwurf der Lehrpläne sowie die Begutachtung[21] und Revision der Religionsbücher. Die Dienstverträge der ReligionslehrerInnen wurden um eine Präambel zur Anerkennung und Wahrung der staatlichen Werte erweitert. Die islamischen FachinspektorInnen wurden angewiesen, jedes Semester einen Tätigkeitsbericht abzuliefern, und die IGGÖ verpflichtete sich, bei Nachweis von Fehlverhalten im Lehrkörper die Unterrichtserlaubnis bzw. Lehrbefähigung zu überprüfen und gegebenenfalls zu entziehen.[22]

Diese – in Reaktion auf die Khorchide-Studie ergriffenen – Maßnahmen haben innerhalb von wenigen Jahren viele Entwicklungen im Bereich des IRU bzw. der IRP angestoßen. So wurden beispielsweise die fast 30 Jahre alten Religionsbücher durch neu erarbeitete ersetzt.[23]

Im Rahmen dieser Modifizierungen wurde im Jahr 2013 an der Universität Innsbruck das Bachelorstudium eingerichtet. 2015 beschloss der Nationalrat ein neues Islamgesetz, das bis zu sechs Professuren zur Gewährleistung des Studiums der Islamischen Theologie an der Univer-

---

20 Der islamische Religionsunterricht in Österreich wird von der „Islamischen Glaubensgemeinschaft in Österreich (IGGÖ)" verantwortet. Siehe dazu Bundesministerium für Unterricht, Kunst und Kultur: *Bekanntmachung der Bundesministerin für Unterricht, Kunst und Kultur betreffend die Lehrpläne für den islamischen Religionsunterricht an Pflichtschulen, mittleren und höheren Schulen* 2011; siehe auch Das Schulamt der IGGÖ: Über das Schulamt, URL: http://www.derislam.at/schulamt/index.php#&cssid=Schulamt&navid=286&par=300&par2=262#st (letzter Abruf: 17.04.2019).

21 Siehe Reiss, Wolfram: *Gutachten über die im islamischen Religionsunterricht verwendeten Bücher*, 2012, URL: https://www.bmeia.gv.at/fileadmin/user_upload/Zentrale/Integration/Studien/Gutachten_islamischer_Schulbuecher.pdf (letzter Abruf: 17.04.2019).

22 Vgl. Mouhanad Khorchide: *Der islamische Religionsunterricht in Österreich*, S. 34.

23 Vgl. Shakir, Amena (Hrsg.): *Islamstunde*, Linz 2015.

sität Wien vorsieht.[24] Im Wintersemester 2015/16 führte die Universität Innsbruck erstmals das Lehramtsstudium „Islamische Religion" ein.[25] 2017 erfolgte, ebenfalls an der Universität Innsbruck, die Gründung des österreichweit ersten Instituts für Islamische Theologie und Religionspädagogik.[26] Im selben Jahr wurde das Studienangebot an der Universität Wien um das Bachelorstudium „Islamisch-Theologische Studien", das neben IRL auch Theologen und Seelsorger ausbilden soll, erweitert.[27]

Ähnliche Entwicklungen sind auch an den Universitäten in Deutschland zu beobachten. Mit dem Primärziel, ReligionslehrerInnen auszubilden, begannen ab dem Jahr 2002 einzelne Universitäten, wie z. B. die Goethe-Universität Frankfurt, die Universität Münster, die Universität Erlangen-Nürnberg und die Universität Osnabrück, Studiengänge einzurichten.[28] Der Wissenschaftsrat sprach sich in seinem Bericht von 2010 für die Entwicklung und Institutionalisierung von Islamischen Studien im deutschen Hochschulsystem aus.[29] Ziele der zu institutionalisierenden Islamischen Studien sind laut dem Wissenschaftsrat u. a. „die Entwicklung der akademischen Forschung in den theologisch orientierten

---

24 Vgl. Österreichischer Nationalrat: *446 d. B. (XXV. GP) – Bundesgesetz über die äußeren Rechtsverhältnisse islamischer Religionsgesellschaften: Islamgesetz* 2015, §24.

25 Vgl. Institut für Islamische Theologie und Religionspädagogik: *Studiengänge*, URL: https://www.uibk.ac.at/islam-theol/studium/(letzter Abruf: 17.04.2019).

26 Vgl. Sejdini, Zekirija/Cakin, Ayse-Nur: Österreichweit erstes Institut für Islamische Theologie und Religionspädagogik, 2017, URL: https://www. uibk.ac.at/newsroom/oesterreichweit-erstes-institut-fuer-islamische-theologie-und-religionspaedagogik.html.de (letzter Abruf: 17.04.2019).

27 Vgl. Universität Wien: *Universität Wien richtet Bachelorstudium Islamisch-Theologische Studien ein*, 2017, URL: https://medienportal.univie.ac.at/presse/aktuelle-pressemeldungen/detailansicht/artikel/universitaet-wien-richtet-bachelorstudium-islamisch-theologische-studien-ein/(letzter Abruf: 17.04.2019).

28 Vgl. Aslan, Ednan: ‚Situation und Strömungen der islamischen Religionspädagogik im deutschsprachigen Raum', in: *Theo-Web. Zeitschrift für Religionspädagogik* 11 (2012), H. 2, S. 10–18, hier S. 12–15.

29 Vgl. Wissenschaftsrat: *Empfehlung zur Weiterentwicklung von Theologien und religionsbezogenen Wissenschaften an deutschen Hochschulen*, Köln 2010, S. 76ff.

Islamischen Studien"[30] sowie die Ausbildung zukünftiger ReligionspädagogInnen, ReligionslehrerInnen, TheologInnen, SozialarbeiterInnen
und des wissenschaftlichen Nachwuchses.[31] Vor diesem Hintergrund
wurden in den darauffolgenden Jahren die vom Bundesministerium für
Bildung und Forschung (BMBF) geförderten vier universitären Zentren für Islamische Theologie in Tübingen, Frankfurt am Main/Gießen,
Münster/Osnabrück und Erlangen-Nürnberg ins Leben gerufen.[32]

Die Einrichtung universitärer Bildungsstätten für die IRP und die
Islamische Theologie ermöglicht die Ausbildung von qualifiziertem
Fachpersonal und schafft zugleich Raum für wissenschaftliche Auseinandersetzungen, die – wie die Entwicklung des IRU und der IRP zeigt
– dringend notwendig sind.

2.2 Forschungsanliegen

All die Schritte zur Etablierung des IRU an den öffentlichen Schulen und
der Religionspädagogik an den Universitäten des deutschsprachigen
Raums zeugen von einem gewaltigen Aufholbedarf sowohl hinsichtlich
der Aus-, Fort- und Weiterbildung der IRL als auch der religionspädagogischen und didaktischen Forschung – ein Befund, der des Weiteren
durch die Reflexion der eigenen Lehrtätigkeit, die Verfolgung der medialen Berichterstattung zum Thema sowie in unzähligen Fachdiskussio-
nen untermauert wurde. Daher also der Entschluss zur Durchführung
dieser Studie, deren Anliegen es ist, diesen Aufholbedarf zumindest ein
Stück weit zu verringern. Dabei gilt das Hauptaugenmerk zunächst der
Untersuchung des IRU und der IRL im Hinblick auf ihre Weiterentwicklung bzw. Qualitätsverbesserung. Folglich bilden den Ausgangspunkt
der Untersuchung die subjektiven Konzepte der LehrerInnen.

Der einschlägigen Literatur sowie Diskussionen über das Fach nach
zu schließen, werden die aktuellen Diskurse zur (Aus-, Fort- u. Weiter-)

---

30 Ebd., S. 84.

31 Vgl. ebd., S. 82ff.

32 Vgl. Bundesministerium für Bildung und Forschung: *Islamische Theologie*,
    URL: https://www.bmbf.de/de/islamische-theologie-367.html (letzter Ab-
    ruf: 17.04.2019). Vgl. auch Goethe-Universität Frankfurt am Main: *BMBF-För-
    derung für Zentren der Islamischen Theologie*, URL: https://www.uni-frank
    furt.de/42914349/zentren_islamische_theologie (letzter Abruf: 17.04.2019).

Bildung von LehrerInnen in Anknüpfung an die Professionssoziologie und -forschung ausgetragen – ein Ansatz, der der Untersuchung des IRL-Berufs optimal zu entsprechen schien. Dies begünstigte den Entschluss zur Umsetzung einer professionsorientierten Forschungsarbeit zur (Aus-, Fort- und Weiter-)Bildung der IRL, deren vorläufiger Arbeitstitel lautete: „Professionalisierung als islamische/r ReligionslehrerIn". Die weitere eingehende Beschäftigung mit diesem Thema – insbesondere in Anbetracht der Genese des IRL-Berufs im österreichischen Kontext – legte eine offene Herangehensweise nahe.

Auf Grundlage dieser Überlegungen konnten die Anliegen sortiert und expliziert werden. Die Arbeit sollte also

- dem Kontext des IRL-Berufs und den aktuellen wissenschaftlichen Professionsdiskursen gerecht werden,
- Einblicke in (Aus-, Fort-, und Weiter-)Bildungsprozesse und -verständnisse der LehrerInnen geben,
- die Situation der IRL analysieren,
- die Konzepte, Rollen und das Berufsverständnis der IRL thematisieren,
- einen Beitrag zur islamischen religionspädagogisch-didaktischen Forschungslandschaft leisten und
- Erkenntnisse im Hinblick auf die Professionalisierung bzw. professionsorientierte Konzeptualisierung des IRL-Berufs liefern.

Im Laufe der weiteren Ausarbeitung wurde der Titel umformuliert zu: „Islamische ReligionslehrerInnen auf dem Weg zur Professionalisierung". Damit verschob sich auch der Fokus der Arbeit hin zu einer speziell auf empirischen Evidenzen basierenden Auseinandersetzung mit der Professionalität bzw. Professionalisierung des IRL-Berufs.

2.3   Forschungsfragen

Für die Untersuchung des Forschungsanliegens sind mehrere (Typen von) Forschungsfragen von Bedeutung, die im Folgenden dargestellt werden. Die ‚Leitfrage', die den heuristischen Rahmen des gesamten Forschungsvorhabens bildet, lautet wie folgt:

Welche Elemente und Faktoren sind im Hinblick auf ein Professionalitäts- und Professionalisierungskonzept für den Beruf der islamischen ReligionslehrerInnen relevant?

Diese Frage bezieht sich also auf die theoretischen Zugänge, die aus der Empirie gewonnenen Erkenntnisse sowie die professionsorientierte Konzeptualisierung; für die gesamte empirische Untersuchung sind weitere, spezifisch auf den empirischen Teil ausgerichtete Forschungsfragen notwendig. Leitend ist die folgende Frage:

Welches Professionalisierungsprofil zeigt sich mit Blick auf die islamischen ReligionslehrerInnen?

Zur eingehenden Erörterung dieser Frage werden für den empirischen Teil weitere, detailliertere Forschungsfragen formuliert:

1. *Welche subjektiv-biografischen Konzepte (,beliefs' und ,views') kennzeichnen islamische ReligionslehrerInnen hinsichtlich ihrer Rolle als Lehrkraft und welche Berufsauffassung haben sie?*
   i. *Was kennzeichnet aus Sicht der Lehrenden eine gute Religionslehrkraft?*
   ii. *Was sind die Aufgaben eines guten Lehrenden in der Selbstperspektive?*
   iii. *Was beinhaltet für sie ein qualitätsvoller Religionsunterricht?*
2. *Was sind in den Augen der ReligionslehrerInnen die größten Herausforderungen für die Professionalität (mit Blick auf die eigene Person, die SchülerInnen, die Interaktion und Kommunikation mit SchülerInnen/KollegInnen etc. und den Kontext wie Schulleitung/Schulbehörde/Wirtschaft/Gesellschaft usw.)?*
3. *In welchen Wissens- und Kompetenzbereichen halten islamische ReligionslehrerInnen eine Ergänzung ihrer Kompetenzen für notwendig?*

Im Anschluss werden die Ergebnisse der empirischen Untersuchung mit den bestehenden Professionstheorien in Beziehung gesetzt, um daraus allenfalls Erkenntnisse zur Professionalisierung der IRL zu gewinnen und Konsequenzen zu formulieren.

3   Forschungsstand

Aktuelle religionspädagogische und didaktische Arbeiten im deutschsprachigen Raum fokussieren vor allem auf die Begründung, Einführung und Etablierung der IRP, der Islamischen Theologie und des IRU.[33]
Die Anzahl wissenschaftlicher Arbeiten, die sich der (Aus-, Fort- und
Weiter-)Bildung der IRL oder dem Beruf von IRL widmen, ist hingegen
überschaubar. Im Folgenden werden ausgewählte Beispiele aus der
aktuellen Forschungslandschaft vorgestellt, die sich insbesondere mit
dem IRU und den IRL auseinandersetzen. Anhand der Beschreibung des
Forschungsstands soll gezeigt werden, in welchen noch unerschlosse-
nen Raum die Fragestellungen der vorliegenden Studie vordringen.

3.1   Islamischer Religionsunterricht:
Begründungen, Einführungen und Analysen

Religionspädagogische und didaktische Publikationen zum IRU beschäftigen sich insbesondere mit den gesetzlichen Rahmenbedingungen,[34]
der inhaltlich-curricularen Ausrichtung, den Zielen, der Bedeutung

---

33   Siehe dazu z. B. folgende Werke: Sarıkaya, Yaşar/Aygün, Adem (Hrsg.):
Islamische Religionspädagogik: Leitfragen aus Theorie, Empirie und Praxis,
Münster u. a. 2016; Uçar, Bülent/Bergmann, Danja/Blasberg-Kuhnke, Martina u. a. (Hrsg.): *Islamischer Religionsunterricht in Deutschland: Fachdidaktische Konzeptionen: Ausgangslage, Erwartungen und Ziele*, Göttingen 2010;
Engelhardt, Jan Felix: *Islamische Theologie im deutschen Wissenschaftssystem: Ausdifferenzierung und Selbstkonzeption einer neuen Wissenschaftsdisziplin*, Wiesbaden 2017.

34   Vgl. Dietrich, Myrian: *Islamischer Religionsunterricht: Rechtliche Perspektiven*, Frankfurt am Main 2006; Bock, Wolfgang (Hrsg.): *Islamischer Religionsunterricht?: Rechtsfragen, Länderberichte, Hintergründe*, Tübingen ²2007.

bzw. Leistung und den Konzepten[35] des Unterrichts.[36] Im Zentrum dieser Arbeiten steht das Anliegen, einen IRU zu konzipieren, der sowohl der eigenen Tradition als auch dem europäischen Kontext gerecht wird.[37]

Der Analyse von Bülent Uçar und Yaşar Sarıkaya zufolge sind in Deutschland die Ziele und Lehrpläne des IRU definiert durch Erwartungen, die von „Politikern, Juristen, Pädagogen und Theologen" an den (islamkundlichen[38]) IRU gerichtet werden. So soll der IRU u. a. „die Integration und den interreligiösen Dialog fördern", „die religiöse Identität stärken" und die Heranwachsenden zu Respekt, Toleranz und Frieden

---

35 Vgl. Bartsch, Darjusch: *Konzepte und Modelle zur Vermittlung der Lehrinhalte im deutschsprachigen Islamkunde-Unterricht*, Hamburg 2009. Işık, Tuba: ‚Konzeptionelle Überlegungen für die Islamische Religionspädagogik in Deutschland.: Wie viel religiösen Ritus verträgt der islamische Religionsunterricht in Deutschland?', in: Mouhanad Khorchide/Klaus von Stosch (Hrsg.): *Herausforderungen an die islamische Theologie in Europa*, Freiburg im Breisgau 2012, S. 180–195.

36 Einen guten Überblick über die genannten Fokussierungen bietet der folgende Tagungsband: Bülent Uçar u. a. (Hrsg.): *Islamischer Religionsunterricht in Deutschland* (wie Anm. 34); siehe auch Uçar, Bülent/Blasberg-Kuhnke, Martina/Scheliha, Arnulf von (Hrsg.): *Religionen in der Schule und die Bedeutung des Islamischen Religionsunterrichts*, Göttingen 2010; Sejdini, Zekirija (Hrsg.): *Islamische Theologie und Religionspädagogik in Bewegung: Neue Ansätze in Europa*, Bielefeld 2016.

37 Ednan Aslan etwa spricht in einem Aufsatz von der „Kontextualisierung des Islam". Vgl. Aslan, Ednan: ‚Religiöse Pluralität als Herausforderung an den islamischen Religionsunterricht', in: Thomas Krobath/Andrea Lehner-Hartmann/Regina Polak (Hrsg.): *Anerkennung in religiösen Bildungsprozessen: Interdisziplinäre Perspektiven*, Göttingen 2014, S. 53–64, hier S. 63.

38 Im Gegensatz zu Österreich fehlt in Deutschland eine anerkannte islamische Religionsgemeinschaft, die als Ansprechpartner für die Bundesländer fungieren könnte. Daher stehen laut Michael Ott religionskundlich konzipierte Versuche im Vordergrund. Vgl. Ott, Michael: *Ausbildung islamischer Religionslehrer und staatliches Recht*, Berlin 2009, S. 244. In jüngster Zeit gibt es Annäherungen an einen konfessionellen islamischen Religionsunterricht. Hamburg etwa vereinbarte als erstes Bundesland einen Staatsvertrag mit dem „Rat der islamischen Gemeinden Hamburg (Schura)", an dem mehrere islamische (Moschee-)Verbände beteiligt waren. Siehe dazu *Spiegel Online*: Hamburg unterzeichnet Staatsvertrag mit Muslimen und Aleviten, in: *spiegel.de*, 13. November 2012.

erziehen.[39] Er soll grundsätzlich geprägt sein von „Dialogorientierung, Offenheit, Toleranz und Kontroversität“[40]. Manche Politiker erwarten vom IRU laut Uçar/Sarıkaya in erster Linie, dass er an öffentlichen Schulen „den Einfluss der sogenannten Koranschulen und Moscheen auf muslimische Kinder und Jugendliche zurückdrängt“[41]. Bezüglich der Lehrpläne des IRU bzw. der „Islamkunde“[42] weisen die Autoren darauf hin, dass im schulischen Religionsunterricht im Gegensatz zum „herkömmlichen Koranunterricht“ anstelle des Rezitierens und Auswendiglernens mehr Wert auf das Verstehen gelegt werde.[43] In diesem Zusammenhang skizzieren die Autoren z. T. auch das Aufgabenfeld und die Anforderungen des IRL-Berufs, eine nähere Analyse bleibt freilich aus.

Tiefere Einblicke in den IRU vermitteln insbesondere empirische Arbeiten. Ingrid Kellermann und Ditte Lorenz führten an einer Berliner Grundschule eine Teilstudie zu „(schul-)kulturellen Praktiken der Anerkennung“[44] durch, die sich aus Gruppendiskussionen mit IRL und SchülerInnen sowie Unterrichtsbeobachtungen zusammensetzt.[45] In der Analyse der Gruppendiskussionen wurden „Kontinuität“, „Wir-Gefühl“, „kulturelle Identität“, „Zusammenhalt“ und „(intra- und interkulturelle) Verständigung“ als Bedeutungsdimensionen des IRU identifiziert.[46] Ferner ließen sich „Zusammenhänge zwischen kulturellen/religiösen Orientierungen, der Hervorbringung von (Kultur-)Differenzen und an-

---

39 Vgl. Uçar, Bülent/Sarıkaya, Yaşar: ‚Der islamische Religionsunterricht in Deutschland: Aktuelle Debattten, Projekte und Reaktionen‘, in: Ednan Aslan (Hrsg.): *Islamische Erziehung in Europa/Islamic Education in Europe*, Wien 2009, S. 87–108, hier S. 98f.

40 Ebd., S. 99.

41 Ebd., S. 98.

42 Siehe Mohr, Irka-Christin/Kiefer, Michael: *Islamunterricht – islamischer Religionsunterricht – Islamkunde: Viele Titel – ein Fach?*, Bielefeld 2009.

43 Bülent Uçar u. a.: ‚Der islamische Religionsunterricht in Deutschland: Aktuelle Debatten, Projekte und Reaktionen‘, S. 99.

44 Kellermann, Ingrid/Lorenz, Ditte: ‚Islamischer Religionsunterricht an einer urbanen Grundschule. Ethnografische Perspektiven auf Bedeutungsdimension der Anerkennung‘, in: Gerald Blaschke-Nacak/Stefan E. Hößl (Hrsg.): *Islam und Sozialisation: Aktuelle Studien*, Wiesbaden 2016, S. 69–100, hier S. 91.

45 Vgl. ebd., S. 74f.

46 Vgl. ebd., S. 91f.

erkennungsdynamischen Prozessen als das relationale Verhältnis zwischen ‚Eigenem' und ‚Anderem' rekonstruieren".[47] Damit gibt die Studie u. a. Einblicke in die subjektiven Unterrichtskonzepte der beteiligten IRL. Die vielfältigen Qualifizierungs- und Entwicklungsprozesse sowie die Lehrtätigkeit der IRL werden in der Studie nicht in den Blick genommen.

Im Mittelpunkt der Publikation von Jörg Imran Schröter steht die Evaluation des Modellprojekts IRU in Baden-Württemberg,[48] wo an zehn Projektschulen Schulleitungen, Lehrkräfte, Eltern und SchülerInnen zur Akzeptanz und zu den Problemfeldern des IRU (im Modellprojekt) quantitativ befragt wurden.[49] Die Studienergebnisse geben vor allem Aufschluss über die Akzeptanz, die von allen Beteiligten als sehr hoch bis hoch eingestuft wurde, und in die organisatorischen Probleme des IRU. So wiesen z. B. Schulleitungen auf die Schwierigkeiten bei der Planung der Unterrichtszeiten hin, die Folge dessen seien, dass die IRL aufgrund des Pendelns zwischen Schulen nicht immer erreichbar waren. Die IRL wiederum bemängelten beispielsweise das Fehlen von Schulbüchern.[50]

Eine frühere empirisch-qualitative Untersuchung mit SchülerInnen des IRU in Österreich, genauer in Tirol,[51] war zum Ergebnis gelangt, dass Abmeldemotive und -praxis sehr unterschiedlich sind. Zudem ergab sich, dass der IRU im Einfluss- und Verantwortungsbereich vieler Akteure und Instanzen – SchülerInnen, Eltern oder der Glaubensgemeinschaft – liegt, was mitunter mit großen Herausforderungen verbunden ist. Die IRL stehen im Spannungsfeld unterschiedlicher Interessen und Erwartungen und ihre Unterrichtsgestaltung bewegt sich zwangsläufig innerhalb bestimmter Grenzen bzw. eines bestimmten Rahmens. Dieser Rahmen wird u. a. durch die staatlichen Gesetze, die Lehrpläne der Islamischen Glaubensgemeinschaft und die Gesellschaft vorgegeben.

---

47 Ebd., S. 92.

48 Vgl. Schröter, Jörg Imran: *Die Einführung eines Islamischen Religionsunterrichts an öffentlichen Schulen in Baden-Württemberg*, Freiburg im Breisgau 2015.

49 Vgl. ebd., S. 58f.

50 Vgl. ebd., S. 222f.

51 Die Rede ist von der 2014 an der Universität Wien eingereichten Masterarbeit zu Motiven und Praxis der Abmeldung vom IRU. Siehe Mehmet H. Tuna: *„Islam ist nach der Schule…".*

All die erwähnten wissenschaftlichen Auseinandersetzungen mit dem IRU liefern zwar Erkenntnisse zu den Anforderungen und Herausforderungen des Berufs, haben aber kaum Aussagekraft hinsichtlich der Qualifizierung bzw. Professionalisierung der IRL.

3.2 Islamische ReligionslehrerInnen

Bei der Durchsicht der Literatur[52] fanden sich nur wenige wissenschaftliche Publikationen, die sich mit IRL beschäftigen. Diese sind aus der Perspektive verschiedener Wissenschaftsdisziplinen (wie z. B. Rechtswissenschaften, Soziologie, IRP etc.) verfasst und haben dementsprechend unterschiedliche Fokussetzungen.[53] Zwei Arbeiten seien exemplarisch herausgegriffen.

In der 2017 erschienenen Studie von Rauf Ceylan, Veronika Zimmer und Margit Stein werden auf Grundlage von 34 qualitativen Interviews die religiösen Selbstverortungen und Überzeugungen von islamischen Religionslehrkräften und LehramtsanwärterInnen in Deutschland herausgearbeitet.[54] Die AutorInnen konstatieren bei den TeilnehmerInnen der Studie eine „mittlere bis stark ausgeprägte Religiosität", die in vielen Fällen von „Eltern und anderen Autoritäten" übernommen wurde. Des Weiteren wird in der Studie „eine nur gering ausgeprägte Reflexion" und „die enorme Bedeutung des Studiums für die Reflexion und Auseinandersetzung mit der Religion in deutscher Sprache" hervorgehoben.[55] Aus

---

52 Die Literaturrecherche wurde u. a. in der Universitäts- und Landesbibliothek Tirol, auf Theo-Web und Google Scholar durchgeführt.

53 Analysiert wurden beispielsweise die rechtlichen Rahmenbedingungen der IRL-Ausbildung (siehe Michael Ott: *Ausbildung islamischer Religionslehrer und staatliches Recht*) und die Einstellungen der IRL (siehe Mouhanad Khorchide: *Der islamische Religionsunterricht zwischen Integration und Parallelgesellschaft*).

54 Interviewt wurden AbsolventInnen und Studierende der Islamischen Theologie mit Lehramtsoption der Universität Osnabrück. Vgl. Ceylan, Rauf/ Stein, Margit/Zimmer, Veronika: ‚Religiosität und religiöse Selbstverortung muslimischer Religionslehrer/innen sowie Lehramtsanwärter/innen in Deutschland', in: *Theo-Web. Zeitschrift für Religionspädagogik* 16 (2017), H. 2, S. 347–367, hier S. 350f.

55 Vgl. ebd., S. 361f.

diesen Erkenntnissen leiten Ceylan et al. ferner ab, dass in der Ausbildung der IRL nicht nur Wissen vermittelt, sondern auch der Sinn für die kritische Auseinandersetzung mit der eigenen Religion gefördert werden sollte.[56]

Ulrich Krainz untersuchte in seiner Studie von 2014 die (Un-)Vereinbarkeit der katholischen und muslimischen Unterrichtspraxis „mit dem Unterrichtsprinzip der politischen Bildung und dem Aufbau eines demokratisch verantwortlichen Handelns". Im Rahmen der Studie wurden neun katholische LehrerInnen und acht muslimische Lehrer in Wien und Niederösterreich interviewt und (über die Lehrpersonen) Gruppendiskussionen mit den SchülerInnen organisiert.[57] Die abschließende Analyse des Samples der LehrerInnen und die Analyse der Gruppendiskussionen ergaben u. a., dass die IRL sich in ihrem Unterricht „an den vorgeschriebenen Gesetzen der Religion, den Regeln, Normen und Riten" orientierten und „immer wieder auf die Bedeutung kollektiver Kategorien wie Religionszugehörigkeit und Familie" hinwiesen.[58] Laut Krainz kann dies „individuelle Entscheidungen in Bezug auf die eigene Lebensführung" erschweren, insbesondere weil „persönliche Abänderungen und Neudeutungen religiöser Vorstellungen und Vorschriften, die besser zum persönlichen Lebenshorizont passen, Kritik oder ein Hinterfragen usw." nicht vorgesehen sind.[59] Abstrahiert folgt daraus für die (I)RL Tätigkeit ein Zusammenhang zwischen religiöser Haltung und didaktischen Prinzipien:

> Je ,streng-religiöser' eine Lehrperson ist, d. h. je normativer sie die jeweiligen Regeln ihrer Bezugsreligion auslegt, umso eher folgt sie didaktischen Prinzipien, die in Richtung Verkündigung und Unterweisung gehen und umso weniger ist sie geneigt, lebensweltlich vorzugehen und die jeweiligen Inhalte im Unterricht kritisch zu untersuchen, zu diskutieren und zu prüfen.[60]

---

56 Vgl. ebd., S. 362.
57 Auf muslimischer Seite wurden ausschließlich männliche Lehrkräfte interviewt, weil die angefragten Lehrerinnen eine Interviewteilnahme ablehnten. Vgl. dazu Krainz, Ulrich: *Religion und Demokratie in der Schule: Analysen zu einem grundsätzlichen Spannungsfeld*, Wiesbaden 2014, S. 100f.
58 Ebd., S. 232.
59 Ebd., S. 232f.
60 Ebd., S. 252.

Die Ergebnisse von Krainz legen – ähnlich wie jene von Ceylan et al. – nahe, dass eine Befähigung der IRL zur kritischen Auseinandersetzung mit der eigenen Religion notwendig ist. Die Studien setzen sich im Wesentlichen mit der Religiosität der IRL aus verschiedenen Perspektiven auseinander und reflektieren die Ergebnisse mit Blick auf die Ausbildung der IRL, befassen sich aber nicht eingehender mit den Bildungsprozessen bzw. der Professionalisierung der IRL.

Hinsichtlich des aktuellen Forschungsstands schließt die vorliegende Arbeit eine Wissenslücke, indem sie die Bildung und Entwicklung bzw. den Werdegang sowie die Unterrichts- und Berufskonzepte der IRL untersucht und damit den Fragen nachgeht, welche Faktoren für die Professionalisierung der IRL bedeutsam sind, was unter Professionalisierung verstanden wird und welche Zugänge und Forschungsansätze diesem Begriff zugrunde liegen. Auf diese Fragestellungen soll im folgenden Kapitel näher eingegangen werden.

4   Theoretische Zugänge zur Professionsforschung

Den wissenschaftlichen Kontext der vorliegenden Forschungsarbeit bilden die Diskurse zur Entwicklung des berufsmäßigen Handwerks, die im 20. und 21. Jahrhundert von diversen Professionsbegriffen, der Professionssoziologie und -forschung bestimmt werden. In Bezug auf Begriffe wie Profi, Profession, professionell, Professionalität, Professionalisierung oder Professionsentwicklung finden sich sowohl im Alltag als auch im wissenschaftlichen Kontext verschiedene Auffassungen und Anwendungen, auch sind mit ihnen unterschiedliche Konzepte und Zugänge verbunden. Dieses Kapitel setzt sich mit den unterschiedlichen Begriffen und deren jeweiligem Verständnis sowie den unterschiedlichen Zugängen und Konzepten der Professionsforschung auseinander. Diese Auseinandersetzung bildet den begrifflichen und theoretischen Rahmen und definiert den Zugang des Forschungsprojekts. Die Rahmung beginnt mit der Begriffsklärung (Kapitel 4.1), darauf folgen die Zugänge der Professionsforschung (4.2). In Kapitel 4.3 werden neue Ansätze in der Professionalisierung von LehrerInnen – insbesondere mit Blick auf QuereinsteigerInnen – diskutiert.

4.1   Begriffsklärung

Nach Harald A. Mieg unterscheidet die Professionsforschung zwischen den Begriffen Profession, Professionalität/professionalism und Professionalisierung. Diese Begriffsdifferenzierung ist zweierlei Aspekten geschuldet: dem institutionellen Aspekt und dem individuellen Aspekt. In Tabelle 1 sind diese zwei Aspekte und die drei Begriffe, die anschließend im Detail erörtert werden, zusammengefasst.

4.1.1   Profession und Professionalität

Professionen werden als Teil des primären Leistungssystems verstanden, in dem professionell tätige Personen ihren KlientInnen eine Hilfeleistung anbieten. Diese Hilfeleistung orientiert sich am Gemeinwohl und an den zentralen Werten der Gesellschaft. Zugleich steht die Auto-

Tab. 1: Begriffsdifferenzen erstellt nach Mieg[61]

	Profession	Professionalisierung	Professionalität/ professionalism
institutioneller Aspekt	privilegierte Berufsgruppe	Übergang einer Berufsgruppe in eine Profession: Zuständigkeitsmonopol	Organisationsform von Wissensarbeit: Bearbeitung durch Profession
individueller Aspekt	[...] selbständig, Experte, gemeinwohlorientiert, zuständig	an bereichsspezifischen Leistungsstandards orientierte Berufsarbeit	professionelles Handeln: Kompetenzanwendung

nomie der Individuen bzw. der KlientInnen im Vordergrund der professionellen Tätigkeit.[62] Der/die Professionelle arbeitet darauf hin, dass die Autonomie der KlientInnen gewahrt bzw. wiederhergestellt wird.[63] Weitere Merkmale der Professionen sind Macht, Ansehen und Selbstbestimmung.[64] Miegs Analyse identifiziert vier mögliche Charakterisierungen von Profession in der Professionssoziologie und -forschung: Autonomie

---

61 Vgl. Mieg, Harald A.: ‚Profession: Begriff, Merkmale, gesellschaftliche Bedeutung', in: Michael Dick/Winfried Marotzki/Harald A. Mieg (Hrsg.): *Handbuch Professionsentwicklung*, Bad Heilbrunn 2016, S. 27–39, hier S. 30.

62 Leistungssysteme sind Wirtschaft, Staat und das primäre System (ziviles, soziales, intimes) – auch als dritte Ordnung der Arbeit bezeichnet. Diese bilden eine ökonomische, eine bürokratische und eine primäre Handlungsstruktur aus. Vgl. Dick, Michael: ‚Professionsentwicklung als Forschungs- und Handlungsfeld', in: Michael Dick/Winfried Marotzki/Harald A. Mieg (Hrsg.): *Handbuch Professionsentwicklung*, Bad Heilbrunn 2016, S. 9–26, hier S. 10.

63 Diese Maxime wird im Fachjargon als Empowerment bezeichnet; siehe dazu Lehmann, Bianca/Dick, Michael: ‚Empowerment: Die Stärkung von Klienten', in: Michael Dick/Winfried Marotzki/Harald A. Mieg (Hrsg.): *Handbuch Professionsentwicklung*, Bad Heilbrunn 2016, S. 156–164.

64 Die mangelnde bzw. unzureichende Selbstbestimmung der LehrerInnen ist einer der wichtigsten Kritikpunkte, die der Lehrprofession immer wieder vorgehalten werden; vgl. dazu u. a. Harald A. Mieg: ‚Profession: Begriff, Merkmale, gesellschaftliche Bedeutung', S. 27f.

(verstanden als Selbstbestimmung), Abstraktheit als Wissens- und Wissenschaftsbasierung, Altruismus und Autorität in der Gesellschaft und gegenüber Angehörigen anderer Berufsgruppen.[65]

Der/die Professionelle macht sich selbst als authentische Person sowie die eigene Biografie reflexiv zum Gegenstand und setzt sich – *the self as source* – bzw. die eigenen Ressourcen und das eigene Wissen (Alltagswissen, Alltagserfahrungen, Expertenwissen) selbstlos ein, ohne persönliche Interessen zu verfolgen. In Fällen von unbeherrschbaren Antinomien, Krisen und Ausnahmesituationen wird die Person vom *reflective practitioner* zum *scientific practitioner*, der/die sich durch die Verknüpfung von Fallerfahrung bzw. Fallwissen mit wissenschaftlichen Erkenntnissen neues Wissen aneignet und dieses anwendet.[66]

Die professionelle Tätigkeit (das Handeln) oder – anders gesagt – die Professionalität besteht nach Mieg zusammengefasst aus drei Komponenten:[67] 1. Diagnose: Analyse des Problems, 2. Inferenz: die Ableitung von Maßnahmen, 3. Maßnahme: die konkrete Umsetzung. Professionelle brauchen zudem ein Bewusstsein für asymmetrische Interaktionsbeziehungen und die Fähigkeit, sich auf die Perspektive der Klienten einzulassen.[68]

Nach Michael Dick erfordert die Professionalität weiters:[69] 1. Methoden, Techniken und Verfahren, 2. Methodologie im Sinne von analytischen Mitteln wie Narration, Visualisierung, Simulation, Inszenierung, Perspektivwechsel usw., 3. kollegiale Gemeinschaften und Begegnungen (Vernetzung), 4. interprofessionelle Organisationsformen und 5. „Qualitätssicherung im Sinne eines autonomen und immanenten Entwicklungszyklus". Diese sogenannten „reflexiven Infrastrukturen" sind in den Arbeitsvollzug einzubeziehen.

---

65 Vgl. ebd., S. 29.
66 Vgl. Michael Dick: ‚Professionsentwicklung als Forschungs- und Handlungsfeld‘, S. 16.
67 Vgl. Harald A. Mieg: ‚Profession: Begriff, Merkmale, gesellschaftliche Bedeutung‘, S. 32.
68 Vgl. Michael Dick: ‚Professionsentwicklung als Forschungs- und Handlungsfeld‘, S. 14.
69 Vgl. ebd., S. 16.

4.1.2 Professionalisierung

Die Begriffe Profession und professionell sowie Professionalität beziehen sich nicht auf eine natürliche, angeborene Fähigkeit oder einen Personenstatus, sondern benennen vielmehr Eigenschaften, die in langwierigen Lern-, Entwicklungs-, Sozialisations- und Durchsetzungsprozessen erworben und entfaltet werden. Diese Prozesse, die zur Verberuflichung und Professionalität bzw. zu professionellem Handeln führen, werden als Professionalisierung bezeichnet.

Laut Mieg vollzieht sich die Professionalisierung sowohl auf der institutionellen als auch auf der individuellen Ebene. Die institutionelle Professionalisierung wird als ein Prozess mit offenem Ausgang verstanden, der die von Harold L. Wilensky beschriebenen sieben Phasen in unterschiedlicher Reihenfolge durchläuft:[71] a) ein Job wird Vollzeittätigkeit, b) es wird eine Ausbildungsstätte eingerichtet, c) es gibt einen Studiengang, d) ein lokaler Berufsverband entsteht, e) ein nationaler Berufsverband wird gegründet, f) es erfolgt die staatliche Anerkennung, g) ein berufsethischer Kodex kommt auf.

Die Professionalisierung auf der individuellen Ebene hingegen liegt in der Kompetenzentwicklung des Individuums, die von Mieg wie in Abbildung 1 dargestellt wird.

Folgt man dieser Darstellung, so richtet sich die Kompetenzentwicklung bzw. die Professionalisierung der Individuen an den Anforderungen der Tätigkeit selbst sowie an denen der Berufsgruppe aus. Dabei setzt sich die professionelle Identität der Einzelnen sowohl aus individuell-persönlichen Anteilen als auch aus überindividuell-institutionellen Anteilen zusammen.

70   Vgl. Harald A. Mieg: ‚Profession: Begriff, Merkmale, gesellschaftliche Bedeutung', S. 36.

71   Vgl. Wilensky, Harold L.: ‚The Professionalization of Everyone?', in: *American Journal of Sociology* 70 (1964), H. 2, S. 137–158, zit. nach Harald A. Mieg: ‚Profession: Begriff, Merkmale, gesellschaftliche Bedeutung', S. 35.

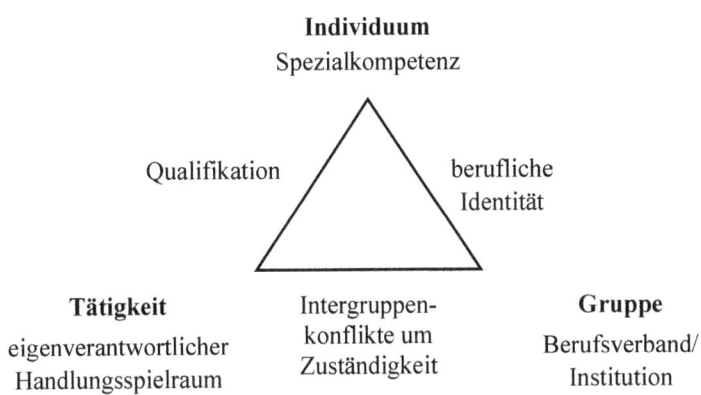

Individuum
Spezialkompetenz

Qualifikation

berufliche
Identität

Tätigkeit
eigenverantwortlicher
Handlungsspielraum

Intergruppen-
konflikte um
Zuständigkeit

Gruppe
Berufsverband/
Institution

Abb. 1:   Professionalisierung auf individueller Ebene nach Mieg[70]

4.1.3   Professionsentwicklung

Zusätzlich zu den oben erörterten Begriffen von Professionalität und Professionalisierung führt Dick den Begriff der Professionsentwicklung ein, den er vom Professionalisierungsbegriff unterscheidet. Unter Professionalisierung versteht Dick jene Prozesse, in denen Berufsstände bzw. Professionen sich selbst immanenten Wandlungen bzw. Entwicklungen unterziehen. Professionsentwicklung hingegen ist ein bewusst herbeigeführter Entwicklungsprozess mit folgenden Charakteristika:[72] 1. Er findet exklusiv in den Professionen des primären gesellschaftlichen Leistungssystems statt. 2. Diese Entwicklung umfasst ein neues Fortbildungsverständnis, in welchem nicht ausschließlich Wissen vermittelt und sich angeeignet wird, sondern – im Rahmen des sogenannten Reflexionsmodells – auch an den persönlichen Kompetenzen, Haltungen, Wertvorstellungen und Konzepten gearbeitet wird. 3. Die Entwicklung setzt ebenso eine sogenannte Inferenz-Kompetenz voraus, die eine Überbrückung des Verhältnisses zwischen Wissenschaft und Praxis ermöglicht. Diese Kompetenz setzt sich aus Wissensanwendung, individueller Fallrekonstruktion und Fallverlaufsprognose zusammen.

---

72   Vgl. Michael Dick: ‚Professionsentwicklung als Forschungs- und Handlungsfeld', S. 17f.

4.1.4 Professionsbegriffe im Wandel

Wie bereits in den obigen Abschnitten dargestellt, sind Anwendung und Verständnis der Professionsbegriffe vielfältig. Das „klassische und veraltete"[73] Professions- und Professionalisierungsverständnis, das die Entwicklungs- und Durchsetzungsprozesse von Professionen im Fokus hat, ist Ewald Terhart zufolge nicht mehr haltbar.[74] Zur Begründung seines Diktums verweist Terhart u. a. auf sogenannte „Deprofessionalisierungen" und auf sich unablässig wandelnde Berufsstrukturen sowie den Status im gesamten Berufssystem. In weiterer Folge konstatiert Terhart die Aufhebung sowohl der Abgrenzung der Professionen von Wirtschaftstätigkeit und der Bindung an das Gemeinwohl als auch der Unterscheidung zwischen Profession und Expertentum.[75] In Anlehnung an den Professionsbegriff nach Julia Evett[76] definiert Terhart Professionen als Berufe, „die sich auf der Basis einer akademischen Ausbildung mit komplexen und insofern immer ‚riskanten' technischen, wirtschaftlichen, sozialen und/oder humanen Problemlagen ihrer Klienten befassen"[77]. Die Professionalität einzelner Individuen liegt in der kompetenten Erfüllung beruflicher Aufgaben sowie in der Bereitschaft zur Weiterentwicklung eigener Kompetenzen. Zur kompetenten Erfüllung beruflicher Aufgaben gehören entsprechendes, auf der Basis anspruchs-

---

73 Vgl. Dewe, Bernd/Wagner, Hans-Josef: ‚Professionalität und Identität in der Pädagogik', in: Monika Rapold (Hrsg.): *Pädagogische Kompetenz, Identität und Professionalität*, Baltmannsweiler ³2012, S. 51–76, hier S. 52.

74 Terhart versteht unter Professionalisierung auf kollektiver Ebene einen sozialen Durchsetzungsprozess, in dem ein gewöhnlicher Beruf den Status einer Profession erlangt. Berufe, die dies nur teilweise erfüllen – u. a. der Lehrerberuf –, werden als „semi-professions" bezeichnet. Auf individueller Ebene hingegen versteht er Professionalisierung als ein Einleben und Einarbeiten in die Rolle, den Status und die Kompetenz eines Professionellen.

75 Vgl. Terhart, Ewald: ‚Lehrberuf und Professionalität: Gewandeltes Begriffsverständnis – neue Herausforderungen', in: Werner Helsper/Rudolf Tippelt (Hrsg.): *Pädagogische Professionalität* (57), Weinheim u. a. 2011, S. 202–224, hier S. 204.

76 Siehe dazu Evetts, Julia: ‚The Sociological Analysis of Professionalism', in: *International Sociology* 18 (2003), H. 2, S. 395–415.

77 Ewald Terhart: ‚Lehrberuf und Professionalität: Gewandeltes Begriffsverständnis – neue Herausforderungen', S. 204.

voller Ausbildung und beruflicher Sozialisation erworbenes Wissen sowie Haltungen, Fähigkeiten und Fertigkeiten.[78]

Ähnlich wie Terhart stellen Dewe und Wagner fest, dass das Konzept der „alt-etablierten" Professionen obsolet und hinfällig bzw. der Lebensrealität nicht mehr angemessen ist, da diese keine Lösungen für die gegenwärtige gesellschaftliche Lage und die aktuellen Berufssysteme böten.[79]

Der dieser Untersuchung zugrundeliegende Begriff von Professionalisierung knüpft an das Verständnis von Mieg und Terhart an. Dieser Lesart zufolge handelt es sich bei Professionalisierung um einen Prozess, in dem einzelne oder eine Gruppe von Individuen Kompetenzen zur professionellen Bewältigung und Organisation einer beruflichen Tätigkeit entwickeln und sich aneignen. Wie dieser Prozess verläuft und welche Kompetenzen entwickelt werden, hängt insbesondere von den Berufsinhabern selbst sowie von den Anforderungen und den Rahmenbedingungen der beruflichen Tätigkeit ab. Im Kontext der vorliegenden Forschungsarbeit bedeutet das, dass die IRL selbst sowie die Anforderungen und Rahmenbedingungen des Berufs als Faktoren, die Professionalisierung und Professionalität beeinflussen, Gegenstand der Untersuchung sind. Professionalität wiederum meint die kompetente bzw. professionelle Erfüllung und Organisation beruflicher Tätigkeiten sowie die Bereitschaft zur Aus-, Fort- und Weiterbildung.

4.2 Zugänge der Professionsforschung

In der Literatur finden die Diskussionen und Forschungen zu den oben erörterten Begriffen meist auf unterschiedlichen Ebenen, mit unterschiedlichen Voraussetzungen und Begriffsauffassungen statt. Dabei lassen sich zusammenfassend folgende Arten des Herangehens festhalten:[80] 1. die Frage nach dem Unterschied zwischen den akade-

---

78 Ebd., S. 215.
79 Vgl. Bernd Dewe u. a.: ‚Professionalität und Identität in der Pädagogik', S. 52f.
80 Vgl. Schmeiser, Martin: ‚Soziologische Ansätze der Analyse von Professionen, der Professionalisierung und des professionellen Handelns', in: *Soziale Welt* 57 (2006), H. 3, S. 295–318; Dick, Michael/Marotzki, Winfried/Mieg,

mischen (Professionen) und den sonstigen Berufen, 2. die Analyse der gesellschaftlichen Funktion bzw. der Rolle der Professionen, 3. die Untersuchung der Wege, die ein Beruf durchläuft, um den Status einer Profession zu erlangen (historische Professionalisierungsforschung). Hinsichtlich dieser Bedeutungselemente finden sich in der Literatur sowohl historische Studien, die sich mit der Entstehungsgeschichte und Weiterentwicklung einzelner Professionen befassen, als auch analytische Ansätze, die diverse Merkmale und gesellschaftliche Funktionen von Professionen beschreiben.

In Bezug auf pädagogische Berufe lassen sich – nachdem in der bisherigen (LehrerInnen-)Professionsforschung einerseits die Professionssoziologie und andererseits die Expertiseforschung richtungsweisend waren – vermehrt analytische Ansätze und Konzepte zur Professionalisierung von LehrerInnen erkennen. Beide Ansätze bedienen sich wiederum unterschiedlicher Theorien und Zugänge zur Professionalität, die hier kurz vorgestellt werden.

4.2.1 Zugänge der Professionssoziologie

Die deutsche Professionssoziologie ist geprägt vom systemtheoretischen Ansatz von Rudolf Stichweh und dem strukturtheoretischen Ansatz von Ulrich Oevermann. Neben diesen beiden spielen noch machttheoretische und merkmalsorientierte Zugänge eine Rolle, wenngleich Letztere oftmals kritisch rezipiert werden, da sie entweder als veraltet oder als nicht zielführend gelten (siehe Abschnitt 4.1.4).[81]

In der Theorie von Stichweh ist die Gesellschaft in Funktionsbereiche geteilt, in denen die Funktionsträger je nach Funktionsbereich zwei Rollen einnehmen: die Leistungs- und die Komplementärrolle. Diese Rollen werden in Systemen wie etwa dem Erziehungssystem oder dem System Religion als institutionalisierte Professionellen-Klienten-Verhältnisse angesehen. In der Komplementärrolle nehmen KlientInnen eine Rolle

---

Harald A. (Hrsg.): *Handbuch Professionsentwicklung*, Bad Heilbrunn 2016; Mieg, Harald A.: ‚Professionalisierung‘, in: Felix Rauner (Hrsg.): *Handbuch Berufsbildungsforschung*, Bielefeld 2005, S. 342–349.

81   Vgl. Michael Dick u. a. (Hrsg.): *Handbuch Professionsentwicklung* (wie Anm. 81).

ein, in der sie ein Problem ohne externe professionelle Hilfe nicht lösen können. In der Leistungsrolle dagegen nehmen die Professionellen zwei Rollen ein: den KlientInnen gegenüber eine kommunikative Rolle, gegenüber den Untergebenen im System eine kontrollierend-leitende Rolle.[82]

Im strukturtheoretischen Ansatz erfolgt die Bestimmung des professionellen Handelns bzw. der Professionalität anhand der Rekonstruktion von Handlungsstrukturen und der Handlungslogik.[83] In diesem Rahmen hebt Oevermann die Aspekte des professionellen Handelns hervor und gelangt so zum Befund einer Professionalisierungsbedürftigkeit des Lehrerberufs. Diese Bedürftigkeit führt er auf die „therapeutische Dimension" des Lehrerhandelns zurück, die er im stark beeinflussbaren Sozialisationsprozess der sich in der Entwicklung befindenden SchülerInnen sieht.[84]

Im englischsprachigen Raum hingegen war der machttheoretische Ansatz des *power approach* von Eliot Freidson[85] richtungsweisend in der Professionssoziologie. Professionen entwickeln sich demnach, wenn es den ExpertInnen gelingt, die Laien von deren eigener Inkompetenz, ein

---

82 Vgl. Rudolf Stichweh: ‚Professionen in einer funktional differenzierten Gesellschaft'.

83 Vgl. Helsper, Werner: ‚Lehrerprofessionalität – der strukturtheoretische Professionsansatz zum Lehrerberuf', in: Ewald Terhart/Hedda Bennewitz/ Martin Rothland (Hrsg.): *Handbuch der Forschung zum Lehrerberuf*, Münster u. a. ²2014, S. 216–240, hier S. 216.

84 Vgl. Oevermann, Ulrich: ‚Theoretische Skizze einer revidierten Theorie professionalisierten Handelns', in: Arno Combe/Werner Helsper (Hrsg.): *Pädagogische Professionalität: Untersuchungen zum Typus pädagogischen Handelns*, Frankfurt am Main 1996, S. 70–182.

85 Magali S. Larson verfolgt zwar auch einen machttheoretischen Ansatz, betrachtet diesen aber als einen Prozess, in dem der Markt von einem „professionellen Produkt" reguliert wird. Weitere Machtaspekte ergeben sich durch die Kontrolle des Markts. Da der Lehrerberuf als Beamtenberuf nicht den Kräften des freien Markts unterliegt, ist dieser Ansatz für das vorliegende Projekt nicht gewinnbringend, weshalb von einer Weiterverfolgung und der Berücksichtigung bei der Beleuchtung verschiedener Zugänge der Professionsforschung abgesehen wird. Siehe dazu Larson, Magali Sarfatti: *The Rise of Professionalism: A Sociological Analysis*, Berkeley 1977.

Problem bzw. eine Krise zu lösen, zu überzeugen.[86] In diesem Zusammenhang spricht man in der Literatur auch von einem Kompetenz- und Machtgefälle zwischen den ExpertInnen der Profession und den Laien sowie zwischen der Profession und weiteren Berufen im Tätigkeitsfeld der Profession.[87]

Im deutschsprachigen Raum verfolgen Fritz Schütze und Michaela Pfadenhauer einen dem machttheoretischen Ansatz ähnlichen Zugang und sprechen von der „Kompetenzdarstellungskompetenz", der Dramaturgie des professionellen Handelns bzw. der Professionalität. Demnach muss jeder Professionsinhaber neben Fachwissen auch die Fähigkeit haben, sein professionelles Handeln (seine Professionalität) performativ darzustellen, damit dieses auch als solches anerkannt wird. Das professionelle Handeln beinhaltet also auch dramaturgische Inszenierungen.[88] Nach diesem Verständnis ist nicht die professionelle Leistung selbst Untersuchungsgegenstand, sondern die Darstellung der Leistung.[89]

Zusätzliche Einsichten bietet die merkmalsorientierte Professionsforschung, in der ausgehend von einem Professions-Charakteristika-Katalog der Professionsgrad eines gewählten Berufs oder die Professionalität gemessen und bestimmt wird. Folgende Fragen stehen dabei im Vordergrund: Inwiefern handelt es sich bei dem betreffenden Beruf um eine Profession? In welchem Stadium der Professionalisierung befinden sich der Beruf und/oder der Berufsinhaber?[90]

---

86   Vgl. Freidson, Eliot: *Dominanz der Experten: Zur sozialen Struktur medizinischer Versorgung*, München u. a. 1975.

87   Vgl. Reinisch, Holger: „„Lehrerprofessionalität" als theoretischer Term', in: Olga Zlatkin-Troitschanskaia (Hrsg.): *Lehrprofessionalität: Bedingungen, Genese, Wirkungen und ihre Messung*, Weinheim 2009, S. 33–45, hier S. 35; vgl. auch Siepmann, Maren/Groneberg, David A.: ‚Der Arztberuf als Profession – der machttheoretische Ansatz', in: *Zentralblatt für Arbeitsmedizin, Arbeitsschutz und Ergonomie* 62 (2012), H. 2, S. 104–107, hier S. 105.

88   Vgl. Pfadenhauer, Michaela: *Professionalität: Eine wissenssoziologische Rekonstruktion institutionalisierter Kompetenzdarstellungskompetenz*, Opladen 2003.

89   Vgl. dazu Martin Schmeiser: ‚Soziologische Ansätze der Analyse von Professionen, der Professionalisierung und des professionellen Handelns', S. 308.

90   Vgl. ebd., S. 301ff.

4.2.2 Beitrag der Expertiseforschung

In der Lernpsychologie wiederum gilt Professionalität als eine Eigenschaft von Personen, die als ExpertInnen bezeichnet werden. Die Expertiseforschung zeigt auf, dass professionelles Handeln nicht nur von Wissen und Erfahrung abhängt, sondern auch von der Kognition, also der Verarbeitung und Verknüpfung des Wissens mit der Domäne, die im Sinne eines Handlungsfelds verstanden wird.[91] So gab Lee Shulman 1986 mit seiner Modellierung des Lehrkraftwissens den Anstoß zur Lehrkraftkognitionsforschung. Es folgten weitere empirische Forschungen von Berliner et al., Leinhardt et al. und Bromme zur Bedeutung des Lehrerwissens für das Handeln im Unterricht.[92]

4.2.3 Analytische Forschungsansätze zur LehrerInnenprofessionalität

Terhart macht ausgehend von seinem in Abschnitt 4.1.4 vorgestellten Begriffsverständnis drei Forschungsansätze zur Bestimmung der Professionalität des Lehrerberufs aus:

1. Den strukturtheoretischen Ansatz:[93] In diesem werden die sogenannten Antinomien, d. h. Widersprüchlichkeiten/Spannungen der beruflichen Aufgaben und Anforderungen des Lehrerberufs in den Vordergrund gestellt. Zu diesen zählen u. a.: das Verhältnis zwischen LehrerIn und SchülerIn (L-S-Verhältnis), bestehend aus Nähe und Distanz; Subsumtion versus Rekonstruktion: Lehrende stehen im Spannungsfeld zwischen individualisierendem situationsbedingtem Handeln und regel- bzw. systemgerechtem routiniertem Handeln; Einheitlichkeit versus Differenz: Lehrer sind angehalten, alle gleich zu behandeln, und zugleich muss die individuelle Lebenswelt/der Background der SchülerInnen berücksichtigt werden. Aus diesen und weiteren Antinomien lässt sich in weiterer Folge ableiten, dass

---

91 Vgl. Holger Reinisch: „Lehrerprofessionalität" als theoretischer Term', S. 37.
92 Vgl. ebd., S. 38.
93 Vgl. Ewald Terhart: ‚Lehrberuf und Professionalität: Gewandeltes Begriffsverständnis – neue Herausforderungen', S. 206.

Professionalität im Lehrerberuf in der sach- und fachgerechten Handhabung der für den Lehrerberuf charakteristischen Antinomien und Spannungen besteht. Zum Kernstück dieser Professionalität gehört ebenso die Bewältigung bzw. das „Sich-bewegen-Können" in Unsicherheit und Indeterminiertheit. Dies wiederum setzt ein fortwährendes selbstkritisches Reflektieren des eigenen Handelns im Sinne einer Weiterentwicklung der professionellen Fähigkeiten voraus.

2. Den kompetenztheoretischen Bestimmungsansatz:[94] Dieser zielt auf die Definition von Kompetenzbereichen und Wissensdimensionen für den jeweiligen (Fach-)Lehrerberuf ab. Auf der Grundlage von genauen Aufgabenbeschreibungen bzw. des Tätigkeitsprofils des jeweiligen Lehrerberufs werden Kompetenzen definiert, die zur Bewältigung der (fach-)spezifischen Tätigkeiten und Anforderungen unerlässlich sind. Dafür kommen sowohl deduktiv-analytisch-theoretische als auch induktiv-evidenzbasiert-empirische Vorgehensweisen infrage. Dieser Ansatz ermöglicht sowohl die Messung als auch die Steigerung von Kompetenzniveaus, die anhand von definierten Graden/Stufen gemessen und durch diverse Maßnahmen verbessert werden können.

3. Die berufsbiografische Bestimmung:[95] Hierbei handelt es sich um eine Verknüpfung individueller/kollektiver Berufsstorys mit normativen Konzepten von gelungenen Erfolgsstorys bzw. Kompetenzentwicklungskonzepten. Die Kompetenzentwicklungen, Lebens-, Berufs-, Weiterbildungs- und Belastungserfahrungen sowie deren Bewältigung stehen im Vordergrund dieses Ansatzes.

Die vorgestellten Ansätze haben trotz unterschiedlicher Zugänge das gemeinsame Ziel, die individuelle und/oder die kollektive Professionalisierung der LehrerInnen voranzutreiben. Zugleich bieten sie eine Möglichkeit der Analyse bzw. der empirischen Untersuchung der Lehrtätigkeit sowie der individuellen und/oder kollektiven Entwicklungsprozesse der LehrerInnen. Deren Verhältnis zueinander wird von Terhart als „teilweise nicht-berührend, teilweise direkt-konfrontativ,

---

94   Vgl. ebd., S. 207f.
95   Vgl. ebd., S. 208.

teilweise überlappend bzw. inhaltlich kongruent" beschrieben.[96] All diese Ansätze können je eigene Konzepte und Faktoren der professionellen
Entwicklung für sich in Anspruch nehmen oder aber sich untereinander
vermischen bzw. überschneiden.

Was sich Terharts Verhältnisbeschreibung für die vorliegende Untersuchung entnehmen lässt, ist die Einsicht, dass für die Professionalisierung und Professionalität die Handlungslogik und -struktur der IRL-
Tätigkeit, die berufsspezifischen Kompetenzen und die persönlichen
Biografien die gleiche Bedeutung haben.

4.2.4   Professionalität/Professionalisierung von ReligionslehrerInnen

Auf die bisherigen interdisziplinären Ausführungen zur (LehrerInnen-)
Professionalität bzw. Professionalisierung folgt nun die Eingrenzung auf
das Fach Religion. In der Literatur finden sich Forschungen und Theorien, die einzelne Aspekte der ReligionslehrerInnenprofessionalität und
-professionalisierung aufgreifen, wobei die Professionsbegriffe in vielen
Fällen außen vor bleiben. Heil und Ziebertz schlagen in diesem Rahmen
eine Unterteilung der religionspädagogischen Forschungen und Theorien zur (ReligionslehrerInnen-)Professionalität in rollentheoretische,
personalistische und handlungstheoretische Ansätze vor.[97]

In rollentheoretischen Ansätzen erfolgt die Konzeption des professionellen Handelns bzw. der Professionalität der ReligionslehrerInnen
aus den unterschiedlichen Lehrerrollen heraus. Das Konzept betrachtet
die Übernahme und Ausbildung einer Rollenidentität aus dem Geflecht
der gesellschaftlichen, staatlichen, kirchlichen (bzw. religionsgemein-
schaftlichen), schulischen und personalen Erwartungen und Muster.
In personalen Ansätzen stehen die LehrerInnen mit ihren subjektiven
Perspektiven, Weltanschauungen und Deutungen im Vordergrund. Diese umfassen berufsbiografische Prozesse, Haltungen sowie subjektive
Konzepte. Handlungstheoretische Ansätze wiederum, die die Aufgaben

---

96   Vgl. ebd., S. 216.

97   Vgl. Heil, Stefan/Ziebertz, Hans-Georg: ‚Professionstypischer Habitus als
     Leitkonzept in der Lehrerbildung', in: Hans-Georg Ziebertz/Stefan Heil/
     Hans Mendl u. a. (Hrsg.): *Religionslehrerbildung an der Universität: Professi-
     on – Religion – Habitus*, Münster 2005, S. 41–64, hier S. 41f.

bzw. die Tätigkeit der LehrerInnen in den Fokus rücken, sehen das professionelle Religionslehrerhandeln als durch die pädagogischen Handlungen sowie mit ihnen einhergehende Kompetenzen und Kompetenzbereiche konstituiert.

4.3 Neue Wege der Professionalisierung und Professionalität

Alle vorgestellten Professionsdiskurse setzen eine adäquate (akademische) Ausbildung und Berufssozialisation voraus, was freilich weder auf die Situation der IRL noch auf den Berufsstand der LehrerInnen in Österreich zutrifft. Zum besseren Verständnis wird im Folgenden die Situation der Lehrkräfte in Österreich überblicksmäßig dargestellt und im Lichte von im Ausland geführten Diskursen, die zur Professionalisierung der IRL wichtige Beiträge leisten können, analysiert.

In Österreich werden pädagogisch ausgebildete Lehrkräfte mit mangelnden Fachkenntnissen, also fachfremde Lehrkräfte[98] und pädagogisch nicht ausgebildete Lehrkräfte mit Fachkenntnissen (Fachkräfte) von der Primarstufe bis zur Sekundarstufe II und darüber hinaus auch an Hochschulen und Universitäten eingesetzt. Dies ist allgemeine Praxis, die sich beispielsweise in unterschiedlichen Verwendungsgruppen und der Gehaltseinstufung der Lehrkräfte niederschlägt.[99] NichtpädagogInnen werden in unterschiedlichen Fächern und Schultypen eingesetzt. So erteilen beispielsweise *native speakers* Sprachunterricht in Schulen, obwohl sie keine pädagogische Ausbildung haben.[100] Ebenso kommen in den Höheren Bundeslehranstalten für wirtschaftliche Berufe Fachkräfte ohne pädagogische Ausbildung zum Einsatz.[101]

---

98 Vgl. Neuhauser, Julia: Fachfremder Unterricht: Wenn Lehrer „fremdgehen", in: *DiePresse,* 3. Oktober 2010.

99 Vgl. Österreichischer Nationalrat: *Bundesgesetz vom 27. Juni 1984 über das Dienstrecht der Landeslehrer (Landeslehrer-Dienstrechtsgesetz – LDG)* 1984.

100 Siehe dazu u. a. Austria Presse Agentur (APA): Science: *Auch an Pflichtschulen zahlreiche Lehrer mit Sondervertrag* 2018.

101 Vgl. dazu Pumperger, Sebastian: Wenn Lehrer, die keine Lehrer sind, unterrichten, in: *derStandard.at,* 10. Februar 2011; vgl. auch Bayrhammer, Berna-

Im IRU wurden und werden sowohl pädagogisch nicht ausgebildete Fachkräfte als auch fachfremde PädagogInnen eingesetzt, die in manchen Fällen auch mangelnde Fach- und Sprachkenntnisse aufweisen. Obwohl diese Praxis bekannt ist, gibt es in Österreich keine Untersuchungen zur Effektivität und Professionalisierung von NichtpädagogInnen und/oder Fachfremden als quereinsteigende LehrerInnen. In anderen Ländern wie z. B. Amerika und der Schweiz wurden hingegen Modelle ausgearbeitet und Studien zu berufswechselnden bzw. quereinsteigenden LehrerInnen durchgeführt, die für Österreich als Vorbild dienen könnten. Im Folgenden werden einige Untersuchungsergebnisse aus diesen Ländern vorgestellt.

4.3.1   Studien aus Amerika

In Amerika war die oben beschriebene Problematik bereits mehrfach Untersuchungsgegenstand wissenschaftlicher Studien, zudem existieren auch Daten zu den Ausbildungsgraden der Lehrkräfte sowie Selbstberichte und Selbstbewertungen von Lehrkräften, die im Rahmen von behördlichen Evaluierungen erhoben werden. Weiters bieten mehrere amerikanische Bundesstaaten sogenannte *Workplace-Learning*-Programme für QuereinsteigerInnen/BerufswechslerInnen an. Dieser Sachverhalt und die beschriebenen Daten eröffnen eine Reihe von Forschungsmöglichkeiten, die denn auch wahrgenommen wurden.

So z. B. von Erling E. Boe et al., die unter anderem Ausbildungsgrade, Unterrichtspraktika, Vorbereitungsintensität und Selbstberichte von amerikanischen Lehrkräften quantitativ untersucht haben. Die Untersuchung ergab, dass Lehrkräfte, die zahlreiche und intensive Unterrichtspraktika sowie eine pädagogische Ausbildung absolviert hatten, in den Selbstberichten von einer höheren Effektivität in der Unterrichtsplanung, im Klassenmanagement und beim Methodeneinsatz sprachen. Außerdem erhielten Lehrkräfte mit steigendem Qualifizierungsgrad

dette: Quereinsteiger: Ich bin dann mal Lehrer, in: *DiePresse,* 21. November 2010.

eine höhere staatliche Zertifizierung und wurden vermehrt in ihrem jeweiligen Fachgebiet eingesetzt.[102]

In einer ähnlichen früheren Studie, durchgeführt von Darling-Hammond et al., wurde die Effektivität von LehrerInnen anhand von Schülererfolgen analysiert. Zur Untersuchung wurden Ausbildungsgrade, staatliche Zertifizierungen von Lehrkräften sowie staatliche Schülertestergebnisse wie der *student's gain score* herangezogen (berücksichtigt wurden nur Schülerdaten, die Referenzen zu den jeweiligen LehrerInnen beinhalteten).[103] Die Studie ergab zwar, dass Lehrkräfte mit pädagogischer Ausbildung ihre Lehrtätigkeit mit einem hohen Grad an Effektivität beginnen, aber sie zeigte auch, dass QuereinsteigerInnen, die Workplace-Learning-Programme absolvieren, effektiver in ihrer Lehrtätigkeit sein können als KollegInnen mit pädagogischer Ausbildung.

Beide Studien belegen, dass QuereinsteigerInnen mit der Zeit durch Begleitprogramme genauso effektiv und in manchen Fällen sogar effektiver arbeiten können als ausgebildete Lehrkräfte. Ausschlaggebend hierfür ist der Entwicklungsprozess der Lehrkraft. Im Hinblick auf die IRL heißt das, dass der Einsatz von QuereinsteigerInnen möglich und legitim ist, aber einer Begleitung bedarf.

Als Nächstes wird nun der deutschsprachige Raum in den Blick genommen.

4.3.2 Entwicklungen und Forschungen im deutschsprachigen Raum

Für Österreich und Deutschland wurden vor allem Untersuchungen zur Wirksamkeit und Entwicklung von LehrerInnenbildung sowie zur Kompetenzentwicklung bzw. Professionalisierung von LehrerInnen[104] ohne

---

102 Vgl. Boe, Erling E./Shin, Sujie/Cook, Lynne H.: ‚Does Teacher Preparation Matter for Beginning Teachers in Either Special or General Education?', in: *The Journal of Special Education* 41 (2007), H. 3, S. 158–170.

103 Vgl. Darling-Hammond, Linda/Holtzman, Deborah J./Gatlin, Su Jin u. a.: ‚Does Teacher Preparation Matter? Evidence about Teacher Certification, Teach for America, and Teacher Effectiveness', in: *education policy analysis archives* 13 (2005), H. 42, S. 1–51.

104 Siehe dazu z. Bsp. Nils Buchholtz u. a.: ‚Die Erhebung mathematikdidaktischen Wissens – Konzeptualisierung einer komplexen Domäne'; Keller-

die Berücksichtigung von QuereinsteigerInnen/BerufswechslerInnen durchgeführt.[105] So finden sich in der deutschen Literatur Belege dafür, dass LehrerInnen ihre (Hochschul-)Ausbildung für ihre Lehrtätigkeit tendenziell für wenig bedeutsam halten.[106] In der Studie von Keller-Schneider wurden beispielsweise die Professionalisierung bzw. der Kompetenzanstieg und die Kompetenzentwicklung von LehrerInnen gemessen. Die Studie ergab u. a. einen selbstbewerteten Kompetenzanstieg mit wachsender Berufserfahrung, obwohl die LehrerInnen sich auch in ihrer Berufseinstiegsphase kompetent betrachten.[107] Lehrkräfte ohne pädagogische Ausbildung oder mit Nachqualifizierung wurden in diese Untersuchungen aber nicht mit einbezogen.

Die Schweiz stellt in diesem Rahmen einen Sonderfall dar, da sie ähnlich wie Amerika unterschiedliche Modelle bzw. „Neue Wege der Professionalisierung" anbietet. Diese sind u. a. das „Assessment"- und das „Bachelor"-Modell:[108] Im Assessment-Modell erfolgt zuerst eine Assessmentphase und im Anschluss daran der direkte Einstieg in die Schulpraxis (50 Prozent Beschäftigung). Parallel zur Praxis erwerben die QuereinsteigerInnen ein regionales Lehrdiplom. Im Bachelor-Modell hingegen werden QuereinsteigerInnen mit einem BA-Diplom direkt in

Schneider, Manuela: ‚Kompetenz von Lehrpersonen in der Berufseinstiegsphase. Die Bedeutung von zwei methodisch unterschiedlichen Erfassungszugängen.', in: *Zeitschrift für Bildungsforschung* (2014), H. 4, S. 101–117.

105 Ähnliche Untersuchungen in Österreich waren bis vor Kurzem nicht möglich, da keine vergleichbaren Daten vorhanden waren. Mit den Ergebnissen der neuen schriftlichen Reifeprüfung und der Informelle Kompetenzmessung (IKM) wäre eine ähnliche Untersuchung denkbar. Siehe dazu bifie – Bundesinstitut für Bildungsforschung, Innovation & Entwicklung des österreichischen Schulwesens: *Informelle Kompetenzmessung (IKM)*, URL: https://www.bifie.at/lernen-begleiten/ikm/(letzter Abruf: 19.04.2019).

106 Vgl. Herrmann, Ulrich: *Wie lernen Lehrer ihren Beruf?: Empirische Befunde und praktische Vorschläge*, Weinheim u. a. 2002, S. 103ff.

107 Vgl. Manuela Keller-Schneider: ‚Kompetenz von Lehrpersonen in der Berufseinstiegsphase. Die Bedeutung von zwei methodisch unterschiedlichen Erfassungszugängen.', S. 114ff.

108 Vgl. Bauer, Catherine Eve/Bieri Buschor, Christine/Safi, Netkey (Hrsg.): *Berufswechsel in den Lehrberuf: Neue Wege der Professionalisierung*, Bern 2017, S. 13.

den Beruf aufgenommen und absolvieren dann ein berufsbegleitendes Studium.

Begleitende Studien zu Schweizer Workplace-Learning-Programmen ergaben unter anderem, dass Lernen am Arbeitsplatz wesentlich von MentorInnen, Coachs und KollegInnen beeinflusst wird, die zum Lernzuwachs der QuereinsteigerInnen beitragen. Außerdem erfolgt das Lernen nach dem Trial-and-Error-Prinzip, bei dem von verschiedenen Seiten Hilfestellungen und Praxistipps eingeholt und ausprobiert werden.[109]

4.3.3 Ausblick: Workplace Learning

Die Empirie und Praxis zeigen, dass die Aneignung von Kompetenzen, Haltungen und Handlungsroutinen nicht allein in der Aus-, Fort- und Weiterbildung der LehrerInnen erfolgt, sondern ebenso bei den Lerngelegenheiten und -anlässen, die der Lehrerberuf selbst bereitstellt.[110] Diese sind in Auseinandersetzung mit den individuellen sowie kollektiven Ressourcen für die professionelle Ausrichtung und Entwicklung einer Lehrperson maßgebend.

Das Lernen am Arbeitsplatz kann nach Keck Frei et al. drei Formen des Lernens umfassen:[111] 1. formales Lernen, das am Arbeitsplatz oder in Ausbildungsstätten stattfinden kann und mit einer Zertifizierung abschließt, 2. informelles Lernen, nicht strukturiert und nicht zertifiziert, 3. nonformales Lernen, ein systematisches und zielgerichtetes Lernen

---

109 Vgl. Keck Frei, Andrea/Kocher, Mirjam/Spiess, Reta u. a.: ,Die berufsintegrierte Ausbildungsphase von quereinsteigenden Lehrpersonen: Lernen an der Pädagogischen Hochschule und am Arbeitsort Schule', in: Catherine Eve Bauer/Christine Bieri Buschor/Netkey Safi (Hrsg.): *Berufswechsel in den Lehrberuf. Neue Wege der Professionalisierung*, Bern 2017, S. 141–160, hier S. 154f.

110 Vgl. Terhart, Ewald: *Lehrerberuf und Lehrerbildung: Forschungsbefunde, Problemanalysen, Reformkonzepte*, Weinheim u. a. 2001; Catherine Eve Bauer u. a. (Hrsg.): *Berufswechsel in den Lehrberuf* (wie Anm. 109).

111 Vgl. Andrea Keck Frei u. a.: ,Die berufsintegrierte Ausbildungsphase von quereinsteigenden Lehrpersonen: Lernen an der Pädagogischen Hochschule und am Arbeitsort Schule', S. 145.

ohne Zertifizierung, das maßgeblich durch Mentoring/Begleitung gesteuert werden kann.

Das Lernen und die Lerngelegenheiten am Arbeitsplatz sind in Österreich kaum ausgebaut und weder wissenschaftlich untersucht noch Diskussionsgegenstand, obwohl sie, wie bereits dargelegt, einen wichtigen Aspekt der beruflichen Entwicklung von LehrerInnen darstellen. In Österreich besteht neben diesem Forschungsdefizit auch ein Mangel an (Begleit-/Nach-)Qualifizierungsprogrammen und an Mentoring für QuereinsteigerInnen/BerufswechslerInnen. Insbesondere im IRL-Beruf werden von den QuereinsteigerInnen/BerufswechslerInnen Eigeninitiativen erwartet, ohne dass ihnen Mentoring oder auf ihre Bedürfnisse angepasste Workplace-Qualifizierungsmöglichkeiten angeboten würden. Im Falle des IRU war eine Nach- bzw. Basisqualifizierung aufgrund der begrenzten Anzahl und Zugänglichkeit von Studiengängen der IRP bis vor kurzem kaum möglich.

4.4 Resümee

Trotz unterschiedlicher Zugänge zeigt sich in den aktuellen wissenschaftlichen Beiträgen eine deutliche Wendung in der Professionsforschung von der Professionsbestimmung, der Abgrenzung zur Expertiseforschung und den merkmalsorientierten Ansätzen hin zu den Leitbegriffen der Professionalisierung und Professionalität.[112] Die in diesem Kapitel dargestellten Zugänge und Theorien greifen im Einzelnen Teilaspekte der Professionalität und Professionalisierung auf und ermöglichen so analytische Forschungszugänge, die nicht in Konkurrenz zueinander stehen, sondern sich gegenseitig ergänzen. ‚Neue Wege der Professionalisierung und Professionalität' legen wiederum nahe, dass die LehrerInnen-Professionalisierung und -Bildung ein Prozess ist, der

---

112 Vgl. Michael Dick: ‚Professionsentwicklung als Forschungs- und Handlungsfeld', S. 20; Nittel, Dieter: ‚Von der Profession zur sozialen Welt pädagogischer Tätiger: Vorarbeiten zu einer komparativ angelegten Empirie pädagogischer Arbeit', in: Werner Helsper/Rudolf Tippelt (Hrsg.): *Pädagogische Professionalität* (57), Weinheim u. a. 2011, S. 40–59, hier S. 50; Ewald Terhart: ‚Lehrberuf und Professionalität: Gewandeltes Begriffsverständnis – neue Herausforderungen'.

zum Großteil am Arbeitsplatz stattfindet und sich daher, wenn er angemessen begleitet wird, dort auch ohne vorausgegangene Ausbildung vollziehen kann.

Die Erforschung der Professionalisierung und Professionalität erfolgt in vielen Fällen deduktiv in Auseinandersetzung mit einzelnen bestehenden theoretischen Ansätzen. Induktive Annäherungen sind hingegen kaum vorhanden. Im Fall der einzelnen Fachdisziplinen mag das sehr wohl sinnvoll sein, aber im Fall des IRL-Berufs erscheint eine deduktive Vorgehensweise aus folgenden Gründen nicht zielführend:

1. Die Lehrkörperschaft der islamischen ReligionslehrerInnen ist aufgrund ihrer Genese sehr heterogen. Die Heterogenität umfasst unterschiedliche Ebenen wie Bildungshintergrund, biografische Entwicklung, Berufs- und Alltagserfahrung, Qualifizierung sowie die religiöse, kulturelle und berufliche Sozialisation.
2. Die Entwicklung der Bildungstradition verlief in den islamischen Ländern gänzlich anders als in Europa bzw. Österreich (siehe Einleitung).
3. Für eine deduktive Vorgehensweise sind kaum normative Konzepte bzw. Vergleichswerte zur deduktiven Abgleichung und Analyse vorhanden.

Aus diesen Gründen ist für die Ausarbeitung der für Professionalität und Professionalisierung relevanten Faktoren eine explorativ-induktive Vorgehensweise, d. h. eine Exploration der Biografien, der Tätigkeit und der Handlungs- und Arbeitsstrukturen naheliegend und zielführend. Diesen Überlegungen folgend wurde in der Studie eine offene und explorative Vorgehensweise gewählt. Die eingehende Erläuterung der Forschungsmethodologie findet im nachfolgenden Kapitel (5) statt.

5 Erkenntnisleitende Perspektive und methodisches Vorgehen

Dieses Kapitel widmet sich der theoretischen Perspektive der Studie, die den heuristischen Rahmen zur Erkenntnisgewinnung bildet, sowie den im Forschungsprojekt verfolgten methodischen Konzepten.

5.1 Situationsanalyse als erkenntnisleitende theoretische Perspektive

Nach Michael Crotty ist eine erkenntnisleitende theoretische Perspektive die Art und Weise, wie jemand die Welt sieht und wahrnimmt. Aus dieser wiederum resultiert die Sinnerschließung. Derartige Perspektiven bilden Leitparadigmen für die Forschungsmethodologie und Erkenntnisgewinnung.[113]

Als methodische Grundlage für das vorliegende Forschungsprojekt wurde, aufgrund ihrer Offenheit und Flexibilität, die Situationsanalyse nach Adele Clarke, eine Weiterentwicklung der Grounded Theory (im Folgenden kurz: GT) gewählt. Nachstehend werden die Situationsanalyse und deren heuristischer und analytischer Charakter, wie er in diesem Projekt zum Tragen kommt, in kurzen Zügen vorgestellt.

5.1.1 Situationsanalyse nach Clarke

Clarke lernte den GT-Ansatz und das Modell der Sozialen Welten/Arenen als Studentin bei Anselm Strauss, den sie später an der University of California, San Francisco (UCSF), beerben sollte, kennen. Eigentlich im Symbolischen Interaktionismus verwurzelt, ergänzte sie ihre Forschungsarbeit auf diesem Gebiet um eine Lehrtätigkeit „in der feministischen und interaktionistischen Theorie [von] Foucault, den Cultural

---

113 Vgl. Crotty, Michael: *The foundations of social research: Meaning and perspective in the research process*, London u. a. 2003, S. 8.

Studies sowie der Wissenschafts-, Technik- und Medizinforschung"[114]. Unter diesen Einflüssen erkannte Clarke die analytische und erkenntnisleitende Bedeutung des Postmodern Turn, insbesondere im Hinblick auf nichtmenschliche Entitäten und die Situiertheit des menschlichen (Nicht-)Handelns. So entstand ihr Anliegen, „den Grounded Theory Ansatz nach dem *postmodern turn*, der in den vergangenen Jahrzehnten stattgefunden hat[te], zu erneuern und zu erweitern"[115]. In weiterer Folge führte sie den Foucault'schen Ansatz mit Ansätzen des Symbolischen Interaktionismus und der GT zusammen und entwickelte basierend auf der Grundannahme, „dass alles, was sich in der Situation befindet, so ziemlich alles andere, was sich in der Situation befindet, auf irgendeine (oder auch mehre) Weise(n) konstituiert und beeinflusst"[116], die Situationsanalyse.

5.1.1.1 Wurzeln und Grundlagen der Grounded Theory

Die GT[117] ist ein von Barney Glaser und Anselm Strauss vorgelegter Ansatz zur empirisch-induktiven Theoriegenerierung. Ihre Wurzeln liegen im Symbolischen Interaktionismus von Herbert Blumer und im Philosophischen Pragmatismus von George H. Mead, der ebenso zu den Gründungsvätern des Symbolischen Interaktionismus der Chicago School zählt.[118] Glaser und Strauss begannen ihre Zusammenarbeit mit dem von Strauss initiierten Forschungsprojekt „Awareness of

---

114 Clarke, Adele E.: *Situationsanalyse: Grounded Theory nach dem Postmodern Turn*, Wiesbaden 2012, S. 36.

115 Vgl. ebd., S. 26.

116 Ebd., S. 114.

117 Im deutschsprachigen Raum finden sich dafür auch Begriffe wie „Grounded Theory Methodology (GTM)" oder „gegenstandsverankerte Theoriebildung"; vgl. dazu Breuer, Franz/Muckel, Petra/Dieris, Barbara u. a.: *Reflexive Grounded Theory: Eine Einführung für die Forschungspraxis*, Wiesbaden ³2017, S. 17.

118 Vgl. Stern, Phyllis Noerager: ‚In the Beginning Glaser and Strauss Created Grounded Theory', in: Janice M. Morse/Phyllis Noerager Stern/Juliet Corbin u. a. (Hrsg.): *Developing Grounded Theory: The Second Generation*, Walnut Creek 2009, S. 23–29, hier S. 23.

Dying"[119]. Glaser war „mit [seiner] kritisch-rationalistische[n] Orientierung und [seinem] methodische[n] Schwerpunkt in der quantitativen Meinungsforschung"[120] vor allem an Theoriebildung interessiert.[121] Nach einer Reihe von gemeinsamen Studien veröffentlichten sie 1967 das Buch „The Discovery of Grounded Theory"[122].

Nachdem es zwischen ihnen zu Differenzen gekommen war, entwickelten Glaser und Strauss ihre Theorien in unterschiedliche Richtungen weiter. Mit der Zeit entstanden verschiedene konzeptionelle und methodische Stränge, die als die Straussian GT und die Glaserian GT bezeichnet werden.[123]

Die Erarbeitung der Grounded Theory und ihre Weiterentwicklungen werden zwar primär als eine Methodologie verstanden,[124] beschreiben im Einzelnen aber auch methodische Verfahrensschritte und -möglichkeiten, von der Auswertung bis hin zur Entdeckung bzw. Entwicklung der Grounded Theory. GT als Methodologie, Stil, Haltung oder eine Verfahrensweise zieht folgendes Forschungsverständnis nach sich:

---

119 Glaser, Barney G./Strauss, Anselm L.: *Awareness of Dying*, New York NY ⁹1979.

120 Mey, Günter/Mruck, Katja: ‚Grounded-Theory-Methodologie: Entwicklung, Stand, Perspektiven', in: DIES.: *Grounded Theory Reader*, Wiesbaden ²2011, S. 11–50, hier S. 14.

121 Vgl. Phyllis Noerager Stern: ‚In the Beginning Glaser and Strauss Created Grounded Theory', S. 24f.

122 Glaser, Barney G./Strauss, Anselm L.: *The discovery of grounded theory*: *Strategies for qualitative research*, New York u. a. 1967.

123 Vgl. Günter Mey u. a.: ‚Grounded-Theory-Methodologie: Entwicklung, Stand, Perspektiven', S. 16–19; vgl. auch Morse, Janice M.: ‚Tussles, Tensions and Resolutions', in: Janice M. Morse/Phyllis Noerager Stern/Juliet Corbin u. a. (Hrsg.): *Developing Grounded Theory*: *The Second Generation*, Walnut Creek 2009, S. 13–19.

124 Vgl. Anselm L. Strauss im Gespräch mit Heiner Legewie und Barbara Schervier-Legewie: „„Forschung ist harte Arbeit, es ist immer ein Stück Leiden damit verbunden. Deshalb muss es auf der anderen Seite Spaß machen."', in: Günter Mey/Katja Mruck (Hrsg.): *Grounded Theory Reader*, Wiesbaden ²2011, S. 69–78, hier S. 74. Auch andere Autoren verstehen die GT und ihre Weiterentwicklungen als Methodologie bzw. Stil. Siehe dazu etwa die Arbeiten von: Franz Breuer u. a.: *Reflexive Grounded Theory*; Mey, Günter/Mruck, Katja (Hrsg.): *Grounded Theory Reader*, Wiesbaden ²2011.

- Der Forschungsprozess als zentrale Analysekategorie:[125] Nach der Strauss'schen GT werden Forschungsabläufe als Prozesse verstanden, die einer Reflexion und Offenlegung bedürfen. In weiterer Folge ist es notwendig, dass sich ForscherInnen zu diesen Prozessen positionieren und einen angemessen Umgang mit ihnen finden.
- Kodieren nach dem „theoretischen Gehalt":[126] Die Kodierungen dienen zur Wiedergabe und Bezeichnung des latenten Sinnesgehalts oder, wie Mey/Mruck es beschreiben, zur Aufdeckung des „Dahinterliegenden"[127]. In diesem Sinne schlugen Strauss/Corbin die Einteilung in drei aufeinander aufbauende Formen des Kodierens vor: das offene, das axiale und das selektive Kodieren.
  - Das offene Kodieren dient „als Prozess des Aufbrechens, Untersuchens, Vergleichens, Konzeptualisierens und Kategorisierens von Daten"[128] zur Aufdeckung theoretischer Konstrukte und Muster.
  - Zweck des axialen Kodierens ist die Entwicklung, Vernetzung und der Vergleich von Kategorien mit dem Ziel des Aufbaus einer Theorie.[129]
  - Die letzte Kodierungsphase, das selektive Kodieren, betrifft den „Prozess des Auswählens der Kernkategorie, des systematischen In-Beziehung-Setzens der Kernkategorie mit anderen Kategorien, der Validierung dieser Beziehungen und des Auffüllens von Kategorien, die einer weiteren Vertiefung und Entwicklung bedürfen"[130].

---

125 Vgl. Strauss, Anselm L./Corbin, Juliet: *Grounded Theory: Grundlagen qualitativer Sozialforschung*, Weinheim 1996, S. 118–131.

126 Mey, Günter/Mruck, Katja: ‚Methodologie und Methodik der Grounded Theory', in: Wilhelm Kempf/Markus Kiefer (Hrsg.): *Forschungsmethoden der Psychologie: Zwischen naturwissenschaftlichem Experiment und sozialwissenschaftlicher Hermaneutik*, Berlin ³2009, S. 100–152, hier S. 109.

127 Vgl. Günter Mey u. a.: ‚Grounded-Theory-Methodologie: Entwicklung, Stand, Perspektiven', S. 34f. Vgl. auch Franz Breuer u. a.: *Reflexive Grounded Theory*, S. 45.

128 Anselm L. Strauss u. a.: *Grounded Theory*, S. 43.

129 Vgl. ebd., S. 75.

130 Ebd., S. 94.

- Iterative Prozessschleifen:[131] Die GT setzt ein iteratives Handeln und Reflektieren voraus. Analyse und Theoriebildung beginnen mit dem ersten Datenmaterial und sind Grundlage der fortlaufenden Reflexion und Präzisierung der Forschung.
- Theoretisches Sampling:[132] Im Fokus dieser Form von Sampling steht die ,theoretische Relevanz'. Damit ist gemeint, dass die im Werden begriffene Theorie bzw. die ersten Konzepte Indikatoren sind für das weitere Sampling. In einem iterativen Prozess wird das Sample fortlaufend der theoretischen Relevanz entsprechend präzisiert.
- Theoretische Sensibilität:[133] In der GT werden zahlreiche Quellen wie die Literatur, Berufserfahrung und persönliche Erfahrung als Potenziale für die Entwicklung eines Bewusstseins für die Nuancen und Deutungsmöglichkeiten von Daten verstanden. Das heißt, offengelegte und reflektierte subjektive Erfahrungswerte erweitern und schärfen die Forscherperspektive.

5.1.1.2 Der Postmodern Turn

Bei der Erneuerung der GT nach Clarke kommt dem eingangs erwähnten Postmodern Turn eine Schlüsselfunktion zu, daher soll er an dieser Stelle kurz dargelegt werden. Nach Clarkes Darstellung handelt es sich bei diesem um ein fächerübergreifendes Phänomen, das zahlreiche Wissenschaften und Bereiche der Wissensproduktion sowie die Lebenswelt der Menschen erfasst. Die Postmoderne ist charakterisiert durch „Partikularismus, Positionalitäten, Komplikationen, Substanzlosigkeit, Instabilitäten, Unregelmäßigkeiten, Widersprüche[...], Heterogenitäten, Situiertheit und Fragmentierung – kurz: Komplexität"[134]. Aus dieser Perspektive betrachtet ist alles Wissen ein sozial und kulturell produziertes bzw. situiertes und partikuläres Wissen.[135] Deshalb erfordert die Sozialforschung nach dem Postmodern Turn veränderte und

131 Vgl. Günter Mey u. a.: ,Grounded-Theory-Methodologie: Entwicklung, Stand, Perspektiven', S. 23f.
132 Vgl. Anselm L. Strauss u. a.: *Grounded Theory*, S. 148–165.
133 Vgl. ebd., S. 25ff.
134 Adele E. Clarke: *Situationsanalyse*, S. 26.
135 Vgl. ebd., S. 26f.

neue Methoden, die diesem Phänomen gerecht werden, so Clarke.[136] Dies wiederum impliziert, dass „Situiertheit, Abweichungen, Ungleichheiten aller Art, Positionalität und Relationalität in all ihrer Komplexität und mit ihren Multiplizitäten, Instabilitäten und Widersprüchen sehr ernst genommen werden"[137].

5.1.1.3 Clarkes Weiterentwicklung der Grounded Theory

Clarke attestiert in ihrer Weiterentwicklung der GT bereits vorhandene, aber vernachlässigte postmoderne Eigenschaften. Ihre auf dem Postmodern Turn und auf Foucaults poststrukturalistischen Ansätzen basierende Erneuerung der GT zu einem „Ansatz zur gegenstandsverankerten Theoriebildung postmoderner Verschiebungen in der Sozialtheorie und qualitativen Forschung" impliziert folgende Gesichtspunkte:[138]

- die Trennung der GT von den positivistischen Sozialwissenschaften und die Hinwendung zum Postmodern Turn,
- die Erweiterung „des sozialen Handelns mit einer ökologischen Leitmetapher sozialer Welten, Arenen, Aushandlungen und Diskurse[...] als alternative konzeptionelle Infrastruktur",
- die Ergänzung der GT-Analysen zum sozialen Handeln durch die kartografische Situationsanalyse, das sogenannte Mapping bzw. die sogenannten Maps,
- die Betrachtung der substanziellen und formalen Theorieentwicklung als einen Prozess, der durch die Erzeugung von sensibilisierenden Konzepten und ihre Integration angetrieben wird (sensibilisierende Konzepte ermöglichen das gegenstandsverankerte Theoretisieren),
- die Berücksichtigung der Komplexität postmodernen Lebens durch die Herausarbeitung systematischer und flexibler Forschungsdesigns.

---

136 Vgl. ebd., S. 27, 31.
137 Ebd., S. 30.
138 Vgl. ebd., S. 35.

Auf dieser Grundlage macht Clarke die erforschte Situation selbst zum Untersuchungsgegenstand. Die Konstruktion der Forschungssituation erfolgt nach Clarke anhand von analytischer Arbeit, diversen Memos und drei verschiedenen von ihr entwickelten Maps.[139] Bevor Clarkes Situationsverständnis vorgestellt wird, sei hier kurz auf die von ihr genannten sensibilisierenden Konzepte (*sensitizing concepts*) eingegangen.

5.1.1.4 Sensitizing concepts: die Funktion von Begrifflichkeiten

Sensitizing concept ist ein Ansatz, der auf Herbert Blumer (1954) zurückgeht[140] und der die Verwendung von Begrifflichkeiten in einer offenen und heuristischen Form vorsieht. In weiterer Folge werden sensibilisierende Konzepte in der GT als begriffliche Konzepte verstanden, die den heuristisch-analytischen Rahmen für die Erkenntnisgewinnung bilden.[141] Clarke spricht in diesem Zusammenhang von Konzepten, die „generische Prozesse oder analytische Schauplätze" skizzieren können, welche die Richtung vorgeben „in die geschaut werden' sollte, aber nicht, was dort zu sehen wäre"[142]. Zugleich weist sie auf die Gefahr der vorzeitigen theoretischen/analytischen Schließung hin.

5.1.1.5 Clarkes Situationsanalyse: die Bedeutung der Maps

In der Situationsanalyse wird, wie bereits erwähnt, die Situation selbst zum Untersuchungsgegenstand. Nach Clarkes Verständnis sind die Bedingungen der Situation und die Situation selbst eins. Das heißt, die Bedingungen sind die Situation.[143] Die Situation wiederum wird von Clarke in ihrer „Situationsmatrix" folgendermaßen konstruiert:

139 Vgl. ebd., S. 37.
140 Vgl. Jan Kruse: ,Sensitizing concepts', in: Markus Antonius Wirtz (Hrsg.): *Dorsch – Lexikon der Psychologie*, Bern [18]2017, S. 1535. Siehe auch 5.1.1.1 (S. 53).
141 Vgl. Kühn, Thomas/Witzel, Andreas: ,Der Gebrauch einer Textdatenbank im Auswertungsprozess problemzentrierter Interviews', in: *FORUM: Qualitative Social Research* 1 (2000), H. 3, Art. 18, Abschnitt 4.1.
142 Adele E. Clarke: *Situationsanalyse*, S. 118.
143 Vgl. ebd., S. 112.

Abb. 2:   Situationsmatrix erstellt nach Clarke[144]

Ausgehend von dieser Matrix stellt Clarke in weiterer Folge drei Arten von Situationsmaps und -analysen vor: Situationsmaps, Maps von Sozialen Welten/Arenen und Positionsmaps sind analytische Untersuchungsmittel, die eine situationsanalytische Untersuchung des Forschungsgegenstands ermöglichen.[145] Da es sich bei diesen Maps nicht nur um einen theoretischen Ansatz, sondern um konkrete Untersuchungsmethoden handelt, findet die Erörterung der im Forschungsprozess angewandten Situationsmaps in Kapitel 5.2.3 statt.

---

144 Vgl. ebd., S. 113.
145 Siehe dazu ebd., S. 121–180.

5.1.2 Resümee und theoretische Perspektive des Projekts

Zusammenfassend betrachtet sind für die Konzeptualisierung des gegenständlichen Forschungsvorhabens folgende Aspekte der Situationsanalyse (bzw. der GT nach dem Postmodern Turn) maßgeblich:

- Offenheit und Flexibilität im Sinne einer induktiv-explorativen Theoriegenerierung,
- iterative Konzeptualisierung und das theoretische Sampling als ein paralleles Erheben und Reflektieren von Daten,
- die Wahrnehmung bzw. Anerkennung von postmoderner Situiertheit, Abweichungen, Ungleichheiten, Positionalität, Relationalität, Komplexität, Instabilität, Widersprüchlichkeiten und Kontingenz als erkenntnisleitende Faktoren,
- die Verwendung von Begrifflichkeiten, Diskursen und Konzepten als sensibilisierende Konzepte, die der Untersuchung einen heuristisch-analytischen Rahmen geben; im vorliegenden Projekt werden solche sensibilisierenden Konzepte durch die Professionsbegriffe und die Professionsforschung, insbesondere die Begriffe „Professionalität" und „Professionalisierung", wie in Kapitel 4 dargestellt, konstituiert.

5.2 Die methodische Konzeptualisierung

In Bezug auf die methodische Konzeptualisierung von Forschungsprojekten spricht Crotty von der *methodology*[146], unter der er das Gesamtgefüge bzw. die Prozessplanung, bestehend aus einzelnen Methoden, versteht. Entsprechend diesem Verständnis werden in diesem Abschnitt die einzelnen Methoden bzw. die eigene Vorgehensweise erläutert.

5.2.1 Der Zugang zum Feld

Bei der gedanklichen Annäherung an das Feld kommen die Aspekte „ForscherIn-als-Person"[147] und Selbstreflexivität, Forschen im eigenen

---

146 Vgl. Michael Crotty: *The foundations of social research*, S. 3–8.
147 Franz Breuer u. a.: *Reflexive Grounded Theory*, S. 5.

Feld und die Wahl des Forschungsdesigns unter Berücksichtigung des Feldkontexts ins Spiel. Nachstehend werden sie in dieser Reihenfolge erläutert.

5.2.1.1 „ForscherIn-als-Person"

Die Rolle des/der ForscherIn ist insbesondere in der Sozialforschung umstritten, da (sozialwissenschaftliche) Erkenntnistätigkeit subjektgebunden ist.[148] In den Naturwissenschaften und in der quantitativen Sozialforschung wird diese Subjektgebundenheit als erkenntnisbeeinflussender Störfaktor gesehen, den es zu minimieren oder gar zu eliminieren gilt. In der qualitativen Sozialforschung, wie z. B. in der GT, hingegen wird die Subjektivität, wenn subjektive Vorannahmen und Perspektiven offengelegt werden und der/die ForscherIn selbstreflexiv arbeitet, als Potenzial gesehen.[149] So erkennen Breuer et al. beispielsweise in der Beeinflussung des Kontextgeschehens durch die Anwesenheit des/der ForscherIn produktive epistemologische Möglichkeiten im Sinne einer positiven Erkenntnisheuristik. Hier kommt die Selbstreflexivität des/der ForscherIn ins Spiel. Der/Die ForscherIn ist aufgefordert, die eigene Position gegenüber dem Forschungsgegenstand und gegenüber den Akteuren im Untersuchungsfeld zu reflektieren und stetig zu hinterfragen, ebenso wie den eigenen Zugang, Vorannahmen, Vorwissen und den Prozessverlauf.[150] Diesem Grundverständnis war auch die Entscheidung geschuldet, in der vorliegenden Studie – insbesondere in diesem Kapitel (Erkenntnisleitende Perspektive und methodisches Vorgehen) und in Kapitel 2 (Forschungsanliegen und Forschungsfragen) – im Sinne einer Offenlegung den Projektprozess einzublenden.

---

148 Vgl. ebd., S. 118.
149 Vgl. Breuer, Franz/Mey, Günter/Mruck, Katja: ‚Subjektivität und Selbst-/ Reflexivität in der Grounded-Theory-Methodologie', in: Günter Mey/Katja Mruck (Hrsg.): *Grounded Theory Reader*, Wiesbaden ²2011, S. 427–448, hier S. 428–434.
150 Vgl. ebd., S. 433; vgl. Anselm L. Strauss u. a.: *Grounded Theory*, S. 28f.

5.2.1.2 Forschen im eigenen Feld

Feld- bzw. Berufserfahrungen sowie persönliche Erfahrungen können bei einer reflektierten und offenen Vorgehensweise den Forscherblick öffnen und schärfen bzw. den/die ForscherIn mit Blick auf den Forschungsgegenstand und die Daten für Feinheiten sensibilisieren. Dieses Verständnis wird in der GT als „theoretische Sensibilisierung" bezeichnet, die die facheigene und fachfremde Literatur sowie Erfahrungen jeglicher Art als potenzielle Quellen für eine Sensibilisierung des/der ForscherIn begreift.[151]

Hinsichtlich des vorliegenden Forschungsprojekts sollte sich eine langjährige Berufserfahrung als Lehrer, d. h. die Zugehörigkeit zu der Gruppe der IRL, als große Hilfe bei der Kontaktaufnahme und der Interviewdurchführung erweisen – in dem Sinn, dass sie auf die potenziellen InterviewpartnerInnen eine identitätsstiftende Wirkung hatte. Es bestand oder ergab sich eine Vertrauensbasis, auf die sich in den Interviews gut aufbauen ließ. Die Identifizierung wirkte sich zudem positiv auf die Teilnahmebereitschaft und die Erzählfreude der LehrerInnen aus.

Freilich machten sich im Zuge der Interviews auch aus dieser Identifikation resultierende Nachteile und Beeinträchtigungen bemerkbar: So gingen manche LehrerInnen zeitweise zu einer freundschaftlich-ungezwungenen Gesprächsform über, die Äußerungen wie „weißt eh..." und den Verzicht auf nähere Situationserläuterungen beinhaltete. Andere wiederum formulierten nur kurze Sätze, ohne eine Thematik oder eine Situation näher zu schildern, oder sie erwarteten vom Interviewer eine Bestätigung. Durch den Verzicht auf Narrationen können aber latent-implizite Konzepte und Theorien nur eingeschränkt zutage treten und eine Situation nicht zur Gänze erschlossen werden. Um diesen Beeinträchtigungen vorzubeugen bzw. um mit möglichen Beeinträchtigungen umzugehen, galt es, die eigene Position und Rolle als Forscher und Interviewer zu reflektieren. Dafür sollten sich die sukzessiv-explorative bzw. parallele Vorgehensweise bei der Erhebung und Reflexion der Daten als hilfreich erweisen – diese gewährleisteten die Reflexion von

---

151 Vgl. Anselm L. Strauss u. a.: *Grounded Theory*, S. 25ff. Siehe auch 5.1.1.1 und 5.1.1.4.

transkribierten Interviews und ebenso die Vorbereitung auf neue Interviews. Diese Vorgehensweise zeigte, dass es einer gewissen Distanz zu den InterviewpartnerInnen bedarf und auf Bewertungen oder Vorgaben nach Möglichkeit zu verzichten ist. Nach Cornelia Helfferich sind Aufmerksamkeitshaltungen und Zurückhaltungen von Deutungen für den Interviewverlauf von großer Bedeutung.[152] Daher mussten die Fragen offen sein und Erzählungen generieren können. In den oben angedeuteten problematischen Fällen wurden Nachfragen wie „Wie meinst du das?" und „Was meinst du mit …?" gestellt oder nach Erlebnissen gefragt. Das verstehende und nachfragende Aufgreifen von Stichwörtern aus den Erzählungen der InterviewpartnerInnen diente ebenfalls zur Generierung und Aufrechterhaltung des Erzählflusses.[153]

5.2.1.3 Feldsensibles Forschungsdesign

Für den Forschungsprozess spielte auch die Frage nach der Untersuchungsmethode sowie nach der Datenerhebungs- und Auswertungsmethode eine große Rolle. Die Betrachtung des Forschungsstands – siehe Kapitel 3 – ließ eine nähere Exploration des Untersuchungsgegenstands geboten erscheinen. Darüber hinaus war es ein persönliches Anliegen, Relationen im und um den Untersuchungsgegenstand einer genaueren Analyse zu unterziehen, um eine Objektivierung und Verallgemeinerungen zu ermöglichen. Für die Exploration des Untersuchungsgegenstands kam nur ein qualitatives Untersuchungsdesign infrage, wohingegen zur Untersuchung von Relationen sich ein quantitatives Untersuchungsdesign empfahl.

Unter Annahme der Gleichwertigkeit der qualitativen und quantitativen Untersuchungsstränge fiel die Entscheidung zunächst zugunsten einer Mixed-Methods-Verfahrensweise. Die qualitative Untersuchung sollte zum einen das Feld explorieren und zum anderen die Operatio-

---

152 Vgl. Helfferich, Cornelia: *Die Qualität qualitativer Daten: Manual für die Durchführung qualitativer Interviews*, Wiesbaden ⁴2011, S. 13.

153 Helfferich unterscheidet zwischen stimulierenden Leitfragen, Aufrechterhaltungsfragen und konkreten Nachfragen zur Präzisierung bzw. Ausführung von Inhalten. Vgl. dazu ebd., S. 102–107.

nalisierung in der quantitativen Untersuchung ermöglichen.[154] Das Vorhaben stellte sich aus zweierlei Gründen als nicht durchführbar heraus:

1) Im Hinblick auf eine quantitative Untersuchung erwies sich der Zugang zum Feld der IRL als schwierig. Eine den wissenschaftlichen Standards entsprechende quantitative Untersuchung besteht aus einem Sampling und dem Messinstrument.[155] Die islamische Lehrkörperschaft besteht nach Angaben der IGGÖ aus ca. 600 LehrerInnen. Bei einer so kleinen Population wäre eine totale Observation, d. h. eine Befragung aller LehrerInnen erstrebenswert, aber nicht zwingendermaßen notwendig. Für die Definition der Grundgesamtheit, das Sampling (Stichprobendesign) und die Kontaktaufnahme werden Daten wie z. B. Telefon- oder E-Maillisten benötigt, da andernfalls nur ein Schneeballverfahren bzw. ein nicht repräsentatives *non-random* Sampling möglich ist.[156]
   In manchen Fällen wurde bei der Kontaktaufnahme mit LehrerInnen und Funktionären der IGGÖ große Skepsis gegenüber der empirischen Untersuchung erkennbar. Die IGGÖ und auch einige LehrerInnen lehnten eine Untersuchung (insbesondere eine quantitative Untersuchung) ausdrücklich ab. In diesem Zusammenhang wurde u. a. auf negative Erfahrungen mit früheren Studien, z. B. mit der Studie von Khorchide und deren medialer Rezeption, verwiesen. Nach mehreren Gesprächen wurde zwar von der IGGÖ Kooperationsbereitschaft signalisiert, die konkrete Kooperation blieb jedoch aus. Auch Versuche, den Zugang über die KPH bzw. die IRPA und über die Landesschulräte zu bekommen, waren erfolglos.

2) Weiter stellte sich heraus, dass ein Mixed-Methods-Ansatz, in dem beide Forschungsstränge gleichgewertet werden, für ein Vorhaben dieser Art nicht geeignet ist, da die zur Verfügung stehenden personalen, finanziellen und zeitlichen Ressourcen bei Weitem nicht ausreichen.[157]

---

154 Siehe dazu Kuckartz, Udo: *Mixed Methods: Methodologie, Forschungsdesigns und Analyseverfahren*, Wiesbaden 2014, S. 66ff., 88ff.

155 Vgl. Groves, Robert M.: *Survey Methodology*, Hoboken, NJ ²2009, S. 42.

156 Vgl. Udo Kuckartz: *Mixed Methods*, S. 84.

157 Kuckartz mahnt zu Recht die Berücksichtigung von Ressourcen bei der Wahl des Mixed-Methods-Designs an und empfiehlt, bei Ressourcenknapp-

Folglich setzte sich die Überlegung durch, die quantitative Studie aufzugeben und die qualitative Explorationsstudie – im Sinne der Aufdeckung und Tiefenanalyse grundlegender Aspekte eines Konzepts zur Professionalisierung der IRL – weiterzuverfolgen. Ein weiterer wesentlicher Grund für die qualitative Vorgehensweise war die besondere Eignung der qualitativen Forschungsmethoden für das Forschungsvorhaben. Nach Strauss und Corbin liegt die Stärke der qualitativen Forschungsmethoden etwa darin, dass sie „verstehen helfen (können), was hinter wenig bekannten Phänomenen liegt"[158].

5.2.2 Der Weg zur Generierung von Daten

In diesem Abschnitt wird die Generierung von Daten anhand folgender Gesichtspunkte dargestellt: Interviewmethode, theoretisches Sampling, Einstieg in die Gespräche, Anonymisierung und Transkription.

5.2.2.1 Interviewmethode: problemzentrierte narrative Interviews

Sowohl die in diesem Projekt formulierten Forschungsfragen als auch das ihm zugrunde liegende Professionalitäts- und Professionalisierungsverständnis sprachen für die Wahl eines problemzentrierten narrativen Interviews nach Andreas Witzel. Ausschlaggebend für diese Entscheidung waren die große narrative Offenheit trotz Gegenstandsorientierung, die Möglichkeit der Leitfadenstützung sowie die Gelegenheit zum Nachfragen – allesamt Gegebenheiten, die nach Witzel auch charakteristisch für das problemzentrierte Interview (im Folgenden kurz: PZI) sind. So orientiert sich das PZI an gesellschaftlich relevanten Problemstellungen, indem der/die InterviewerIn die Handlungskontexte des Untersuchungsgegenstands zur Kenntnis nimmt und sie für das Nachvollziehen und Nachfragen im Interviewfluss verwendet. Das Interviewverfahren lässt sich zudem offen und flexibel an die Anforderungen des Untersuchungsgegenstands (im Sinne einer Gegenstands-

---

heit auf einfachere Forschungsdesigns zurückzugreifen. Siehe dazu ebd., S. 97.

158 Anselm L. Strauss u. a.: *Grounded Theory*, S. 5.

orientierung) anpassen. Ferner kann das Interview auf den Kommunikationsprozess hin zentriert werden, d. h. die InterviewerInnen können die Gesprächsentwicklung fördern sowie sensibel und akzeptierend auf die Rekonstruktion von Orientierungen und Haltungen hinarbeiten.[159]

Folglich kommt im PZI dem Leitfaden und der Einstiegsfrage eine besondere Bedeutung zu. Der Leitfaden ermöglicht als Hintergrundfolie dem/der InterviewerIn die Aufmerksamkeitserhaltung und die Orientierung im Kommunikationsprozess. Die Einstiegsfrage zu Beginn dient zur Ausrichtung des Gesprächs auf das zu untersuchende Problem. Die Frage muss daher so formuliert sein, dass sie dem/der Interviewten die grundsätzliche Richtung vorgibt, ihn/sie zu Narrationen animiert und von einem Frage-Antwort-Schema abbringt.[160] Sowohl die Einstiegsfrage als auch der Leitfaden dienen als Hilfsmittel, um einen organischen Gesprächsverlauf zu erzeugen und ein Vertrauensverhältnis aufzubauen. Das heißt, die Vorformulierungen werden nicht abgelesen, sondern dienen nur zur Orientierung. In diesem Sinne wurde folgende Einstiegsfrage formuliert:

Ich möchte unser Gespräch mit der Frage danach beginnen, wie Sie LehrerIn geworden sind. Erzählen Sie mir einfach einmal, wie es dazu kam – wie sind Sie LehrerIn geworden?

Anmerkungen zum Leitfaden

Der Leitfaden wurde im Laufe eines Forschungsseminars, bestehend aus Phasen der Ideensammlung, des Testens und des Reflektierens, in Anlehnung an das SPSS-Prinzip von Helfferich entwickelt.[161] Zum einen wurden die gesammelten Fragen den KollegInnen vorgelegt und deren Feedback eingeholt, und zum anderen wurde der Leitfaden in kleinen Gruppen in Form von kurzen Probeinterviews getestet und im Anschluss diskutiert und präzisiert. Diese Vorgehensweise, insbesondere

---

159 Vgl. Mayring, Philipp: *Einführung in die qualitative Sozialforschung: Eine Anleitung zu qualitativem Denken*, Weinheim ⁴1999, S. 50–53; Witzel, Andreas: ‚Das problemzentrierte Interview', in: *FORUM: Qualitative Social Research* 1 (2000), H. 1.
160 Vgl. Andreas Witzel: ‚Das problemzentrierte Interview'.
161 Siehe dazu Cornelia Helfferich: *Die Qualität qualitativer Daten*, S. 182–189.

das häufige Feedback der KollegInnen, trug wesentlich zur Optimierung der Formulierung von Fragen, zur Entdeckung wichtiger Fragebereiche und zur Sensibilisierung im Hinblick auf die Gesprächsführung bei. So entstand der Leitfaden, eingeteilt in die Fragebereiche Berufseinstieg, Persönlichkeit, Rolle, Aufgaben, Fähigkeiten/Kompetenzen, IRU/IRL-Verständnis und Herausforderungen. In diesen Bereichen wurden erzählungsgenerierende Leitfragen formuliert, die Wahl der inhaltlichen Schwerpunkte wurde den InterviewpartnerInnen überlassen. Nachfragen zielten auf Konkretisierungen sowie die Ermittlung von Motiven und Perspektiven ab.

5.2.2.2 Theoretisches Sampling

Ein wesentlicher Anteil an der Erkenntnisgewinnung kommt in der GT dem „theoretischen Sampling" – einer Strategie zur Auswahl der Untersuchungseinheiten – zu. Das theoretische Sampling ist durch Flexibilität und durch (sukzessive) Kontrastierungsbewegungen gekennzeichnet. Der/Die ForscherIn sucht gezielt kontrastreiche Fälle aus, die eine Exploration des Untersuchungsfelds bzw. des Untersuchungsgegenstands ermöglichen. Das Sampling bzw. die Merkmale der Fallauswahl können sich aufgrund ermittelter Daten verändern. Der/Die ForscherIn kann hierbei sukzessiv-parallel oder explorativ vorgehen. Er/Sie kann auf Grundlage bereits analysierter Daten und deren Reflexion neue Informationen einbeziehen und andere wiederum ausschließen.[162]

In der vorliegenden Untersuchung war das theoretische Sampling von besonderer Bedeutung, da vieles darauf hindeutete, dass es sich bei den zu interviewenden IRL um eine sehr heterogene Gruppe handelt. Daher wurde ein sukzessiv-exploratives Sampling-Verfahren gewählt, in dem die ersten drei InterviewpartnerInnen nicht anhand eines vordefinierten Sampling-Merkmals, sondern aufgrund von Empfehlungen kontaktiert wurden. Diese drei Interviews sollten nach einer vorläufigen, groben Auswertung zur Festlegung der weiteren Fallauswahl dienen. Die ersten Ergebnisse bestätigten die Vermutung, dass die Gruppe der IRL in jeder Hinsicht stark heterogen ist. Von da an wurde einem mög-

---

162 Vgl. Franz Breuer u. a.: *Reflexive Grounded Theory*, S. 156–159; Vgl. auch Anselm L. Strauss u. a.: *Grounded Theory*, S. 148–168.

lichst kontrastreichen Sampling höchste Priorität eingeräumt. Mit dem Voranschreiten der Auswertung fanden weitere Anpassungen des Samplings statt. Für die Kontrastierung wurden u.°a. die Merkmale Dienstalter, Ausbildungsgrad, ethnische Zugehörigkeit, Glaubensgemeinschaft, Geschlecht, Bundesland, Schultyp usw. herangezogen.

Da die Interviews einer sukzessiven bzw. iterativ-parallelen Vorgehensweise folgten, fanden sie phasenweise statt. Die erste Phase bzw. das erste Interview diente der Validierung des Leitfadens – dieser wurde zunächst einer Reflexion unterzogen und dann um die Frage nach der Zukunftsperspektive erweitert. Diese Frage diente zur Aufdeckung vorhandener und nicht vorhandener (aber erwünschter) Entwicklungstendenzen. Auf die Validierung folgten mehrere Auswertungsphasen. Im Anschluss daran wurden wiederum zwei bis drei Interviews durchgeführt. Mit Ausnahme der Steiermark wurden die potenziellen InterviewpartnerInnen aufgrund von Empfehlungen und Gesprächen mit LehrerInnen ausgewählt und kontaktiert. Im Bundesland Steiermark wurde der Fachinspektor um Kontaktdaten der dort angestellten LehrerInnen gebeten. So konnten in den Jahren 2015 bis 2017 fünf weibliche und sieben männliche Religionslehrkräfte interviewt werden. Die Interviews dauerten zwischen 63 Minuten und 115 Minuten, die durchschnittliche Länge eines Interviews betrug 85 Minuten.

5.2.2.3 Gesprächsführung

Mit Ausnahme von zwei Interviews verliefen die Gespräche flüssig, ohne Unterbrechungen – und auch ohne dass sich die Befragten Zurückhaltung auferlegt hätten. Nach der gegenseitigen Bekanntmachung und der vertraglichen Zusicherung der Anonymität entstand schnell eine vertrauensvolle Atmosphäre, in der die InterviewpartnerInnen meist eine kollegiale, in manchen Fällen auch eine belehrende Haltung einnahmen. In den eingangs erwähnten zwei Interviews wurden immer wieder Bedenken bezüglich der Anonymität laut; konkret hatten die Befragten Angst, dass diese aufgrund ihrer besonderen Situation und ihrer besonderen persönlichen Merkmale nicht gewährleistet werden könne. Diese Bedenken konnten erst ausgeräumt werden, nachdem ihnen versichert worden war, dass die Anonymisierung alle Merkmale und Angaben umfasst, die auf sie rückschließen lassen könnten. Zudem fiel auf, dass eine Person im Unterschied zu allen anderen bestimmte Probleme sehr vorsichtig ansprach oder sogar in einem positiven Licht darstellte. Dieses Verhalten war möglicherweise auf die geschilderten Bedenken bezüglich der Anonymität oder aber auf die Tätigkeit in der muslimischen Gemeinde zurückzuführen, wo kritische Äußerungen bei Bekanntwerden eventuell negative Folgen gezeitigt hätten.

5.2.2.4 Anonymisierung und Transkription

Die Anonymität der UntersuchungsteilnehmerInnen gehört zu den wissenschaftlichen Standards, die diesfalls den TeilnehmerInnen auch vertraglich zugesichert wurde. Warum die Anonymisierung im Fall der IRL von großer Bedeutung und gleichzeitig äußerst schwierig ist, liegt daran, dass es sich bei ihnen nicht nur um eine sehr kleine, sondern auch äußerst heterogene Gruppe handelt. Das heißt, dass bereits die Nennung bestimmter Merkmale oder die Thematisierung bestimmter Situationen und Probleme zur Aufhebung der Anonymität führen könnten. Und dies könnte für die Lehrkräfte die Gefahr bergen, zu Unrecht verdächtigt zu werden.

Daher wurden Namen, Orte und Hinweise, die zur Identifikation der Personen führen können, so weit wie möglich anonymisiert. Die Namen der beteiligten LehrerInnen wurden durch Pseudonyme – Namen aus dem türkischen Sprachraum – ersetzt. Um zu verhindern, dass LehrerInnen anhand längerer Sinneinheiten bzw. Transkriptionen wiedererkannt oder fälschlicherweise verdächtigt werden, wurde davon abgesehen, die vollständigen Transkripte der Öffentlichkeit zugänglich zu machen.

Die Interviews wurden mit einem Audiorekorder aufgezeichnet und mittels der Transkriptionssoftware f4[163] transkribiert. Die dabei weitgehend angewandten Regeln von Bohnsack[164] wurden für die Bedürfnisse

---

163 Siehe f4transkript, URL: https://www.audiotranskription.de/f4.htm (letzter Abruf: 17.04.2019).

164 Vgl. Bohnsack, Ralf/Nentwig-Gesemann, Iris/Nohl, Arnd-Michael (Hrsg.): *Die dokumentarische Methode und ihre Forschungspraxis: Grundlagen qualitativer Sozialforschung*, Wiesbaden ³2007, S. 399f.

des Projekts adaptiert. Die Dialektsprache wurde, soweit es das Verständnis erforderte, an die Schriftsprache angepasst, die Dialektfärbung sowie Grammatik und Satzbau wurden weitestmöglich beibehalten.

Die Interviewtexte wurden nach der Transkription zur Analyse und Generierung von Kodes in MAXQDA eingelesen. Da MAXQDA grundsätzlich mit Absatznummern arbeitet und nicht mit Zeilennummern,[165] werden die Belegstellen durch die Nennung des Pseudonyms der interviewten Person und der jeweiligen Absatznummer am Ende der Interviewzitate kenntlich gemacht.

Die hier wiedergegebenen Interviewpassagen wurden ins Hochdeutsche übertragen, die Transkriptionszeichen entfernt und weitere, Inhalt und Sinn nicht beeinträchtigende Anonymisierungen vorgenommen.

Die Reflexion bzw. Auswertung der Transkripte begann direkt im Anschluss an die Transkription und folgte dem iterativen Prozess-Paradigma der GT. Der Auswertungsprozess in seinen einzelnen Schritten bis hin zur Bildung der Kernkategorien ist Gegenstand des folgenden Kapitels.

5.2.3 Der Weg zur gegenstandsverankerten Theoriemodellierung

In der GT spricht man in Bezug auf die Datenauswertung von Modellierung[166] oder gegenstandsverankerter Theoriegenerierung[167]. Hierbei handelt es sich nicht um die Beschreibung von Themen oder Phänomenen, sondern um das Korrelieren von Themen und somit um die interpretative Konzeptualisierung der Daten.[168] In diesem Sinne erfolgt nach dem offenen, axialen und selektiven Kodieren die Modellbildung bzw. die Konzeptualisierung.[169]

---

165 Siehe dazu MAXQDA: *Manual 2018*, URL: https://www.maxqda.de/hilfe-max18/03-daten-organisieren-und-editieren/zeilennummerierung-in-ein-textdokument-einfuegen (letzter Abruf: 17.04.2019).

166 Vgl. Franz Breuer u. a.: *Reflexive Grounded Theory*, S. 287.

167 Vgl. Anselm L. Strauss u. a.: *Grounded Theory*, S. 7f.; vgl. Adele E. Clarke: *Situationsanalyse*, S. 33.

168 Vgl. Anselm L. Strauss u. a.: *Grounded Theory*, S. 13f.

169 Siehe dazu Adele E. Clarke: *Situationsanalyse*, S. 33; Anselm L. Strauss u. a.: *Grounded Theory*, S. 40; Muckel, Petra: ,Die Entwicklung von Kategorien mit

5.2.3.1 Offenes Kodieren

Petra Muckel vergleicht das offene Kodieren mit der Methode des freien Assoziierens. Der/Die ForscherIn liest hierzu die Daten Zeile für Zeile oder in thematischen Sequenzen[170] und versucht, entsprechende thematische Bezeichnungen[171] zu finden. Breuer et al. wiederum beschreiben offenes Kodieren als einen Erschaffungsprozess, in dem ein Phänomen abduziert, abstrahiert und unter einem „verallgemeinernden Obergriff" subsumiert wird. Dazu wird der Text zunächst einmal aufgebrochen und auf seine möglichen Deutungen hin untersucht bzw. interpretiert.[172] Dieser komplexe, kreative Prozess birgt zwei Gefahren in sich: zum einen, dass eindimensionale inhaltliche Bezeichnungen – eine Art Inhaltsangabe oder Nacherzählung – gewählt werden und dadurch die Ebene gut abstrahierter Kodes verfehlt wird. Zum anderen können unachtsame und starke Abstraktionen zu gegenstandsenthobenen Begriffen führen, die ebenso die Ebene guter Kodes verfehlen.[173] Zur Vermeidung dieser Gefahren empfehlen Breuer et al. unter anderem die Arbeit und Interpretation in Gruppen.[174]

Der Kodierungsprozess erwies sich insbesondere im Hinblick auf das Finden von konzeptuellen Bezeichnungen als äußerst schwierig. Die formulierten Bezeichnungen waren zu Beginn des Kodierungsprozesses oftmals zu formal und zu oberflächlich. Sequenzanalytische Interpretationen[175] und die kollegiale Zusammenarbeit mit anderen DoktorandInnen ermöglichten den produktiven Umgang mit diesen Schwierigkeiten. Die Sequenzanalyse erlaubte das Aufbrechen des Interviewtexts, und

---

der Methode der Grounded Theory', in: Günter Mey/Katja Mruck (Hrsg.): *Grounded Theory Reader*, Wiesbaden ²2011, S. 333–352.

170 Vgl. Franz Breuer u. a.: *Reflexive Grounded Theory*, S. 270; Froschauer, Ulrike/Lueger, Manfred: *Das qualitative Interview: Zur Praxis interpretativer Analyse sozialer Systeme*, Wien 2003, S. 94, 99.

171 Hierbei können „natürliche Bezeichnungen", die im Datensatz vorkommen, verwendet werden, oder der/die ForscherIn kann selbst „Bezeichnungen" formulieren. Siehe dazu Petra Muckel: ‚Die Entwicklung von Kategorien mit der Methode der Grounded Theory', S. 342.

172 Vgl. Franz Breuer u. a.: *Reflexive Grounded Theory*, S. 269.

173 Vgl. ebd., S. 269f.

174 Vgl. ebd., S. 322.

175 Vgl. ebd., S. 270.

die zahlreichen Interpretationen[176] in diversen Forschungsseminaren und Empiriegruppen mit KollegInnen und ProfessorInnen deckten viele Deutungsmöglichkeiten auf.[177]

Nach den ersten Interviews stellte sich zudem die Frage, wie die Daten übersichtlich organisiert werden könnten. Um Übersichtlichkeit und leichteren Zugriff zu gewährleisten, wurde eine computergestützte Analyse (Kodierung) mittels MAXQDA gewählt.[178]

Anhand von Sequenzanalysen bzw. Interpretationen von Themenpaketen (Sinneinheiten) und dem Einsatz von MAXQDA gelang es mit der Zeit, abstrakte Kodes zu formulieren. Dies war mithilfe einer Kombination von offenem Kodieren, axialem Kodieren und dem Verfahren der Situationsanalyse möglich. Mittels der Situationsanalyse konnten viele latente Gesichtspunkte erfasst werden (siehe dazu Kapitel 5.2.3.3).

---

176 Die Interpretation erfolgte in Anlehnung an U. Froschauers und M. Luegers „Interpretation der thematischen Einheiten" und an U. Oevermanns „Objektive Hermeneutik". Eine sequenzanalytische Feinanalyse-Interpretation nach Oevermann war im Rahmen des Projekts aufgrund begrenzter Ressourcen nicht realisierbar. Daher wurden in der Analyse thematische Einheiten aufgegriffen, die dann in der Gruppe interpretiert wurden. Bei der Interpretation wurden zum einen möglichst viele Lesarten generiert und zum anderen nach Abstraktionsmöglichkeiten bzw. abstrakten Kodierungsmöglichkeiten gesucht. Siehe dazu Ulrike Froschauer u. a.: *Das qualitative Interview*, S. 148–156; siehe auch Philipp Mayring: *Einführung in die qualitative Sozialforschung*, S. 98ff.

177 In das Datenmaterial flossen auch während der Interpretation und danach entstandene Notizen und Gedanken zu den Themenpaketen ein. Hierfür wurden die Interpretationen oftmals auch mit einem Audiorekorder aufgezeichnet.

178 Die Computerunterstützung diente nur als Hilfsmittel zur Organisation der Daten und Memos. Vgl. dazu Kuckartz, Udo: *Einführung in die computergestützte Analyse qualitativer Daten*, Wiesbaden ³2010, S. 30; vgl. MAXQDA, URL: http://www.maxqda.de (letzter Abruf: 17.04.2019).

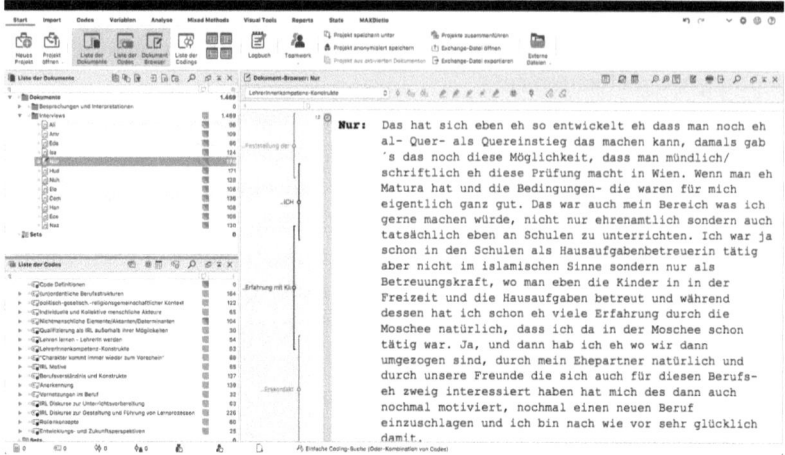

Abb: 3:   MAXQDA Bildschirmfoto – Ausschnitt aus dem Kodierungsprozess

5.2.3.2 Axiales Kodieren

Dem offenen Kodieren folgte das axiale Kodieren,[179] bei dem die einzelnen Kodierungen aus der ersten Phase zu Kategorien gebündelt wurden. Diese Bündelung zu Kategorien beinhaltete auch die Erstellung von Situationsmaps, die auf vorhandenen Kodes aufbauen bzw. aufbauen können. Bei einer axialen Bündelung besteht die Gefahr, dass entweder der Forschungsprozess blockiert wird oder dass zu viele offene Kodierungen die Übersicht beeinträchtigen. Daher wurde zunächst eine grobe axiale Kodierung durchgeführt und anschließend mit der Situationsanalyse weitergearbeitet.

5.2.3.3 Situationsanalyse

Wie bereits in Abschnitt 5.1.5 dargelegt, ermöglicht die Situationsanalyse nicht nur eine theoretische Ausrichtung, sondern sie bietet auch analytische Werkzeuge, die sogenannten Maps, zur Erforschung der Situationsbedingungen bzw. der Einflussfaktoren und ihrer Beziehungen.[180] Für die

---

179 Siehe dazu Franz Breuer u. a.: *Reflexive Grounded Theory*, S. 280.
180 Siehe dazu Adele E. Clarke: *Situationsanalyse*, S. 124.

vorliegende Untersuchung wurde auf die ungeordneten und geordneten Situationsmaps sowie auf die Relationsanalyse zurückgegriffen.[181] Parallel zum Kodieren wurde zunächst eine ungeordnete Map, eine Art freie Assoziation bzw. Mindmap, erstellt, die den Untersuchungsgegenstand und dessen Situationsbedingungen rekonstruieren und abbilden sollte. Im Anschluss daran wurden die kodierten Themenkategorien aus der ersten Map nach Clarkes Ordnungskategorien sortiert (siehe nachfolgende Tabelle).

Tab: 2: Ordnung der kodierten Themenkategorien nach Clarkes Ordnungskategorien

Ordnungskategorien[182]	Kodierte Themenkategorien
Individuelle menschliche Elemente/Akteure	Schulleitungen, FachinspektorInnen, SchülerInnen, LehrerInnen, KollegInnen, Eltern, Imame
Kollektive menschliche Elemente/Akteure	Gewerkschaften, Netzwerke (Fachgruppen), Moscheegemeinde
Diskursive Konstruktionen individueller und/oder kollektiver menschlicher Akteure	Erwartungserwartung: Hodscha bzw. Vorbildfunktion, Erwartungen der Religionsgemeinschaft, Erwartungen der Gesellschaft/Politik, Erwartungen der Schule/Schulleitungen/LehrerInnen, Erwartungen der Eltern, Eignung als LehrerIn in der Selbstsicht der IRL, LehrerInnenkompetenz-Konstrukte, Berufsverständnis, Lehren lernen – LehrerIn werden: Konstrukte
Politische/wirtschaftliche Elemente	Qualifizierung als IRL außerhalb ihrer Möglichkeiten, schul- und dienstrechtlicher Kontext
Zeitliche Elemente	Unterrichtsvorbereitungsaufwand, zusätzliche Beschäftigung, Wegzeiten und schulische Verpflichtungen
Hauptthemen/Debatten (meist umstritten)	Diskurse zur Unterrichtsvorbereitung, religionsdidaktische Diskurse, nicht akzeptierte/ungeklärte/prekäre Themen, Verhältnis Pädagogik/Didaktik – Theologie/Fachwissen, Weiterbildungen und Fortbildungen, Rollenkonzepte, Anerkennung und Integration

---

181 Vgl. ebd., S. 124–147.
182 Vgl. ebd., S. 128.

Ordnungskategorien	Kodierte Themenkategorien
Nichtmenschliche Elemente/Aktanten	„Räume in Anspruch nehmen/hinnehmen müssen", Arbeitsmaterial, Unterrichtsgruppenstruktur, Stundenplanorganisation, Schultyp(en), Anzahl der zu unterrichtenden Schulen
Implizierte/stumme Akteure/Aktanten	innerislamische religiöse und kulturelle Vielfalt, eigene Familie, eigenes soziales Umfeld, Moscheegemeinde, nicht muslimische Religionsgesellschaften, nicht muslimische Menschen, Asymmetrien, fehlende Präsenz im Schulforum
Soziokulturelle/symbolische Elemente	(religiöse) Symbole und (religiöse) Praxis im Schulalltag, Feierlichkeiten, Sportveranstaltungen…
Räumliche Elemente	Radikalisierung in großen Städten, Situation der MuslimInnen (Stadt/Land), „Räume in Anspruch nehmen/hinnehmen müssen"
Verwandte Diskurse (historisch narrative und/oder visuelle)	Politisierung des Islams, Gewalt und Islam (Terror), Bildungsreform (Khorchide-Studie), Ethikunterricht, mediale Diskurse zum Islam (aktuell Kindergartenstudie)
Andere wichtige Elemente	IRP/IT: (Un-)Möglichkeiten in Europa, Motive der IRL, Berufseinstieg, Berufszugang, Zukunftsperspektiven, IRL-Persönlichkeit/-Charakter

Die geordnete Map half dabei, das Datenmaterial ausgehend von den Ordnungskategorien nach weiteren Gesichtspunkten zu untersuchen und den Analysehorizont zu erweitern.

In einem parallel-iterativen Prozess wurden anhand der ungeordneten Map zudem relationale Analysen nach Clarkes Beispiel erstellt.[183] Nachstehende Abbildung zeigt einen Ausschnitt aus dem Arbeitsprozess.

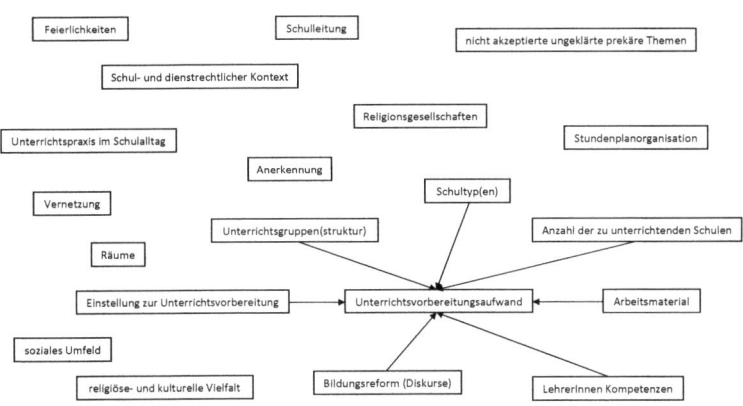

Abb: 4: Relationsanalyse nach Clarke – Ausschnitt aus dem Analyseprozess

In diesem exemplarischen Ausschnitt sind die Relationen des Unterrichtsvorbereitungsaufwands dargestellt. Dieser ist abhängig von Faktoren (Kodierungen) wie Arbeitsmaterial, Schultyp(en), Anzahl der zu betreuenden Schulen, Bildungsreform, Lehrerkompetenzen und einer eventuellen zusätzlichen Beschäftigung (siehe dazu mehr in der Ergebnisdarstellung).

5.2.3.4 Selektives Kodieren: die Entwicklung der Storyline

Der Situationsanalyse folgte als abschließende Kodierung das selektive Kodieren. Die Ergebnisse der Situationsmaps, insbesondere der Relationsanalyse, ermöglichten zwar Konzeptualisierungen, aber sie erschie-

---

183 In den relationalen Analysen werden die Elemente der Map einzeln aufgegriffen und ihre Beziehung zu anderen Elementen geprüft bzw. beschrieben. Siehe dazu ebd., S. 140–147.

nen nicht geeignet für eine nachvollziehbare und übersichtliche Ergebnisdarstellung. Um eine dichtere Konzeptualisierung zu erreichen und damit eine verständliche und organische Storyline[184] im Sinne eines Erzählbogens zu kreieren, wurde ein selektives abschließendes Kodieren gewählt. Beim selektiven Kodieren nach der GT handelt es sich um eine abschließende systematische Gesamtgestaltung des Theorieentwurfs, um „eine[...] theoretische[...] Integration aller kategorialen Konzepte unter eine[...] konsistenzstiftende[...] Logik.“[185]

5.2.3.5 Kernkategorien zur Professionalität und Professionalisierung islamischer ReligionslehrerInnen

Die Ergebnisse aus den geschilderten Kodierungsschritten wurden weitergebündelt, sodass die Schlüsselkategorie ‚Lehren lernen – LehrerIn werden – LehrerIn sein‘ und ihre folgenden 16 Kernkategorien zur Professionalität bzw. Professionalisierungsbedingungen des IRL-Berufs gebildet werden konnten:

‚Lehren lernen – LehrerIn werden – LehrerIn sein‘:

1) (Un)ordentliche Berufsstrukturen
2) Politisch-gesellschaftlicher Kontext
3) Kollektive und individuelle Akteure
4) Nichtmenschliche Aktanten
5) Qualifizierung als IRL: Grenzen und Möglichkeiten
6) Lehren lernen – LehrerIn werden: Werdegang
7) LehrerInnen-Kompetenz-Konstrukte
8) Charakter und Habitus der IRL
9) Motivation der IRL
10) Berufsverständnis der IRL
11) Ausgrenzung und Marginalisierung
12) Anerkennung der IRL
13) Vernetzungen im IRL-Beruf

---

184 Vgl. Franz Breuer u. a.: *Reflexive Grounded Theory*, S. 285.
185 Vgl. ebd., S. 284.

14) Konzepte zur Vorbereitung des Unterrichts
15) Konzepte zur Gestaltung und Leitung von Lernprozessen
16) Rollenkonzepte der IRL

Die aufgelisteten 16 Kategorien bilden den Erzählbogen und werden um die Schlüsselkategorie angeordnet. Die detaillierte Darstellung der Kategorien erfolgt im nächsten Kapitel.

6 Darstellung der Ergebnisse

Die Präsentation der Ergebnisse erfolgt entlang der unten skizzierten Storyline[186]. Die Kernkategorien sowie die Schlüsselkategorie der Storyline sind, wie im Methodologiekapitel (5) angemerkt, in einem iterativen Prozess als Konstrukt vieler Analyse- bzw. Kodierungsschritte entstanden. Im Folgenden werden zunächst die Schlüsselkategorien ‚Lehren lernen – LehrerIn werden – LehrerIn sein' und ‚Storyline' eingeführt. Anschließend werden die einzelnen Kategorien im Detail vorgestellt. Die Diskussion der Ergebnisse im Gespräch mit den Leitbegriffen ‚Professionalität' und ‚Professionalisierung' im Kontext der Religionspädagogik und -didaktik findet in Kapitel 8 statt.

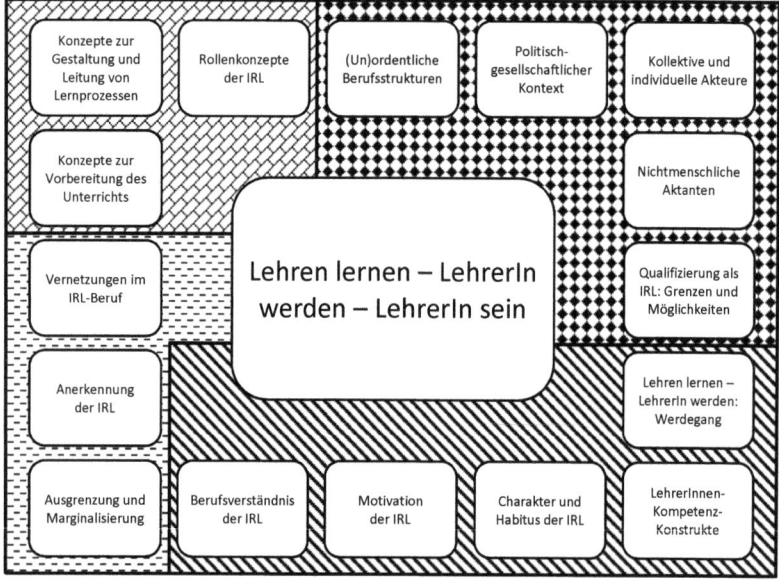

Abb. 5:   Darstellung der Kategorien, die die Storyline bilden

---

186 Strauss/Corbin definieren Storyline als „Konzeptualisierung der Geschichte". Vgl. Anselm L. Strauss u. a.: *Grounded Theory*, S. 94.

6.1 Lehren lernen – LehrerIn werden – LehrerIn sein

Im Laufe des selektiven Kodierens und der konzeptionellen Verdichtung der Kategorien zu einer Storyline kristallisierten sich Lehren, Lernen, LehrerIn werden und LehrerIn sein als zentrale Schlüsselbegriffe heraus. Durch deren häufige Nennung in den Interviews wurde deutlich, dass bei der (Aus-)Bildung der IRL Prozesse und Suchbewegungen im Zentrum stehen, in denen die IRL zum einen das Lehren lernen und zum anderen zu einem eigenen Unterrichtskonzept und -stil sowie zu einer persönlichen und beruflichen (professionellen) Identität finden. Diese Prozesse und Suchbewegungen sind wiederum durch Situiertheit, Instabilitäten, Widersprüchlichkeiten, Kontingenz – verstanden als Möglichkeit und Ungewissheit – sowie durch strukturelle Bedingungen und Faktoren gekennzeichnet. Im Folgenden werden diese Prozesse und Suchbewegungen mit ihren Facetten und Determinanten vorgestellt.

6.2 Storyline: Konzeptualisierung der Ergebnisse

Die 16 Kernkategorien, die sich um die Schlüsselkategorie ‚Lehren lernen – LehrerIn werden – LehrerIn sein‘ gruppieren, sind so angeordnet, dass ein möglichst konsistenter Erzählfluss entsteht, der die empirische Logik unterstützt. Inspiriert von der Themenzentrierten Interaktion (im Folgenden kurz: TZI) nach Ruth Cohn[187] und ihrer Mehrperspektivität, werden die 16 Kategorien in Anlehnung an die vier Faktoren der TZI in vier Gruppen zusammengefasst und in vier Kapiteln (6.3–6.6) dargestellt. Vor der Präsentation der Kategorien folgen einige Anmerkungen zur TZI und den Kategorien selbst.

---

187 Vgl. Schneider-Landolf, Mina/Spielmann, Jochen/Zitterbarth, Walter (Hrsg.): *Handbuch Themenzentrierte Interaktion (TZI)*, Göttingen ²2010.

Die Themenzentrierte Interaktion (TZI)

Das TZI-Konzept, bekannt geworden als ein Konzept bzw. als eine „Methode des lebendigen Lernens"[189], zeichnet sich insbesondere durch das In-Beziehung-Setzen und die Berücksichtigung der Dynamiken zwischen Individuum, Gruppe, Sache und Kontext aus. Symbolisch wird diese ganzheitliche Sichtweise mit dem in einem Kreis/in einer Kugel befindlichen TZI-Dreieck zum Ausdruck gebracht (s. Abbildung 6). „ICH", „WIR" und „ES" bilden die in den kugelförmigen Kontext – auch als „GLOBE" bezeichnet – eingebetteten drei Ecken des Dreiecks:

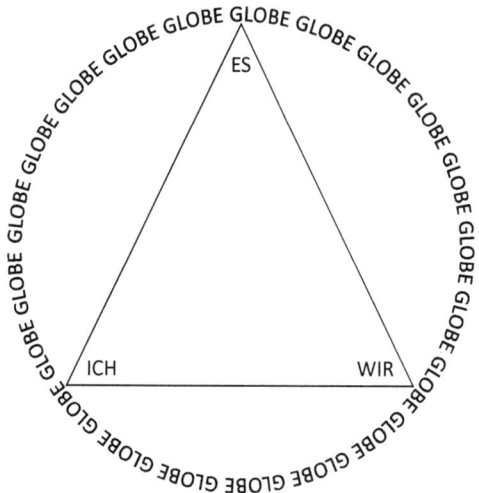

Abb. 6:   TZI Dreieck, eingebettet im GLOBE[188]

Diese vier Faktoren (ICH, WIR, ES und GLOBE) werden folgendermaßen charakterisiert:[190] „ICH" steht für die einzelnen Personen, die nur in Verbindung mit den anderen Faktoren (ES, WIR und GLOBE) „politisch, kulturell oder produzierend" tätig sein können. „WIR" beschreibt das

188 Vgl. ebd., S. 51ff., 115ff.
189 Langmaack, Barbara: *Einführung in die Themenzentrierte Interaktion (TZI): Das Leiten von Lern- und Arbeitsgruppen erklärt und praktisch angewandt*, Weinheim 2011, S. 19.
190 Vgl. ebd., S. 63–71.

Beziehungsgefüge bzw. die Interaktion und Kooperation in der Gruppe. „ES" wird als das Thema oder die Aufgabe verstanden, zu deren Bearbeitung die Menschen zusammenkommen und eine Gruppe bilden. Mit „GLOBE" bezeichnet man „das organisatorische, physikalische, strukturelle, soziale, politische, ökologische, kulturelle engere und weitere Umfeld, das die Zusammenarbeit der Gruppe bedingt und beeinflusst und das umgekehrt von der Arbeit der Gruppe beeinflusst wird"[191].

Das TZI-Modell wurde in Innsbruck für die Religionsdidaktik fruchtbar gemacht und daher wurden die Angelpunkte in der unten abgebildeten Storyline sprachlich adaptiert zu ‚Kontextperspektive' (GLOBE), ‚subjektiv-biografische Perspektive' (ICH), ‚berufsgemeinschaftliche Perspektive' (WIR) und ‚sachlich-inhaltliche Perspektive' (ES).[192] An dieser sprachlichen Adaption orientieren sich die vier Kapitel (Perspektiven), in denen die Ergebnisse der Kernkategorien vorgestellt werden.

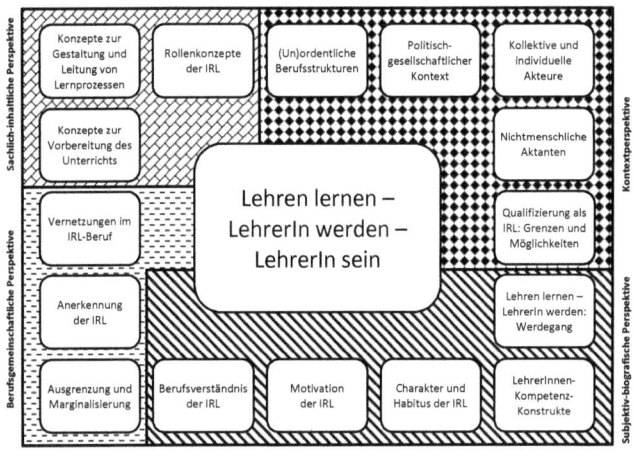

Abb. 7: Darstellung der Ergebniskategorien, eingeteilt in die vier TZI Perspektiven

191 Vgl. Ruth-Cohn-Schule Oberstufenzentrum, URL: http://www.osz-ruth-cohn.de//ruth-cohn/themenzentrierte-interaktion-tzi (letzter Abruf: 17. 04.2019); siehe auch Barbara Langmaack: *Einführung in die Themenzentrierte Interaktion (TZI)*, S. 115ff.

192 Siehe dazu Scharer, Matthias: ‚Religion unterrichten lernen: Das Innsbrucker Modell', in: Anne Arntz/Wolfgang Isenberg (Hrsg.): *Kompetenz für die Praxis?*, Bergisch Gladbach 2000, S. 55–68.

Im ersten Kapitel der Ergebnisdarstellung (6.3) werden einzelne Kernkategorien zum Kontext (GLOBE) des Berufs vorgestellt, die die strukturellen, politischen und gesellschaftlichen Rahmenbedingungen der IRL-Tätigkeit analysieren. Danach folgen in Kapitel 6.4 Kategorien zur subjektiv-biografischen Perspektive (ICH) der IRL. In diesem Kapitel werden die Sichtweisen der IRL zum Lehren-Lernen und LehrerIn-Werden thematisiert. An diese schließen sich in Kapitel 6.5 Kategorien an, die die berufsgemeinschaftliche Perspektive (WIR) der IRL umreißen. Abschließend werden in Kapitel 6.6 Kategorien zur sachlich-inhaltlichen Perspektive (ES) vorgestellt, die die subjektiven Konzepte der IRL zu Themenfeldern wie ‚Vorbereitung‘, ‚Gestaltung und Leitung von Lernprozessen‘ sowie ‚wahrgenommene Lehrerrollen‘ beleuchten.

6.3 Kategorien zur Kontextperspektive (GLOBE) der IRL

Aus den Interviewanalysen geht hervor, dass die Rahmenbedingungen des Berufs für die IRL ein zentrales Thema sind.[193] Aus der Analyse ihrer Erzählungen entstanden die unten abgebildeten fünf Kategorien: ‚(un-) ordentliche Berufsstrukturen‘, ‚politisch-gesellschaftlicher Kontext‘, ‚kollektive und individuelle Akteure‘, ‚nichtmenschliche Aktanten‘ und ‚Qualifizierung als IRL: Grenzen und Möglichkeiten‘. Diese Kategorien bilden den Kontext des IRL-Berufs ab. In diesem Kapitel werden sie im Einzelnen vorgestellt.

6.3.1 (Un)ordentliche Berufsstrukturen

Zum Thema ‚Berufsstrukturen‘ äußerten sich die meisten befragten ReligionslehrerInnen kritisch, was zu der Kategorienbezeichnung ‚(un) ordentliche Berufsstrukturen‘ führte. Es wurde zum einen deutlich, dass die IRL mit den bestehenden Arbeits- und Organisationsstrukturen ihres Berufs unzufrieden sind, weil diese nach ihrer Auffassung ihre

---

193 Die LehrerInnen wurden in den Interviews gebeten, auf ihre Erlebnisse und Erfahrungen zurückzugreifen. Dabei konnten sie eigene Schwerpunkte festlegen. Dies hatte zur Folge, dass die Kategorien und Subkategorien in den vier Ergebnisgruppen bzw. Kapiteln unterschiedlich detailreich sind.

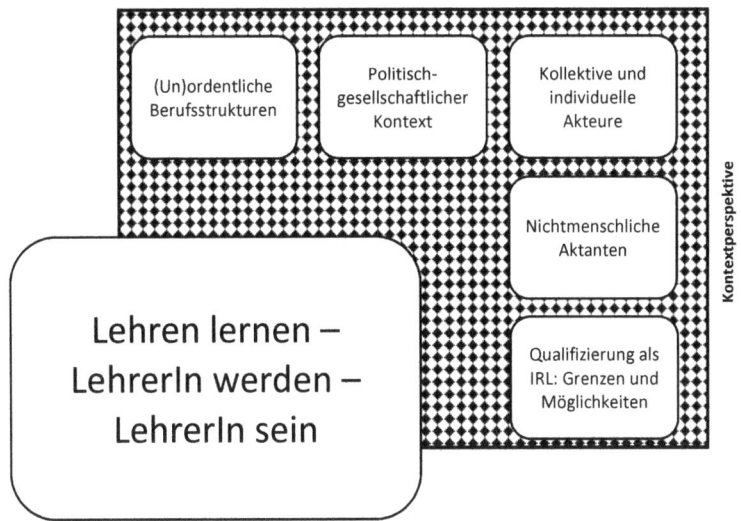

Abb. 8:   Kategorien zur Kontextperspektive

Berufsausübung maßgeblich beeinflussen bzw. einschränken, und zum anderen, dass Klärungsbedarf hinsichtlich der Frage besteht, was gute ('professionelle') Berufsstrukturen ausmacht. Die Analyse der (un)ordentlichen Berufsstrukturen ergab eine Charakterisierung durch sechs Faktoren (s. Abbildung 9).

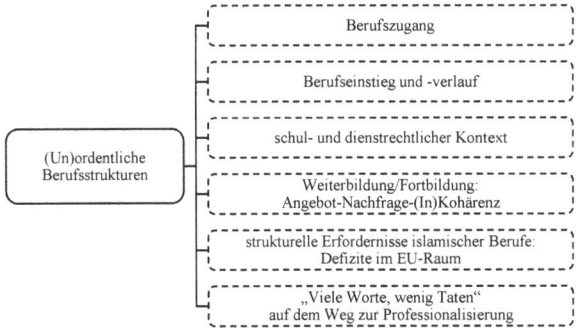

Abb. 9:   Kategorie ‚(Un)ordentliche Berufsstrukturen'

In den folgenden Unterabschnitten werden die einzelnen Faktoren näher betrachtet.

6.3.1.1 Berufszugang

Der Berufszugang ist ein wichtiger Bestandteil der Professionalität bzw. Professionalisierung, da Zugangsbestimmungen, Sondierungsmaßnahmen und Qualitätskriterien einer Professionalisierung im Sinne einer Qualitätsverbesserung und Qualitätssicherung förderlich sein können. In der Analyse wird der Berufszugang von Themen wie Erstkontakt mit dem Beruf, Lehrbefähigung und Zugangsbestimmungen geprägt, die nach dem Dafürhalten der Interviewten nicht explizit konzeptualisiert und unprofessionell sind. Im Folgenden werden diese Themen in der aufgezählten Reihenfolge eingehender erläutert.

Der erste Kontakt mit dem IRL-Beruf

Die Anwerbung und der Erstkontakt mit dem IRL-Beruf fanden (außer im Bundesland X) im Freundes- bzw. Bekanntenkreis statt. Die Interviewten berichteten, dass erfahrene LehrerInnen an in ihren Augen geeignete potenzielle KandidatInnen herantraten und ihnen die Tätigkeit als IRL nahelegten. Auf diesem Weg wurde auch Isa auf den IRL-Beruf aufmerksam gemacht:

> Durch diesen Freund bin ich dann auf diesen Job aufmerksam geworden und hab dann recherchiert, dass es die Möglichkeit gibt, hier als Religionslehrer tätig zu werden. (Isa 6)

Der erste Kontakt mit dem IRL-Beruf dient in vielen Fällen als eine erste Sondierung im Hinblick auf die Eignung des/der KandidatIn als LehrerIn. Obwohl man annehmen könnte, dass dies die Aufgabe der IGGÖ sei, wurden im Fall mancher Interviewter diesbezüglich andere IRL tätig:

> Dann eines Tages war ich mit diesem Bruder zusammen und er sagte: „Du Amr, hast du Kenntnisse über Religion?" Ich sagte: „Ja, ich glaube wegen meiner Erziehung, wegen meiner Muttersprache und wegen meinem Studium." Er hat mir vorgeschlagen: „Ja, du kannst dich bewerben; du kannst es versuchen." (Amr 7)

Gespräche dieser Art können, wenn die interessierte Person bereits die Lehrbefähigung oder IRL-Ausbildung besitzt, sogar in informellen

Absprachen über Stellenentwicklungen und -planungen münden. Davon zeugt etwa die folgende Schilderung einer IRL, die Jahre nach ihrem Studienabschluss durch eine befreundete Lehrerin zu ihrer Stelle fand:

> Durch eine Kollegin bin ich dann offiziell zum Unterrichten in einer Schule gekommen. Die Freundin war kurz vor Karenzierung und wir haben das irgendwie spontan so abgesprochen. […] Sie hat gemeint, sie müsste bald aufhören, weil sie sich gar nicht wohl fühlte in ihrer Schwangerschaft und ob es nicht eine gute Idee wäre, dass ich ihre Stunden dann nehme. Und ja, es hat einfach gepasst […]. (Eda 14)

Im eingangs erwähnten Bundesland X hingegen wurden die Interviewten im Zuge der Suche nach geeigneten KandidatInnen vom Islamischen Schulamt bzw. von dem/der FachinspektorIn kontaktiert und angeworben. Auch im Fall des nachstehend zitierten IRL war es ein Fachinspektor, der an ihn und seine Frau nach dem Abschluss ihrer Ausbildung herantrat:

> Nach etwa einem Jahr, also nach unserem Studium, haben wir zufällig einen Anruf von einem alten Bekannten bekommen, der bereits Fachinspektor in Bundesland X war. Das war der Bruder Abdul. Und so sind wir ins Gespräch gekommen, und er hat uns dann vorgeschlagen, in Österreich, also genau gesagt in Bundesland X, als Islamlehrer zu arbeiten. (Ali 2)

Für die Feststellung der Eignung einer potenziellen Lehrperson hat der Erstkontakt mit dem IRL-Beruf große Bedeutung, da, wie die angeführten Beispiele zeigen, die Kontaktierung von KandidatInnen – mit oder ohne Qualifizierung – oft in seinem Rahmen erfolgt. Das Schulamt und der/die FachinspektorIn im Bundesland X können z. B. auf akademischen Veranstaltungen an Universitäten und pädagogischen Hochschulen gezielt ausgebildete oder in der Ausbildung befindliche Personen ansprechen, wobei sie zumeist wesentlich mehr Menschen erreichen als die berufstätigen IRL.

Lehrbefähigung als Ermessen oder Willkür

Den auf persönlichen Weiterempfehlungen aufbauenden Erstkontakten folgen unterschiedliche Praktika zur Feststellung der Lehrbefähigung, die von der IGGÖ zentral in Wien durchgeführt werden. Diese stoßen bei den interviewten IRL durchaus auf Kritik. Sie berichten beispielsweise (je nach Dienstalter) von „mündlichen" (Isa 25) und/oder „schriftlichen" (Nuh 8) Prüfungen sowie von einer „sechs Monate langen Hospitationszeit" (Ela 6). Diese Lehrbefähigungsprüfungen werden von manchen IRL insbesondere ob ihrer mangelnden Qualität bzw. Professionalität kritisiert. So beschreibt Isa die Lehrbefähigungsprüfung zu seiner Zeit folgendermaßen:

> Das war halt keine professionelle Prüfung. Ich meine, sie haben das im Nachhinein erweitert, wie ich mitbekommen hab, verbessert und bestimmte Hürden sozusagen auferlegt. Aber damals war das kein Problem. [...] Wurde mündlich nur so geprüft, ja, du willst Schülern einen Unterricht erteilen, also ein Fall inszeniert, und wie gehst du dann damit um sozusagen. (Isa 24–26)

Auch bei Nur finden sich kritische Gedanken zu den Eignungsprüfungen, insbesondere weist sie auf den Momentaufnahme-Charakter der Prüfung hin:

> Bei mir damals hatte ich eben diese Prüfung abgeschlossen. Danach hat niemand mehr gefragt: Welche fachlichen Kompetenzen hast du dann eigentlich noch? Oder: Bist du überhaupt noch als islamische Religionslehrerin tauglich? oder so was wird nicht gefragt. (Nur 51)

In den Interviews kommen auch Fälle zur Sprache, in denen auf die Lehrbefähigungsprüfung überhaupt verzichtet wurde. Vor allem Studierende in Ausbildung berichten, dass sie bereits nach kurzem Studium – also ohne dieses abgeschlossen zu haben – und ohne weitere Bedingungen unterrichten durften:

> [...] da ich damals noch relativ unerfahren war, also das war damals das x. Semester meines Studiums. Ich war zwar sehr, wie soll ich sagen, voll in Aufbruchsstimmung, aber es war halt dennoch diese Unerfahrenheit spürbar. (Han 9)

Auch Naz konnte bereits kurze Zeit nach dem Studienbeginn die Lehrtätigkeit aufnehmen:

Ich habe mit dem Studium der Islamischen Religionspädagogik dort begonnen und als ich x Jahre in der Hochschule/Universität fertiggemacht hatte, war ich dann im Schulamt [...]. Ich hatte Glück, es waren derzeit viele Kolleginnen auf Karenz. Und ich habe eine Stelle bekommen als Vertretung, Karenzvertretung, das hat dann ein Jahr gedauert. Es war für mich total neu, aufgeregt war ich sowieso, aber dieses eine Jahr hat mir viel gebracht. (Naz 2)

Wie Naz betrachten auch andere IRL den Einstieg in den Beruf ohne Studienabschluss als sehr positiv, trotz oder auch gerade wegen fehlender Qualifizierung. Sie sehen in der Berufsausübung bzw. am Arbeitsplatz selbst viele Lerngelegenheiten und Möglichkeiten zur Selbstentwicklung, die in ihren Augen wichtiger sind als das Theorielernen im Hörsaal. Diese Formen des Lernens am Arbeitsplatz werden aus Gründen der generischen Darstellung nicht hier, sondern im Kapitel 6.4.1. ‚Lehren lernen – LehrerIn werden‘ näher erörtert.

Keine erkennbaren Zugangsbestimmungen

Aus den Erzählungen der IRL über die Lehrbefähigungsprüfung wird deutlich, dass es für die Zulassung zu der Prüfung keine expliziten Anforderungen bzw. Voraussetzungen gab. So auch im folgenden Fall:

Nein, habe ich nicht, auch einen theologischen Abschluss habe ich eigentlich nicht. Also jetzt kann ich mich wirklich nicht mehr erinnern, was des für Voraussetzungen waren. Also leider kann ich mich nicht mehr erinnern, was das für Voraussetzungen waren. (Nuh 14)

Der folgende Interviewpartner sieht durch das Fehlen von klar definierten Zugangsbestimmungen sowie die Anwerbung im Freundes- bzw. Bekanntenkreis den gesamten Berufsstand gefährdet – eine für ihn unhaltbare Situation. Nach seinem Dafürhalten sind für die Lehrbefähigung fachliche Kenntnisse im Bereich der islamischen Theologie und das persönliche Engagement bzw. die Motivation ausschlaggebend, doch dem laufe die derzeitige Handhabung des Berufszugangs zuwider. Er würde auch manchen bereits angestellten LehrerInnen die Lehrbefähigung absprechen:

Er kennt Bruder Nihat: „Salamun alaikum, Bruder Nihat." – „Alaikum salam."
„Ich will gern als Religionslehrer arbeiten." Gut, mit der Sprache hat er keine
Schwierigkeiten, ein bisschen über den Islam weiß er schon, aber dass er
mit Herz dabei ist, für diese Arbeit, für diesen Beruf: Nein, es gibt irgendeine
Phase für eine bestimmte Zeit, bis er mit dem Studium fertig wird und dann
steigt er als Techniker irgendwo ein, oder als Mediziner, oder irgendwas [...]
(Amr 214)

Die retrospektiven Erzählungen der LehrerInnen zeugen zudem vom
Problembewusstsein mancher IRL, ob mit oder ohne IRP-Ausbildung.
So werden neben heftiger Kritik auch konkrete Änderungsvorschläge
vorgebracht, etwa von Isa, der sich in Bezug auf die Lehrbefähigungsprüfung für eine Formatänderung und die Ausweitung der Prüfung auf
mehrere Themenbereiche ausspricht:

Ich meine, schriftlich müsste es sein, und ja, ich meine, mehrere Bereiche
sollte es haben, wo der Lehrerkandidat geprüft wird. Pädagogik und so weiter und so fort. (Isa 26)

Aus der Analyse der Interviews ergibt sich der Eindruck, dass angefan-
gen vom Erstkontakt und Anwerben bis hin zur Lehrbefähigungsprüfung transparente und explizit gemachte Zugangs- und Qualitätskriteri-
en fehlen. Als Folge sind, so die einhellige Meinung der Interviewten, das
Niveau, das persönliche Engagement, die Kollegialität und die Kooperation innerhalb der Gruppe der IRL insgesamt mangelhaft – Letzteres
wird in Kapitel 6.5 ausführlicher betrachtet.

6.3.1.2 Berufseinstieg und -verlauf

Fehlende Konzepte zur Organisation des Berufs und die damit verbundene Intransparenz verhindern aus Sicht der interviewten LehrerInnen einen guten Start in den Beruf. Im Detail betrifft dies die nicht
nachvollziehbare Stellenplanung, die Lehrstundenverteilung bzw. die
Schulzuteilung, den Einstieg als Ersatz- bzw. VertragslehrerIn, die mangelnde Unterstützung und das Auf-sich-gestellt-Sein sowie die fehlende
berufliche Sozialisation. In diesem Abschnitt folgt nun die eingehende
Erörterung der aufgezählten Details.

Behelfsmäßige Stellenplanung

Die Fügung ‚behelfsmäßige Stellenplanung' kennzeichnet vor allem die nicht konsequent durchdachte Stellenvergabepraxis des Islamischen Schulamts, die im Datenmaterial insbesondere durch Kurzfristigkeit, Spontaneität und Unstetigkeit – kurz durch das Nichtvorhandensein eines Stellenvergabekonzepts – charakterisiert ist. Sowohl junge als auch ältere InterviewpartnerInnen aus allen Bundesländern berichten über einen Berufsstart ohne jegliche Anlaufzeit:

> [J]a, urplötzlich bin ich dann spontan eingestiegen, mit siebzehn Stunden in der Woche. Und für hundertfünf Schüler an einer Schule, das war echt ein Hammer-Einstieg. (Nur 20)

Für Cem stellte sich die kurzfristige Stellenvergabe als große Herausforderung dar, war er dadurch doch gezwungen, seine Lehrtätigkeit unmittelbar nach seiner Übersiedlung aufzunehmen:

> Ich bin in einem Neuland angekommen und musste mich innerhalb kurzer Zeit, also innerhalb von einigen Tagen, einarbeiten bzw. einleben. Und das war nicht einfach, aber es war zu schaffen, weil ich motiviert war. (Cem 19)

Stellen werden auch dann kurzfristig vergeben, wenn ein Ausfall – etwa eine Karenzierung – lange zuvor angekündigt wurde und somit ausreichend Vorlaufzeit gegeben wäre. So auch im Fall von Eda, die sich für eine freiwerdende Stelle beworben hatte: Trotz Vorankündigung und Eigeninitiative erreichte sie die Information, dass sie die Stelle bekommt, völlig unerwartet:

> Also ich habe das dann der Glaubensgemeinschaft gemeldet, und sie haben nicht gleich einfach ihr Okay gegeben, aber weil sie eben auch bisschen, glaub ich, in Lehrernot waren, haben sie mich dann angerufen und gesagt, wenn ich einverstanden wäre, könnte ich die Stunden übernehmen, die ich dann selbst vorgeschlagen habe, weil eben die Kollegin aufhört. [...] Es ist alles so schnell geschehen. Ich musste gleich, ja, es war Mittwoch, ich musste gleich am Montag unterrichten beginnen; von der Zeit her war alles sehr hektisch. (Eda 20)

Der Grund, weshalb das Islamische Schulamt die Stellen so kurzfristig plant oder vergibt, lässt sich aus dem Datenmaterial nicht erschließen. Festgehalten werden kann aber, dass für die IRL kein Konzept erkennbar ist und ihnen durch die kurzfristige Stellenvergabe nicht genug Zeit bleibt, sich auf den Arbeitsplatz einzustimmen und vorzubereiten.

Zuteilung und Vergabe von Schulen bzw. Lehrstunden

Zu dieser kurzfristigen und wenig transparenten Stellenvergabe kommen die Zuteilung und Vergabe von Schulen bzw. Lehrstunden, die vielfach als unverhältnismäßig und als große Herausforderung empfunden werden. IRL sprechen dieses Problem beispielsweise wie folgt an:

> Ich bin neu mit dem Studium fertig und jetzt soll ich fünfzehn Schulen übernehmen; könnte vielleicht woanders mit weniger Schulen beginnen. Aber ich sage nicht, dass es falsch war, sondern es war situationsgebunden notwendig. Ja, das ist der Lehrerweg, und da muss man eingesetzt werden. (Hud 40)

Hud führt die Probleme mit der Zuteilung von Schulen auf institutionelle und organisatorische Probleme sowie auf die mangelnde Auseinandersetzung mit dem IRL-Beruf im Allgemeinen zurück:

> Fachinspektoren können vielleicht auch nichts dafür, weil es überall gefehlt hat. Ja, seit 82 gibt es Religionsunterricht, aber bis vor fünf Jahren hat man sich damit nicht intensiv beschäftigt. (Hud 40)

Viele der bereits angesprochenen Probleme und Herausforderungen, mit denen sich die IRL konfrontiert sehen, werden auf institutionelle und organisatorische Strukturen zurückgeführt, die aus der Sicht der IRL dringend einer Verbesserung bedürfen. Dies könnte auch der Grund dafür sein, dass das Thema Berufsstrukturen in den Interviews derart breiten Raum einnimmt.

Einsatz als Ersatz- bzw. VertretungslehrerIn

In der Wahrnehmung der befragten IRL verläuft der Einstieg in den Beruf typischerweise über die Beschäftigung als Ersatz- bzw. VertretungslehrerIn. Alle befragten LehrerInnen sowie ihnen bekannte KollegInnen waren zu Beginn ihrer Berufslaufbahn – und auch mehrere Jahre danach – im Ersatz- bzw. Vertretungsbereich beschäftigt. So auch Han:

> Es wäre eigentlich eine Vertretungsgeschichte gewesen. Also es gab eine Kollegin, die irgendwie in Karenz gegangen ist. (Han 13)

Als Ersatzlehrer begann auch Cems Berufslaufbahn:

> Ich bin als Ersatzlehrer gekommen. Das heißt, eine Lehrerin war in Karenz gegangen und diese Stelle war sozusagen frei geworden. (Cem 17)

Auch Naz nahm ihre Lehrtätigkeit, die sie bis heute ausübt, einst als Karenzvertretung auf:

> Ich habe eine Stelle bekommen als Vertretung, Karenzvertretung. (Naz 2)

Der Einstieg als Ersatz- oder VertretungslehrerIn an sich wird kaum kritisiert, sehr wohl aber der Umstand, dass diese Praxis nicht nur den Einstieg in den Beruf markiert, sondern über längere Zeit angewendet wird und dadurch LehrerInnen viele Jahre lang mit einem ErsatzlehrerInnenvertrag beschäftigt werden. Deutlich kommt diese Kritik auch in Kapitel 6.3.1.3 – ‚Schul- und dienstrechtlicher Kontext' – zum Ausdruck.

„Ich schwimme allein": auf sich selbst gestellt

Die oben skizzierte Art und Weise, in der der Berufseinstieg von der IGGÖ organisiert wird, ruft bei etlichen IRL Frust und das Gefühl des Alleingelassenseins hervor, so auch bei Ali:

> Und als es dann so weit war, habe ich natürlich schnell einsehen müssen, dass wir ja gar keine Unterstützung hatten. Also gar keine Unterstützung, wie wir anfangen sollten, womit wir anfangen sollten, was auf uns zukom-

men würde. Also es gab eine sehr große Herausforderung, das haben wir verstanden. Wir standen vor einer großen Herausforderung. (Ali 10)

Amr moniert in diesem Zusammenhang die mangelnde Kommunikations- und Unterstützungsbereitschaft aufseiten der Islamischen Glaubensgemeinschaft:

> [I]ch hatte das Gefühl, ich schwimme alleine. Ja, es ist der Islamischen Glaubensgemeinschaft lieber, wenn sie von mir nichts hört, keine Schwierigkeiten, du kannst deine Probleme alleine lösen. (Amr 104)

Naz spricht ebenfalls von fehlender Unterstützung, die in ihren Augen aber dringend notwendig wäre:

> Man könnte mehr Unterstützung bekommen, muss ich sagen. Man könnte mehr Unterstützung bekommen, was im Moment abläuft. (Naz 113)

Das Gefühl des Alleingelassenseins besteht jedoch nicht nur hinsichtlich der Organisation, sondern auch, was die Planung und Gestaltung des Unterrichts betrifft. IRL mit und ohne Ausbildung berichten von Einstiegsschwierigkeiten bei der Planung und Gestaltung ihres Unterrichts und von fehlender Unterstützung seitens der Kollegenschaft. So klagt Ece:

> Da war niemand, der mir irgendwie weiterhelfen konnte, weil jeder hat selber zu tun in diesem Bereich [der Planung und Vorbereitung]. (Ece 58)

Die fehlende kollegiale Unterstützung wird auch auf das Nichtvorhandensein eines IRL-Kollegiums zurückgeführt. Vielfach gibt es weder an der eigenen Schule noch in der näheren Umgebung qualifizierte IRL, die anderen unter die Arme greifen könnten. Nur beschreibt das wie folgt:

> [D]a ist man erst mal alleine gelassen, wenn man eben nicht so ein gutes Kollegium hat unter sich. (Nur 14)

In die gleiche Kerbe schlägt Ali, der mangels IRL-Kollegenschaft in der näheren Umgebung ohne jegliche kollegiale Unterstützung oder Ansprechmöglichkeit auskommen musste.

Naja, ehrlich gesagt gab es gar keine Kommunikation, es gab ja keine Lehrer im Bezirk X, wo wir tätig waren. Also unser Vorgänger wurde ja quasi abgesetzt. Ja, es gab dann keine anderen Lehrer, mit denen wir uns dann austauschen konnten oder mit denen wir interagieren konnten und Ratschläge oder so etwas hat es nicht gegeben. (Ali 40)

Von den interviewten LehrerInnen ohne Ausbildung werden die genannten Schwierigkeiten bei der Planung und Gestaltung des IRU zu Beginn der Berufslaufbahn auf die fehlenden pädagogischen Kenntnisse zurückgeführt. So berichtet Amr offen über das „Chaos" zu Beginn seiner Lehrkarriere:

[...] war Chaos, Bruder, am Anfang, wenn ich ehrlich bin. Ich habe damals nicht gewusst, was ich in einer Stunde mache. Eine Stunde war für mich am Anfang wie ein ganzer Tag. Ja, was sollte ich machen, es gab kaum Stundenpläne, oder Phasen, oder Anfang und Schluss; und was sagt man in der Mitte, keiner hat mir etwas davon erzählt. (Amr 76–78)

LehrerInnen mit einer islamisch-religionspädagogischen Ausbildung hingegen führen ihre Anfangsschwierigkeiten auf fehlende Praxiserfahrung und fehlende Ressourcen zurück.[194] Naz etwa meint dazu:

[...] weil man keine Erfahrung hat. Weil man eben am Anfang zu wenig Materialien hat. Aber mit der Zeit bekommt man was von den anderen Kolleginnen, man weiß schon, wie die Kinder drauf sind, was sie interessiert, oder wie man mit ihnen den Unterricht gestalten kann. (Naz 12)

Von fehlender Praxiserfahrung weiß auch Cem zu berichten, der seine Zweifel hat, dass diese mit ein paar Wochen Unterrichtspraktikum aufzuwiegen ist:

Weil es war mein erstes Schuljahr, wo ich Lehrer war. Ich hatte vorher keine Lehrerfahrung an den Schulen. Ich war vorher Student. Ja, und ich habe auch kein Unterrichtspraktikum gehabt damals, nur paar Wochen [...]. (Cem 45)

Der schwierige Einstieg in den Beruf und das Gefühl des Alleingelassenseins bilden den Übergang zum nächsten Thema, der beruflichen Sozialisation.

---

194 Siehe dazu Kapitel 6.3.5 und 6.4.1.

Berufliche Sozialisation

Sowohl in Bezug auf die Organisation als auch auf fehlende pädagogische Kenntnisse und Erfahrungen äußern LehrerInnen – mit und ohne Ausbildung – den Wunsch nach einer Einführung in den Beruf. So auch Hud, der dies gerade bei fehlender Ausbildung für besonders notwendig hält:

> Das heißt, man könnte Seminare für Anfänger machen, was sind die wichtigsten Sachen. Natürlich wird das mittlerweile behoben mit der ganzen Ausbildung. Ich habe jetzt nicht Religionspädagogik studiert, deswegen wusste ich nicht, was Matura ist oder was Schulregeln sind, interne, Österreich betreffende – ja, Noten geben und so weiter und so fort. (Hud 40)

Diesem Wunsch schließt sich auch Naz an, obwohl sie über einen IRP-Abschluss verfügt:

> Wenn es am Anfang zum Beispiel ein Einführungsseminar gegeben hätte, hätte ich mir persönlich vieles leichter gehabt. (Naz 26)

Dieser Bedarf an Sozialisation und dessen Begründung zeigen, dass die Ausbildung alleine nicht in der Lage ist, die Schulrealität der IRL in ihrer Gesamtheit zu erfassen. Denn selbst LehrerInnen mit Ausbildung fühlen sich alleingelassen, vermissen Einführungsseminare, kollegialen Austausch und Mentoring im Sinne einer beruflichen Sozialisation. Für die IRL steht fest, dass es der Entwicklung von Ausbildungs- und Organisationsstrukturen bedarf, um die Sozialisation und Begleitung der angehenden IRL zu gewährleisten.

6.3.1.3 Schul- und dienstrechtlicher Kontext

Aus der Analyse gehen drei schul- und dienstrechtliche Themen als Kategorien hervor, die das Lehrerhandeln bzw. die Handlungssituation stark beeinflussen bzw. determinieren: das Islamische Schulamt als die für den IRU und die IRL verantwortliche Institution, die Vergabe von I L-Verträgen und die Auswirkung der Abmeldemöglichkeit vom IRU auf die Unterrichtsorganisation.

Das Islamische Schulamt

Am Islamischen Schulamt machen die LehrerInnen vor allem folgende Kritikpunkte geltend: mangelnde Transparenz und Kontinuität sowie Instabilität und Unsicherheiten. So sei man immer wieder mit vom Islamischen Schulamt ausgehenden, spontanen und nicht nachvollziehbaren Schulwechseln konfrontiert, müsse immer wieder den Neueinstieg bewältigen und von Neuem Beziehungen mit dem Lehrkörper und den SchülerInnen aufbauen, was nicht ohne Folgen auf die Lehrtätigkeit bliebe. Für Nur etwa stellt sich die Situation wie folgt dar:

> Also wenn man das Schuljahr beginnt, ist es erst einmal ein Neubeginn; ist immer ein Ankommen. Weil jedes Jahr kommen nochmal neue Schüler bzw. die Lehrer haben neue Schulen. Das ist ja auch meistens so, dass man nicht immer die gleichen Schulen hat, sondern dass die Schulen gewechselt werden. (Nur 71)

Ähnlich wie Nur weiß auch Hud von vom Islamischen Schulamt zu Beginn des Schuljahres einberufenen Konferenzen zu berichten, auf denen LehrerInnen – scheinbar willkürlich – vor vollendete Tatsachen gestellt würden:

> Also es fängt alles mit einer Eröffnungskonferenz an. Es ist manchmal auch spannend, manchmal weiß man, welche Schulen man hat, manchmal weiß man nicht, es ist spannend. Neue Schulen sind dazugekommen. Ja, da fängt alles an [...]. (Hud 152)

Immer wieder von Neuem beginnen, sich immer wieder neu arrangieren zu müssen, stellt für die LehrerInnen eine erhebliche Zusatzbelastung dar, die das Angehen der ohnehin großen Herausforderungen – wie sie meinen unnötigerweise – erschwert.

Die Vergabe von I L-Verträgen

Zu der beschriebenen Unsicherheit im Hinblick auf die Stellenvergabe kommt die für die IRL schwer nachvollziehbare Praxis der Schulämter der (Nicht-)Aufnahme in einen I L-Vertrag als Landes- oder BundeslehrerIn.[195] Manche IRL berichten, dass sie befristete Einjahresverträge erhalten, die immer wieder verlängert werden. Trotz mehrmaliger Verlängerung erhalten sowohl ausgebildete als auch nicht ausgebildete IRL weder unbefristete Verträge noch werden sie in den I L-Vertrag als Bundes- oder Landeslehrer überstellt. In diesem Zusammenhang weist z. B. Nur auf die mangelnde Anerkennung,[196] Benachteiligungen gegenüber anderen LehrerInnen und die Notwendigkeit struktureller Änderungen hin:

> [S]trukturell gesehen finde ich, dass es auch eine bessere Anerkennung ist, wenn man diesen I L-Vertrag auch haben könnte und nicht nur als Vertragslehrer jedes Jahr verlängert wird. Also man steht immer auf der Kippe, was ist mit mir nächstes Jahr. Okay, du bist wieder als Vertragslehrer eingestellt. Also diese strukturellen Änderungen müssen von oben bis unten durchgezogen werden. (Nur 91)

Den weiteren Schilderungen von Nur ist zu entnehmen, dass die Erklärungsversuche des Schulamts für die IRL nicht verständlich und nachvollziehbar sind. Dies wiederum kann sich – sowohl im positiven als auch im negativen Sinne – stark auf die Motivation der IRL auswirken. Für Nur zeigt diese Art der Handhabung, dass der I L-Vertrag bzw. die IRL dem Schulamt der IGGÖ „nicht wichtig genug" sind:

> Also das, was an uns herangetragen wird, ist: Es gibt da eine festgelegte Anzahl von Lehrern, die jedes Jahr neu in einen I L-Vertrag aufgenommen werden dürfen. Und das sind eben immer jedes Jahr fünf gewesen und unser Fachinspektor hat sogar gesagt, dass er letztes Jahr, weil er so viele Probleme hatte mit anderen Dingen, ist er gar nicht dazu gekommen, fünf letztes Jahr im neuen Vertrag aufzunehmen. Also es ist denen nicht so wichtig genug, ganz ehrlich. (Nur 93)

---

195 In Österreich können ReligionslehrerInnen als von der Glaubensgemeinschaft bestellte und angestellte Lehrkräfte im Entlohnungsschema II L oder als Landes- bzw. BundesvertragslehrerInnen im Entlohnungsschema I L tätig sein. Siehe dazu z. B.: Die Steirische Lehrervertretung, URL: http://www.diesteirischelehrervertretung.at/informationen/vertragslehrer/#3 (letzter Abruf: 17.04.2019).
196 Siehe auch Kapitel 6.5.2.

In Nurs kritischen Anmerkungen zum Umgang mit den Verträgen kommt auch deren vielschichtige Bedeutung für die IRL zur Sprache. Mit Blick darauf schlägt sie u. a. die Erstellung von klaren (Qualitäts-) Kriterien für die Vergabe und die Überstellung in den I L-Vertrag vor, die es auch konsequent einzuhalten gälte. Dies würde maßgeblich zur Förderung der Qualitätsentwicklung und -sicherung sowie die (Nach-) Qualifizierung der IRL beitragen:

> Hätten die dann gesagt, dass alle, die einen Master und alle, die einen Bachelor haben, vorrangig für den I L-Vertrag behandelt werden, auch wenn du gerade zwei, drei Jahre als Lehrer unterrichtest, dann hätte man ein Ziel für die anderen. Ja, dann würden die sagen, okay, da muss ich jetzt in meiner beruflichen Perspektive noch was ändern, damit ich den I L-Vertrag erreich. Aber es gibt genügend Lehrer, die auch den I L-Vertrag bekommen haben, obwohl sie nur eine Matura haben zum Beispiel, oder noch nicht einmal eine Matura haben. (Nur 97)

Dieses Beispiel macht deutlich, dass die Aussicht auf mehr Anerkennung und ein höheres Gehalt für die Einleitung und Förderung von Professionalisierungsprozessen eine wichtige Rolle spielen können. Zum einen würden die IRL motiviert, sich weiterzuentwickeln, und zum anderen können Leistungsziele und Qualitätskriterien festgelegt werden, die den IRL Orientierung im Hinblick auf ihre Professionalisierung bieten.

Handhabung der Abmeldung vom Religionsunterricht

Die fragwürdige Handhabung schul- und dienstrechtlicher Angelegenheiten setzt sich auch bei den Abmeldungen vom Religionsunterricht und der Stundenplangestaltung fort. Obwohl der reguläre Unterricht laut den Unterrichtsgesetzen bereits in der ersten oder spätestens in der zweiten Schulwoche beginnen müsste, berichten einige IRL von einem schulautonomen, vermeintlich regulären Unterrichtsbeginn in der dritten oder vierten Schulwoche. Isa führt diese Praxis auf den Umgang mit Abmeldungen zurück:

> Man wartet hauptsächlich in der ersten Woche auf die Abmeldungen und ab der zweiten Woche versuchen wir dann, eine stabile Liste zu erstellen, wer sich nicht abgemeldet hat und wer dabei ist; meistens dauert es bis zur

dritten Woche. Und in der dritten Woche – also ich berichte jetzt über die Stammschule von mir BHS XY – und in der dritten Woche habe ich schon meinen Stundenplan gestaltet. (Isa 140)

Auch andere IRL sehen den Grund für den verspäteten Unterrichtsbeginn in den Abmeldungen. So berichtet z. B. Cem von dem scheinbar normalen Unterrichtsbeginn in der dritten, vierten Schulwoche wie folgt:

[D]ritte oder vierte Schulwoche fangen wir dann mit den normalen Stunden, nach normalem Stundenplan an. (Nuh 98)

Hierzu ist festzuhalten, dass den interviewten LehrerInnen das Bewusstsein für die Folgen des Unterrichtsbeginns erst in der dritten bzw. vierten Schulwoche fehlt – weder ihr eigener Umgang mit den Abmeldungen noch der Umgang der Schulen mit dem späten Unterrichtsstart werden einer Reflexion unterzogen. Man erzählt von den späten Unterrichtsstarts, ohne sich dabei Gedanken zu machen, welche Folgen das für die Wahrnehmug des IRU in den Augen der SchülerInnen, Eltern und anderer Beteiligter hat.

6.3.1.4 Weiterbildungen/Fortbildungen: Angebot-Nachfrage-(In-)Kohärenz

Die Untersuchung gibt auch Aufschluss über die Zugänge der IRL zu Weiterbildung und Fortbildung. Den Daten zufolge besteht zwischen den Bedürfnissen der LehrerInnen und den von der IGGÖ (mit)verantworteten Bildungsangeboten eine deutliche Inkohärenz – namentlich in Bezug auf Inhalte, die Differenzierung nach Schultypen, die Praxisnähe, die Art der Gestaltung von Fortbildungen und die Einbeziehung nichtmuslimischer Bildungsangebote.

(Un-)angemessene Inhalte/Themen

Die Daten legen also nahe, dass die Fort- und Weiterbildungsangebote sich nicht mit den Bedürfnissen und der Realität der IRL decken. Ein wichtiges Element stellt dabei die Frage nach adäquaten Inhalten und

Themen dar. Diesbezüglich zeigen die interviewten IRL eine stark divergierende Themenpräferenz. Die meistdiskutierten Themen und Inhalte lassen sich in vier Themengruppen einordnen: theologische Themen, aktuelle – auch heikle – islamische Themen, pädagogisch-didaktische Themen sowie Rechte und Pflichten als LehrerIn. Die Präferenzen können eine oder mehrere dieser Themengruppen umfassen. So wünschen sich manche IRL, dass in den Fortbildungen theologische Inhalte vermittelt werden:

> [...] in erster Linie, ich habe das oft betont, die Inhalte des Korans, und auch die Prophetengeschichten und auch Morallehre. (Ela 76)

Andere wiederum sehen einen Weiterbildungsbedarf im Bereich der islamischen Rechtslehre:

> [...] Rechts-/Fiqh-Themen. Ja, das heißt, die Rechtslehre kann sich immer weiterentwickeln. Wir haben zwar im Unterricht wenig mit Rechtslehre zu tun, aber ein islamischer Religionslehrer muss ja auch die Möglichkeit haben, sich im Islam bzw. theologischen Fragen gut auszukennen. (Cem 170)

Wieder andere IRL betonen die Notwendigkeit der Betrachtung aktueller islamischer Themen und Diskurse, auch solche heikler Natur. So fordert beispielsweise Nuh:

> [...] konkrete gesellschaftliche Fragen und konkrete Antworten; angenommen wir nehmen jetzt Kopftuch, Kopftuch-Antworten, Alkohol-Antworten, also so Freundin-Freund-Antworten. Also Themen, mit denen die Jugendlichen tagtäglich konfrontiert werden. Also solche Themen sollen thematisiert und behandelt werden, würde ich sagen. (Nuh 92)

Amr meint in diesem Zusammenhang, dass in Fortbildungen insbesondere politisch aufgeladene Themen zur Sprache kommen müssten – sehen er und seine KollegInnen sich doch immer wieder mit Themen wie „Paris", oder „Terror" konfrontiert:

> [W]ir sind oft gefragt, Thema Paris zum Beispiel oder Terror. Wie kann ein bosnischer Bruder das Thema [syrischer Krieg] bzw. die arabische Lage nicht verstehen? Wenn jemand ihn danach fragt, was kann er sagen? Er sagt sofort: „Das hat mit Islam nichts zu tun." – Fertig, aus. Danke, aber warum

ist Syrien interessant, warum haben die Russen Interesse für Syrien, warum sind Iraner gegen das syrische Volk, was hat es mit Schiiten und Sunniten zu tun [...]? (Amr 174)

Zudem herrscht bei einigen IRL die Überzeugung, dass Fort- und Weiterbildungen auch dazu angetan sind, die von ihnen manchen KollegInnen attestierten pädagogisch-didaktischen Defizite abzubauen:

[F]ür die Lehrer, die ich hier kenne, sind theologische Kenntnisse kein Problem. Aber man müsste sich vielleicht in Pädagogik und Didaktik vertiefen und vielleicht in dem Bereich Fortbildungen anbieten. (Isa 130)

Die bereits im Kapitel ‚Berufseinstieg‘ herausgearbeitete fehlende berufliche Sozialisation wird auch bei den Themenpräferenzen sichtbar. Manche IRL bemerken bei sich selbst und bei ihren KollegInnen mangelnde Kenntnisse über Rechte und Pflichten. Dies befördert den Wunsch nach Fortbildungen, in denen der rechtliche Rahmen des Berufs behandelt wird. So meint Eda:

Also unsere gesetzlichen Rechte, das fehlt mir. Die gesetzliche Lage ist auch für uns sehr wichtig. Es wird ja auch, durch das Islamgesetz würde ich nicht sagen, nicht direkt, aber es wird allgemein jetzt Druck gemacht, was man als Religionslehrerin zu tun hat. (Eda 84)

Die Beispiele machen einmal mehr deutlich, dass es sich bei den IRL um eine sehr heterogene Gruppe handelt, die nicht nur Wünsche hegt, sondern auch Defizite zu benennen weiß. In der Tat herrscht bei etlichen IRL ein klares Bewusstsein von den sowohl bei sich selbst als auch bei KollegInnen bestehenden fachlichen und pädagogisch-didaktischen Mängeln, die das Ergebnis unzulänglicher Ausbildung seien und die sich durch zielgerichtete Fort- und Weiterbildung beheben ließen.

Mangelnde Differenzierung

In den Interviews ist des Öfteren von einheitlichen und begrenzten Fortbildungsangeboten die Rede, an denen IRL aller Schultypen offenbar verpflichtend teilnehmen. In diesem Zusammenhang weisen die GesprächspartnerInnen auf die fehlende Differenzierung nach Schultypen und nach individuellen Bedürfnissen hin, die aber dringend geboten wäre. Den Grund für die unzureichende Differenzierung sehen manche, so etwa Ali, in der mangelnden Kommunikation der Verantwortlichen und in den bereits beschriebenen Qualifizierungs- und Kompetenzunterschieden zwischen den IRL:

> Man sollte vielleicht einmal auf die Wünsche der Lehrer tatsächlich eingehen. Und da sollte man sich, glaub ich, stärker austauschen, aber es ist, glaub ich, schon momentan schwierig, weil nicht alle Kollegen, das muss ich ganz ehrlich sagen, auch nicht im gleichen Level sind. (Ali 78)

Im weiteren Interviewverlauf thematisiert Ali auch den von ihm wahrgenommenen Differenzierungsbedarf hinsichtlich der unterschiedlichen Schultypen:

> [M]an müsste erst einmal bei den Fortbildungen die Gruppen differenzieren, also Lehrer, Kollegen, die an den Pflichtschulen tätig sind, und dann auch noch einmal Volksschule und dann Neue Mittelschule und dann natürlich auch die höheren Schulen, also das müsste mal differenziert werden. [...] Ja, eine differenzierte Gestaltung nach Schultyp und Jahrgangsstufe, das haben wir momentan nicht [...]. (Ali 82)

Bei den Fort- und Weiterbildungsmaßnahmen, von denen Ali und auch andere IRL sprechen, handelt es sich ausschließlich um vom Islamischen Schulamt organisierte Angebote. Dies legt die Vermutung nahe, dass die Vertreter des IRL-Berufs sich als eine in sich geschlossene, von anderen Angehörigen des Lehrerkörpers isolierte Gruppe wahrnehmen. Nur wenige IRL thematisieren oder hinterfragen diese Abgeschlossenheit, wie im folgenden Abschnitt dargestellt werden soll.

Die Einbeziehung nichtmuslimischer Bildungsangebote

Angebote anderer Bildungseinrichtungen wie pädagogischer Hochschulen und Universitäten werden in den Erzählungen der IRL kaum erwähnt. Nur Ela und Amr greifen dieses Thema auf und zeigen sich offen für externe Angebote. Ela hat wenig Verständnis für den hermetischen Charakter der islamischen Weiter- und Fortbildungstradition und appelliert an ihre KollegInnen, Angebote verschiedener Bildungseinrichtungen in Anspruch zu nehmen:

> Es werden auch außerhalb der islamischen Gemeinde Fortbildungen angeboten und nicht jeder will dorthin. Aber ich würde wirklich meinen Kollegen und Kolleginnen gerne empfehlen, dass sie sich interessieren bzw. außerhalb der islamischen Gemeinde, außerhalb unser Community auch andere Fortbildungen besuchen sollen, damit sie auch andere Modelle sehen, andere Methoden kennen lernen. (Ela 82)

Die Weiter- und Fortbildungsangebote der pädagogischen Hochschulen und Universitäten könnten die Angebote des Islamischen Schulamts ergänzen und so die notwendige Differenzierung gewährleisten. Die IRL könnten sich ihren eigenen Bedürfnissen entsprechende Angebote auswählen und sich persönlich und beruflich weiterentwickeln. Andernfalls besteht die Gefahr, dass der Nutzen und Mehrwert der Fort- und Weiterbildungen überhaupt zunichte gemacht wird.

Form und Gestalt der Weiter- bzw. Fortbildungen

Die Frage nach Nutzen und Mehrwert mancher vom Islamischen Schulamt angebotener Fort- und Weiterbildungen wird besonders laut erhoben, wenn es um deren Aufbau und Ablauf geht. So wird insbesondere Weiter- bzw. Fortbildungen, die Vortrags- bzw. Vorlesungscharakter haben, ein geringer Nutzen attestiert – so von Ali und Amr, wobei Letzterer seine Feststellung mit folgender Illustration unterstreicht:

> [...] Fortbildung ist irgendwie ein, zwei, drei Stunden, die – puh – sehr langweilig sind; manchmal interessant, manchmal. Die Lehrer, statt drei, vier Stunden zu unterrichten, sie kommen, sie haben Pause von den Kindern; nicht alle, aber sie kommen, sie sitzen, der Bruder vorne oder die Schwester, reden wie sie wollen {demonstratives Gähnen und Strecken}, fertig aus [...]. (Amr 168)

Ali kritisiert außer Form und Gestaltung von Fort- und Weiterbildungen auch das einfache Wiederholen von theologischen Inhalten, die ihm und anderen IRL bereits bekannt sind. Er plädiert für das Arbeiten an konkreten Unterrichtsbeispielen:

[...] ja, dass man vielleicht mit konkreten Beispielen arbeitet, mit konkreten Vorgaben arbeitet. Also allgemein zum Beispiel, wenn man das Thema wie Sufismus, islamische Mystik hernimmt und dann wie bei einer Vorlesung referiert wird. Ja, ich mein, ich habe das ja schon gehört, das brauch ich ja nicht; [...] das wird mir letzten Endes wirklich nichts bringen. Also ein Vergleich oder Auffrischung würde nicht schaden, aber letzten Endes ist es für meinen Unterricht, meine Unterrichtsgestaltung nicht effektiv [...]. (Ali 82)

Wie aus vielen Aussagen hervorgeht, werden die Fort- und Weiterbildungen als eine Möglichkeit gesehen, sich weiterzuentwickeln, insbesondere von IRL, die in bestimmten Bereichen, etwa in Pädagogik und Didaktik, Defizite haben. Um tatsächlich zur Entwicklung der IRL beitragen zu können, müssten die Fort- und Weiterbildungen – so der Tenor der Aussagen – praxisrelevant sein und methodische und didaktische Elemente beinhalten; keinesfalls aber sollten sie nur im Vortragsstil abgehalten werden.

6.3.1.5 Strukturelle Erfordernisse islamischer Berufe: Defizite im EU-Raum

In Bezug auf Berufsstrukturen ergibt die Analyse der Daten ein allgemein defizitäres Bild der islamischen Berufe im europäischen Raum. IRL machen in diesem Zusammenhang auf die mangelnden oder schwer zugänglichen Aus-, Fort- und Weiterbildungsmöglichkeiten sowie auf die zu langsame Weiterentwicklung islamischer Berufe zur erwerbsmäßigen Vollzeittätigkeit aufmerksam.

Ausbildungsmöglichkeiten als IRL

Wie die Untersuchung zeigt, besteht bei den befragten LehrerInnen tendenziell die Bereitschaft zur (Nach-)Qualifizierung, die allerdings schnell an ihre Grenzen stößt. So berichtet Eda von der schweren Zugänglichkeit der Ausbildungs- bzw. Nachqualifizierungsmöglichkeiten, die in der räumlichen Distanz, der familiären und der beruflichen Situation der IRL begründet liege:

Die Ausbildung der LehrerInnen zu ermöglichen, die hier seit zehn, zwanzig Jahren unterrichten, aber noch immer diese pädagogische Ausbildung, das was an der Universität/Hochschule X angeboten wird, die Chance nicht haben; es ist bloß zu weit weg. Ja, wenn sie Vollzeit arbeiten, können sie schlecht auch in Bundesland X studieren. Das können nur die, die jetzt mit der Schule fertig sind und studieren wollen, deren Familiensituation erlaubt das. (Eda 82)

Ähnlich wie Eda sieht auch Isa die Vereinbarkeit von Arbeit und Weiterbildung bzw. Nachqualifizierung nicht bzw. kaum gegeben:

[V]iele sind seit Jahren in diesem Beruf. Man soll ihnen die Möglichkeit anbieten, sich weiterzubilden, das ist sehr wichtig, denk ich mir. (Isa 164)

Die Forderung nach berufsbegleitenden Weiterbildungsmöglichkeiten zeugt von der hohen Bereitschaft der LehrerInnen, sich bei entsprechenden Angeboten nachzuqualifizieren – was ja auch im Sinne einer Professionalisierung wäre.

Ausbildungsmöglichkeiten für islamische Berufe

Mit mangelnden strukturellen Möglichkeiten sind in den Augen der IRL auch Vertreter anderer islamischer Berufe konfrontiert, etwa Imame oder Moschee-LehrerInnen. So berichtet Ece:

[Ü]berall, wo eine Moschee ist, kannst das erste Jahr dort machen. Das zweite Jahr […] das war im Bundesland X damals. […] Und dann das dritte Jahr musste man sich in Stadt X damals versammeln […]. Also in Stadt X war das in Österreich, man kann das auch in Stadt Y machen. Und das letzte Jahr muss man im (Aus-)Land Z sein. (Ece 14)

Hud lässt durchklingen, dass zu seinem Entschluss für einen Ausbildungsaufenthalt im Land XY zwecks Studiums der Islamwissenschaften auch die begrenzten Ausbildungs- und Berufsmöglichkeiten beigetragen haben:

Damals gab es eigentlich theologiemäßig in Europa sehr wenig. Es gab nur wenige Optionen, eine in Land XY, eine in Land XZ. Ich habe mich dann entschieden, auch mit dem Einfluss meines Vaters, dass ich Islam studiere. Bin dann nach Land XY gezogen [...], hab vier Jahre lang Islamwissenschaften studiert; bis dahin hatte ich keine bzw. nicht viele Optionen. Was kann man als Theologe, als Islamwissenschaftler in Europa machen [...]? (Hud 6)

Weitere LehrerInnen wie Ece und Ali berichten aus persönlicher Erfahrung und aus ihren Beobachtungen über die Schwierigkeiten, mit denen islamische TheologInnen in muslimischen Gemeinden konfrontiert sind. Was ihrer Ansicht nach fehlt, sind systematisierte, strukturierte und geregelte Arbeitsverhältnisse und -möglichkeiten. So schildert Ece, unter welch schwierigen Bedingungen Moschee-Lehrerinnen arbeiteten:

Die, die verheiratet sind, bekommen natürlich wie normal Bruttolohn, bekommen sie ihr Lohn, [...]. Aber die weiblichen Lehrpersonen, [...] die bekommen da eher wenig, obwohl sie immer dort sind. Du kannst nur zwei oder drei Tage pro Monat nach Hause. (Ece 16)

Hud wiederum nennt seine Beobachtungen und Erlebnisse in den Moscheegemeinden als Grund für den Entschluss, nach seinem Islamstudium nicht in einer Moschee zu arbeiten:

[U]nser Imam damals, ich war noch klein, er war Imam, er hat Döner gemacht, er hat diesen kleinen Shop auch geöffnet, gekauft und verkauft, er hat sogar geputzt. Ja, das heißt, das Bild vom Imam war für mich immer so ablehnend. Und das Zweite war auch Verdienst. Ja, wenn du nicht bei ATIB oder DITIB arbeitest, dann verdienst du vielleicht als privater Imam ziemlich wenig [...]. (Hud 8)

Dem auf Beobachtungen, Erfahrungen und Erlebnissen beruhenden Urteil der IRL zufolge sind islamische Berufe in Europa wenig professionalisiert und systematisiert. Zudem seien Studienmöglichkeiten im Bereich der Islamischen Theologie und Religionspädagogik nicht in ausreichendem Maße bzw. flächendeckend vorhanden. Die vorhandenen Angebote wiederum würden sich kaum an den Bedürfnissen berufstätiger IRL ausrichten.

6.3.1.6 „Viele Worte, wenig Taten" auf dem Weg zur Professionalisierung

Die bisherigen Ergebnisse lassen einen Zusammenhang zwischen Professionalisierung und den Berufs- bzw. Arbeitsstrukturen erkennen. Die Arbeitsbedingungen und -strukturen ermöglichen oder erschweren das Handeln der Lehrperson und die Entwicklung der IRL im Sinne einer Professionalisierung. Dieser Zusammenhang wird beispielsweise von Naz direkt angesprochen. Sie sieht die Entwicklung und Qualität des IRU und der IRL eng verknüpft mit den institutionellen Organisationsstrukturen des Berufs:

> [...] qualitativer Unterricht, kompetente Lehrer oder Lehrerinnen. Damit das Ganze aber zustande kommen kann, muss auch einiges da sein. Und muss auch einiges an Unterstützung von der Seite der Glaubensgemeinschaft oder Fachinspektoren da sein. Die haben wir aber im Moment nicht. (Naz 117)

Auch für Nur ist die Entwicklung der Lehrtätigkeit der IRL abhängig von den „Strukturen" wie den Organisationsstrukturen der IGGÖ und des Islamischen Schulamts, von der Bereitstellung von Lehrmaterialien, von (berufsbegleitenden) Studienangeboten, Fort- bzw. Weiterbildungen und vom angemessenen Umgang mit Lehrverträgen:

> Also damit der [Unterricht/die Lehrtätigkeit] tatsächlich konstruktiv noch besser wird, müssen sich die Strukturen ändern. Also, wenn man bedenkt, man hat schon Islamunterricht seit 82 und es hat sich bislang jetzt nur so viel getan, tatsächlich ist das nur ein Schneckentempo. (Nur 91)

Die IRL betonen zwar immer wieder die Notwendigkeit von Veränderungen, machen aber kaum konkrete Vorschläge, wer sie herbeiführen soll oder wie sie selbst Veränderungen bewirken könnten. Die nächsten Unterabschnitte dienen der Erörterung dieser Thematik.

Zuständigkeit: Wer soll handeln?

Ungeachtet ihrer Kritik an den Strukturen ihres Berufs sowie den ihnen zur Verfügung stehenden Ressourcen sehen die LehrerInnen zumeist keinen Anlass, selbst tätig zu werden. Eine solche Haltung lässt z. B. Eda erkennen, die die Zuständigkeit dafür bei anderen sieht, ohne diese konkret zu benennen:

> [Z]war versprechen sie nicht nur das, sondern all jene Dinge auch. Also wenn man etwas thematisiert, etwas wünscht und machen will als Zuständiger, ja, sollte man auch versuchen, das wirklich schnellstmöglich zu erledigen. Und das klappt leider nicht irgendwie. (Eda 82)

Deutlich äußert sich hingegen Naz, wenn es um die Frage der Zuständigkeit für das Handeln geht: Für sie liegt diese bei der IGGÖ.

> [...] Glaubensgemeinschaft könnte noch viel mehr machen, als was sie jetzt machen, aber ob das wirklich gemacht wird oder nicht, ist eine andere Frage. (Naz 111)

Im Laufe der Analyse wird ein möglicher Zusammenhang zwischen diesem Von-sich-Weisen und begrenzten persönlichen Ressourcen der LehrerInnen sichtbar: Bei vorhandenen finanziellen und personalen Ressourcen ist die Bereitschaft, aktiv Probleme anzugehen, nämlich sehr wohl gegeben. So signalisiert beispielsweise Nur, dass sie im Rahmen einer bezahlten Tätigkeit durchaus willens wäre, an der Bereitstellung und Entwicklung von Unterrichtsmaterialien und -methoden mitzuwirken.

> Aber es gibt auch viele Sachen, was man noch weiter entwickeln sollte oder entwickelt werden muss. Und da find ich, es ist echt tatsächlich sehr schade, dass bislang seit 82 so wenig dafür getan wird. Wenn die eine Stelle ausschreiben würden, ob es interessierte Lehrer gibt, die sowieso kreativ sind und solche Spiele schon entwickelt haben oder schon Methoden draufhaben [...]. (Nur 69)

Die Bereitstellung von Ressourcen und die Einteilung der Zuständigkeiten sei – so Nur – freilich Aufgabe der verantwortlichen Schulbehörde.

Handlungsohnmacht der IRL

Bisweilen befällt die Interviewten auch ein Gefühl der Ohnmacht und der mangelnden Selbstwirksamkeit in Bezug auf die Herbeiführung von strukturellen Änderungen. Einige IRL erwähnen Situationen, in denen die Verantwortlichen bzw. Zuständigen zum Handeln aufgefordert wären, und beklagen zugleich die fehlende Wirksamkeit ihres eigenen Handelns. Wohl verweisen sie auf einzelne Aktionen auf regionaler Ebene, geplante systematische, gemeinsam überregional durchgeführte Aktionen hingegen werden in den Erzählungen nicht genannt. So berichtet Isa von einer Unterschriftenaktion im Bundesland X und von Gesprächen mit Universitätsangehörigen, die offenbar eher informellen Charakter hatten:

> Wir haben zum Beispiel Unterschriften gesammelt, damit ein islamisch-religionspädagogisches Studium hier angeboten wird zum Beispiel. Oder wir waren an der Uni X. [...] Mit einem Zuständigen haben wir darüber geredet, ob die Islamlehrer nicht fortgebildet werden können. Ich meine pädagogisch-didaktisch, damit sie bestens ausgerüstet sind; seitens der Universität X gab es keinerlei Probleme, aber leider gab es Probleme wieder in [...]. (Isa 46)

Manchen Schilderungen ist eine deutliche Resignation zu entnehmen, wenn es um die Möglichkeit des Herbeiführens von strukturellen Veränderungen geht. Den Worten Nurs zufolge konzentrieren sich die IRL jeweils auf den eigenen Unterricht – eine Praxis, an deren Erfolg sie erhebliche Zweifel hegt:

> Also heutzutage rettet jeder seinen Unterricht, aber ob das jetzt hundertprozentig ist [...]. (Nur 91)

6.3.2 Politisch-gesellschaftlicher Kontext

Unter dieser Kategorie erfolgt die Auseinandersetzung mit dem politisch-gesellschaftlichen Kontext des IRL-Berufs; sie setzt sich zusammen aus den Erwartungserwartungen der LehrerInnen und den Erwartungen diverser Akteure wie Eltern, Schule, Schulleitungen, nichtmuslimischer KollegInnen, der Gesellschaft, der Politik und der muslimischen Religionsgemeinschaft. Im Zuge der Analyse dieser Elemente zeigten sich auch Stadt-Land-Unterschiede.

Abb. 10: Kategorie ‚Politisch-gesellschaftlicher Kontext'

Die oben abgebildeten Kategorien bestimmen das Handeln der Interviewten insofern, als diese die an den IRL-Beruf gestellten Erwartungen annehmen und versuchen, ihnen gerecht zu werden. Des Weiteren finden sich LehrerInnen – gewollt oder ungewollt – häufig in Situationen wieder, die von ihnen eine Auseinandersetzung mit dem politisch-gesellschaftlichen Kontext ihres Berufs verlangen. Die Annahme oder die Ablehnung einzelner Erwartungen bzw. die Auseinandersetzung mit diesen orientiert sich an den subjektiven Unterrichtskonzepten sowie an den Rollenverständnissen der LehrerInnen (zu diesen mehr in Kapitel 6.6). Die folgenden Abschnitte behandeln die einzelnen Kategorien, die den politisch-gesellschaftlichen Kontext ausmachen.

6.3.2.1 Erwartungserwartungen der IRL

Der Einfluss des politisch-gesellschaftlichen Kontexts wird insbesondere in den Erwartungserwartungen der LehrerInnen sichtbar. So beziehen sich manche IRL immer wieder auf angenommene, erlebte oder selbst erfahrene Fremdbilder und Erwartungen, die eine teils stark idealisierte Leitfunktion haben. Die Leitfunktion wird besonders bei der Beschreibung der gesellschaftlichen Vorbildfunktion und in den Vergleichen mit Hodscha-Bildern bzw. Bildern von Geistlichen sichtbar.

Vergleiche mit Moschee-Imamen/Hodschas

LehrerInnen, die ein ‚glaubensvermittelndes Unterrichtskonzept‘[197] verfolgen und ein dementsprechendes Rollenverständnis haben, neigen in den Interviews zu Vergleichen mit vorgestellten Bildern von Imamen, die in den Moscheen auch als Hodschas (Lehrende) tätig sind. Am Beispiel von Nuh zeigt sich, wie diese Bilder von der Moschee und dem Moscheeunterricht Eingang in den IRU finden. So sieht Nuh sich selbst u. a. als (Moschee-)Hodscha und setzt das positive Hodscha-Bild der MuslimInnen für den Beziehungsaufbau ein.

> [I]nschallah [so Gott will] ist es ja auch so, dass man ja von einem Hodscha diese Erwartung hat: religiös, er lügt nicht, er ist gerecht, er hat die Liebe zu den anderen Menschen, er kann mir helfen. Also diese Erwartungen hat man ja von einem Hodscha, und wenn man diese Erwartungen erfüllt, hat man natürlich diese Tür geöffnet [...]. (Nuh 50)

Cem dagegen verbindet die Hodscha-Bilder mit den (Selbst-)Anforderungen des IRL-Berufs:

> [E]in islamischer Religionslehrer muss ja auch die Möglichkeit haben, sich in theologischen Fragen gut auszukennen. Weil wir werden außerhalb der Schule als islamische Vorbilder oder Gelehrte gesehen, die sich in vielen Bereichen auskennen [...]. (Cem 170)

Die Analyse der Daten lässt zu folgendem Schluss kommen: Es finden Vergleiche und Übertragungen statt, in denen Moschee-Konzepte und Traditionen auf den IRU und den IRL-Beruf projiziert und angewendet werden. Dadurch fehlt dem IRU und dem IRL-Beruf ein für die Professionalisierung unerlässliches Alleinstellungsmerkmal.

Gesellschaftliche Vorbildfunktion der IRL

LehrerInnen mit einem subjektorientierten Unterrichtskonzept hingegen betonen die gesellschaftliche Bürde ihres Berufs. Isa zum Beispiel

---

197 ‚Glaubensvermittelndes Konzept‘ (im IRU) wird hier als muslimisches Pendant zur Katechese im christlichen Kontext verstanden.

beschreibt die gesellschaftliche Funktion der IRL als große Verantwortung mit Vor- und Nachteilen:

> Ein Fehler eines normalen Bürgers würde nicht so auffallen, aber dein Fehler, ja, mit deinen Fehlern geht man nicht so um, wie man bei einem normalen Bürger umgeht. In der Hinsicht handelst du natürlich verantwortungsbewusster in der Gesellschaft. Und das hat natürlich, ich meine, Vor- und Nachteile nicht, aber es hat Verantwortungen [...]. (Isa 70)

Wie andere IRL auch geht Isa von einem stark idealisierten IRL-Bild in der Gesellschaft aus, dem sie auch gerecht werden müssten. Obwohl diese Idealisierung, wie das obige Beispiel von Isa zeigt, als eine schwere, belastende Aufgabe und Verantwortung empfunden wird, wird sie kaum hinterfragt.

6.3.2.2 Erwartungen der Schule/Schulleitungen/KollegInnen

Zu den erörterten Erwartungserwartungen kommen auch direkte Erwartungen von AkteurInnen der Schule wie Schulleitungen und nichtmuslimischen KollegInnen hinzu. Diese AkteurInnen richten Erwartungen sowohl an den Unterricht der jeweiligen Lehrperson als auch an die Lehrperson selbst.

Bildungsanforderungen an den IRU

Schulleitungen und nichtmuslimische KollegInnen fungieren dem Datenmaterial zufolge als Bezugspersonen, die die Erwartungen der Schule (und mitunter der Gesellschaft) an die IRL herantragen. Die Erwartungen, mit denen sich die LehrerInnen konfrontiert sehen, beziehen sich u. a. auf Gewaltprävention, Kontingenz- und Pluralitätssensibilität, die Begleitung der SchülerInnen in schwierigen Lebenssituationen, die Thematisierung von Terrorismus, die Vermittlung von Werten wie Toleranz und Respekt, Integrationsarbeit und die Entwicklung eines Wir-Gefühls. Als exemplarisch für die Erwartungen an Unterrichtsinhalte kann der Fall von Eda gelten:

Am 26. Oktober war Nationalfeiertag und da hat mich eine Lehrerin gebeten, dass ich darauf auch eingehe. Oder einer kommt und sagt: „In der Klasse ist jemand verstorben, der länger im Krankenhaus gelegen war." (Eda 66)

Und Nur gibt die Wünsche bzw. Forderungen der Schulleitungen wieder:

Schuldirektorinnen verlangen von uns natürlich dann genauso zum Beispiel, dass wir die Kinder tolerant erziehen [...]. (Nur 87)

Vor eine ähnliche Anforderung an seine Unterrichtsgestaltung sieht sich auch Hud gestellt:

[D]ie Schule erwartet von mir, dass ich die Schüler nicht erziehe, aber so unterrichte, dass sie auch ein Teil der Schule werden, Teil der Gesellschaft werden [...]. (Hud 170)

Die letzten zwei Fälle veranschaulichen, dass NichtmuslimInnen bzw. AkteurInnen im Schulwesen vom IRU eine Sozialisation der muslimischen SchülerInnen in die Schulgemeinschaft und die Gesellschaft erwarten. Und diejenigen, die diese Sozialisation realisieren und authentisch vorleben sollen, sind eben die IRL. In diesem Rahmen bewegen sich auch die folgenden direkten Anforderungen an die IRL.

Anforderungen an die LehrerInnen

In der Analyse lassen sich grundsätzlich zwei Aspekte von direkten Anforderungen ausmachen: Erstens werden von islamischen Lehrenden Authentizität, Kollegialität, die Einhaltung der landesüblichen Umgangsformen und Pflichtbewusstsein erwartet. Cem fasst diese Erwartungen unter dem Stichwort „gute Zusammenarbeit" zusammen:

[D]ie Direktorinnen und Direktoren und auch einige Kollegen und Kolleginnen erwarten von Religionslehrern eine gute Zusammenarbeit [...] (Cem 200)

Zweitens werden den LehrerInnen unterschiedliche Rollen – vgl. dazu Kapitel 6.6.3 – zugeschrieben, in denen sie dann angehalten sind, zu bestimmten Themen Stellung zu nehmen. Für Hud etwa ist die Funktion eines Vermittlers vorgesehen, der sich für die Schule einsetzen soll:

> [...] zum Beispiel Kirchenbesuche. Ja, aus islamischer Sicht spricht nichts dagegen, wenn die Schüler mit in die Kirche gehen. Und manchmal müssen die Kinder mitgehen, weil es ist eine kleine Schule, Aufsicht ist nicht gegeben. Ja, manche Eltern wollen das nicht. Da erwartet die Schule von mir, dass ich vielleicht mit den Eltern spreche oder was schreibe oder nach Lösungen suche. (Hud 176)

Auch Ece wird, ähnlich wie Hud, in beratend-vermittelnder Funktion hinzugezogen, wenn es um die Klärung von Problemen mit muslimischen SchülerInnen geht.

> Wenn es muslimische Schüler betrifft, dass sie irgendwelche Probleme haben, dann fragen sie, ob ich da vielleicht was weiß, oder sie tun sich bei mir beraten [...]. (Ece 185)

Diese Schilderungen von Hud und Ece legen nahe, dass von IRL mitunter Leistungen und Rollen erwartet werden, die durchaus als Vereinnahmung gelten können – nicht immer sind die bei ihnen vorausgesetzten Einstellungen, Positionen und Haltungen nachvollziehbar oder gerechtfertigt. Diese Thematik wird in Kapitel 6.6.3. ausführlicher behandelt.

6.3.2.3 Erwartungen der Eltern

Weitere Erkenntnisse aus der Analyse der Daten betreffen sowohl den Umgang der IRL mit den Erwartungen der Eltern als auch die Natur der Erwartungen selbst. Diese sind Gegenstand der nun folgenden Erörterungen.

Umgang mit den Erwartungen der Eltern

In den Interviews neigen manche LehrerInnen dazu, die Erwartungen der Eltern aus dem subjektiv wahrgenommenen Stellenwert des IRU gegenüber anderen Unterrichtsfächern und aus Elternsprechtagen abzuleiten. Dies führt dazu, dass IRL etwa aufgrund der geringen Inanspruchnahme der Elternsprechtage zunächst davon ausgehen, dass die Eltern keine Erwartungen an den IRU bzw. an ihre Lehrtätigkeit haben. Dies lässt sich z. B. bei Ali erkennen:

> [D]ie katholischen Kollegen werden es auch bestätigen, also es ist auch nicht anders, der Religionsunterricht überhaupt wird nicht eben in dem Maße ernst genommen, wie wir es gerne hätten. Das sieht man eben an den geringen Besuchen an den Elternsprechtagen. Also so gesehen, vom Elternhaus her gibt es, finde ich, gar keine Erwartungen, überhaupt nicht. (Ali 100)

Im Interviewverlauf stellt sich jedoch heraus, dass Eltern sehr wohl Erwartungen an Ali und seinen Unterricht hegen. Da er diesen aber nicht entsprechen oder ihnen nichts abgewinnen kann, nimmt er sie nicht als das wahr, was sie sind, sondern interpretiert sie dahingehend, dass die Eltern ihn und seinen Unterricht nicht ernst nehmen und ihn als Person nicht angemessen wertschätzen.

> [E]s gibt ein Problem, was mir so einfällt, mit den unterschiedlichen, ja, wie soll ich sagen, islamischen Orientierungen mancher Familien. Es ist ja so, dass die Muslime hier in unterschiedlichen Verbänden organisiert sind. Und es gibt nun mal Mitglieder bestimmter Verbände, die vielleicht meine Anwesenheit, meine Lehrtätigkeit nicht so schätzen. Also aufgrund ihrer eben unterschiedlichen Interpretation des Islam [...]. (Ali 100)

Für Ali scheinen insbesondere der Umgang mit den Erwartungen der Eltern sowie die Frage, was der IRU bzw. der IRL leisten kann und soll, gänzlich ungeklärt zu sein. Andere IRL, die Ähnliches berichten, setzen im Umgang mit Elternerwartungen auf Kommunikation. Fehlt die Kommunikation – etwa wenn es zu einem Konflikt mit Eltern kommt –, so kann, wie Alis Fall zeigt, bei dem/der IRL der Eindruck mangelnder Wertschätzung entstehen – mit der Folge eben, dass der/die IRL die Erwartungen nicht wahr- oder ernst nimmt.

Was erwarten Eltern?

Die inhaltliche bzw. theologische Ausrichtung der LehrerInnen bzw. der Eltern, die – wie sich bereits in Alis Fall andeutete – durchaus konflikt-trächtig sein kann, nimmt im Datenmaterial breiten Raum ein. LehrerInnen sehen sich mit zwei unterschiedlichen Erwartungspräferenzen der Eltern konfrontiert. Von einigen Eltern wird eine offenere, liberalere Ausrichtung im Sinne einer Auseinandersetzung mit Werten und Weltanschauungen verlangt, andere wiederum erwarten vom IRU das Erlernen von Glaubensinhalten und Glaubenspraktiken im Sinne einer Glaubensvermittlung. In Huds Augen hängt dies mit der Religiosität der Eltern zusammen:

> [...] Erwartung der Eltern ist sehr unterschiedlich. Das hängt davon ab, wie die Eltern auch religiös verankert sind. (Hud 188)

Diese Einschätzung[198] wird von einigen LehrerInnen geteilt – auch von solchen, die ein glaubensvermittelndes Unterrichtskonzept befürworten. Gleichwohl sehen sie diese Erwartungen als mit dem IRU zum Teil nicht vereinbar. Nuh zum Beispiel spricht in diesem Zusammenhang von der (Un-)Vereinbarkeit der Realitäten:

> Es gibt auch sehr religiöse Familien, die haben ja Erwartungen, die man auch berücksichtigen sollte, aber es gibt ja auch Realitäten und tägliches Leben. (Nuh 22)

Andere LehrerInnen sehen diese (Un-)Vereinbarkeit u. a. in den schulischen Rahmenbedingungen des Religionsunterrichts begründet, beispielsweise in der geringen Stundenanzahl:

> Sie wollen den Religionsunterricht meistens so haben wie einen Unterricht in der Moschee. Aber das ist in der Schule nicht möglich, mit einer Stunde oder zwei Stunden in der Woche. (Cem 200)

Auch Isa schreibt die (Un-)Vereinbarkeit des Unterrichts mit den Elternerwartungen den Rahmenbedingungen zu, wie z. B. der Benotungstradition des IRU in Verbindung mit der Abmeldemöglichkeit.

> [S]ie erwarten, dass die Schüler im Islamunterricht viel lernen. Aber durch das System des islamischen Unterrichts – nicht nur Islam, eigentlich auch

---

198 Eine weitere mögliche Ursache ist, dass MuslimInnen der (säkulare) Religionsunterricht unbekannt ist. Sie kennen als Religionsunterricht nur die Glaubensvermittlung bzw. die Glaubenssozialisation.

katholisch; ich meine auch evangelisch; also Religionsunterricht eigentlich. Das System führt dazu meines Erachtens, dass der Unterricht ganz locker stattfindet, vielleicht ist es was Positives [...]. (Isa 150)

Im Laufe der Analyse kristallisiert sich eine weitere Begründung heraus: die (Un-)Vereinbarkeit aufgrund der innerislamischen Vielfalt. Naz beurteilt die vielfältigen Erwartungen der Eltern vor dem Hintergrund der innerislamischen Vielfalt als nicht realisierbar und überfordernd:

[E]s gibt unterschiedliche Gruppen unter den Familien. Die eine Gruppe möchte, dass das Kind in einem Jahr Hafis [Koranrezitator] wird, alles auswendig lernt; eine andere Gruppe möchte nur *akhlāq*-Themen [Moral- und Wertelehre] durchführen lassen; wieder eine andere Gruppe möchte nur Prophetengeschichten. Und du kannst nicht alles auf einmal anbieten [...]. (Naz 20)

Betrachtet man die inhaltlich-konzeptuelle Perspektive des IRL-Berufs in Kapitel 6.6, so wird deutlich, dass die (Un-)Vereinbarkeit auch daher rührt, dass der IRU in der Schule andere Ziele als nur kognitives Lernen verfolgt.

6.3.2.4 Erwartungen der Gesellschaft und Politik

Neben der Schule und den Eltern – dessen sind sich die befragten LehrerInnen gewiss – hätten auch Gesellschaft und Politik bestimmte Erwartungen an sie, die allerdings eher indirekt geäußert würden. Gemäß dieser Wahrnehmung, die stark von medial-öffentlichen Diskursen und vereinzelt auch von persönlichen zwischenmenschlichen Begegnungen geprägt ist, betreffen diese insbesondere Themen Integration und Sozialisation sowie Kompetenzorientierung, für deren Gelingen islamische LehrerInnen in besonderem Maß verantwortlich seien.

Integration: Sozialisation im Auftrag der Gesellschaft

Der von den IRL angenommene Erwartungshorizont der Gesellschaft umfasst Wertevermittlung, soziale Kompetenzen sowie den Umgang mit den Vorurteilen und der gesellschaftlichen Vielfalt. Nur fasst diese wie folgt zusammen:

> Aber was natürlich gefragt ist von der Gesellschaft, dass wir den Kindern diese Werte vermitteln, von denen ich vorhin gesagt habe, dass sie mit jedem gut auskommen, ohne diese Vorurteile zu besitzen; dass sie eben respektvoll sind, höflich sind, tolerant sind, neugierig sind; dass sie Verantwortung übernehmen, solche Dinge zum Beispiel. Das wird schon mehr oder weniger von uns verlangt; das ist wichtig [...]. (Nur 89)

Im weiteren Gesprächsverlauf führt Nur außerdem exemplarisch vor, wie die IRL Erwartungen bzw. Anforderungen aus den öffentlich-gesellschaftlichen Problemen und Diskursen ableiten:

> Wenn wir bedenken, welche Probleme wir in der Gesellschaft haben. Welchen negativen Touch die islamische Community hat; womit die Kinder tagtäglich konfrontiert werden, besonders jetzt auch mit dieser Flüchtlingsfrage [...]. (Nur 91)

Auch andere LehrerInnen erwähnen im Zusammenhang mit den Erwartungen von Gesellschaft und Politik insbesondere die öffentlichen, medial geführten Diskurse. Deren Einfluss auf die Lehrtätigkeit der IRL wird im Folgenden erörtert.

Diskurse zur Unterrichtsqualität und -gestaltung

Öffentlich-mediale Diskurse über den IRU und den Islam im Allgemeinen bewegen die IRL in vielerlei Hinsicht. Für die interviewten IRL bieten sie zum einen Möglichkeiten zur Veränderung und Weiterentwicklung, zum anderen bringen sie Vorurteile und Ängste zum Vorschein, die es abzubauen gelte. Letzteres wird exemplarisch im Fall von Cem sichtbar, der den Abbau von Vorurteilen als eine persönliche Aufgabe der IRL sieht:

> [E]s gibt, glaub ich, viele Vorurteile gegen islamische Religionslehrer, weil durch die Medien auch sehr viel Negatives über islamische Religionslehrer – Positives wenig – verbreitet wird. Ja, also mehrheitlich negativ dargestellt wird. Das heißt, wir müssen dann das, was in den Medien so negativ gegen islamische Religionslehrer geschrieben wird, mit unserer Aufgabe korrigieren. (Cem 204)

Dass diverse Diskurse im und um den Islam auch als Chance wahrgenommen werden, wird beispielhaft bei Hud sichtbar. Er sieht in der öffentlichen Kritik und in den Diskursen über Religionsunterricht und Ethik Raum für Veränderungen und die Möglichkeit, am Religionsunterricht und dem IRL-Beruf zu arbeiten:

> Ethik oder Religionsunterricht war immer wieder mal ein Thema. Und da hat, glaub ich, die Glaubensgemeinschaft geschaut, dass sie ja keine Kritikpunkte öffnen können und man hat dann angefangen zu arbeiten [...]. (Hud 46)

Die persönliche Betroffenheit der LehrerInnen, die bereits bei Cem zum Ausdruck kam, ist im Fall von Ela noch deutlicher spürbar. Ela spricht bildhaft von der ,Beschmutzung des Islams' und der Aufgabe aller MuslimInnen, den Islam davon ,reinzuwaschen':

> Durch die Medien wird immer wieder verbreitet, wie die Muslime gefährlich sind; oder wie der Islam überhaupt beschmutzt wird. Das [zu widerlegen] ist nicht nur meine Aufgabe, sondern auch die Aufgabe von der Islamischen Glaubensgemeinschaft, die Aufgabe von jeder einzelnen Muslime hier in diesem Land, mit ihren Einstellungen, mit ihren Haltungen [...]. (Ela 114)

Manche LehrerInnen fühlen sich also persönlich von den öffentlichen Diskursen betroffen, wobei die Betroffenheit mitunter aufgrund der Religionszugehörigkeit und des Berufsstands entsteht. Die IRL sehen sich also genötigt, als Professionelle sich auch als Angehörige einer in der Öffentlichkeit viel diskutierten und mitunter regelrecht angefeindeten Religion zu behaupten.

6.3.2.5 Erwartungen der Religionsgemeinschaft

Die den Interviews entnommenen Sichtweisen der IRL auf die Religionsgemeinschaft divergieren stark, namentlich unterscheiden die LehrerInnen zwischen der IGGÖ und den einzelnen Moscheeverbänden auf lokaler Ebene. Die Glaubensgemeinschaft ist zwar rechtlich für den Religionsunterricht und die ReligionslehrerInnen verantwortlich und auch durch die FachinspektorInnen in jedem Bundesland vertreten, dennoch ist in den Interviews eine deutliche Distanz zur Glaubensgemeinschaft spürbar. Die Distanz ist u. a. dem Umstand geschuldet, dass die IGGÖ für das soziale Gemeindeleben der MuslimInnen keine unmittelbare Rolle spielt. Das muslimische Gemeindeleben wird vor allem durch verschiedene Moscheeverbände organisiert und gestaltet, weshalb die SchülerInnen – und manchmal auch die IRL – in vielen Fällen an die Moscheegemeinden gebunden sind. Damit sind die IRL auf die Kommunikation und Kooperation mit Moscheegemeinden angewiesen. Mit den Erwartungen beider Instanzen und deren Bedeutung für den IRL-Beruf befasst sich der folgende Abschnitt.

Islamische Glaubensgemeinschaft in Österreich (IGGÖ)

Die IRL haben wenig Kontakt zur Glaubensgemeinschaft und fühlen sich, wie in Kapitel 6.3.1 festgehalten, von ihr vernachlässigt. Die einzigen Bezugspersonen sind die FachinspektorInnen, die von der IGGÖ bestellt werden. Nach Ansicht der LehrerInnen erwarten FachinspektorInnen von ihnen vor allem Pflichtbewusstsein und ein vorbildliches gesellschaftliches Verhalten. Cem fasst diese Anforderungen in folgende Worte:

> Und von der Glaubensgemeinschaft ist die Erwartung da, dass wir unsere Aufgabe, diese wertvolle Aufgabe, heilige Aufgabe könnte man auch sagen, pflichtgemäß ausführen und als gute Vorbilder in der Gesellschaft leben. (Cem 200)

An einem anderen Beispiel wird deutlich, dass ein wesentliches Moment die Integrationserwartung der Gesellschaft ist:

> Von Islamischer Glaubensgemeinschaft denk ich einmal ganz klar, dass wir nicht vergessen, dass wir in Österreich leben und Teil dieser Gesellschaft sind. (Nuh 110)

In diesem Zusammenhang zeigt sich auch, dass LehrerInnen sich tendenziell aufgefordert fühlen, heikle gesellschaftliche Themen zu meiden. Nach Ansicht von Hud erwartet die Glaubensgemeinschaft beispielsweise,

[...], dass man keine Problemaussagen macht oder keine Aussagen macht, die zu Problemen führen können, wie zum Beispiel – vieles wird ja falsch verstanden – es gab vor kurzem einen Lehrer, der über die Frauen eine Aussage gemacht hat, wo er die Frauen als schwach bzw. schwächer als Männer bewertet hat. Ja, auf diese Themen sollte man lieber verzichten. Ja, die Glaubensgemeinschaft erwartet von mir, dass ich auch diese Grundidee, Grundregeln und die österreichische Verfassung anerkenne. (Hud 192)

Die Analyse der Daten zu diesem Thema legt nahe, dass heikle Themen deshalb gemieden werden, weil sie in den Augen der IGGÖ und auch mancher IRL eine zusätzliche Belastung und Störfaktoren darstellen. Welche Rolle diese schwierigen Themen spielen und wie die IRL mit ihnen umgehen, wird in Kapitel 6.6.2.2 ausführlicher besprochen, da sie einen Teil der inhaltlich-konzeptuellen Perspektive des IRL-Berufs bilden.

Lokale Moscheegemeinden

Wie bereits eingangs erwähnt, sind die LehrerInnen in Gemeindeangelegenheiten auf die Moscheegemeinden angewiesen. Diese dienen als Ansprechpartner – und zwar nicht, weil die LehrerInnen Moscheen bzw. Moschee-Imame als Autoritäten ansehen und ihnen Gefolgschaft leisten würden, sondern weil die Situation bzw. die Rahmenbedingungen dies erfordern: Auf Landes- und Lokalebene sind die Moscheeverbände die einzigen Organisationen, die die Infrastruktur und die Möglichkeiten für ein Gemeindeleben, für gemeinschaftliche Rituale und Feiern bereitstellen. Am Beispiel von Ece zeigt sich, wie die Positionen der IRL und der Moscheen trotz der unabdingbaren Kommunikation und Zusammenarbeit mit Moscheegemeinden divergieren:

Von den Moscheen habe ich auch mal eine Erwartung: zumindest, dass sie den Kindern nicht raten, sich vom Islamunterricht abzumelden. Oder dass sie vielleicht nicht der Meinung sind, dass nur die Bildung in der Moschee ausreicht. (Ece 179)

Wie Huds Fall exemplarisch zeigt, können diese strukturellen Gegebenheiten aber auch Grund dafür sein, dass der Imam versucht, den IRL Unterrichtsinhalte vorzugeben:

[W]enn ich mit dem Imam rede, dann sagt er zu mir immer: „Ja, wir müssen uns gegenseitig ergänzen." Das heißt, er sagt, ich habe keine Zeit, ich kann in der Moschee nur das Beten beibringen und die Koransuren auswendig lernen [lassen] und Koranlesen beibringen, für den Rest habe ich keine Zeit, sagt er. Deswegen bittet er mich immer und sagt: „Ja, mach du mehr diese Themen!" (Hud 194)

Diese Beispiele zeugen von dem großen Einfluss der Verbände und Moscheegemeinden, die das lokale Gemeindeleben organisieren und bestimmen. Und dieser Umstand ist es, der sie – gewollt oder ungewollt – zu Ansprechpartnern der IRL macht.

6.3.2.6 Stadt-Land-Unterschiede

Die Analyse offenbarte auch Stadt-Land-Unterschiede im Rahmen des politisch-gesellschaftlichen Kontexts des Unterrichts, die Gegenstand der nun folgenden Ausführungen sind. Die Unterschiede betreffen zum einen den Umgang mit Radikalisierungstendenzen und zum anderen die subjektive Einschätzung der Lage der MuslimInnen und der damit einhergehenden Bedürfnisse durch die LehrerInnen.

Radikalisierungstendenzen in den Städten

Die Sichtung des Materials lässt Anzeichen von Radikalisierung bei Jugendlichen im Sinne einer tendenziellen Intoleranz gegenüber intra- und interreligiöser Vielfalt erkennen, die den Worten der LehrerInnen zufolge eine große Herausforderung für den IRL-Beruf darstellen. Vor allem LehrerInnen im (groß)städtischen Bereich stehen bisweilen vor der anspruchsvollen Aufgabe, sich mit radikalen Ansichten von SchülerInnen auseinanderzusetzen, die diese von außen in den Unterricht hineintragen. Dabei zeigen sich LehrerInnen bezüglich der Radikalisierungstendenzen ihrer SchülerInnen oftmals hilflos und überfordert. Diese Unzulänglichkeiten äußern sich etwa in der Emotionalität, mit der Cem über dieses Thema spricht:

[E]s kommen tagtäglich immer Sachen vor, auf die man nicht vorbereitet ist. Und wo man manchmal schon genervt ist und die Zähne zusammenbeißt.

[...] Naja, wenn ein Schüler oder eine Schülerin sich allmählich radikalisiert, das macht uns schon Sorgen. (Cem 182)

Cem berichtet weiter von seinen Bemühungen, der Radikalisierung entgegenzuwirken und die Jugendlichen zu Toleranz und zum Umgang mit Vielfalt zu befähigen. Letztendlich käme er aber gegen die äußeren radikalen Einflüsse nicht an:

> Das versuch ich dann im Unterricht zu thematisieren, aber manchmal haben wir bzw. habe ich keinen Erfolg damit. Das heißt, wenn die Schüler außerhalb des islamischen Religionsunterrichts irgendwo hingehen, wo sie sozusagen diese Information holen. Dann haben wir in einer Stunde oder zwei Stunden keine Möglichkeit, sie zu überzeugen. (Cem 186)

Auch Naz zeigt sich hilflos im Umgang mit den radikalen Ansichten mancher ihrer SchülerInnen. Ihr Fall ist von besonderer Brisanz, da ein Schüler die radikalen Ansichten bereits nach außen trägt und Naz von anderen mit diesem Problem konfrontiert wird.

> [D]a kommt die katholische Religionslehrerin, sieht mich als zuständige Person dafür und fragt: „Ja, hast du gehört, der hat das und das gemacht. Das ist ein großes Problem, das geht nicht, das müssen wir mal besprechen." [...] Das waren damals ISIS-Probleme. Wenn Kinder diesbezüglich Aussagen gemacht haben oder gesagt haben: „Alle, die nicht Muslim sind, die sollen getötet werden", zum Beispiel solche Aussagen. Ich mein, man kommt dann schon hin, setzt sich und redet mit den Leuten, die das betrifft, zusammen [...]. (Naz 28–30)

An manchen Stellen der Gespräche mit Naz, Cem und anderen IRL wird auch eine latente Angst spürbar, für die (religiös motivierten) Handlungen ihrer SchülerInnen verantwortlich gemacht zu werden. So betonen sie immer wieder, wovon sie sich distanzieren (z. B. Naz 101) oder sie bekennen sich explizit zu den geltenden gesellschaftlichen und politischen Grundsätzen.

Zudem wird in den Beispielen von Cem und Naz deutlich, dass – entgegen dem Trend in politisch-gesellschaftlichen Debatten, den IRU und die IRL für die Integration/Desintegration und die Prävention von Radikalisierung verantwortlich zu machen – der IRU zeitlich und konzeptionell alleine zur Prävention von Radikalisierung nicht ausreicht. Hinzu kommt, dass auch in der Mehrheitsgesellschaft Radikalisierungstendenzen wie z. B. Nationalismus, Antisemitismus, Xenophobie, Islamophobie etc. zutage treten und weiter Zulauf finden.[199] Die Ergebnisse hier und die Entwicklungen und Diskurse der Gesellschaft legen nahe, Radikalisierung (und Integration) ganzheitlich in allen Bildungsfeldern anzugehen und nicht alleine den IRU und die IRL in die Pflicht zu nehmen.

Beobachtungen zur Lage der MuslimInnen

Den Daten lässt sich weiters ein Stadt-Land-Unterschied entnehmen, was den sozialen Kontext der SchülerInnen betrifft. Für den sozialen Kontext bzw. die sozial-gesellschaftliche Lage und den Bildungskontext von Menschen muslimischen Glaubens zeigen sich vor allem Lehrerinnen besonders sensibel. Eda – Lehrerin im städtischen Bereich – etwa stellt diesen Kontext in einen Zusammenhang mit dem Bildungsniveau ihrer SchülerInnen sowie deren Zukunftsperspektive. Diese Gedanken beschäftigen sie sowohl in der Klasse als auch zu Hause:

> [I]ch mach mir Sorgen. Also was mit den Kindern in Zukunft passiert, wenn die in der dritten Klasse sind, aber das Niveau von der ersten, zweiten Klasse haben. Ja solche Sachen nehmen mich mit, also das geht dann weiter. Ich kann dann nicht abschließen – das sind wieder die Seiten des Lehrerseins. (Eda 68)

Ihre Beobachtungen und Sorgen beziehen sich auch auf Defizite im Schulsprengelsystem bzw. in der städtischen Raumplanung. Sie spricht von asymmetrischen Verhältnissen, die in der Stadt ebenso herrschten wie in der Schule; Folgen wären dann Ghettobildung, ungleiche Bildungschancen und Zukunftsperspektiven:

> [D]ie eine Seite hat mit Familien zu tun, die Richtung, die wir gerade sind, das ist die andere Seite, hier wohnen die gebürtigen Österreicher – ist das Akademikerviertel sozusagen. Und die Kinder, die dort sind, können schwer

---

199 Siehe zur islamischen Radikalisierung: Stadt Offenbach: Wie kann die multikulturelle Gesellschaft Radikalisierungstendenzen begegnen?, in: *focus. de*, 6. September 2017. Vgl. zu Populismus und Extremismus in Europa: Pausch, Robert: Europa extrem, in: *zeit.de*, 4. Februar 2015.

herkommen. Ja, ich weiß nicht, warum es erschwert wurde, aber die sind dann auf der anderen Seite, wo wirklich die Mehrheit Ausländer ist, mit Migrationshintergrund sind, sind dort in ihrem Ghettogebiet sozusagen [...]. (Eda 74)

Auch im ländlichen Bereich gibt es institutionelle und infrastrukturelle Defizite. Eine Lehrerin versucht, diese durch persönlichen Einsatz auszugleichen, indem sie eine kommunizierende Brückenrolle einnimmt:

[D]ie Eltern in der Stadt damals [...] hatten ja alles eigentlich in Stadt X. Sie hatten die ganzen Institutionen um sich herum und sie hatten die ganzen türkischen Vereine, oder auch die anderen Vereine; oder auch ganz viele Moscheen. Die haben viel mehr Kontakte, wenn die irgendwelche Bedürfnisse haben. Sie können viel schneller an diese Menschen rankommen. [...] Sie haben schneller die Informationen, als wenn irgendjemand auf dem Land wohnt. (Nur 37)

Die Beispiele von Eda und Nur machen deutlich, dass der IRL-Beruf je nach Einsatzgebiet – Stadt oder Land – unterschiedlichen Anforderungen genügen muss, da – davon sind die beiden überzeugt – soziale Strukturen die Leistung und Bildung der SchülerInnen und somit auch den IRU bzw. die Lehrtätigkeit der IRL beeinflussen.

6.3.3 Kollektive und individuelle AkteurInnen

In diesem Abschnitt werden menschliche AkteurInnen vorgestellt, die sich im Rahmen der Analyse als wichtige Einflussgrößen des IRL-Berufs herausstellten. Dabei lassen sich einerseits – als kollektive AkteurInnen – die Familie und das soziale Umfeld sowie Gewerkschaften nennen, andererseits – auf individueller Ebene – sind es Eltern, SchülerInnen, KollegInnen anderer Fächer, Schulleitungen und FachinspektorInnen als unmittelbare AkteurInnen der Schule, die sowohl auf die LehrerInnen als auch auf den Unterricht Einfluss ausüben.

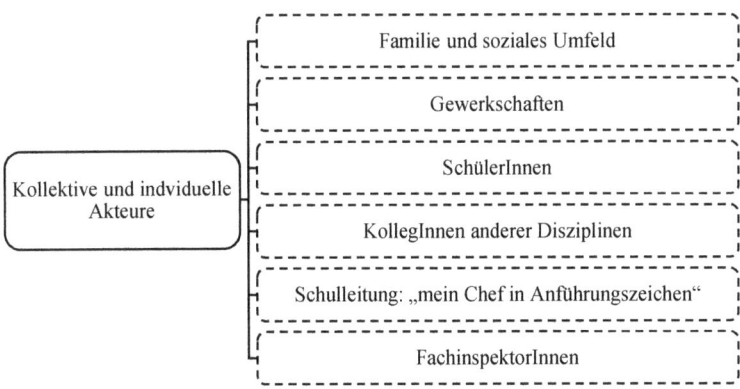

Abb. 11: Kategorie ‚Kollektive und individuelle AkteurInnen'

Die Einflussgröße der abgebildeten AkteurInnen bemisst sich u. a. an deren Verhältnis zum/zur LehrerIn und an gesetzlichen Rahmenbedingungen. Ihre nähere Beschaffenheit steht im Mittelpunkt der nächsten Abschnitte. Die Untersuchung beginnt mit den kollektiven AkteurInnen, im Anschluss daran werden die individuellen AkteurInnen erörtert.

6.3.3.1 Familie und soziales Umfeld

Der Einfluss der Familie entfaltet aufgrund seiner Unmittelbarkeit eine besonders nachhaltige Wirkung. LehrerInnen stellen einen Zusammenhang her zwischen der – in Kapitel 6.3.1.4 besprochenen – Weiterbildungs- und Qualifizierungsbereitschaft und ihren familiären Verhältnissen. Dabei kann sich die familiäre Situation hinsichtlich der Aus- und Weiterbildung als Hemmnis oder als Stütze erweisen. Ersteres war bei Ali der Fall, dessen umzugsbedingt ohnehin erschwerter Einstieg in den Beruf sich durch die familiäre Situation zusätzlich verkomplizierte.

> [D]ie Übersiedlung erst einmal nach Österreich, der Neuanfang in Österreich. Wir hatten keine Mietwohnung, wir mussten erst einmal in einem Ferienhaus unterkommen, erst zwei Monate später hatten wir eine Mietwohnung. Also die äußeren Umstände haben es unheimlich schwer gemacht [...] es waren so die äußeren Einflüsse, die den Einstieg schwer gemacht haben, das muss ich sagen. (Ali 10)

Von viel größerer Bedeutung als für ihre männlichen Pendants ist die Familie für Lehrerinnen bzw. berufstätige Mütter. Am Beispiel von Eda tritt deren unterstützende und aufbauende Rolle deutlich zutage:

[A]lso Familie hab ich schon sehr vermisst damals. Also eine Unterstützung, die mich motiviert [...]; auf einmal bin ich dagestanden und musste dann alles selbst erledigen; plus ein Kind noch mehr dazu. Alles organisieren war nicht einfach. Der Mann hat auch gefehlt, der mir sonst auch wirklich sehr hilft, tja, die Familie hat mir einfach gefehlt. (Eda 38)

In diesem Zusammenhang stellen sich folgende Fragen: Wie können Beruf, Familie und Professionalisierung miteinander vereinbart werden? Welche Maßnahmen sind notwendig, damit insbesondere IRL, die über eine partielle oder keine Ausbildung verfügen, trotz Familie und Vollzeitbeschäftigung professionalisiert werden können?

6.3.3.2 Gewerkschaften

Im Datenmaterial findet sich nur eine einzige Interviewstelle, an der die Gewerkschaften genannt werden, und zwar von Naz, die sie als Ansprechpartner in rechtlichen Angelegenheiten ins Spiel bringt – wohlgemerkt als mögliche, nicht als reelle Ansprechpartner. Warum Gewerkschaften für den IRL-Beruf keine Rolle spielen, begründet sie wie folgt:

Man könnte sich auch bei diesen Gewerkschaften informieren; nicht alle Lehrer oder Lehrerinnen sind angemeldet bei diesen Gewerkschaften, und auch wenn sie angemeldet sind, gehen die meisten nicht hin, weil sie diese Unterstützung eben nicht gesehen haben diesbezüglich. Oder weil sie jedes Mal hingehen und das Ganze besprechen müssten [...]. (Naz 72)

Von einer Organisation und Vertretung als IRL-Berufsgruppe ist im gesamten Datenmaterial keine Rede. Stattdessen betonen die interviewten LehrerInnen immer wieder, dass sie auf sich selbst gestellt seien.[200] Dabei wäre die Organisation als Berufsgruppe für die Qualitätsentwicklung und -sicherung bzw. Professionalisierung dringend notwendig.

---

200 Siehe dazu Kapitel 6.3.1 und 6.4.

6.3.3.3 SchülerInnen

Als zentrales Moment vieler Bereiche des Lehrerhandelns (Professionalität) wie z. B. in der Unterrichtsvorbereitung, bei Unterrichtskonzepten oder bei den Lehrerkompetenzen nehmen die Lebenswirklichkeiten der SchülerInnen auch im Datenmaterial breiten Raum ein, da sie von LehrerInnen selbst oder von SchülerInnen zum Gegenstand des Unterrichts gemacht werden. In der Wahrnehmung der IRL bringen sie oftmals unkontrollierbare Dynamiken in den Unterricht ein, mit denen sich LehrerInnen bewusst oder unbewusst auseinandersetzen. Diese Dynamiken können sowohl inhaltlicher als auch gestalterischer Natur sein. SchülerInnen können, wie am Beispiel von Cem zu sehen ist, ihre teils sehr persönlichen Probleme, innere und äußere Konflikte aus ihrem Leben und dem Schulalltag den IRL persönlich oder im Unterricht anvertrauen:

> Die Schüler kommen zu dir und berichten, dass einige Lehrer sie nicht ordnungsgemäß angesprochen haben; das kann bis zu Diskriminierung gehen [...]. (Cem 77)

Auch wenn die SchülerInnen ihre Lebenswirklichkeiten nicht explizit in den Unterricht einbringen, entwickeln manche LehrerInnen ein Bewusstsein dafür. Nuh beispielsweise thematisiert in seinen Erzählungen insbesondere die Identitätsprobleme seiner SchülerInnen, die er zu einem persönlichen Anliegen macht:

> [I]ch habe Schüler, die fast nie in der Türkei waren, die der türkischen Sprache nicht mächtig sind und von der Kultur keine Ahnung haben. Aber die sich als Türke sehen, nicht als Österreicher. Und da sehe ich schon ein Problem zum Beispiel. Deswegen ist es, glaub ich, sehr wichtig, dass wir Muslime uns auch langsam in die Richtung bewegen und umdenken [...]; deswegen müssen wir auch in die Richtung arbeiten [...]. (Nuh 110)

Im Fall von Ela wird deutlich, wie die IRL die Probleme ihrer SchülerInnen wahrnehmen und im Unterricht aufgreifen. Nach Elas Dafürhalten kann und darf der IRU die Probleme und Anliegen der SchülerInnen nicht ignorieren, sondern muss sich gezielt mit ihnen auseinandersetzen:

Man kann auch beim ersten Augenblick sehen: Woher kommt das Kind und was braucht das Kind? Bevor ich meine Unterrichtstunde beginne, wenn ein Kind ein großes Problem hat und mit leeren Augen zu mir schaut, kann ich mich leider nicht konzentrieren und den Unterricht gleich starten. (Ela 64)

Eine ähnliche Sichtweise vertritt Cem: Die IRL benötigten Hilfestellungen für den Umgang mit SchülerInnen, die den IRU aus pragmatischen Gründen besuchen – etwa, um den Eltern zu gefallen, oder als Alternative zum Ethikunterricht – und dies im Unterricht auch deutlich zum Ausdruck bringen:

[D]as Schlimme ist es, wenn sie dann den Unterricht regelmäßig stören, das ist dann ein großes Problem. Es ist eine große Herausforderung, mit solchen Schülern und Schülerinnen umzugehen. Da muss man sehr gut überlegen, was man denen anbieten kann […]. (Cem 196)

Diese Beispiele legen den Schluss nahe, dass die Auseinandersetzung mit der Lebenswirklichkeit der SchülerInnen in der Natur des IRU und somit des Tätigkeitsprofils der IRL liegt. Tatsächlich betonen etliche IRL die Notwendigkeit der inhaltlichen Ausrichtung des IRU an der Lebenswirklichkeit der SchülerInnen, weil diese nun einmal nicht aus dem Unterricht ausgeblendet werden könne.

6.3.3.4 KollegInnen anderer Disziplinen

Das Verhältnis der befragten IRL zu ihren nichtmuslimischen KollegInnen ist gekennzeichnet von ambivalenten Gefühlen. Zum einen sehnen sie sich nach Anerkennung, Integration und Kooperation im Lehrkörper der Schule, zum anderen äußern sie Skepsis, Ängste und Befürchtungen, die sie mit persönlichen Erfahrungsberichten bebildern. Für Ali stellt sich diese Ambivalenz folgendermaßen dar:

[E]s gibt natürlich Kollegen an einigen Schulen, die wohlwollender sind, also auch von der katholischen Seite, die bereit sind, mit mir zu kooperieren. Ja, dass wir gemeinsam vielleicht einmal einen Unterricht gestalten. Es gibt dann wiederum Schulen, wo die Kooperation nicht gewünscht wird […]. (Ali 90)

Die Daten zeigen zudem, dass KollegInnen anderer Fächer eine unterstützende Rolle einnehmen können, so wie im Fall von Eda:

> [A]lso die Lehrerinnen waren wirklich sehr kooperativ und sie haben mir sehr viel empfohlen und auch selbst mit Materialien nachgeholfen [...]. (Eda 36)

LehrerInnen anderer Fächer spielen in den Interviews insbesondere im Hinblick auf die berufsgemeinschaftliche Perspektive eine große Rolle. Die berufsgemeinschaftliche Bedeutung der LehrerInnen anderer Fächer wird in Kapitel 6.5 eingehender vorgestellt.

6.3.3.5 Schulleitung: „mein Chef in Anführungszeichen"

Aus dem Datenmaterial ergibt sich ein sehr uneinheitliches Bild des Verhältnisses der IRL zu den Schulleitungen. Die IRL sind nicht – wie die meisten LehrerInnen anderer Fächer – an nur eine Schulleitung gebunden, sondern arbeiten aufgrund der Tätigkeit an verschiedenen Schulen mit vielen Schulleitungen als ihren Vorgesetzten zusammen. Bedingt durch diverse Faktoren – wie z. B. die hohe Anzahl der zu betreuenden Schulen, die geringe Anwesenheit und mangelnde Inklusion in den Schulen – fühlen sich manche IRL weniger an die Schulleitungen gebunden. Einige IRL berichten auch von konflikthaften Beziehungen zu Schulleitungen, wobei durchklingt, dass die distanzierte Beziehung und die Konflikte nicht nur von ihnen ausgehen, sondern auch durch die Positionen und Handlungen der Schulleitungen mitverursacht oder zumindest begünstigt werden. Im Vordergrund dieser Konflikte stehen vor allem dienstliche Pflichten der IRL, die der Aufsicht der Schulleitungen unterliegen. Ali führt als Beispiel die Teilnahme an Schulkonferenzen an, die er aufgrund der vielen zu betreuenden Schulen eigentlich für ein Ding der Unmöglichkeit hält:

> [Die Schulleitungen] haben andere Vorstellungen von einer Organisation, also es weicht doch erheblich voneinander ab. Die einen verlangen von mir zum Beispiel, dass ich regelmäßig an den Konferenzen teilnehme, die anderen sind dann gütiger und verschonen mich, befreien mich, weil sie dann wissen: Ich bin an mehreren Schulen tätig. Das ist zum Beispiel so ein großes Problem [...]. (Ali 90)

In der Analyse kommt ein weiteres schulorganisatorisches Problem zum Vorschein, bei dem die IRL und die Schulleitungen offenbar von Natur aus unterschiedliche Positionen einnehmen. Die IRL berichten häufig von Dauerkonflikten mit den Schulleitungen bei der Planung der Religionsstunden, hervorgerufen etwa durch die Zusammenlegung von Klassen und Schulstufen, um – auf Kosten des IRU – Stunden einzusparen. Viele IRL, darunter auch Ali, sind der Auffassung, dass die Planung der IRU-Stunden pädagogisch und didaktisch begründet und am Wohl der SchülerInnen orientiert sein sollte.

[A]ber jetzt aus pädagogischen Gründen, auch didaktischen natürlich, ist es ja unsinnig, erste und vierte Klasse zusammen zu haben, wo ich ja die Möglichkeit hätte, sie auch zu trennen. Erste und zweite eine Gruppe und dritte/ vierte Klasse. Dieser Direktor wollte einfach seinen Willen aufdrängen, es ging ihm überhaupt nicht um pädagogische, didaktische Gründe oder ob es sinnvoll ist, sondern er wollte einfach dort klarmachen: Ich bin hier der Chef [...]. (Ali 94)

Alis Beispiel deutet darauf hin, dass manche IRL und Schulleitungen sich schwertun, einen angemessenen Umgang mit zentralen Angelegenheiten zu finden. Betrachtet man Alis Fall eingehender, so zeigt sich, dass es hierbei zum einen um die Rechte der SchülerInnen (Schulunterrichts- und Religionsunterrichtsgesetz) und zum anderen um die Vergabe der Werteinheiten geht. Beide grundsätzlichen Probleme werden in den Interviews kaum sachlich angesprochen. Die IRL fühlen sich aber aufgrund der in ihren Augen ungerechtfertigten Werteinheitenverteilung[201] benachteiligt und von der Lehrkörperschaft ausgegrenzt. Die Pro-

---

201 Die Berechnung der Lehrverpflichtung von BundeslehrerInnen an Bundesschulen (Schulen der Sekundarstufe II) erfolgt in Österreich anhand des Werteinheitensystems. Diese Schulen bekommen eine bestimmte Anzahl von Werteinheiten, die sie auf die jeweiligen Fächer bzw. LehrerInnen aufteilen. Zum Verständnis dieses Systems siehe: Förderverein für differenzierte Allgemeinbildung: *Umrechnungstabelle der Unterrichtsstunden in Werteinheiten*, 2009, URL: http://www.oepu.at/index.php/service/rechtsinfos/infos-a-z/816-umrechnungstdwe (letzter Abruf: 17.04.2019). Die religiöse Vielfalt der Schule findet bei der Vergabe von Werteinheiten vielfach kaum Berücksichtigung. Die Werteinheiten werden oftmals anhand von Schülerzahlen bestimmt. Siehe zur Vergabe von Werteinheiten z. B. das

blemlösung liegt nach Ansicht mancher IRL in der Beziehungspflege, da viele schulische Rahmenbedingungen des IRL-Berufs und des IRU von der Beziehung zwischen LehrerInnen und Schulleitungen abhingen. So meint Han:

> Dazu gehört aber auch natürlich, dass man vor allem mit den Kolleginnen/ Kollegen und auch mit den Direktorinnen und Direktoren ein gutes Verhältnis pflegt. Weil davon hängt sehr viel ab, was man in der Schule erreichen kann. Das betrifft oft so Sachen, die jetzt nicht im Zentrum deines Unterrichts stehen würden, aber halt Sachen wie Raumplanung oder Sachen wie Verfügbarkeit von Materialien und so weiter und so fort. (Han 44)

Die Notwendigkeit einer guten Beziehung zu den Schulleitungen wird auch von anderen LehrerInnen immer wieder hervorgehoben. Die Schulleitungen würden mehr Rücksicht auf die IRL nehmen und seien eher bereit, Zeit und Energie in die Planung und Organisation des IRU zu investieren, wenn diese intakt ist. Schließlich sei eine gestörte oder keine Beziehung zu den Schulleitungen ein Mitgrund für die Verfügung von Stundenkürzungen und/oder Nachmittagsstunden.

6.3.3.6 FachinspektorInnen

Die wichtigsten Bezugspersonen der IRL – so ein weiteres Analyseergebnis – sind die FachinspektorInnen. Diese verantworten den Religionsunterricht in den einzelnen Bundesländern und sind AnsprechpartnerInnen sowohl der LehrerInnen als auch der Schulbehörden. Ihnen obliegt die Stellenplanung, die Fortbildungsplanung und die Inspektion der LehrerInnen bzw. des IRU.[202] Die LehrerInnen kontaktieren sie insbesondere in Konfliktfällen mit Schulleitungen bzw. bei Divergenzen

---

Rundschreiben des Landesschulrats Tirol: Raffler, Reinhold: *RUNDSCHREIBEN Nr. 1/2015*, 2015, URL: http://www.lsr-t.gv.at/sites/lsr.tsn.at/files/up load_rs/RS201501.pdf (letzter Abruf: 17.04.2019).

202 Siehe dazu christlich.leben.lernen – Info-Portal der katholischen Kirche zu Bildung & Schule, URL: http://www.religionsunterricht.at/schulaufsicht (letzter Abruf: 17.04.2019). Siehe auch Schulamt der IGGÖ: *Fachinspektoren*, URL: http://www.derislam.at/schulamt/?c=personalbild&o=personal&ka t=2&cssid=Fachinspektoren&navid=18&par=6 (letzter Abruf: 16.04.2019).

bezüglich der Zuteilung von Werteinheiten und erwarten von ihnen ein unterstützendes Eingreifen zur Lösung der Konflikte. Ece formuliert diese Erwartungen wie folgt:

> [Der Schuldirektor] hat mir zwei Stunden weggenommen. Der tut einfach die Gruppen zusammen. [...] Weil da kann ich nichts machen, wenn er, obwohl ich gut argumentiere, er bleibt bei seiner Meinung. Dann möcht ich schon, dass der Inspektor sich einsetzt. Und da kann ich ja nichts mehr machen. (Ece 171)

Darüber hinaus können FachinspektorInnen auch in beratender und unterstützender Funktion in religionspädagogischen Belangen tätig werden, wie es etwa Nur erlebt hatte:

> Unser Fachinspektor damals, der hatte auch ganz viele Bücher und Materialien. Er und seine Frau unterrichten ja auch und die sind sehr offen gewesen für solche Dinge. Deswegen habe ich mich sehr gut aufgehoben gefühlt, ganz ehrlich, das war eine Bereicherung für mich. (Nur 26)

Es sind also unterschiedliche Rollen, in denen die FachinspektorInnen den IRL gegenübertreten, darunter die von MentorInnen, MediatorInnen oder Vorgesetzten. Indem sie als solche den IRL in diversen dienstlichen Angelegenheiten (Rechtsfragen, Organisation, Religionspädagogik) Orientierungshilfen bieten, tragen sie nicht zuletzt zu deren Entwicklung bei.

6.3.4 Nichtmenschliche Aktanten

In der Situationsanalyse konnten auch nichtmenschliche Faktoren bzw. – so ihre Bezeichnung in der Situationsanalyse von Clarke – Aktanten herausgearbeitet werden, die den Handlungsrahmen und die Handlungsmöglichkeiten der IRL mitbestimmen. Räumlichkeiten, Arbeitsmaterialien, Unterrichtsgruppenstrukturen, Stundenplanorganisation und Lehrtätigkeit an verschiedenen Schultypen bilden neben weiteren Faktoren, die bereits vorgestellt wurden oder in den kommenden Abschnitten erläutert werden, als nichtmenschliche determinierende Aktanten den Handlungsraum der IRL.

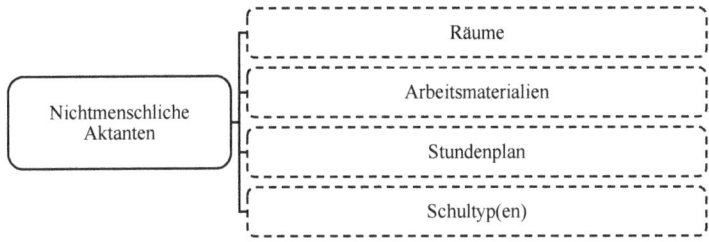

Abb. 12: Kategorie ‚Nichtmenschliche Aktanten‘

Im Folgenden werden die einzelnen nichtmenschlichen Aktanten im Hinblick auf ihre Bedeutung im IRL-Beruf erörtert. Damit ist das Kapitel ‚Kontext des IRL-Berufs‘ abgeschlossen.

6.3.4.1 Räume

Der Raum ist für den IRL-Beruf der Analyse zufolge in zweifacher Hinsicht von Bedeutung: Zum einen hat die didaktische Gestaltung der Unterrichtsräumlichkeiten Auswirkungen auf die Lehrtätigkeit, und zum anderen sind Räume sowohl im wörtlichen als auch im übertragenen Sinne Orte, die (aus der Sicht der IRL) gleichsam Auskunft geben über die Position der IRL und des IRU, also über die Frage, welcher Raum bzw. welcher Stellenwert den IRL und dem IRU im Schulsystem und in der Schule zukommt. Die Brisanz dieser Frage wird in den Interviews u. a. an der Vergabe und Aushandlung von Klassenräumlichkeiten sichtbar. Isa beispielsweise sieht sich doppelt um den ihm zustehenden Raum gebracht: Ein Lehrer nimmt den von ihm reservierten Klassenraum ohne erkenntliche Begründung oder Aushandlung in Anspruch und stellt zugleich durch die Art und Weise des Wegnehmens Isas Position in der Schule offen in Frage:

> Dann nächstes Mal: Ich bin zu diesem Raum gekommen und hab gesehen, dass der gleiche Lehrer wieder drin ist. Und er hat gesagt: „Ja, Herr Isa, jetzt bin ich aber hier, ich bin jetzt eingetragen, für mich ist dieser Raum eingetragen worden." Ich habe einen Scherz gemacht: „Ja, haben Sie da mehr bezahlt oder wie, dass Sie diesen Raum bekommen. Was ist an diesem Raum besonders? Sie könnten einen anderen Raum auch bekommen [...]." (Isa 148)

In anderen Fällen werden adäquate (Klassen-)Räumlichkeiten erst gar nicht bereitgestellt, sodass die Lehrerin gezwungen ist, den Raum – wieder in zweifacher Hinsicht – erst einzufordern:

> Du wirst in die Bibliothek abgeschoben. Weil man braucht ja keinen Raum, Bibliothek reicht ja aus. Was soll das? Ich musste erstmal um einen Raum tatsächlich kämpfen, dass ich einen freien Raum bekomme, wo eine Tafel ist, wo ich eben was aufhängen kann, wo ich auch einen Schrank bekomme, wo ich meine Sachen ablegen kann. Also gewisse Sachen sind nicht einfach mit den Schuldirektoren [...]. (Nur 81)

Im Fall von Nur wird deutlich, dass anhand der Vergabe von Räumlichkeiten ‚Reviere markiert‘, Plätze, Räume, Positionen und Stellen in der Schule ausgehandelt bzw. ‚erkämpft‘ werden. Nur bringt diese Vorgänge folgendermaßen auf den Punkt:

> [M]an kommt in diese Schule und man muss dann das eigene Revier nochmals neu gestalten. Und da braucht man echt sehr viel Kraft mit den Schuldirektoren. (Nur 79)

Diese Prozesse, die aufgrund des Umstands, dass der zugeteilte Raum und seine Ausstattung nach Ansicht mancher IRL ihren Status in der Schule widerspiegeln, zu den Anerkennungsprozessen gezählt werden können, sind aus Sicht der LehrerInnen mühsam und schwierig. Eine nähere Erörterung der Anerkennungsprozesse erfolgt in Kapitel 6.5.2.

6.3.4.2 Arbeitsmaterialien

Berufliche Tätigkeiten benötigen auch adäquate, qualitätsvolle Arbeitsmaterialien und -ressourcen – ein Thema, das von allen befragten IRL immer wieder aufgegriffen wird. Die Arbeitsmaterialien werden als eine Grundvoraussetzung für einen gelingenden Unterricht angesehen, an der es jedoch viel zu oft mangle. Auf den ersten Blick mögen die Debatten der Lehrer oberflächlich erscheinen, aber bei eingehender Betrachtung kommen zwei Bedeutungselemente – ‚Unterrichtskonzepte‘ und ‚sprachliche und kontextuelle Sozialisation‘ – zum Vorschein.

Unterrichtskonzepte: Ausarbeitung des Lehrplans bzw. des Lehrstoffs

Mit Blick auf die Verfügbarkeit von Arbeitsmaterialien wie Schulbücher, Arbeitsblätter etc. sind sich die InterviewpartnerInnen einig, dass es diesbezüglich um ihr Fach äußerst schlecht bestellt ist – dabei seien diese für ihren Beruf doch besonders wichtig. In Anbetracht der Tatsache, dass Lehrkräfte anderer Fächer des Öfteren bewusst auf vorhandene Schulbücher verzichten und eigene Arbeitsmaterialien erstellen, erhebt sich die Frage, warum die IRL derart großen Wert auf Arbeitsmaterialien und Schulbücher legen. Die Antwort, die sich aus der genaueren Analyse des Problems ergibt, lautet, dass es etlichen LehrerInnen an pädagogisch-didaktisch ausgearbeiteten Inhalten sowie dazugehörigen Unterrichtskonzepten und Methoden fehlt. Exemplarisch zeigt sich das an Ali, der vor der Situation stand, erst einmal einen Lehrplan bzw. Lehrstoff erarbeiten zu müssen:

> [I]ch habe dann schnell eingesehen, dass ich ja einen Lehrplan, also einen Lehrstoff erarbeiten musste. Ja, also einen ausgearbeiteten Lehrplan hatten wir noch nicht. (Ali 12)

Auch Hud berichtet von nicht ausgearbeiteten Lehrplaninhalten.

> Wir haben keine Schulbücher gehabt, keinen Lehrplan, Lehrplan schon – aber sehr bescheiden. (Hud 20)

Demnach gibt der Lehrplan zwar einzelne Inhalte und Themen vor, aber die Ausarbeitung, Auslegung und Ausrichtung des Unterrichts ist den LehrerInnen überlassen.[203] Wenn dann auch keine Orientierungshilfen wie Schulbücher vorhanden sind, müssen die LehrerInnen wohl oder übel eigene Arbeitsmaterialien erstellen, was wiederum viel Zeit und Kraft in Anspruch nimmt. Daher also die wiederholten Klagen über das Nichtvorhandensein von Arbeitsmaterialien, auch im Interview mit Isa:

---

203 Vgl. Die Islamische Glaubensgemeinschaft in Österreich: *Lehrplan für den islamischen Religionsunterricht*, 2011, URL: http://www.derislam.at/schulamt/schulamt/dokumente/lehrplan/gesamt_1–99.pdf (letzter Abruf: 17.04.2019), S. 30.

Ich meine, das Hauptproblem damals, aber auch teilweise heute noch ist, dass man keine Materialien zur Verfügung gestellt bekommt. Dass man sich selber darum kümmern muss. (Isa 34)

Hier wird auch sichtbar, dass die IRL auf sich selbst gestellt sind. Derzeit beschaffen sie sich die notwendigen Arbeitsmaterialien in Eigeninitiative, da ihnen noch kein Materialpool durch eine Aus-, Fort- und Weiterbildung zur Verfügung steht. Zur Ausarbeitung von Unterrichtskonzepten und -einheiten zu den jeweiligen Lehrplanthemen bedarf es freilich der entsprechenden Kompetenzen und Orientierungshilfen.

Sprachliche und kontextuelle Sozialisation

Was der Analyse ebenfalls zu entnehmen ist, sind beträchtliche Defizite bei der dringend notwendigen deutschsprachigen Sozialisation und Kontextualisierung des IRL-Berufs bzw. des Islams. Die meisten InterviewpartnerInnen zeigen sich in dieser Hinsicht problembewusst und berichten von der Auseinandersetzung mit sprachlichen und kontextuellen Fragen. Sie sprechen von Anpassungsleistungen oder von ihrer Sozialisation und beschreiben, wie sie sich zu Beginn ihrer Lehrtätigkeit erst einmal in das österreichische Schulsystem eingewöhnen und einarbeiten mussten:

[D]as Schulsystem ist völlig anders. Es ist nicht wie in Land XZ, wo ich in die Schule gegangen bin. Es war völlig anders, deshalb musste ich mich irgendwie in dieses System konvertieren [...]. (Ela 32)

Die sprach- und kontextgebundene Sozialisation ist aus Sicht der IRL nicht nur für sie selbst eine Herausforderung, sondern auch für ihre SchülerInnen. So berichtet Ece, dass ihre SchülerInnen sprachliche Schwierigkeiten haben, religiöse Inhalte zu verstehen und zu erklären:

[H]ier in diesem Land redet man Deutsch. Und die Kinder können das Leichteste nicht auf Deutsch erklären, oder sie können nicht mal im religiösen Sinne ihre eigene Meinung vertreten. (Ece 179)

Auf die Problematik der sprachlichen und kontextuellen Sozialisation machen auch andere LehrerInnen aufmerksam. Ela etwa berichtet, wie

SchülerInnen, die einen Moscheeunterricht besuchen, zwar auswendig gelernte Glaubenssätze in türkischer Sprache wortwörtlich wiedergeben können, aber nicht imstande sind, sich in deutscher Sprache über religiöse Inhalte auszutauschen:

> [D]as waren hauptsächlich Kinder, die in der Moschee geschlafen haben, also von dort sind sie in die Schule gekommen und sind dann später wieder in die Moschee gegangen. Und die haben mir gesagt – ein leichtes Beispiel – wenn ich über Engel gefragt habe, die konnten das auswendig auf Türkisch sagen. Und wenn ich frage: „Was hast du da grad aufgesagt, kannst du es mir zumindest erklären?", hat niemand irgendwie erklären können, was sie, was die Person mir aufgesagt hat. Ich finde, sie sollten das verstehen können [...]. (Ela 46)

Die religiöse Sozialisation und die Vermittlung religiöser Werte oder Weltanschauungen finden nach den Erfahrungen der IRL in den Familien und den Moscheen in der jeweiligen Muttersprache und nach dem Prinzip des Memorierens statt. Darin liegt nach Ansicht mancher IRL auch einer der Gründe für das Unbehagen über den deutschsprachigen IRU – für manche SchülerInnen und Eltern wirkt er einfach fremd.

6.3.4.3 Stundenplan

Unter dem Stichwort ‚Stundenplan' werden die bei der Organisation des IRL-Stundenplans auftretenden Herausforderungen zusammengefasst. LehrerInnen berichten immer wieder über Schwierigkeiten bei der Erstellung ihres Stundenplans und führen diese u. a. auf die hohe Anzahl der zu betreuenden Schulen und auf die fehlende Kooperationsbereitschaft der Schulleitungen zurück. Darüber hinaus sehen sie ihre eigene Motivation und die ihrer SchülerInnen eng verknüpft mit den Unterrichtszeiten. Auch Ermüdung und berufliche Belastungen werden auf den Stundenplan zurückgeführt. In diesem Zusammenhang werden Schultage mit neun oder zehn Stunden durchgehenden Unterrichts für die IRL und/oder die SchülerInnen erwähnt. Diese einzelnen Themen sind zu den Subkategorien ‚Faktoren der Stundenplanorganisation' und ‚Stundenplan-Auswirkungen' zusammengefasst.

Faktoren der Stundenplanorganisation

Dem Datenmaterial zufolge müssen sich LehrerInnen bei der Erstellung ihres Stundenplans mit den Schulleitungen, den Unterrichtsgruppen und der hohen Anzahl ihrer Schulen arrangieren, damit ein möglichst schülerfreundlicher Stundenplan zustande kommt. Schlüsselfaktoren sind hierbei die Schulleitungen und die Anzahl der Schulen. Das gilt etwa für Hud, der 13 Schulen zu betreuen hat:

> Stundenplan ist für mich jetzt die nächste Hürde. Dass ich für dreizehn Schulen einen gemeinsamen Stundenplan zusammenstellen kann, ist wirklich schwierig. Du musst nicht nur die Schule, sondern jede einzelne Klasse berücksichtigen und eine gemeinsame Stunde, was mir passt, was der Schule passt und was der Klasse passt, finden. (Hud 152)

Die Sache wird noch schwieriger, wenn aus Einsparungsgründen oder aufgrund geringer Schülerzahl Klassen bzw. Schulstufen zu Unterrichtsgruppen zusammengelegt werden:

> [I]ch habe eine Schule mit sieben Schülern aus sechs unterschiedlichen Klassen. Ja, 1a/1b, 2a/2b, 3a/4b/4c zum Beispiel. Ich habe sieben Schüler, das heißt, ich bekomm eine Stunde. (Hud 154)

Für Hud hängt die Professionalisierung der Lehrtätigkeit von der Organisation des IRU ab, dieser könnte etwa parallel zum KRU angesetzt werden. Das wäre Aufgabe der Schule:

> [V]ielleicht noch für die Professionalisierung, dass man im organisatorischen Bereich noch von der Schule aus vielleicht noch auch Unterstützung bekommt. Dass man je nach Möglichkeit, es wird zwar viel gemacht, aber bei vielen Schulen wird es immer noch ignoriert – aus meiner Erfahrung – dass man vielleicht die Stunden parallel zu den katholischen Stunden setzt. Da hat man auch mehr Möglichkeiten, den islamischen Religionsunterricht zu zeigen. (Hud 206)

Die Verlegung des IRU in die Vormittagsstunden, davon ist Hud überzeugt, würde es den IRL erlauben, das eigene Können zu entfalten sowie den IRU für andere sichtbar und transparent zu machen.

Der Stundenplan und seine Auswirkungen

Einige IRL berichten von Rand- und Nachmittagsstunden sowie von Tagen, an denen sie neun oder zehn Stunden Unterricht haben und dabei zwischen mehreren Schulen pendeln, was sowohl für sie selbst als auch für SchülerInnen hohen Motivationsaufwand bedeute. Von manchen IRL, wie z. B. von Isa, wird gerade dieser Umstand als ein Merkmal von ‚guten' IRL beschrieben:

> Ich meine, guter Lehrer kann man sein, wenn man diese Ganzheit mitbringt, aber auch dann versucht, das Interesse der Schüler immer lebendig zu halten. Dass das Interesse der Schüler immer geweckt wird. Natürlich ist das schwierig, wenn man neun Stunden am Stück hat. Das ist dann sehr schwierig […]. (Isa 96)

Andere LehrerInnen, darunter Naz, stellen einen Zusammenhang zwischen der Konzentrationsleistung ihrer SchülerInnen und der Unterrichtszeit her:

> [M]eistens sind Religionsstunden immer am späten Nachmittag. Also hier in dieser Schule jetzt nicht, aber in Stadt Z hatte ich das immer am Nachmittag. Die Kinder sind sowieso müde, können sich nicht so gut konzentrieren. (Naz 64)

Die IRL thematisieren vor allem die negativen Auswirkungen von schlechter Stundenplanung und ungünstig liegenden Nachmittagsstunden auf die Gestaltung und Umsetzung des Unterrichts. Die Stundenplanung stellt also ein zusätzliches Anforderungsfeld der IRL-Professionalität dar.

6.3.4.4 Schultyp(en)

Die LehrerInnen berichten immer wieder, dass sie an mehreren Schultypen gleichzeitig eingesetzt werden, was in extremen Fällen, wie beispielsweise bei Hud, von der VS (Primarstufe) bis zur AHS/BMHS (Sekundarstufe II) reichen kann. Das verlangt den LehrerInnen viel Flexibilität ab und bedeutet einen hohen Arbeitsaufwand bei den Vorbereitungen und der Ausarbeitung von zu den jeweiligen Schultypen passenden Unterrichtskonzepten. Hud illustriert dies folgendermaßen:

> [I]ch mein, in der ersten Stunde malst du oder du tanzt mit den Schülern oder springst herum in Rollenspielen oder versuchst, kleine Kinder zu trösten. Und dann musst du in der nächsten Stunde über Kompetenzen sprechen, über Matura sprechen [...]. (Hud 38)

Cem wirft in diesem Zusammenhang die Frage nach einer adäquaten Ausbildung auf. Er selbst sieht sich aufgrund unzureichender Ausbildung und des hohen Vorbereitungsaufwands außerstande, nach einem Jahr Einsatz mehrere Schultypen zu betreuen und spricht sich daher entschieden gegen dieses Modell aus:

> Ich habe gesagt, ich möchte lieber in einem Schulbereich bleiben. Dann habe ich mich entschieden, im Pflichtschulbereich tätig zu sein, weil ich die Ausbildung für den höheren Schulbereich noch nicht hatte [...]. Ich hatte praktisch von der Vorschulklasse bis zur Maturaklasse alle Klassenstufen, mit zehn Schulen in einer Schulwoche. Das war das Herausfordernde und Schwierige dabei. Das heißt, weil ich auch Neulehrer war, hatte ich auch nicht so viele Vorbereitungen für die Stunden, Unterrichtsstunden und das war relativ schwer. (Cem 58–59)

Sich ihr Einsatzgebiet und den Schultyp selbst auszusuchen oder es abzulehnen, an verschiedenen Schultypen zu unterrichten – dazu sehen die IRL wenig Möglichkeiten, da ihnen vielfach die Stunden für eine Vollzeitbeschäftigung fehlen würden.

6.3.5   Qualifizierung als IRL: Grenzen und Möglichkeiten

In Kapitel 6.3.1.5 wurden bereits die Ausbildungsmöglichkeiten als Teil (un)ordentlicher Berufsstrukturen beschrieben. Dieser Abschnitt behandelt nun den Umgang der IRL mit der Frage der Qualifizierung sowie ihre Einstellungen zur Qualifizierung.

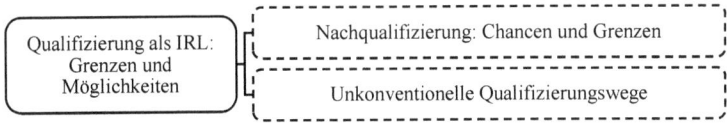

Abb. 13: Kategorie ‚Qualifizierung als IRL: Grenzen und Möglichkeiten'

Die Darstellungen der IRL ergeben ein heterogenes Bild ihrer Qualifizierung und Ausbildung. Einigen zufolge spielt die Möglichkeit zur Nachqualifizierung eine große Rolle. Im Folgenden werden diese zwei Faktoren, beginnend mit den Chancen und Grenzen der Nachqualifizierung, vorgestellt.

6.3.5.1 Nachqualifizierung: Chancen und Grenzen

Einige LehrerInnen sind fest davon überzeugt, dass die Ausbildung idealerweise in Form von Studiengängen stattfinden müsste. Da es aber bis vor kurzem kaum adäquate Studiengänge gab – weswegen viele in den Beruf ohne Ausbildung bzw. Qualifizierung eingestiegen sind –, fordern sie etwa die Bereitstellung von Weiterbildungs- und Nachqualifizierungsmöglichkeiten. So auch Isa:

> Man soll ihnen die Möglichkeit anbieten, sich weiterzubilden; das ist sehr wichtig, denk ich mir. (Isa 164)

Weitere Analysen zeigen einen Bedarf an berufsbegleitenden Ausbildungsmöglichkeiten. Die IRL halten die Qualifizierung von neuen LehrerInnen für ebenso wichtig wie die Möglichkeit, dass auch berufstätige LehrerInnen ohne Ausbildung die Qualifizierung nachholen können. Tendenziell ließe sich zwar eine Verbesserung der Ausbildungslandschaft beobachten, die Angebote seien aber schwer mit dem beruflichen Alltag vereinbar. Dazu Naz:

> [E]s war schwierig, neben meinem Studium zu unterrichten. Weil soll ich mich jetzt auf das Studium konzentrieren oder auf meinen Beruf? Es war echt schwierig. Ich musste oftmals Module verschieben. Die Module, die ich besuchen sollte, habe ich dann im draufkommenden Jahr besuchen müssen, weil ich mich eher auf die Schule konzentriert habe [...]. (Naz 44)

Auch andere IRL berichten davon, dass sie ihre Studien neben ihrer laufenden Lehrtätigkeit absolvierten oder weiter betreiben. Dabei kommt immer wieder die Frage der Vereinbarkeit von Beruf und Nachqualifizierung in Form von (Vollzeit-)Studien auf. Die schlechte Vereinbarkeit dürfte u. a. auch ein Grund für die unkonventionellen Qualifizierungsversuche der IRL sein, die im Folgenden erörtert werden.

6.3.5.2 Unkonventionelle Qualifizierungswege

Die eingehende Analyse der oben aufgeworfenen Frage der Vereinbarkeit zeitigt hinsichtlich der Einstellung der IRL zur Qualifizierung folgendes Ergebnis: Die interviewten IRL sind offenbar sehr qualifizierungsfreudig und schlagen auf ihrer Suche nach einer ihrem Beruf angemessenen und mit ihrer Lebenssituation vereinbaren Qualifizierungsmöglichkeit ungewöhnliche Wege ein. Sie nehmen jegliche Ausbildungschancen wahr, die sie im Beruf weiterbringen bzw. die sie mit ihrem Beruf verknüpfen können, auch wenn es keine einschlägigen Fachstudien sind. Im Datenmaterial werden u. a. folgende Studien- und Ausbildungslehrgänge genannt: Islamwissenschaften, Islamische Theologie, Islamlehrgänge, Kinderpädagogik, Erziehungswissenschaften, Allgemeinpädagogik, Islamische Religionspädagogik, Bildung und Erziehung. In vielen Fällen wurden diese Vollzeitstudien und Lehrgänge neben der laufenden Lehrtätigkeit absolviert. Auch IRL, die zu Beginn des Studiums keine Lehrtätigkeit ausübten, stiegen im Laufe ihres Studiums – oftmals bereits im zweiten oder dritten Semester – in den IRL-Beruf ein und beendeten daneben ihr Studium. Amr gehört zu jenen, die im Laufe ihrer beruflichen Karriere diverse Studien und Lehrgänge zur Nachqualifizierung absolvierten:

> [I]ch habe mit der Arbeit begonnen und es gab nach einigen Monaten ein dreisemestriges Studium auf der X-Schule hier in der Nähe von Ort Y. Ich habe das ernst genommen [...]. (Amr 40)

Auch Nur begann ihr Studium, nachdem sie bereits als Lehrerin tätig war, obwohl dieses als Vollzeitstudium konzipiert war.

[B]erufsbegleitend habe ich begonnen zu studieren, Bildung und Erziehung
[...]. (Nur 6)

Auch wenn die absolvierten Studien fachfremd sind, betrachten die
IRL sie dennoch als sehr nützlich, weil sie ihnen die Möglichkeit bieten, ihren theologischen und pädagogischen Horizont zu erweitern. So
zählt z. B. Isa einige Lehrgänge und Studien auf, die er im Laufe seiner
Karriere absolviert hat, und schildert, wie diese zu seiner persönlichen
Entwicklung beitrugen:

[J]etzt bin ich im letzten Semester von einem zweijährigen [X-]Studium momentan [...]. Es hilft natürlich sehr, dass man sein Wissen über [X] Themen
erweitert. Das ist nicht diskutierbar, glaub ich, dass es was bringt. (Isa 126)

Jene LehrerInnen aus den vorgestellten Beispielen, die keine fach-
einschlägigen Studien absolvieren, tun dies deswegen nicht, weil die
Lage ihres Schul- und Wohnorts es ihnen nicht gestattet, ein Studium
an den aktuellen IRP-Standorten aufzunehmen. Weil sie aber – das
legt die Analyse nahe – die Qualifizierung aus verschiedenen Gründen
(z. B. pädagogisch-didaktische Defizite, Weiterentwicklung des IRU, Gehaltseinstufung) als dringend notwendig erachten, entscheiden sie sich
trotz deren geringeren Nutzens bzw. mangelnder Facheinschlägigkeit
für pädagogisch-didaktische oder theologische Studien.

6.3.6   Resümierende Analyse des Kontexts (GLOBE)

Im Folgenden sind die Ergebnisse der Analyse zum Kontext in einem
Überblick zusammengestellt.

(Un)ordentliche Berufsstrukturen

- In rechtlicher Hinsicht wird von den IRL eine Lehrbefähigung gefordert, die von der Islamischen Glaubensgemeinschaft nach deren
  Ermessen ausgestellt wird. Zwar gehen der Auswahl der BewerberInnen eine von der Islamischen Glaubensgemeinschaft vorgenommene Feststellung der Lehrbefähigung und Einzelgespräche mit den
  KandidatInnen voraus, diese sind aber nach Auffassung mancher IRL

unprofessionell und unstrukturiert. Moniert wird insbesondere der Mangel an ausgearbeiteten Zugangsbestimmungen, Qualitätskriterien, Prüfungskonzepten und festgelegten Anforderungen an die KandidatInnen.

- Weiters besteht aufseiten der IRL der dringende Wunsch nach institutionell gut organisierten Berufsstrukturen wie z. B. einem adäquat ausgebauten und organisierten Schulamt, den Bedürfnissen der IRL entsprechenden Weiter- und Fortbildungsmöglichkeiten, der Möglichkeit zur berufsbegleitenden Nachqualifizierung sowie transparenten und langfristigen Stellenplanungen.

Politisch-gesellschaftlicher Kontext

- Die Analyse der Interviews lässt ein Bewusstsein vom gesellschaftlichen Auftrag erkennen, heranwachsende junge Menschen zu Offenheit, Integration und Partizipation zu befähigen. Manche IRL sehen diesen Auftrag als eine Bringschuld, die sie selbst und MuslimInnen im Allgemeinen gegenüber der Gesellschaft hätten. Es gibt auch IRL, die es für sich – weil Vorbild – für geboten halten, ein tadelloses Leben zu führen.
- Die muslimischen Gemeinden hingegen erwarten von den IRL zum Teil die Erfüllung der gesellschaftlichen Erwartungen, aber auch eine religiöse Sozialisation der Heranwachsenden im Sinne einer Glaubensvermittlung. Hier zeigt sich Klärungsbedarf bezüglich der Frage, was ein Religionsunterricht im säkularen Raum leisten kann und soll.
- Die Schule bzw. Schulleitungen und KollegInnen erwarten von den IRL Kollegialität, Präsenz, Offenheit und Integration. Diese Erwartungen werden in ähnlicher Form auch an ihren Unterricht gerichtet, hier stehen insbesondere die Gewaltprävention und die sozialgesellschaftliche Integration der SchülerInnen im Vordergrund.
- Der Analyse lassen sich grundsätzlich zwei Erwartungen der Eltern entnehmen: die Vermittlung von ethischen Werten und Kompetenzen sowie die Vermittlung des Glaubens. Je nach Gesinnung der Eltern (ob eher liberal oder eher streng religiös) wird eine der beiden Erwartungen stärker gewichtet.

- Die IRL empfinden die Erfüllung der vielfältigen Erwartungen – insbesondere auf Elternseite – als unlösbare Aufgabe, weil ihr die Rahmenbedingungen des IRU, wie z. B. die Anzahl der IRU-Stunden, im Wege stehen.
- Zudem wird in der Analyse deutlich, dass der IRU und die IRL alleine weder konzeptionell noch zeitlich in der Lage sind, Radikalisierungstendenzen vorzubeugen und negative äußere Einflüsse zurückzudrängen. Sie sind darauf angewiesen, dass diese Aufgabe ganzheitlich in Kooperation mit anderen Bildungsfeldern und Unterrichtsfächern in Angriff genommen wird.

Individuelle und kollektive menschliche AkteurInnen

- In den Interviews werden mehrere menschliche AkteurInnen genannt, die den Handlungsspielraum der LehrerInnen unterschiedlich stark beeinflussen. Im Hinblick auf die Professionalität stehen vor allem die Schulleitungen im Vordergrund. Viele vorgestellte Faktoren, wie z. B. der Stundenplan, die Räume oder die Ressourcen, werden in hohem Maß vom Verhältnis der LehrerInnen zu den Schulleitungen beeinflusst. Daher sollten LehrerInnen ein gutes und qualitätsvolles Verhältnis zu den einzelnen AkteurInnen, insbesondere zu den Schulleitungen, aufbauen können, von dem sich manche IRL mehr Professionalität erhoffen.
- Weitere wichtige AkteurInnen sind in den Augen der IRL SchülerInnen und FachinspektorInnen. SchülerInnen sind aktive GestalterInnen des Unterrichtsgeschehens, wohingegen FachinspektorInnen zwar nicht aktiv im Schulalltag involviert sind, aber insbesondere auf der Ebene der Organisation und Verantwortung des IRU einen großen Einfluss haben. Zudem können sie LehrerInnen in didaktischen und dienstrechtlichen Angelegenheiten beraten und anleiten.
- Von nicht zu unterschätzender Bedeutung für den Gemütszustand und die Resilienz der IRL sind die eigene Familie und das soziale Umfeld. In schwierigen Berufssituationen kann sich die Familie sowohl als Stütze als auch als zusätzliche Komplikation erweisen. Auch bei vielen beruflichen Entscheidungen wie Weiterbildung, Fortbildung und Ausbildung spielt die Familie eine große Rolle.

- Im Datenmaterial finden sich keine Hinweise auf ein organisiertes Handeln der IRL als Berufsgruppe, wiewohl etliche IRL bekunden, dass sie sich allein gelassen fühlen und auf sich selbst gestellt sind. Die Analyse der Aussagen legt nahe, dass den IRL ein gut organisierter regionaler und überregionaler Berufsverband/eine Berufsvertretung fehlt oder ihnen vorhandene regionale und überregionale Verbände kaum bekannt sind.

Nichtmenschliche Aktanten

- Die vorliegende Analyse zeigt, dass das Handeln bzw. der Handlungsrahmen der LehrerInnen in hohem Grad von nichtmenschlichen Faktoren wie Räumen, Arbeitsmaterialien, Stundenplänen und Schultypen – hier als Aktanten bezeichnet –mitgestaltet wird.
- Die Debatten um adäquate Klassenräumlichkeiten machen deutlich, dass Räume, Positionen, Stellen und ‚Reviere‘ in Schulen bisweilen eingefordert, erkämpft und gestaltet werden müssen. Das heißt: In den Debatten um Räumlichkeiten und Schulmittel werden Macht- und Positionskämpfe sichtbar.
- Das Unterrichten an mehreren Schultypen geht nach der Darstellung mancher IRL oft mit einer Überforderung der Lehrkraft – mit oder ohne Ausbildung – einher, da diesfalls der Aufwand für die Unterrichtsvorbereitung und -gestaltung gegenüber dem Unterricht an nur einem Schultyp wesentlich höher ist. Zudem erfordern die unterschiedlichen Schultypen auch unterschiedliche Kompetenzen von den IRL.

Qualifizierung der IRL außerhalb ihrer Möglichkeiten

- Die interviewten LehrerInnen zeigen eine hohe Bereitschaft zur Weiterbildung und berichten von verschiedensten Qualifizierungsversuchen, auch wenn dies jenseits von einschlägigen Fachstudien erfolgt.
- Als Hindernisse für die Absolvierung von einschlägigen Fachstudien führen die IRL u. a. die Unvereinbarkeit mit ihren beruflichen Tätigkeiten oder die räumliche Distanz zu den Ausbildungsstätten an.

6.4 Kategorien zur subjektiv-biografischen Perspektive (ICH) der IRL

In diesem Kapitel werden die subjektiven Konstrukte ‚Lehren lernen‘, ‚LehrerIn werden‘ und ‚LehrerIn sein‘ vorgestellt. Im Verlauf der methodischen Analyse konnten aus den subjektiven Selbsteinschätzungen, Erlebnissen und Erfahrungsberichten der interviewten LehrerInnen die unten abgebildeten Kategorien ‚Lehren lernen – LehrerIn werden: Werdegang‘, ‚LehrerInnen-Kompetenz-Konstrukte‘, ‚Charakter und Habitus der IRL‘, ‚Motivation der IRL‘ und ‚Berufsverständnis der IRL‘ gewonnen werden.

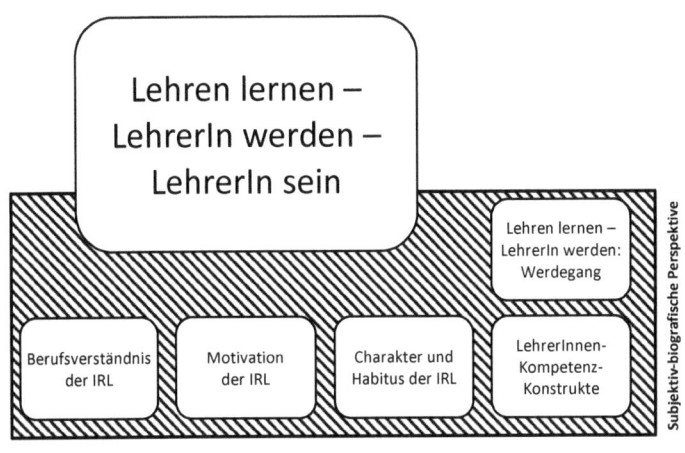

Abb. 14: Kategorien zur subjektiv-biografischen Perspektive

Diese fünf Kategorien (s. Abbildung 14) – die subjektiven Konzepte der IRL zu Prozessen des Lernens und LehrerIn-Werdens, LehrerInnen-Kompetenz-Konstrukte, Charakter und Habitus der IRL, Motivation der IRL sowie Berufsverständnis der IRL – sollen nun im Einzelnen näher betrachtet werden.

6.4.1 Lehren lernen – LehrerIn werden: Werdegang

Die Analyse der Interviews vermittelt auch einen Einblick in die Prozesse, in denen die LehrerInnen – ob mit oder ohne Studium der Islamischen Religionspädagogik – das Lehren lernen und zu (Lehrer-)Persönlichkeiten heranreifen.

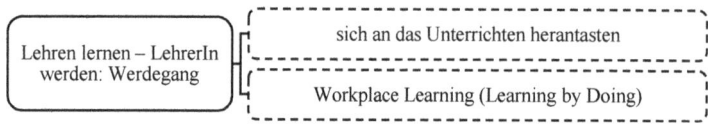

Abb. 15: Kategorie ‚Lehren lernen – LehrerIn werden: Werdegang'

In diesem Zusammenhang ist primär von einem Herantasten bzw. Suchen als dem Weg der Annäherung an das Unterrichten die Rede. Dieses Herantasten wiederum erfolge nach dem Trial-and-Error-Prinzip bzw. dem Learning by Doing.

6.4.1.1 Sich an das Unterrichten herantasten

Das Herantasten taucht in den Interviews also in zweierlei Formen auf: LehrerInnen ohne pädagogische Ausbildung sprechen von einem Experimentieren, verstanden als Erfinden und Entwickeln von neuen bzw. eigenen Verfahrensweisen, Methoden, Inhalten und Konzepten zum Aufbau und zur Gestaltung ihres Unterrichts. Exemplarisch die Aussage Amrs:

> [M]it der Zeit habe ich für mich einige Sachen erfunden. (Amr 78)

LehrerInnen mit Ausbildung experimentieren zwar auch, aber bei ihnen handelt es sich um ein Experimentieren im Sinne eines Sammelns von Erfahrungen, um abzuschätzen, was wo, wann und wie funktioniert. Das heißt: Sie erproben, lernen und verfeinern die Umsetzung bereits erlernter Theorien, Methoden, Verfahren und Konzepte. Dazu sagt Cem:

> [D]as, was man theoretisch gelernt hat, hundertprozentig wieder umzusetzen, ist in einem Beruf wie Lehramt nie möglich. Das heißt, man lernt durch

Erfahrungen, Learning by Doing ist für Lehramt etwas, was sehr Bedeutendes [...]. (Cem 55)

Letzten Endes komme es darauf an, einen eigenen Stil zu finden, der zur jeweiligen Klasse passt:

Man muss also die Linie finden, die man gehen sollte; bei jeder Klasse ist es anders [...]. (Ece 106)

Weitere Erfahrungsberichte untermauern die Einschätzung von Ece. Demnach finden LehrerInnen – ob mit oder ohne Ausbildung – durch Experimentieren mit verschiedenen didaktischen oder selbst entwickelten Ansätzen und Methoden zu ihrem Unterrichtskonzept und -stil. Zugleich entwickeln sie mit der Zeit Handlungsstrategien und -routinen. Im nächsten Abschnitt wird das von Cem beschriebene Learning by Doing im Detail erläutert.

6.4.1.2 Workplace Learning – Learning by Doing

Die Analyse zeigt, dass Learning by Doing am Arbeitsplatz viele Aspekte, Faktoren und Formen beinhalten kann. LehrerInnen mit und ohne Fachausbildung weisen auf diverse (Arbeitsplatz-)Lerngelegenheiten hin, wie z. B. Selbststudium/Selbsterarbeitung, Austausch mit KollegInnen, Modelllernen anhand von Erfahrungen und Beispielen anderer und autodidaktische Reflexionsarbeit.

„Man reflektiert sehr viel" (Nur 41) als IRL und „muss autodidaktisch arbeiten" (Ali 14) – diese beiden Verfahrensweisen stellen die wesentlichen Handwerkszeuge dar, die nach Auffassung der Interviewten jeder/jede LehrerIn beherrschen sollte. Ali beschreibt diese Form von Lernen als eine Folge von Versuchen und Reflexionen.

[E]s hat sich im Laufe der Jahre entwickelt. Also ich habe aus Versuchen und Irrtümern meine Erfahrung gemacht, meine Erfahrungen gesammelt, und irgendwann hatt' ich dann, ja, wie man so schön sagt, eben alles im Griff; ja, irgendwann. Und ich habe mir das selber auch irgendwie beigebracht, ich musste autodidaktisch arbeiten [...]. (Ali 14)

In diesem Zusammenhang bringen die Befragten immer wieder LehrerInnen anderer Fächer und (I)RL ins Spiel. Diese könnten als Vorbilder dienen, die zu neuen Ideen inspirieren und eigene Lernprozesse fördern. So etwa meint Cem:

> [E]r sollte sehr viel hospitieren können. Und von anderen Unterrichten profitieren können, wie andere Lehrer methodisch den Unterricht gestalten. Das muss ja nicht im Religionsunterricht sein. Man kann ja viele Beispiele nehmen und im Religionsunterricht dann einsetzen […]. (Cem 152)

Die Praxiserfahrung bedeutet für die interviewten LehrerInnen, dass mit der Zeit eine gewisse Routine eintritt und der Mehrwert des Workplace Learning abnimmt. Routine wiederum wird begriffen nicht als automatisierte, starre Abfolge von Abläufen, sondern als durch lange Erfahrung erworbenes Repertoire an Handlungsmöglichkeiten, das es erlaubt, mit der kontingenten Natur der menschlichen Interaktionen bzw. der Lehrer-Schüler-Beziehung (im Folgenden kurz: L-S-Beziehung) umzugehen. Dazu Cem:

> [M]an macht eine Erfahrung und aus dieser Erfahrung kommt später eine Routine. Das heißt, man weiß dann in diesem Augenblick, wie man damit richtig umgehen muss, weil man das schon mal erlebt hat, weil man das schon mal hinter sich hatte. Aber die Gegenreaktion muss nie das Gleiche sein. Ja, weil man arbeitet nicht mit Maschinen, sondern mit Menschen zusammen. (Cem 55)

So kann das Lehren-Lernen bzw. LehrerIn-Werden (der IRL) u. a. als ein offenes und dynamisches Kontingenzlernen charakterisiert werden, in dem die IRL insbesondere lernen, die Zusammenhänge zwischen dem eigenen Handeln und den darauf folgenden Reaktionen der SchülerInnen (bzw. der Menschen im Allgemeinen) zu erkennen.

6.4.2 LehrerInnen-Kompetenz-Konstrukte

Das vorherige Kapitel ‚Lehren lernen‘ und ‚LehrerIn werden‘ lieferte bereits erste Hinweise auf die Kompetenz-Konstrukte der IRL (wie z. B. die Kontingenzsensibilität), die nun ergänzt und im Detail erläutert werden.

Aus dem Datenmaterial ließen sich die folgenden unten abgebildeten Kompetenz-Konstrukte ermitteln:

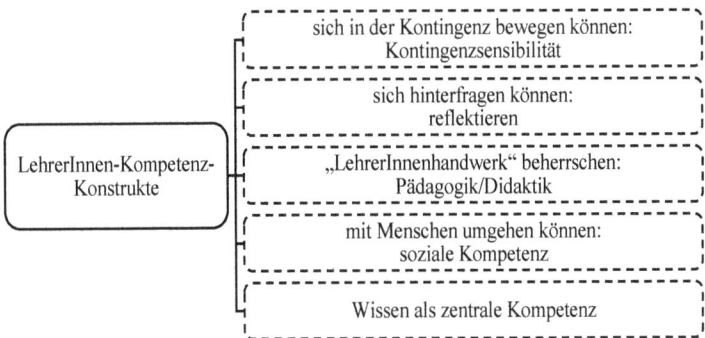

Abb. 16: Kategorie ‚LehrerInnen-Kompetenz-Konstrukte'

Nachstehend werden die einzelnen Kompetenz-Konstrukte in der dargestellten Reihenfolge eingehender erörtert.

6.4.2.1 Sich in der Kontingenz bewegen können: Kontingenzsensibilität

LehrerInnen sind in ihrem Berufsalltag immer wieder mit unvorhersehbaren Situationen und Dynamiken – hervorgebracht durch die ebenso wenig vorhersehbare soziale Interaktion der beteiligten Subjekte – konfrontiert, die den Unterricht und das Lehrerhandeln maßgeblich beeinflussen (vgl. Kapitel 6.4.1.2). Davon weiß auch Nur zu berichten:

> [W]enn man in der Klasse ist und mit den Kindern zusammen ist, ist die Dynamik ganz anders und es verläuft ganz anders. (Nur 47)

Vor unerwartete Herausforderungen können die LehrerInnen auch aktuelle öffentlich-mediale und bildungspolitische Diskurse stellen. So meint Eda:

> [E]s wird zwar verlangt, aber man kann diese Lehrpläne schlecht einhalten. Wie gesagt: Es können Hindernisse kommen, es kommen aktuelle Themen dazwischen [...]. (Eda 104)

153

Was Eda und Nur hier erkennen lassen, ist Kontingenzsensibilität – also ein Bewusstsein von der grundsätzlichen Unvorhersehbarkeit und Ungewissheit menschlicher Interaktionen, das denn auch handlungsleitend ist. So „müssen [die IRL] mit sich selbst ausmachen, ob man bereit ist" (Eda 104), auf die unvorhersehbaren Dynamiken und Einflussfaktoren einzugehen oder nicht. Das heißt also, dass sie über die Kompetenzen verfügen müssen, mit der Kontingenz angemessen und produktiv umzugehen.

6.4.2.2 Sich hinterfragen können: reflektieren

Angesichts der Ungewissheit bzw. der vielen Dynamiken sind LehrerInnen besonders zur Selbstreflexion aufgefordert. Einige IRL, wie z. B. Han, sehen die Fähigkeit, zu reflektieren, als essenzielle Voraussetzung an, „ein besserer Lehrer zu werden" (56). Han beschreibt sie folgendermaßen:

Das war vielleicht der allergrößte Punkt, der mich als Lehrer irgendwie weitergebracht hat in meiner Entwicklung, dass ich immer sehr stark geschaut habe: Was könnte ich besser machen? Nicht immer davon ausgehen: Was haben die Schüler dieses Mal falsch gemacht? Also, wenn man das einmal erlernt hat, wie man zuerst einmal selbst reflektiert und wie wichtig das ist [...]. (Han 56)

IRL, die diese Ansicht teilen – dazu gehört auch Naz – sehen die Ferientage als eine Zeit zur Selbstreflexion und Weiterentwicklung des eigenen Lehrkonzepts. Die Reflexion ermöglicht das Sortieren, Erneuern und Neufinden.

[I]ch persönlich sehe die Ferientage einfach mal als Tage, wo ich nicht unterrichten und gleichzeitig mich vorbereiten oder was suchen muss. Sondern, jetzt habe ich endlich mal Zeit, alles, was ich gemacht habe, nochmal anzuschauen. Was war okay, was ist gut angekommen, was nicht; einfach mal alles nochmal sortieren, erneuern, neue Sachen nochmal finden. (Naz 68)

Selbstreflexion wird von den befragten IRL als ein essenzieller Bestandteil einer professionellen und zeitgemäßen Lehrtätigkeit beschrieben. Reflektiert werden sollen u. a. die Unterrichtsplanung, die Abläufe sowie die eigenen Handlungen und Kompetenzen – stets mit Blick darauf, sowohl die eigene Persönlichkeit als auch die Lehrtätigkeit weiter zu entwickeln und zu verbessern.

6.4.2.3 „LehrerInnenhandwerk" beherrschen: Pädagogik/Didaktik

Im weiteren Verlauf der Analyse konnte Pädagogik bzw. Didaktik als das entscheidende Handwerkszeug herausgearbeitet werden, das das Lehren überhaupt erst ermöglicht. Etlichen Aussagen zufolge arbeitet ein/e LehrerIn

> [...] methodisch und didaktisch, damit die Schülerinnen und Schüler sich was aneignen können. Das ist seine Hauptaufgabe als Lehrer. Und das heißt, er muss sich mit seinem Werkzeug sehr gut auskennen. Wie geht man pädagogisch, didaktisch und methodisch mit den Kindern um? (Cem 124)

Als weitere Aspekte des LehrerInnenhandwerks bzw. der Pädagogik/ Didaktik lassen sich dem Datenmaterial „Planung" (Hud 84), „Zeitmanagement bzw. Organisation" (Han 60), „Umgang mit Störungen" (vgl. Ece 54, 80, Nur 55) und „Methodenvielfalt" (Nur 49, Hud 116) entnehmen.

„Die passende Sprache finden"

Damit das ‚Werkzeug für den Unterricht' wie eben die Pädagogik/Didaktik überhaupt eingesetzt werden kann, gilt es nach Ansicht der LehrerInnen, „die passende Sprache zu finden" (Ali 5). Diese Sprachkompetenz ist für die IRL laut Analyse von dreifacher Bedeutung.

Erstens: die passende Sprache finden im Sinne einer Elementarisierung. Eine kindgerechte Ausdifferenzierung von religiösen Inhalten und ihre Vermittlung in einer kindgerechten Sprache sind zentrale Unterrichtsvoraussetzungen. Das Elementarisieren wird von manchen IRL als eine besonders herausfordernde Aufgabe empfunden, die der Einübung bedarf:

> [D]as war ein sehr großes Problem von mir, dass ich zum Beispiel am Anfang mich nicht wirklich in der Sprache der Schülerinnen ausdrücken konnte. [...] Ich habe das so gelöst, dass ich Kinderbücher gelesen hab [...]. (Han 17–21)

Zweitens: die passende Sprache finden im Sinne des persönlichen kompetenten Erwerbs der Unterrichtssprache. In den Interviews zeigte sich, dass manche LehrerInnen sprachliche Schwierigkeiten bzw. Defizite im Deutschen haben, die zum einen für sie persönlich unangenehme Situationen hervorrufen und zum anderen das Lehren erschweren können. Sowohl sprachkompetente als auch sprachdefizitäre LehrerInnen betonen die Notwendigkeit der Sprachkompetenz – oft eingedenk eigener, leidvoller Erfahrung, wie etwa Amr:

> [...] die deutsche Sprache sehr gut zu beherrschen. Weil – ich kann dir einige Situationen erzählen, die ich nie vergesse [...]. Ich kann mich noch erinnern, welcher Schüler mir gesagt hat: „der Buchstabe und nicht das Buchstabe". Kannst du dir das vorstellen? Ich habe gesagt: „das Buchstabe" [...]. Oder als ich gesagt habe: „Volkesschule", und ein Mädchen sagt: „Volks, ohne ‚e', Hodscha". (Amr 92–94)

Drittens: für SchülerInnen mit Sprachdefiziten die passende Sprache finden. LehrerInnen berichten immer wieder von sprachlichen Defiziten muslimischer SchülerInnen bzw. von fehlender deutschsprachiger Sozialisation. Dies wiederum wirkt sich auf die Motivation, die Unterrichtsgestaltung und -leitung aus. Insbesondere in den Unterstufen können diese Defizite gravierend sein, wie etwa Naz weiß:

> [...] Kinder, die nicht gut Deutsch sprechen können; bei denen versuche ich die Wörter so viel wie möglich zu vereinfachen. Und wenn ich sehe, es gibt Kinder, die wirklich mit null Deutsch da sind, erkläre ich zuerst auf Deutsch und dann wirklich nochmal auf Türkisch alles. Also Sprache ist mal wichtig. (Naz 58)

Diese Beispiele belegen allesamt, dass die Lehrtätigkeit im IRU einer besonderen Sprachfähigkeit und -sensibilität bedarf. Das heißt, dass IRL über die Beherrschung der deutschen Sprache auf einem sehr hohen Niveau hinaus auch in der Lage sein müssen, die religiösen Inhalte in einer altersgerechten Sprache zu vermitteln und zugleich mit den Sprachdefiziten der SchülerInnen umzugehen.

6.4.2.4 Mit Menschen umgehen können: soziale Kompetenz

Die soziale Kompetenz ist für die IRL laut Datenmaterial in zweierlei Hinsicht von Bedeutung. So seien sie in ihrem Beruf aufgefordert, sowohl „den Umgang mit den Kolleginnen und Kollegen" (Cem 124) als auch „den guten Umgang mit den Schülerinnen und Schülern zu pflegen" (Cem 103). Dabei kommt Ersterem – wie im weiteren Analyseverlauf ersichtlich wird – durchaus strukturelle Bedeutung zu. Das heißt, ein guter Umgang mit KollegInnen und weiteren Akteuren wie der Schulleitung oder den Eltern sorgt auch für gute Arbeitsverhältnisse bzw. -strukturen. So sieht beispielsweise Nuh die Fähigkeit, „mit Menschen umgehen zu können" als Schlüsselkompetenz zur Lösung vieler Probleme.

> Ich bin davon überzeugt, wenn man wirklich diese menschliche Basis hat und mit den anderen gut umgeht und auch wirklich versucht, diese menschliche Seite zu zeigen, kommt es schon an. [...] Wenn das ankommt bei den anderen Menschen, Direktoren, Lehrern usw. dann funktioniert das schon. (Nuh 26)

„Der gute Umgang mit den Schülerinnen und Schülern" wiederum ist im pädagogisch-didaktischen Bereich deswegen von großer Bedeutung, weil – davon sind die LehrerInnen überzeugt – die SchülerInnen ihr Verhältnis zur Lehrperson und ihre Gefühle auf das Fach projizieren. Hud etwa veranschaulicht diese seine Überzeugung an folgender Episode:

> [E]s kann sein, dass die Schüler durch den Lehrer auch die Religion hassen. Da gibt es einen guten Schauspieler in der Türkei, der hat gesagt: „Als ich klein war, bin ich in die Moschee gegangen. Ich war acht Jahre alt und der Imam hat mir so eine Ohrfeige gegeben, dass ich achtzig Jahre lang den Weg zur Moschee nicht mehr gefunden habe." Das heißt, der Imam war eigentlich der Grund, warum dieser Schauspieler sein Leben lang nicht in die Moschee gegangen ist [...]. (Hud 96)

In Huds Augen ist dieses Beispiel sehr aufschlussreich, was die Bedeutung der L-S-Beziehung für die Lernmotivation und das Lehren betrifft, unterstreiche es doch die Unabdingbarkeit der sozialen Kompetenz:

> [...] dass man nicht diese strafende Seite hat, jetzt du bist zu spät gekommen, jetzt wirst du bestraft und dann auch dieser gute Umgang mit Schülern.

Diesen Bezug oder den Weg zum Schüler zu finden, diesen Bezug zu finden, die gleiche Ebene zu finden, diese Kompetenz auch zu haben, ist auch eine Kompetenz. (Hud 94)

Das Datenmaterial bietet nicht nur Einblicke in die Kompetenz-Konstrukte der LehrerInnen, sondern bringt auch die mangelnde Professionalität, von der die L-S-Beziehung bisweilen gekennzeichnet ist, zum Vorschein. Als Illustration mag das Beispiel von Amr dienen. Der möchte seine Beziehung zu den SchülerInnen offenbar so gestaltet sehen, dass er als respektierter 'Meister' im Zentrum des Unterrichtsgeschehens steht – was freilich nicht anders zu haben ist als durch die Entmündigung der SchülerInnen. Dies lassen insbesondere folgende Worte erahnen:

[...], dass die Kinder wegen mir die Religion lieben und mögen und nicht umgekehrt, nicht mich wegen Religion lieben und mögen. Nein, wegen mir sollen sie Religion lieben und mögen. (Amr 144)

Wie sich im weiteren Verlauf der Analyse herausstellt, kommt es seitens Amrs zu eindeutigen Grenzüberschreitungen, wiewohl ihm dies selbst gar nicht bewusst ist (vgl. dazu Kapitel 6.6.2.3). So kompetent Amr im Aufbau von engen Beziehungen und in der Bindung der SchülerInnen an sich (d. h. an die Lehrperson) sein mag, so steht diese Vorgehensweise doch in völligem Gegensatz zu den Zielen, Haltungen und ethischen Vorstellungen der aktuellen Professionsforschung.

6.4.2.5 Wissen als zentrale Kompetenz

Die Analyse zeigt weiters, dass die IRL außer auf die dargestellten generischen – auf andere Fächer übertragbaren – Kompetenzen auch auf fachspezifische Wissenskompetenzen angewiesen sind. Zum Thema Fachwissen meint Ali:

[A]lso im Unterricht muss man natürlich, das ist ganz wichtig, das ist entscheidend – also ich weiß nicht, ob ich das erwähnen muss – man muss den Stoff beherrschen, man muss die Materie beherrschen, man muss über das nötige Wissen verfügen. Ja, ohne das geht's einfach nicht [...]. (Ali 66)

Zu den weiteren als essenziell erachteten Wissenskompetenzen gehören das Wissen über die Entwicklungen in der Bildungslandschaft, das Wissen über die Jugendkultur bzw. die Lebenswelten der muslimischen SchülerInnen und interdisziplinäres kontextuelles Wissen. Die bildungspolitischen sowie wissenschaftlichen Entwicklungen werden in den Interviews insbesondere von LehrerInnen aufgegriffen, die in der Sekundarstufe II tätig sind. Dazu gehört auch Isa:

> Ja, also, dass der Lehrer erstmal diese Erkenntnisse besitzt über die Standards, über die Sichtweisen zu kompetenzorientiertem Unterricht, über den Verlauf und wie das funktioniert. (Isa 112)

So gesprächig sich die befragten LehrerInnen bezüglich aktueller Entwicklungen wie z. B. der Kompetenzorientierung geben, so zurückhaltend zeigen sie sich, wenn es um ihre persönliche Einstellung zu diesen Entwicklungen geht. Das gilt jedoch nicht für bestimmte andere Wissensbereiche, namentlich Jugendkultur und die Lebenswelten der SchülerInnen. Hier geben die LehrerInnen auch eigene Einstellungen preis und heben immer wieder hervor, wie wichtig es sei, sich darüber auf dem Laufenden zu halten – schließlich sei dies ein wesentliches Element der Unterrichtsgestaltung. Dazu Hud:

> [W]enn ich mit den SchülerInnen auf einem aktuellen Stand bin, dann find ich auch dieselbe Ebene mit den Schülern. Weil wenn ich ihnen noch immer von Bob Marley erzähle, die kennen das nicht mehr; oder von Elvis Presley, das sagt ihnen nichts mehr, sondern aktuelle Sachen [...]. (Hud 110)

Guter Kenntnisse bedürfe es darüber hinaus auch in Bezug auf Themenbereiche, die sich mit anderen Unterrichtsfächern überschneiden, gebe es doch zwischen dem eigenen Fach und verschiedenen anderen Fächern vielfältige inhaltliche Überschneidungen und Berührungen. Exemplarisch dafür die Überlegungen, die Ali dazu anstellt:

> [I]ch muss auch ein Experte aller anderen Disziplinen, sogar der Biologie oder der Geografie sein. Also das ist, finde ich, eine entscheidende, ja eine sehr wichtige Qualifikation für einen Religionslehrer. Ja, wenn die Rede zum Beispiel im Biologieunterricht oder Geschichtsunterricht von der Evolution ist. Da kann sich der Religionslehrer nicht rausreden, ja das ist ja nicht mein Fach oder so, ganz im Gegenteil. (Ali 66)

Im Laufe seiner Ausführungen lässt Ali durchblicken, dass er nicht nur an Überschneidungen mit anderen Fächern denkt, sondern auch an die von der muslimischen Tradition abweichende österreichische Bildungstradition:

> Wenn zum Beispiel im Deutschunterricht über Goethe gesprochen wird, über das Werk von Goethe, von Faust gesprochen wird und über Nathan den Weisen zum Beispiel, dann muss der Religionslehrer auch darüber eben qualifiziert sein […]. (Ali 66)

Betrachtet man Alis Forderung näher und im Gesamtkontext, kann sie als Zeugnis der fehlenden Beheimatung des Islams in der deutschen Sprache, der österreichisch-deutschen Bildungstradition, in der Wissenskultur und im wissenschaftlichen Diskurs gelten. Die von Ali erwähnten Werke gehören zum österreichischen Bildungskanon, sind Teil der Allgemeinbildung und daher AbsolventInnen einer österreichischen Schullaufbahn bzw. LehrerInnenausbildung gemeinhin bekannt. Viele MuslimInnen setzen sich dagegen mit den aktuellen wissenschaftlichen Erkenntnissen kaum vertieft auseinander, weswegen sie keinen Bezug zu diesen Themen haben oder sich dazu aus einer sehr engen traditionalistischen Perspektive, die wissenschaftliche Erkenntnisse außer Acht lässt, äußern. Ali und weitere LehrerInnen betonen die Notwendigkeit der fundierten Auseinandersetzung mit Themen,[204] die auch im religiösen Kontext eine Rolle spielen.

6.4.3 Charakter und Habitus der IRL

LehrerIn werden bzw. LehrerIn sein beinhaltet in den Augen der befragten IRL auch die Arbeit am eigenen Charakter, Habitus und an der persönlichen Identität. Laut Ece ist „der Charakter natürlich wichtig. Weil der Charakter immer wieder zum Vorschein kommt, auch im Unterricht" (Ece 102). Nach Ansicht einiger LehrerInnen, wie z. B. Isa, hängen Eignung und Befähigung für den Lehrerberuf wesentlich vom Charakter ab:

---

204 Siehe dazu auch Kapitel 6.6.2.

Ich glaub nicht, dass das jeder machen kann. Vielleicht, wenn er vom Charakterlichen gesehen nicht tauglich ist [...] (Isa 94)

Im Datenmaterial finden sich zahlreiche Passagen, in denen LehrerInnen (Selbst-)Anforderungen an die Persönlichkeit und Identität des Lehrenden formulieren. Diese werden als Basis für die nun folgende Skizzierung der grundlegenden Eigenschaften und des Habitus der IRL im Hinblick auf Professionalität herangezogen.

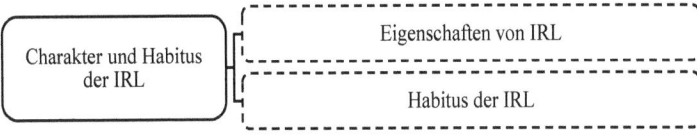

Abb. 17: Kategorie ,Charakter und Habitus der IRL'

6.4.3.1 Eigenschaften von IRL

Eigenschaften wie „Geduld aufbringen können" (Ali 70), „kreativ sein" (Nur 49), „freundliche Ausstrahlung haben" (Nur 49), „Gespräche führen können, präsentieren können und Selbstsicherheit" (Ece 112) machen in den Augen der LehrerInnen den Charakter eines/r guten LehrerIn aus, wobei diese Eigenschaften oft eng mit dem Habitus und der Kompetenz eines/r LehrerIn verbunden werden. In den Worten von Ali stellt sich dies wie folgt dar:

[N]atürlich gibt es auch, wie soll ich jetzt sagen, charakterliche Kompetenzen, also im Bereich des Charakters. Ein Islamlehrer, stell ich mir vor, muss natürlich, das habe ich ja vorhin auch erwähnt, also ja, Eigenschaften wie Geduld aufbringen können, ja, Ausdauer, vielleicht auch Leidenschaft; also solche Sachen sind natürlich auch ganz wichtig [...]. (Ali 70)

Manche IRL ziehen die personalen Eigenschaften u. a. auch zur Skizzierung ihrer Vorstellung einer Berufsidentität heran. Dabei wird keine Unterscheidung zwischen persönlicher und professioneller Identität getroffen. Im Gegenteil: IRL, die ihren Beruf als Berufung und Glaubensvermittlung verstehen (siehe dazu Kapitel 6.4.5), greifen gerade persönliche Sachverhalte auf, um ihre Vorstellung von Berufsidentität darzulegen. Dies wird insbesondere an folgender Kritik von Amr an seinen KollegInnen sichtbar:

> [S]ie rauchen – nochmal: Ich bin nicht streng. Ja, aber ich kann mir nicht vorstellen, dass ein Religionslehrer raucht. Ein Kollege hat mir erzählt, er schaut manchmal auch Pornofilme. Was ist das für ein Religionslehrer? (Amr 210)

Obiges Beispiel zeigt, dass nicht alle IRL zwischen beruflicher und persönlicher Identität differenzieren. Das kann dazu führen, dass die professionellen und persönlichen Ziele und Aufgaben zusammenfallen. Diese fehlende Distanz zwischen dem professionellen und dem persönlichen Bereich wird exemplarisch in der folgenden Bestandsaufnahme von Ela deutlich:

> [M]it der Zeit ist es mein Beruf geworden; mein Alltag, mein Beruf, mein Leben, es ist alles in einem. (Ela 42)

Auch ausgebildete LehrerInnen haben mitunter Schwierigkeiten bei der Trennung von privatem und beruflichem Leben. Eda etwa hat überhaupt kein Bewusstsein für die Notwendigkeit einer Differenzierung; für sie ist das Hineinnehmen des Beruflichen in das Private schlicht eine „Seite[] des Lehrerseins":

> Ja solche Sachen [Schwierigkeiten der SchülerInnen, z. B. Leistungsniveaus] nehmen mich mit, also das geht dann weiter. Ich kann dann nicht abschließen, das sind halt wieder die Seiten des Lehrerseins. (Eda 68)

Edas Fall zeigt, dass eine Differenzierung und Distanzierung auch für das Wohl der LehrerInnen wichtig wäre – schließlich stellt diese angebliche „Seite[] des Lehrerseins" eine große Belastung dar.

Betrachtet man diese fehlende Differenzierung im Zusammenhang mit den in Kapitel 6.3.2 vorgestellten Erwartungen und den Rollenkonzepten der IRL (Kapitel 6.6.3), so ergibt sich folgender Befund: In der ihnen zugedachten Rolle sollen IRL bzw. Pädagogen im Allgemeinen nicht nur im Unterricht Werte vermitteln, sondern auch außerhalb des Unterrichts durch ihre Lebensweise als Vorbilder dienen, wirkt sich ihr Lebensstil doch auf die Glaubwürdigkeit im Unterricht aus. Mit ihrer Rolle als Vorbild und ihrem Status als ‚öffentliche Person' müssen IRL adäquat umgehen können. Daher sollten Aus-, Fort- und Weiterbildung auch diese Problematik thematisieren und den LehrerInnen Möglichkeiten bieten, den Umgang mit der Problematik zu lernen.

6.4.3.2 Habitus der IRL

Die Aufhebung der Grenzen zwischen privatem und beruflichem Leben wird von manchen IRL als eine islamische Grundhaltung oder gar als Postulat verstanden. So begründet z. B. Eda die fehlende (professionelle) Differenzierung und Distanz folgendermaßen:

> [G]rad als Muslime sollte man sowieso nicht wegschauen und auch ignorieren. Ja, man muss sich schon Gedanken machen und ich habe nicht das Bedürfnis zu sagen: „Mir egal, was die anderen machen" – das habe ich nicht, aber das ist eben das Lehrersein. Also das gehört zum Lehrer [...]. (Eda 70)

Einige IRL leiten diese Haltung aus der vermeintlichen Pflicht ab, Religiosität, Gemeindenähe, Hilfsbereitschaft und weitere gesellschaftsrelevante islamische Grundsätze, Haltungen, Werte und Normen authentisch zu personifizieren bzw. vorzuleben. Diese Sicht wird etwa von Nuh vertreten:

> [W]as ich sage, mein ich. Also nicht einfach, weil ich der Lehrer bin und meinen Stoff mache, sondern, was ich da sage, das tue ich selbst [...]. (Nuh 72)

Zusätzlich zu dieser Grundhaltung legen sich LehrerInnen weitere Haltungen zu, die in ihren Augen insbesondere für den IRL-Beruf pädagogisch-didaktisch bedeutsam sind. So betonen sie „Liebe zu den Menschen selbst, aber auch die Liebe zur Religion" (Han 60), „einfühlsam sein" (Nur 49), „nicht bewertender Lehrer sein, sondern zuhörender Lehrer" (Hud 94), „flexibel und offen sein" (Nur 47), „Kinder und Jugendliche wirklich lieben und schätzen" (Ela 54), „Leidenschaft" (Ali 70) und „Belastbarkeit im Sinne von: dass nicht alles beim ersten Mal oder beim zweiten Mal gleich Früchte trägt" (Han 44). Isa erläutert die pädagogisch-didaktische Bedeutsamkeit solcher Haltungen mit folgenden Überlegungen:

> Also in der Türkei habe ich diesen chinesischen Spruch mitbekommen. „Wer nicht lächeln kann, soll keinen Laden öffnen." Also, ob das stimmt oder nicht,

weiß ich nicht, aber der Inhalt stimmt meines Erachtens. [...] Wer nur rum-schreit, wer die Augenbrauen hochzieht, ja nur so unsympathisch erscheint, der soll vielleicht diesen Job nicht machen. Also ist vielleicht für ihn nicht geeignet, weil damit tut er sich keinen Gefallen, aber auch den Schülern nicht. (Isa 94)

Als Haltungen können auch die in der Untersuchung zum Vorschein ge-kommenen Motive verstanden werden. Daher schließt sich dem Kapitel über Charakter und Habitus der IRL das Kapitel ‚Motivation der IRL‘ an. Dieses bildet den Abschluss der Kategorien zur subjektiv-biografischen Perspektive des IRL-Berufs.

6.4.4   Motivation der IRL

Die von den LehrerInnen in den Interviews genannten Motive lassen sich danach unterscheiden, ob sie intrinsisch oder extrinsisch sind. Im Folgenden werden die Motive der IRL im Detail herausgearbeitet.

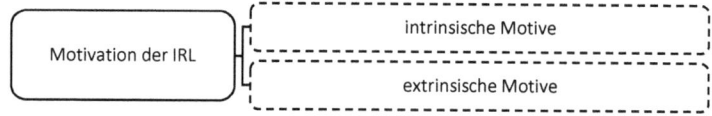

Abb. 18: Kategorie ‚Motivation der IRL‘

6.4.4.1 Intrinsische Motive

In der Analyse werden zwei Formen von intrinsischen Motiven sichtbar. Erstens: LehrerInnen sehen in ihrer Aufgabe, Rolle bzw. in der Lehrtätig-keit selbst motivierende Aspekte. Für Nur etwa sind das das Spannende und der Abwechslungsreichtum ihrer Arbeit mit den SchülerInnen:

> Anreiz ist immer wieder das Neue; jeden Tag ist was anderes, das ist ganz toll mit den Kindern. Also es ist nicht immer stetig gleich. (Nur 47)

Cem begreift die Entwicklungen und Dynamiken in seinem Beruf als einen inhärenten Ansporn, sich selbst weiterzubilden:

[...] Lernprozess wird weitergeführt, auch beim Lehren, beim Unterrichten, ständig werden Themen sozusagen weiterentwickelt [...]. Diese Motivation bringt dich auch dazu, mehr zu lesen und ja, das ist der Reiz, das Gute daran; Lernen beim Lehren sozusagen. (Cem 88)

Andere LehrerInnen wiederum sehen in ihrer Funktion eine Möglichkeit, etwas zu bewirken und Spuren zu hinterlassen – eine Sichtweise, die etwa Nuh und Han vertreten. Nuh legt dabei den Schwerpunkt auf die persönliche religiöse Entwicklung der SchülerInnen:

Vielleicht, dass ich ein Grund sein darf für das Umdenken der Schüler. Also, dass sie diese islamische Identität annehmen und dafür sich motivieren. (Nuh 64)

Han wiederum will die Entwicklung der Gesellschaft mitgestalten:

Also man vermittelt gerne Sachen an Leute, man möchte gerne zum Fortschreiten der Gesellschaft beitragen. (Han 62)

Zweitens: LehrerInnen konstruieren eigene, ihnen selbst innewohnende Motive, wie z. B. „die Bindung zur Religion" (Hud 74) oder „dass man mit Menschen gerne arbeitet" (Han 62).

6.4.4.2 Extrinsische Motive

Einige LehrerInnen beschreiben von außen herangetragene, extrinsische Motive wie z. B. den Gotteslohn, den sie durch ihre Lehrtätigkeit zu erhalten glauben:

Ja, wenn wir das aus der islamischen Perspektive betrachten, da wissen wir, dass das Weitergeben des Wissens eine Belohnung von Allah nach sich zieht und zwar eine sehr hohe, eine große Belohnung. Wenn ich weiß, wenn ich einem Schüler das Beten beibringe und wenn er oder sie das auch praktiziert, dass ich auch dafür belohnt werde. Diese Motivation ist, glaub ich, das Wichtigste, was uns auch motiviert. (Hud 74)

Auch das soziale Umfeld und die Familie wirken sich auf die Berufsmotivation der LehrerInnen aus. Im Fall von Cem ist der Vater das berufliche Vorbild, das ihn antreibt:

Ja, also warum habe ich diesen Beruf ausgewählt? Weil ich ein Vorbild hatte. Mein Vater war Lehrer und ich habe gesehen, wie er mit den Schülern umging, wie er gut mit den Schülern umging, dass es Spaß machte für ihn, Lehrer zu sein. (Cem 53)

Im Analyseverlauf werden weitere latent extrinsische Motive sichtbar, wie z. B. das Ansehen in der muslimischen Gemeinschaft, begrenzte Berufsmöglichkeiten als MuslimIn, das IRL-Berufsbild im Vergleich zu den Imamen und der IRL-Beruf als eine Verdienstmöglichkeit.

6.4.5   Berufsverständnis der IRL

In den Interviews wird immer wieder das Thema der Eignung bzw. des LehrerIn-Seins aufgeworfen, das wesentliche Einblicke in das Berufsverständnis der IRL geben kann. Aus der Analyse dieses Themas konnten Aspekte wie ‚Berufung und Beziehung – „für immer und ewig"‘, ‚angemessene Ausbildung‘, und ‚lebenslanges Lernen‘ herausgearbeitet werden, die die IRL im Wesentlichen in diesem Zusammenhang erwähnten. Diesem Berufsverständnis gelten die folgenden Betrachtungen.

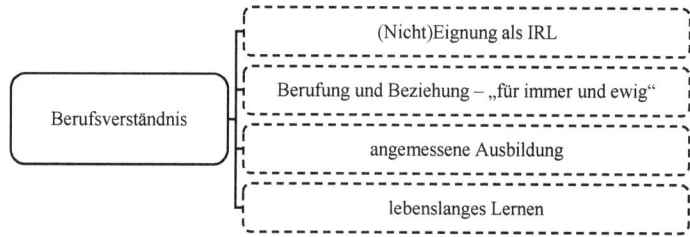

Abb. 19: Kategorie ‚Berufsverständnis der IRL‘

6.4.5.1 (Nicht-)Eignung als IRL

Im Verlauf der Gespräche wurden im Hinblick auf das Berufsverständnis drei Sichtweisen im Umgang mit der (Nicht-)Eignung und dem LehrerIn-Sein manifest. Erstens versuchen LehrerInnen mit und ohne Ausbildung unaufgefordert, die eigene Person und ihren Unterricht zu legitimieren. Zweitens thematisieren sie die Eignung bzw. Nichteignung von KollegInnen und drittens versuchen sie Nichteignung als ein Problem der Vergangenheit abzutun.

Die erstgenannte Haltung tritt besonders deutlich bei Nuh – einem Lehrer ohne Ausbildung – zutage. Nuh schildert, wie seine anfängliche Unsicherheit der Überzeugung wich, dass seine Person und sein Unterricht eine notwendige Konsequenz aus der fortwährenden problematischen Lage des IRL-Berufs (hier: Lehrermangel) und der MuslimInnen seien:

> [D]iese Ängste habe ich am Anfang schon gehabt. Es könnte natürlich schon Sachen geben, mit denen die Leute nicht zufrieden sind. Da habe ich schon Bedenken gehabt, weil ich auch sehr mit Koranversen arbeite. Mit der Zeit habe ich das überwunden, weil ich ja gesehen habe, es gibt wirklich SchülerInnen, Menschen, also Kinder, für diese Menschen bin ich die einzige Möglichkeit, sich mit der Religion in Verbindung zu setzen, außer mir haben sie niemanden. (Nuh 34)

Andere begründen und legitimieren ihr LehrerIn-Sein mit der Selbsterfahrung eines religiös praktizierenden Menschen muslimischen Glaubens, mit ihrer Ausbildung, ihren Arabisch- und Geschichtskenntnissen, ihrer Erfahrung mit Kindern oder mit ihrer Imam- bzw. Predigerausbildung.

Die zweite Sichtweise auf die (Nicht-)Eignung äußert sich darin, dass die Selbstlegitimation mit der Kritik an anderen IRL einhergeht, dass deren Eignung offen in Frage gestellt oder gänzlich verneint wird. Insbesondere Amr spricht von ihm als unzureichend religiös empfundenen KollegInnen, die gar nicht aus religiösen Motiven heraus arbeiteten, die Befähigung ab:

> [I]ch finde, ich glaube, einige sind nicht geeignet für diesen Beruf. Sie sollen damit aufhören [...]. (Amr 204)

Eine ähnliche Haltung bzw. Kritik vertritt auch Ela, die die Motive mancher ihrer KollegInnen infrage stellt; wer den Beruf ins Auge fasst, müsse sich vergewissern, dass die Entscheidung aus den ‚richtigen‘ Motiven heraus getroffen wird und sich der großen Verantwortung des IRL-Berufs bewusst sein, um ihr gerecht zu werden:

Ich glaube, ich habe das Recht dazu, weil ich so viele Jahre hinter mir hab, gute und auch schlechte Erfahrungen habe. Wenn sie sich für diesen Beruf entschieden haben, sollen sie wirklich ganz gut überlegen. Erstens, nicht nur einen Beruf zu haben, sondern auch ein Leben. Also das ist eine große Verantwortung, die sie übernehmen wollen, ja, für junge Lehrer vor allem. (Ela 138)

Drittens tendieren manche LehrerInnen dazu, das Problem der (Nicht-) Eignung kleinzureden. So gibt sich etwa Hud überzeugt, dass heute von einstigen Praktiken wie dem Einsatz von Pizzabäckern oder Taxifahrern nicht mehr die Rede sein könne:

> Man erzählt ja auch, dass früher auch Pizzabäcker Lehrer geworden sind, oder [...] man hört, dass – ich rede von vor zwanzig Jahren – ja, Taxifahrer, die ein bisschen Ausbildung hatten, sind dann auch Religionslehrer geworden, so ähnlich. Die gibt es jetzt nicht mehr natürlich [...]. (Hud 98–100)

Was das Thema der (Nicht-)Eignung für den Beruf betrifft, lassen sich der Analyse folgende grundsätzliche Auffassungen entnehmen: IRL sehen ihren Beruf bzw. das LehrerIn-Sein als eine Berufung, eine natürliche, gottgegebene (soziale) Veranlagung oder das Ergebnis einer angemessenen Ausbildung und als einen lebenslangen Lernprozess. Diese Optionen werden im Folgenden im Detail erläutert.

6.4.5.2 Berufung und Beziehung – „für immer und ewig"

Einige der interviewten LehrerInnen – mit und ohne Ausbildung – verstehen ihren Beruf in erster Linie als Berufung, die über die zeitlichen und räumlichen Grenzen des Klassenraums und der Schule hinausgeht, und an dieser Grenzziehung machen sie ihre Besonderheit gegenüber LehrerInnen anderer Fächer fest. Ein wichtiges Beispiel hierzu verkörpert Amr, an dem zu erkennen ist, welche Probleme und Gefahren mit dieser Sichtweise verbunden sein können. Amr beschreibt dieses grenzüberschreitende bzw. umfassende Berufungsverständnis wie folgt:

> [I]ch sage immer den Kindern in der Schule, Religion unterrichten ist nicht wie Deutsch oder Mathematik. Ja, Religionsprofessor ist nicht wie ein an-

derer Professor; jederzeit, und für immer und ewig – du bist mein Schüler. (Amr 74)

Im weiteren Verlauf seiner Darstellung gibt Amr zu erkennen, dass hier nicht nur räumliche und zeitliche Grenzen, sondern auch Grenzen in der L-S-Beziehung überschritten werden. Der IRU, den er bietet, ist ganz und gar am Konzept der Glaubensvermittlung ausgerichtet, wobei bisweilen auch über dieses hinausgegangen wird:

> Ich habe das Gefühl, ich bin gegenüber [...] dir verantwortlich und du bist mir sehr wertvoll. Das heißt, Religion ist in der Schule und unterwegs; hat mit Erziehung zu tun in der Moschee. Ich lade viele meiner Ex-Schüler und -Schülerinnen zum Gebet, zur Moschee [ein ...]. (Amr 74)

Diese potenziell gefährliche Grenzüberschreitung wird von Amr nicht nur nicht als solche erkannt, sondern gilt ihm geradezu als Wesensmerkmal der IRL-Tätigkeit und damit als richtig. Amr unterstreicht dies durch den Vergleich mit anderen Fächern:

> [M]an macht das als Beruf und wenn es läutet – tintin –, dann habe ich mit deutscher Sprache oder mit Mathematik nichts zu tun. Nein, ein Religionslehrer unterrichtet vierundzwanzig Stunden täglich [...]. Das heißt, Religionslehrer zu sein: Es gibt keine Pausen dabei. Du musst immer bereit sein, dass jemand irgendwann dich anruft und sagt: „Ich habe ein Problem [...]“. (Amr 74)

Die Auffassung, dass es sich beim LehrerIn-Sein um eine lebenslange Berufung handle, wird auch von anderen LehrerInnen vertreten, wie z. B. von Cem:

> Lehrer zu sein ist meiner Meinung nach eine Berufung. Ja, das heißt, man sollte Lehramt studieren oder Lehrer sein, wenn man diesen Beruf bis zum Tod ausüben möchte. Naja, meiner Meinung nach endet Lehrersein nicht mit der Pensionierung, sondern man arbeitet noch weiter, nicht mehr in der Schule vielleicht. Ja, aber man ist mit den Menschen immer noch weiter beschäftigt. (Cem 67)

Und die Berufung erfolge durch Gottes Willen, wie etwa Ela überzeugt ist:

[D]as mach ich aus Liebe und irgendwie denke ich oft, ich habe mich nicht selbst berufen, sondern dass es etwas bei Allah (Gott) ist. Allah hat mich zu diesem Beruf irgendwie gesucht oder gefunden, das ist kein Zufall. (Ela 50)

So verstanden ist das LehrerIn-Sein die Ausübung einer angeborenen, natürlichen Veranlagung, eines Talents. Exemplarisch wird diese Sichtweise von Cem vertreten:

Das lernt man eigentlich nicht an der Universität, sondern man muss meiner Meinung nach für diesen Beruf geboren sein. (Cem 51)

Die zitierten IRL sind sich also darin einig, dass ihr Beruf auf einer göttlichen Berufung, auf einer Veranlagung und einem Talent beruhe, das Gott auserwählten Menschen schenkt.

6.4.5.3 Angemessene Ausbildung

Die Ausbildung ist, wie in den vorangegangenen Kapiteln gezeigt wurde, zwar von großer Bedeutung für den Beruf, für manche IRL – mit und ohne Ausbildung – ist sie dennoch keine Garantie dafür, dass man ein/e gute/r LehrerIn ist. Isa bringt diese Sichtweise wie folgt auf den Punkt:

[S]eit [x] Jahren bin ich in diesem Beruf. Ich glaub, man muss unbedingt Lehramt studieren. Aber ich mein, es gibt bestimmt welche, die das Lehramt studiert haben, aber trotzdem kein guter Lehrer sind. (Isa 92)

Diese im Verlauf des Interviews immer wieder zur Sprache gebrachte Überzeugung konkretisiert Isa folgendermaßen:

[D]as heißt jetzt nicht, dass jeder, der das Masterstudium hat oder Doktoratsstudium hat, bestens die Schüler informiert oder den Unterricht auf die beste Art und Weise gestaltet. (Isa 162)

Bezüglich eines weiteren Aspekts dieses Themenbereichs, den die Analyse zutage fördert – die Angemessenheit der gegenwärtigen Ausbildungs- bzw. Studienangebote – regt sich bei vielen der interviewten LehrerInnen Diskussionsbedarf und Kritik. Die Erwartungen an die AnwärterInnen, an die Qualifizierung für den Beruf und an die Studienangebote sind, wie sich herausstellt, stark an persönliche Merkmale geknüpft. Demnach werden, wie eingangs dargelegt, zum einen persönliche, angeborene Qualitäten und zum anderen Wissens- und Methodenkompetenzen vorausgesetzt, die eine Ausbildung bzw. ein Studium erfordern. Hinsichtlich der Vermittlung und des Stellenwerts Letzterer werden in den Interviews gewisse Bedenken laut, etwa was die theologischen Inhalte bzw. die Ausrichtung und das Verhältnis der Theologie zur Pädagogik in den Curricula verschiedener Ausbildungsangebote bzw. Studien betrifft.[205] Zu den KritikerInnen des theologischen Fachwissens und der theologischen Ausrichtung angehender IRL zählt etwa Ela, die sich allerdings mit konkreten Kritikpunkten zurückhält:

[D]a möchte ich auch ein bisschen kritisch sein. Die Ausbildung von Studentinnen, junge, also zukünftige Religionslehrerinnen und -lehrer – meiner Meinung nach –, weil ich auch Studenten [kenne], sehe ich, dass Grundwissen fehlt. Und auch andere Einflüsse. Einflüsse, da möchte ich mich nicht äußern. Einfluss oder Einflüsse, ja das möchte ich lieber für mich behalten. (Ela 126)

Die Analyse weiterer Gespräche zeigt, dass ein Auslöser dieser Kritik der heterogene Ausbildungshintergrund der gegenwärtigen LehrerInnen ist. Das heißt, weil sie selbst entweder keine facheinschlägige Ausbildung besitzen oder lediglich eine fachäquivalente Ausbildung durchlaufen haben und daher auch nicht für den Beruf und den wissenschaftlichen Diskurs sozialisiert wurden, fehlt ihnen ein Maßstab für die Beurteilung der Angemessenheit der Ausbildung. Hinzu kommt, dass viele dieser Ausbildungsangebote sich noch im Aufbau- und Entwicklungsstadium befinden. Diesbezüglich thematisiert Naz die Curricula-Entwicklungen im IRP-Studium und die Schwierigkeit, das Verhältnis zwischen Theologie und Pädagogik auszubalancieren, wobei sie die Theologie als wichtiger ansieht:

Am Anfang waren die pädagogischen Fächer weniger, die theologischen waren mehr. Man hat das dann aber geändert, die pädagogischen wurden vermehrt und die theologischen dafür eben vermindert. Und wir hatten dann ein Problem damit. Erstens, wir sind ja jetzt zur Ausbildung da gewesen und in der Schule bekommen wir eben Fragen von den Kindern, von den Eltern,

---

205 Siehe dazu auch Kapitel 6.6.2.3.

von den Schulkollegen und damit wir darauf antworten können, müssen wir
ja zuerst mal was von der Hochschule bekommen [...]. (Naz 78)

Nuh ergänzt dieses Thema um den Gesichtspunkt des Lebenskontexts.
In seinen Augen ist es unerlässlich, dass IRL ihre Ausbildung in Österreich erhalten und die Lebenswelt und die Realität der österreichisch-
muslimischen Jugendlichen kennen und verstehen.

[O]ft einmal hat man ja auch Menschen irgendwo aus der Türkei oder
Ägypten hergeholt. Und natürlich haben diese Menschen diese kulturelle
und emotionale Bindung zu den Ländern, aus denen sie herkommen; das
ist oft einmal nicht zielführend. Und deswegen sollen sie, glaub ich, schon
hier ausgebildet sein und das Leben hier schon kennen. Also was denkt der
überhaupt, ein Jugendlicher in Österreich, wie denkt er, wie tickt er? Das
muss er, glaub ich, schon irgendwie verstehen [...]. (Nuh 122)

Die Analyse dieser Aussagen zeigt, dass im Berufsverständnis der LehrerInnen die Ausbildung eine vorrangige Stelle einnimmt, die aber noch
stärkerer Verankerung und weiteren Aufbaus bedarf. Besonders im
Hinblick auf die Angemessenheit sollte die Frage, welche Ausbildungs-
bzw. Studieninhalte der IRL-Beruf in Anbetracht seiner gegenwärtigen
Situation braucht, geklärt und den IRL kommuniziert werden.

6.4.5.4 Lebenslanges Lernen

Eine weitere grundsätzliche Voraussetzung des LehrerIn-Seins ist in den
Augen der IRL das lebenslange Lernen. Lehren lernen, LehrerIn werden
und LehrerIn sein wird von diversen Interviewten – Alt- und Junglehre-
rInnen, LehrerInnen mit und ohne Ausbildung – als ein Prozess verstanden, der „immer noch im Gange ist" (Isa 42). Mit Blick auf die Ungewissheit und Dynamik des Unterrichtens begreifen manche LehrerInnen, so
auch Ela, jede Unterrichtsstunde als eine Lerngelegenheit:

[I]ch bin quasi auch eine Schülerin, weil ich lerne und auch den Kindern weiter beibringe. Ich probiere immer noch viele verschiedene Techniken aus,
nach all den Jahren, nach vielen Erfahrungen. (Ela 42)

Auch Isa sieht den fortwährenden Lernprozess als ein wesentliches Merkmal seiner Lehrtätigkeit:

> [Der] Lernprozess wird weitergeführt, auch beim Lehren, beim Unterrichten. Ständig werden neue Themen [entwickelt], neu heißt in dem Falle, die Lehrpläne sind gleich, aber man versucht sich und die Themen dann möglichst weiter zu entwickeln [...]. (Isa 88)

Auf Grundlage dieser Einschätzungen gelten Selbststudium, Weiterbildung und Fortbildung als wesentliche Bestandteile des LehrerIn-Werdens und -Seins, die auch eine Auswirkung auf das Auftreten im Unterricht hätten. So meint Cem:

> [Ein Lehrer] muss Fortbildungen besuchen, er muss sich fachlich sehr viel mit der Materie beschäftigen, damit er auch fachlich angesehen wird von den [Schülern]. (Cem 124)

Kontinuierliche Weiterbildung im Sinne lebenslangen Lernens ist also – nach Ansicht von Cem – die von anderen IRL geteilt wird – eine unabdingbare Voraussetzung, um als fachkompetent bzw. als professionelle/r IRL anerkannt zu werden.

6.4.6 Resümierende Analyse der subjektiv-biografischen Perspektive

Nachstehend sind die Aspekte der subjektiv-biografischen Perspektive in einem Überblick zusammengefasst.

Lehren lernen – LehrerIn werden: Werdegang

- Das Lernen am Arbeitsplatz, verstanden als reflektierendes autodidaktisches Lernen auf Grundlage von Selbststudien, Versuchen, Erfolgen und Fehlern, trägt in den Augen der befragten IRL – mit und ohne Ausbildung – wesentlich zum LehrerIn-Werden bei.
- IRL sprechen mit Blick auf das LehrerIn-Werden und das Lernen am Arbeitsplatz von Suchbewegungen, in denen sie zu einem eigenen Unterrichtskonzept und -stil finden.

- Mit der Zeit bilden sich zudem Handlungsroutinen aus, die die Ausübung des Berufs in vielerlei Hinsicht wesentlich erleichtern – von der Umsetzung der Lehrinhalte über die Bewältigung der eigenen Unsicherheit bis zum Umgang mit der Unterrichtsdynamik.

LehrerInnen-Kompetenz-Konstrukte

- Die Kompetenz-Konstrukte der befragten IRL bestehen zum einen aus auf andere Fächer übertragbaren generischen Kompetenzen und zum anderen aus fachspezifischen Kompetenzen.
- Die interdisziplinär übertragbaren Kompetenzen umfassen:
  - Sich in der Kontingenz bewegen können: Sowohl das Unterrichten an sich als auch der Fachunterricht sind von unvorhersehbaren und unkontrollierbaren Dynamiken geprägt.
  - Sich hinterfragen können/reflektieren: Die kontingente Natur der Lehrtätigkeit erfordert ein fortwährendes Reflektieren bzw. die Fähigkeit, das eigene Denken und Handeln hinterfragen zu können.
  - „LehrerInnenhandwerk" beherrschen: Pädagogik/Didaktik: Die Qualität des Unterrichts bemisst sich nicht zuletzt daran, über welches Repertoire an pädagogisch-didaktischen Ansätzen und Methoden ein/eine LehrerIn verfügt.
  - Mit Menschen umgehen können: soziale Kompetenz: IRU als ein Beziehungslernen. Die L-S-Beziehung findet ihren Niederschlag in der Art und Weise, wie SchülerInnen das Fach wahrnehmen und trägt damit maßgeblich zum Erfolg oder Misserfolg des/der LehrerIn bei.
  - Auf Wissen kommt es an: Wissen wird zweifach verstanden – zum einen als pädagogisch-didaktisches und bildungspolitisches Wissen und zum anderen als fachspezifisches (theologisches) Wissen.
- Die fachspezifischen Kompetenzen wiederum sind primär fachbezogene Wissenskompetenzen wie z. B.:
  - IRU-Fachwissen: das kompetente Beherrschen des Faches IRU mit den dazugehörigen theologischen, kulturellen, historischen und traditionellen Inhalten,

- Wissen über die austro-muslimische Jugendkultur und Lebenswelten austro-muslimischer Heranwachsender,
- interdisziplinäre Fachwissenskompetenz insbesondere auf Themengebieten, die sich mit anderen Fächern, etwa Geschichte, Biologie oder Deutsch, überschneiden.

Charakter und Habitus der IRL

- Manche IRL legen ihrer informellen, subjektiven Feststellung der Eignung bzw. Nichteignung der (IRL)-KollegInnen deren Charakter zugrunde. Derartige Überlegungen sind oft stark von islamisch-theologischen und subjektiven Konzepten geprägt.
- Eigenschaften wie Geduld, Ausdauer und rhetorisches Geschick, die Fähigkeit, zuhören zu können oder Probleme ernst zu nehmen und die Authentizität als islamische/r LehrerIn werden als Wesensmerkmale des ‚guten‘ LehrerIn-Seins verstanden.

Motivation der IRL

- Einige IRL begründen ihre Berufswahl mit inhärenten Motiven wie z. B. Abwechslungsreichtum oder sozial-gesellschaftlicher Wirkmächtigkeit. Letzteres bedeutet etwa, dass sie sich als Akteure sehen, die die Entwicklung der SchülerInnen und der Gesellschaft mitformen.
- Außer inneren Motiven werden in den Interviews auch extrinsische Motive genannt, wie z. B. Gotteslohn, das Nachahmen eines Vorbilds, das Ansehen des Berufsstands oder die begrenzten Möglichkeiten zur Ausübung eines islamischen Berufs.

Berufsverständnis der IRL

- Das Berufsverständnis der IRL ist Resultat der Auseinandersetzungen mit dem Thema (Nicht-)Eignung von BerufskollegInnen und der eigenen Person. Hier tendieren die interviewten IRL dazu, sich vom Bild des/der nichtqualifizierten IRL, das in ihren Augen in der

Öffentlichkeit herrschte und noch immer herrscht, zu distanzieren, indem sie

- ihre Eignung mit Begründungen wie Erfahrung, fachnahem Studium, Religiosität usw. zu legitimieren versuchen,
- die Nichteignung anderer u. a. aufgrund mangelnder Religiosität, Motivation und Ausbildung kritisieren und offen infrage stellen und
- das Problem der Nichteignung aufgrund fehlender Qualifizierung als ein längst überwundenes Problem von sich weisen. Nur wenige attestieren dieser Frage Aktualität.
- Aus diesen Tendenzen lassen sich hinsichtlich des Berufsverständnisses der IRL folgende drei Auslegungen herauskristallisieren:
  1. IRL zu werden und zu sein ist Folge einer ‚Berufung‘, also einer manchen Menschen durch Gottes Gnade verliehenen persönlichen, angeborenen Veranlagung, die sie für diese Tätigkeit besonders befähigt. So sind IRL, die sich berufen fühlen, der Auffassung, dass die Lehrtätigkeit aufgrund der Berufung sich weder räumlich noch zeitlich auf die Schule beschränkt, sondern sämtliche Lebensbereiche umfasst.
  2. Die IRL-Tätigkeit setzt eine adäquate Ausbildung voraus, wobei bezüglich des angemessenen Verhältnisses zwischen der Theologie und Pädagogik bei den Befragten Uneinigkeit herrscht. LehrerInnen, die ein glaubensvermittelndes Konzept verfolgen, räumen einem gründlichen theologischen Studium Priorität ein, für andere wiederum müsste der Schwerpunkt auf der pädagogisch-didaktischen Komponente – als dem Handwerkszeug für den Lehrerberuf – liegen.
  3. IRL zu werden und zu sein ist ein Prozess, der niemals abgeschlossen, also ein lebenslanges Lernen ist.

Die Analyse der Daten zeigt, dass LehrerInnen eine oder mehrere dieser Auslegungen zugleich vertreten können. So sehen manche IRL die Ausbildung als eine Ergänzung zur Berufung oder umgekehrt.

Im nächsten Kapitel werden die Kategorien zur berufsgemeinschaftlichen Perspektive (WIR) einer genaueren Betrachtung unterzogen.

6.5 Kategorien zur berufsgemeinschaftlichen Perspektive (WIR) der IRL

In der bisherigen Analyse des Kontexts und der subjektiv-biografischen Perspektive der IRL deutet wenig auf eine berufsgemeinschaftliche Identität hin. Die genauere Durchsicht der Daten mit Blick auf das Thema Berufsgemeinschaft und Berufs- bzw. Professionsidentität ließ einen starken Wunsch der Befragten nach einer – in ihren Augen gegenwärtig nicht vorhandenen – internen Fachgemeinschaft sowie einer fächerübergreifenden LehrerInnengemeinschaft erkennen. Die IRL thematisierten diesen Wunsch insbesondere unter den Gesichtspunkten des ‚Gastseins‘ in den Schulen, der Anerkennung in der Schule und der Vernetzung. Entsprechend diesen Aspekten wurden die Kategorien ‚Ausgrenzung und Marginalisierung‘, ‚Anerkennung der IRL‘ und ‚Vernetzungen im IRL-Beruf‘ gebildet (s. Abbildung 20).

Die Kategorien ‚Ausgrenzung und Marginalisierung‘ und ‚Anerkennung der IRL‘ thematisieren die Sichtweise der LehrerInnen auf die fächerübergreifende Berufsgemeinschaft sowie ihre Rolle und Position in der Gemeinschaft der LehrerInnen. Die Kategorie ‚Vernetzungen im IRL-Beruf‘ hingegen bezieht sich sowohl auf die fächerübergreifende als auch auf die interne Fachgemeinschaft. Im Folgenden werden diese Kategorien im Detail dargestellt, beginnend mit der Exklusion im Schulsystem.

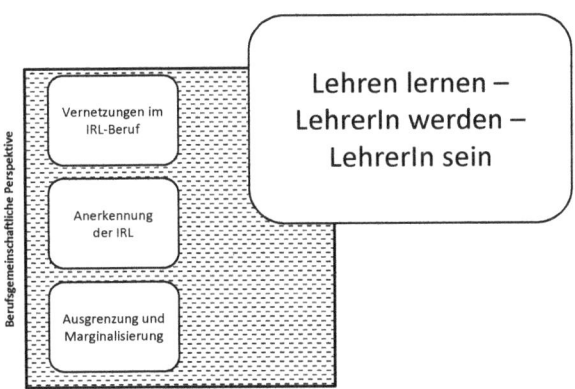

Abb. 20: Kategorien zur berufsgemeinschaftlichen Perspektive

6.5.1 Ausgrenzung und Marginalisierung

Eine Reihe von beruflichen Erschwernissen wie z. B. die gleichzeitige Betreuung von mehreren Schulen und der tendenziell von Nachmittagsstunden dominierte Stundenplan stellen sich für die befragten IRL als Ausgrenzung und Marginalisierung dar, als Relativierung des Stellenwerts des IRU und des IRL-Berufs und als Ausschluss aus der fächerübergreifenden Berufsgemeinschaft. So hat sich bei Han das Gefühl eingestellt, „so wie ein Gast, irgendwie auf der Durchreise" (Han 36) zu sein. Ähnlich äußert sich Hud: „Wenn du reingehst wie ein Gast und dann wieder draußen bist [...] ist man nicht ein Teil der Schule" (Hud 55–56). Die eingehende Untersuchung dieses gefühlten Gastseins ergab, dass diese Problematik in die Kategorien ‚Strukturen, die zur Marginalisierung führen' und ‚soziale Barrieren' gefasst werden kann.

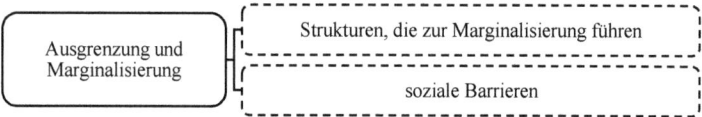

Abb. 21: Kategorie ‚Ausgrenzung und Marginalisierung'

Die hier genannten Strukturen sind Arbeits- und Organisationsstrukturen, Bedingungen und Handlungsmöglichkeiten, die an sich zu einer Marginalisierung der IRL führen. Hinzu kommen menschlich-soziale Faktoren, die in der Unterkategorie ‚soziale Barrieren' zusammengefasst werden.

6.5.1.1 Strukturen, die zur Marginalisierung führen

Die in Kapitel 6.3 – ‚Kategorien zur Kontextperspektive' – vorgestellten Rahmenbedingungen des IRL-Berufs sind u. a. unmittelbare Faktoren, die (in der Selbstbeschreibung) zum Status des Gastseins führen. Die geringe Stundenanzahl von ein bis zwei Stunden und die gleichzeitig hohe Anzahl der zu betreuenden Schulen haben zur Folge, dass die LehrerInnen in den Schulen „fremd" (Hud 54) sind. Diese Problematik wird am folgenden Beispiel von Han deutlich:

[I]ch persönlich habe sechs Schulen und insgesamt in diesen sechs Schulen habe ich nur vierzehn Stunden effektiv Unterricht. Und da ist es schwer, sich dann in einer Schule wirklich heimisch zu fühlen oder wirklich irgendwas Konkretes aufzubauen in einer Schule, was weiß ich, irgendwie konkrete Beziehungen zu Kollegen oder zu Direktoren und sowas. Das ist immer bisschen schwierig. (Han 36)

Der Umstand, dass der IRU in der Regel in die Nachmittagsstunden fällt, tut ein Übriges, dass die IRL – eben aufgrund der Uhrzeit – gar nicht die Gelegenheit haben, ihre KollegInnen kennenzulernen. So berichtet Hud:

Ich habe auch Schulen, wo ich am Nachmittag eine Stunde drin bin, wo ich die Kollegen nicht kenne [...]. Du siehst die Kollegen nicht [...]. (Hud 54)

Die Ausgrenzung, insbesondere die Marginalisierung, werde auch durch die Abmeldemöglichkeit und die Leistungsbeurteilung, die sich gegenseitig zu beeinflussen scheinen, befördert.[206] Diese Ansicht vertritt etwa Isa – ihm zufolge geht die Marginalisierung auf die Leistungsbeurteilung zurück, die, systembedingt, aufgrund der Abmeldemöglichkeit, nicht mit der in anderen Fächern gleichgesetzt werden könne:

[...] benotet schon, aber dass man nicht so streng ist mit Benoten, wollt ich sagen eigentlich. Ja, sie [die Eltern] erwarten, dass die Schüler im Islamunterricht viel lernen. Aber vielleicht durch das System [der Abmeldemöglichkeit] nicht nur Islam, eigentlich auch katholisch; ich meine auch evangelisch; also Religionsunterricht eigentlich. Das System führt dazu meines Erachtens. (Isa 150)

Die Abmeldemöglichkeit ist ein Thema, das auch Ece bewegt. Sie sieht einen der Gründe für die Abmeldungen und die damit einhergehende Marginalisierung in den schulischen Informationen über den IRU:

Die [Kinder] haben Islam nicht als Pflichtfach angesehen. [...] Ja, die Eltern wissen auch nicht, glaub ich, dass es ein Pflichtfach ist. Jetzt, mit der Zeit, jedes Jahr wird ja eine Information ausgeteilt: Es ist Pflichtfach, wenn ihr

---

206 In der bereits zitierten Masterarbeit konnte gezeigt werden, dass die Abmeldung u. a. auf schlechte Leistungsbeurteilung zurückgehen kann. Vgl. Mehmet Hilmi Tuna: *„Islam ist nach der Schule...".*

euch nicht abmeldet. Und das tut auch irgendwie die Kinder dazu bringen, dass sie sich doch abmelden. (Ece 183)

Das heißt: Bestimmte strukturelle Gepflogenheiten im Umgang mit dem IRU – etwa seine Auslagerung aus dem Vormittags- in den Nachmittagsbetrieb – führen dazu, dass er gar nicht als das Pflichtfach, das er ist, wahrgenommen wird. Und von der damit einhergehenden Relativierung und Marginalisierung des IRU fühlen sich die LehrerInnen auch persönlich betroffen. So wie Naz, die zur Kenntnis nehmen musste, dass einem Wahlfach gegenüber ihrem Fach der Vorzug gegeben wurde.

> [D]ass eben der Islamunterricht meistens nachmittags stattfindet, ist ein größeres Problem. Wenn man diesbezüglich mit der Schulleitung darüber redet, kommt dann die Aussage, ja wir können nicht am Vormittag machen, weil Sprachunterricht [d.h. Sprachförderunterricht] eingeplant ist für den Vormittag, aber Sprachunterricht ist ja kein Pflichtfach (Naz 92)

An diesen Beispielen wird deutlich, dass es manchen IRL nicht leicht fällt, die Entscheidungen und den Umgang der Schulleitungen mit den Rahmenbedingungen und Strukturen des IRU nachvollzuziehen. Mangelnde Kommunikation und die geringe Anwesenheit der IRL an den Schulen, die die derzeitige Situation kennzeichnen, sind freilich kaum dazu angetan, diesen Zustand zu beheben.

Thema des nächsten Abschnitts ist die soziale Interaktion, die gleichfalls zur Entwicklung des Gefühls, nur Gast zu sein, und zur Marginalisierung beitragen kann.

6.5.1.2 Soziale Barrieren

Die Analyse der Interviews zeigt einseitige, zum Teil undifferenzierte Sichtweisen und Positionen der verschiedenen im Handlungsfeld der IRL wirkenden AkteurInnen auf. Diese undifferenzierten bzw. unreflektiert-einseitigen Perspektiven und Positionen sind mitverantwortlich für die fehlende Inklusion der IRL im Schulsystem und in der Berufsgemeinschaft der LehrerInnen. Die Einseitigkeit wirkt sich besonders auf die soziale Interaktion der IRL mit diversen AkteurInnen in der Schule aus, weil sie oft Vorbehalten und Vorurteilen entspringt. Davon zeugt der Fall von Amr – der berichtet von Begegnungen mit (christlichen) KollegInnen anderer Disziplinen (KRU und Ethik), in denen er bei diesen boshafte Absichten und Schadenfreude bemerkt haben will:

> Wenn er [ein Schüler] sich abmeldet und ich sage dir von meinen Erfahrungen, vielleicht hast das noch nicht erlebt. Dann kommen die christlichen Religionslehrer und -lehrerinnen und sie freuen sich. Sie versuchen es zu verdecken, aber sie freuen sich. „Du Amr, ein Mädchen war bei dir und hat sich abgemeldet, sie besucht jetzt Ethik. Bitte nicht böse sein.“ „Nein, ich bin nicht böse.“ Aber in Wirklichkeit bin ich böse, ich habe ein schlechtes Gefühl. (Amr 116)

Aus weiteren Berichten ist zu erfahren, dass andere LehrerInnen sich manchmal bemüßigt fühlen, die IRL mit Blick auf deren ethnische, kulturelle und religiöse Zugehörigkeit auf wenig reflektierte Art und Weise auf gesellschaftliche, mediale oder politische (Islam-)Diskurse anzusprechen. So etwa wurde Isa in einem Gespräch über die Position der MuslimInnen als Minderheit in Österreich auf die Lage anderer Minderheiten in muslimischen Ländern aufmerksam gemacht:

> [M]anche Lehrer argumentieren damit, dass in vielen muslimischen Ländern die Christen die Möglichkeit, was wir hier haben, nicht haben. (Isa 148)

Den vergleichenden Hinweis auf muslimische Länder aber empfindet Isa als eine Verleumdung seiner Religion und somit seines Faches:

> Und ja, möchten diese Länder schlecht darstellen, aber vielleicht nicht nur diese Länder, sondern auch den Islam. (Isa 148)

Die weiteren Ausführungen von Isa vermitteln eine Vorstellung davon, wie undifferenziert und mangelhaft das Wissen über andere und somit auch die Diskurse über die anderen sind:

> [I]ch hatte auch die Erfahrung, dass ein Lehrer gesagt hat zum Beispiel: „Gell, Muslime wollen hier Minarette, gibt es überhaupt in der Türkei Kirchen mit Türmen?“ He, also ich dachte mir: Wo bin ich hier? Ich meine, wie kann ein Lehrer nicht wissen, ob es da Kirchen mit Türmen gibt? Also das war mir unheimlich sozusagen, dass er das nicht gewusst hat. (Isa 148)

Das hier zum Vorschein kommende, von Asymmetrien geprägte Kommunikationsmuster erstreckt sich auch auf die verschiedenen Formen von Kooperation – ein Faktum, das die IRL so nicht hinnehmen wollen. Ece etwa möchte die „gemeinsam[e]" Gestaltung von Abschlussfeiern mitbestimmen und nicht vorgeschrieben bekommen: [207]

> Aber am Anfang schon irgendwie zeigen, dass man da auch mitbestimmen will oder dass man da auch gemeinsam was gestalten will und das nicht vorgelegt bekommen möchte. (Ece 161)

Diese asymmetrischen Kommunikationsmuster bilden in der Schule soziale Barrieren, die die Inklusion der IRL erschweren und den Ausschluss fördern. Dies führt in weiterer Folge dazu, dass die LehrerInnen sich schuldig bzw. in der Pflicht fühlen, sich für eine Verbesserung der Kommunikation einzusetzen. So sieht beispielsweise Nuh die Inklusion oder das Ankommen und die Beheimatung in der Schule als eine Aufgabe, genauer gesagt als eine Bringschuld der IRL. Nuh meint, dass die IRL ihren Inklusions- und Partizipationswillen gegenüber den Angehörigen der Mehrheitsgesellschaft explizit zum Ausdruck bringen sollten:

> Dass die Menschen sehen, ich als Muslim, als islamischer Religionslehrer, ich lebe ganz gerne in Österreich, ich bin gerne in dieser Schule und ich möchte meinen Beitrag für diese Gesellschaft leisten. Wenn das ankommt, das ankommt bei den anderen Menschen, Direktoren und Lehrern, dann funktioniert das schon. Ich glaub, da müssen wir als Religionslehrer, glaub ich, bissel umdenken und uns dafür bissel bemühen und des funktioniert dann schon. (Nuh 26)

Die Beispiele in diesem Abschnitt legen nahe, dass sich die sozialen Barrieren in der Schule nicht nur – wie von den IRL bisweilen suggeriert – den anderen AkteurInnen der Schule und den asymmetrischen Diskursen verdanken, sondern auch dem Verhalten der IRL selbst. Auch so manche Kritik der IRL an den anderen wirkt unreflektiert. Will man die sozialen Barrieren überwinden und eine Inklusion in der Schule erreichen, so bedarf es neben der Bereitschaft und dem Willen auch einer reflektierten Kommunikation der Beteiligten. Dazu könnte die Auseinandersetzung mit aktuellen Diskursen in Gesellschaft und Wissenschaft

---

207 Zu asymmetrischen Diskursen siehe Kapitel 6.6.2.2.

im Rahmen der Aus-, Fort- und Weiterbildung einen wichtigen Beitrag leisten. Solch eine Auseinandersetzung kann die IRL dazu befähigen, differenziert und reflektiert auf Fragen und Bemerkungen ihrer nichtmuslimischen KollegInnen einzugehen und ihnen fundierte Informationen zu liefern.

6.5.2 Anerkennung der IRL

Die Kategorienbezeichnung ‚Anerkennung der IRL‘ wurde gewählt, weil eine nähere Betrachtung der Interviews ergab, dass die befragten IRL nicht nur daran interessiert sind, einen guten Ruf oder hohes Ansehen zu genießen und Teil der Berufsgemeinschaft zu sein; vielmehr erwarten sie auch Anerkennung – vom Staat, von den LehrerInnen anderer Unterrichtsfächer, von der Schulleitung und der Gesellschaft. Die Darstellung der einzelnen Aspekte des Themas ‚Anerkennung‘ aus der Perspektive der interviewten LehrerInnen ist nun Gegenstand des folgenden Abschnitts.

Abb. 22: Kategorie ‚Anerkennung der IRL‘

Die Daten geben zum einen Auskunft darüber, wie und an/in welchen Orten/Feldern die IRL Anerkennung erleben, und zum anderen, welche Strategien und Möglichkeiten sie verfolgen, um Anerkennung zu gewinnen. So entstanden die beiden Unterkategorien ‚Anerkennung erleben‘ und ‚Wege zur Gewinnung von Anerkennung‘, die nun im Detail vorgestellt werden.

6.5.2.1 Anerkennung erleben

Anerkennung wird von den IRL an drei Orten – in der Mehrheitsgesellschaft, im Schulsystem und in der muslimischen Gemeinde – erlebt, wobei die Interaktionen und das Ausmaß der Anerkennung offenbar stark von den am jeweiligen Ort vorherrschenden Berufsbildern bzw.

Vorstellungen der Einzelnen geprägt sind. Das heißt: Die Zugehörigkeit zu einer Berufsgruppe beeinflusst die soziale Interaktion. In diesem Zusammenhang schildert beispielsweise Isa, wie die Erwähnung seines Berufs den Verlauf von Konversationen und Interaktionen bestimmt:

> Und wo du sagst: „Ich bin islamischer Religionslehrer", wirst du auch von einer anderen Sichtweise betrachtet. Und manchmal werden auch bewusst bestimmte Themen angesprochen [...]. (Isa 70)

Im Folgenden werden die genannten drei Orte (Mehrheitsgesellschaft, muslimische Gemeinde und Schulsystem), in denen die Anerkennung erlebt wird, im Einzelnen dargestellt.

Anerkennung in der Mehrheitsgesellschaft

Was die Anerkennung seitens der nichtmuslimischen Mehrheitsgesellschaft betrifft, sind die LehrerInnen geteilter Meinung. Isa beispielsweise fühlt sich zwar aufgrund seiner Herkunft und Identität stereotypisiert, aber sein Beruf als Lehrer hilft ihm, diese Stereotypisierung zu durchbrechen und sichert ihm die Wertschätzung und den Respekt der NichtmuslimInnen:

> [...], weil dann [wenn sie den ausgeübten Beruf erfahren] schätzen sie dich besser ein und zeigen mehr Respekt. [...] Es gibt ja diese Klischees über die Muslime, über die [aus Land XZ]. Also, dass sie eher nicht [...] studieren oder nicht qualifiziert sind und so weiter und so fort. Wenn sie [die Angehörigen der Mehrheitsgesellschaft] dann erfahren, aha ein Religionslehrer, er sieht zwar nicht so aus, als würde er Religionslehrer oder Lehrer sein, aber er ist es trotzdem. (Isa 74)

Andere LehrerInnen wie z. B. Nuh, sind dagegen der Ansicht, dass man in Österreich als LehrerIn in der Gesellschaft und im Schulsystem grundsätzlich nicht wertgeschätzt wird:

> [I]ch habe das Gefühl, man hat in der Schule, in der österreichischen Gesellschaft als Lehrer keinen Wert, oder, ich meine, es ist ja auch so, man wird ja nicht so geschätzt. Aber unter Muslimen Lehrer zu sein ist was Besonderes und das genieße ich, und das find ich ganz gut. (Nuh 44)

Hier tritt die Bedeutung von Identitäten, Fremdzuschreibungen und Berufsbildern besonders deutlich hervor. Die Selbstwahrnehmung im Zusammenspiel mit vermuteten Fremdwahrnehmungen des IRL-Berufsbilds beeinflusst, inwieweit die IRL sich in der Mehrheitsgesellschaft geschätzt bzw. anerkannt sehen.

Anerkennung im System Schule

Manche IRL machen ihre Anerkennung innerhalb des Schulsystems vor allem an der Verteilung von Schulressourcen und der eigenen Rolle bzw. Funktion in der Schule fest – in dem Sinn, dass sie das Aushandeln von schulischen Ressourcen, Lehrmaterialien und Werteinheiten mit den Schulleitungen bzw. deren Bereitstellung im Kontext der Anerkennung interpretieren. So berichtet Nur:

> Also gewisse Sachen sind nicht einfach mit den Schuldirektoren auszuhandeln, aber ich habe es geschafft. Also am Ende hatte ich alles bekommen und am Ende hatte ich auch meine Anerkennung bekommen; mit sehr vielen Nervenreibungen. (Nur 81)

Unter diesem Blickwinkel gilt es auf jeden Fall als Zeichen der Anerkennung, in der Schule etwa in Fragen zum Islam konsultiert oder bei Problemen mit muslimischen SchülerInnen beratend hinzugezogen zu werden. Exemplarisch dafür der Fall von Hud:

> Ich komm rein und hab das Gefühl, ich bin der Experte im Bereich Islam. Ich werde angesprochen, wenn es meine Schüler betrifft oder wenn es um Themen wie Feier geht oder Islam, dann bin ich dort Ansprechperson. (Hud 54)

Ferner fühlen sich Lehrende anerkannt oder angesehen, wenn es zu freundlichen Begegnungen und Interaktionen mit nichtmuslimischen SchülerInnen innerhalb und außerhalb der Schule kommt oder wenn sie kollegiales Feedback vom Lehrkörper der Schule erhalten. So etwa schildert Isa eine Begegnung mit nichtmuslimischen SchülerInnen:

> Ich meine, es kann sein, dass hin und wieder im Zug Schülerinnen und Schüler auf mich zukommen und sagen „Hallo Islamlehrer" zum Beispiel; also nichtmuslimische. (Isa 86)

Dass er von nichtmuslimischen SchülerInnen wiedererkannt wird, wertet Isa als eine Anerkennung seiner Person, seiner Lehrtätigkeit und vor allem seines Engagements im Rahmen von kooperativen Unterrichtseinheiten und Projekten. Dieses Beispiel liefert auch erste Hinweise darauf, wodurch Anerkennung erworben werden kann. Wege zur Anerkennung, wie z. B. die genannten kooperativen Unterrichtseinheiten und Projekte, werden im Kapitel 6.5.2.2 eingehender erörtert.

Die Anerkennung in der muslimischen (Moschee-)Gemeinde

Von mindestens ebenso großer Ambivalenz ist die Anerkennung der IRL in der muslimischen (Moschee-)Gemeinde gekennzeichnet. Manche der befragten IRL fühlen sich zwar geschätzt, dabei aber nicht wirklich ernst genommen. Das heißt, Mitglieder der Moscheegemeinden begegnen den IRL durchaus mit der gebührenden bzw. in der muslimischen Community vorausgesetzten Höflichkeit und mit Respekt im Sinne einer politischen Korrektheit; gleichzeitig aber verweigern sie ihnen die Anerkennung und untergraben mitunter ihre Autorität. Von einem solchen Verhalten weiß etwa Nur zu berichten. Demnach würden Eltern ihre Arbeit zum einen würdigen und ihr gegenüber Vertrauen äußern:

> [D]ie Mutter meinte: „Ich fühle mich sehr gut, weil ich weiß, mein Kind ist sehr gut aufgehoben bei Ihnen, aber tatsächlich würde ich eigentlich selber diese Dinge auch zu Hause mit meinen Kindern machen wollen, aber dafür fehlt mir die Zeit [...].“ (Nur 87)

Zum anderen, so Nur weiter, würden Eltern, insbesondere solche mit religiösem Moscheegemeindehintergrund, ihre Arbeit im Lichte der Glaubenslehre der Moscheen beurteilen und insgeheim infrage stellen:

> Da kann man sich noch und noch den Mund fusselig reden, dass man auch Suren lernt, aber das heißt nicht, dass es die Hauptbeschäftigung ist. Sondern unser Hauptaugenmerk ist die Liebe Gottes, die Bindung zu Gott, wer ist mein Schöpfer, Allah kennenzulernen, den Propheten zu lieben [...] Wenn man das denen zeigt: „Was, nur das habt ihr gemacht?“ Also es gibt Eltern, die sagen: „Ah, nur das habt ihr gemacht.“ (Nur 87)

Insbesondere dann, wenn die im IRU vermittelte Lehre von jener der Moscheegemeinde abweicht, würde den IRL die Anerkennung seitens der Moscheegemeinde verweigert. Davon ist jedenfalls Ali überzeugt:

[E]s gibt nun mal Mitglieder bestimmter Verbände, die vielleicht, ja, meine Anwesenheit und meine Lehrtätigkeit vielleicht nicht so schätzen. Ja, also aufgrund ihrer eben unterschiedlichen Interpretation des Islam [...]. (Ali 100)

Als weitere Beweise für mangelnde Anerkennung interpretieren manche IRL die in ihren Augen dürftigen Besuche an den Elternsprechtagen oder die Ansprüche der Eltern, wenn es um die Leistungsbeurteilung geht. Dazu Ece:

[O]ft haben sie auch die Erwartung, dass die Kinder im Islamunterricht nichts beitragen [müssen], aber trotzdem eine sehr gute Note haben. Oder dass Islam vielleicht einfach ein Fach ist, wo die Kinder vielleicht nicht hingehen, wenn sie bisschen müde sind. Sie nehmen das nicht als Fach wahr wie die anderen Schulfächer [...]. (Ece 181)

Wenn Ece und auch andere IRL über Anerkennung, über ihre Stellung oder Position sprechen, ziehen sie gerne andere Fächer heran, um auf die fehlende Gleichwertigkeit des IRU hinzuweisen. Auch dies wird vielfach als mangelnde Anerkennung nicht nur ihres Fachs, sondern auch ihrer Person empfunden.

6.5.2.2 Wege zur Gewinnung von Anerkennung

In ihrem Ringen um Anerkennung eignen sich die IRL – wie sich der weiteren Analyse entnehmen lässt – vielfältige Strategien und Umgangsformen an. Dabei gelten interreligiöse und interdisziplinäre Kooperationen, Reifeprüfungen sowie die Professionalisierung des IRL-Lehrbetriebs als gute Möglichkeiten, das Ansehen in der Öffentlichkeit positiv zu beeinflussen und die Reputation der IRL-Gemeinschaft zu steigern sowie als Lehrperson anerkannt zu werden. Im Folgenden werden diese Möglichkeiten anhand von exemplarischen Ausschnitten aus den Interviews konkretisiert.

Anerkennung durch interreligiöse und interdisziplinäre Kooperation

Die interreligiöse bzw. interdisziplinäre Zusammenarbeit mit LehrerInnen anderer Religionen und Fächer wird von den meisten Befragten als eine Chance gesehen, da diese gute Gelegenheiten biete, einander in der Begegnung kennenzulernen und sich bzw. das eigene Fach und den IRL-Beruf bekannt und in den Schulen sichtbar zu machen. Exemplarisch ist das bei Amr zu sehen, der die interreligiöse Zusammenarbeit als Chance nutzt und sich dadurch in den Schulen Bekanntheit sichert:

> [D]urch diese Gottesdienste habe ich die anderen Kollegen in der Schule irgendwie kennengelernt, gut kennengelernt. Ich war selten derjenige, der kaum mit jemandem redet. Nein, ich habe jede Chance genützt. Ich war oft auch eingeladen in anderen Klassen, ein bisschen über den Islam zu reden; Themen passend zum Alter, ja. Und durch diese Aktivitäten war ich bekannt in den Schulen, wo ich unterrichtet habe [...]. (Amr 88)

Ebenso werden kooperative Projekte als eine Gelegenheit zur Präsentation und Inklusion gesehen. So nutzt z. B. Amr Schulprojekte gezielt, um sich in den Schulalltag einzubringen und Anerkennung zu erlangen:

> [A]n einer Schule hatte ich das Gefühl, ich bin nicht erwünscht. Ja, dann habe ich ein Projekt gemacht, das Projekt heißt XY. Dadurch hatte ich das Gefühl, ich bin irgendwie in der Schule integriert. (Amr 192)

Auch andere IRL erkennen den Mehrwert der interreligiösen oder interdisziplinären Zusammenarbeit und gemeinsamer Projekte. Für Isa etwa ist die Tatsache, dass er von nichtmuslimischen SchülerInnen wiedererkannt wird (siehe Kapitel 6.5.2.1), eindeutig auf die Zusammenarbeit mit katholischen KollegInnen zurückzuführen:

> Es kommt vielleicht auch daher, weil wir in den Schulen gemeinsame Stunden gestalten, mit den nichtmuslimischen, also katholischen Klassen; oder vielleicht auch Abschieds- oder Abschlussfeiern gestalten. Und, wenn man dann auf der Bühne steht, dann sehen sie auch, sechshundert, siebenhundert Schüler auf einmal: Das ist der Islamlehrer. (Isa 86)

An den Beispielen von Isa und Amr zeigt sich, dass Kooperationen nicht nur die Gelegenheit zu Begegnung und Austausch bieten, sondern auch die Möglichkeit bzw. die ‚Bühne' dafür, sich bekannt zu machen und die eigenen Kompetenzen zu präsentieren.

Anerkennung durch qualitätsvolle (Prüfungs-)Präsentation

Die Suche nach Möglichkeiten des Sich-Präsentierens mag auf den ersten Blick oberflächlich erscheinen. Wie jedoch die weitere Analyse des Datenmaterials, insbesondere im Zusammenhang mit der neuen Reifeprüfung, ergibt, geht es den IRL keineswegs nur um Ansehen, sondern auch um die Qualität und die Anerkennung als LehrerInnen bzw. als Professionelle. Dies ist etwa der folgenden Erzählung von Hud zu entnehmen, der die Reifeprüfung auch als einen Prüfstein für den IRU bzw. die Lehrperson begreift:

> [D]ie Qualität der Fragen früher und heute ist sehr unterschiedlich. Es wird erzählt, es gab auch Maturafragen wie die fünf Säulen und die sechs Glaubensinhalte. Ja, die gibt's heute nicht mehr. Und das hängt von vielen Faktoren ab, von der Ausbildung des Lehrers, von der Ausbildung der Schüler und von den Materialien. Das alles ist heutzutage gegeben. (Hud 200)

Die Reifeprüfung – genauer die Qualität der Aufgaben – bietet dieser Darstellung zufolge den IRL die Chance, sich zu definieren und zu präsentieren. So würden anspruchsvolle Aufgaben die Qualität (bzw. Professionalität) des IRU und somit der IRL widerspiegeln und darüber hinaus eine gute Möglichkeit bieten, auch die anderen AkteurInnen der Schule von der Qualität des IRU zu überzeugen. So führt Hud weiter aus:

> Wenn der Religionslehrer eine sehr tolle Frage stellt, und da sind auch die Kollegen anwesend, die Vorsitzenden sind anwesend, das macht auch ein gutes Bild vom Religionsunterricht. Nicht nur der Schüler präsentiert sich dort, sondern auch der Religionsunterricht präsentiert sich. (Hud 200)

Für Hud ist die Anerkennung der IRL auch Folge der Professionalisierung des Berufsstands. Er verweist auf positive Professionalisierungsprozesse wie z. B. die Ausbildung der IRL und die Bereitstellung von hochwertigen Materialien:

[...] die Ausbildung seit 2006 sowohl für den Pflichtschulbereich als auch für Höhere Schulen, da hat sich vieles getan. Das heißt, man ist auf dem Weg zur Professionalisierung des Religionsunterrichts im Vergleich zu den 90er Jahren oder 2000ern. Ja, da hat man schon vieles gemacht, vieles geleistet und das in allen Bereichen. Wenn ich heutzutage zum Beispiel ein Handexemplar von der Glaubensgemeinschaft anschaue, was die neue Matura betrifft – sehr ausführlich, sehr professionell erarbeitet [...]. (Hud 198)

In seinen weiteren Ausführungen illustriert Hud das Wechselspiel zwischen Professionalisierung im Sinne von Qualitätsverbesserung und Anerkennung, Sich-Präsentieren und Ansehen folgendermaßen:

Und das [die Professionalisierung] erhöht auch das Bild des islamischen Religionsunterrichts in der Schulgemeinschaft. Wenn man von anderen auch sozusagen anerkannt wird. Was heißt anerkannt? Ja, dass man sein Da-Sein zeigen kann. Was früher vielleicht nicht immer der Fall war. (Hud 198)

Die Professionalisierung stellt sich hier als ein wesentlicher Faktor der Anerkennung dar, die ihrerseits zur Professionalisierung beiträgt.

Im folgenden Abschnitt werden die Vernetzungen der IRL dargestellt, die für das Entstehen und den Erhalt einer Berufsgemeinschaft maßgeblich sind.

6.5.3 Vernetzungen im IRL-Beruf

In der bisherigen Analyse und Ergebnispräsentation war viel von mangelnder Vernetzung mit anderen AkteurInnen wie LehrerInnen anderer Unterrichtsfächer, IRL-KollegInnen und SystempartnerInnen die Rede.[208] Offenbar sind sich die Befragten der Bedeutung von Vernetzungen – trotz oder gerade wegen ihres Fehlens – bewusst. In den Interviews werden diverse Vernetzungsmöglichkeiten genannt und hinsichtlich der daraus resultierenden Chancen beurteilt.

---

208 Vgl. z. B. Kapitel 6.3.3 und 6.5.1.

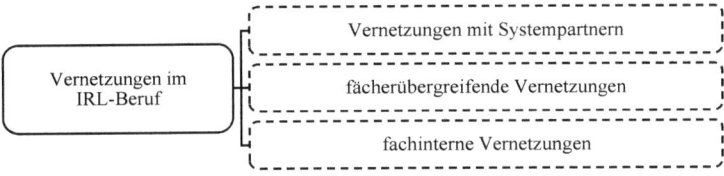

Abb. 23: Kategorie ‚Vernetzungen im IRL-Beruf'

Die Ausführungen der LehrerInnen können im Wesentlichen unter den oben abgebildeten Unterkategorien ‚Vernetzungen mit SystempartnerInnen', ‚fächerübergreifende Vernetzungen' und ‚fachinterne Vernetzungen' zusammengefasst werden.

6.5.3.1 Vernetzungen mit SystempartnerInnen

Beim Blick auf die KollegInnenschaft fällt manchen IRL die mangelnde Vernetzung mit AkteurInnen wie Schulbehörden (Landes- und Bezirksschulräten sowie Schulämtern), Politik, Moscheegemeinden, Imamen und Eltern auf. So meint etwa Nuh:

> [D]as habe ich sehr oft erlebt, dass wir diese menschlichen Kontakte und zwischenmenschlichen Beziehungen nicht so gut pflegen. Ich glaub, das ist ein ganz großes Thema, das ich als Defizit sehe. (Nuh 26)

Ausgehend von diesen Beobachtungen werden Vorschläge für Vernetzungen gemacht und deren Vorzüge dargelegt. So könnte Amr sich vorstellen, PolitikerInnen und AkteurInnen der Schule in zwangloser Atmosphäre zusammenzubringen, um Vernetzungen und Kommunikationsstrukturen herzustellen – nicht zuletzt, um den IRL-Betriebsablauf auf Organisationsebene zu unterstützen.

> [S]olche Aktivitäten zum Beispiel; ja, Fußball zu spielen mit den Politikern. Und es steht immer: Amr der islamische Religionslehrer ist dabei. Und so können uns wir viele Schwierigkeiten sparen. (Amr 178)

Für andere LehrerInnen, darunter Naz, wiederum steht die Vernetzung mit Moscheegemeinden im Vordergrund – etwa, um Veranstaltungen zu organisieren, auf denen die IRL mit Eltern, Moscheefunktionären und Imamen ins Gespräch kommen können:

> Oder dass man mehr Veranstaltungen in den Moscheen zum Beispiel machen sollte, wo Religionslehrer dabei sind, wo Moschee-Imame dabei sind, Moschee-Obmänner und eben die Mitglieder dieser Moschee. (Naz 127)

Im Interview werden von Naz auch Themen vorgeschlagen, die es mit Moscheegemeinden auszudiskutieren gälte, so z. B. die Frage nach einer gemeinsamen Schrift und Sprache für die religiösen Inhalte.

> Ich habe ihm [dem IRU-Fachinspektor] vorgeschlagen, ob man nicht mit Moschee-Imamen darüber sprechen kann, dass wir eine gemeinsame – zum Beispiel – Lautschrift finden, wo die Kinder dann diese Unterschiede nicht haben und sich dann leichter tun. (Naz 127)

Auf eine weitere Möglichkeit der Vernetzung von IRU und IRL auf unterschiedlichen Ebenen macht Nur aufmerksam. Konkret verweist sie darauf, dass im Kontext des IRU kaum religiöse Übungen, Feste und Veranstaltungen vorgesehen sind – dabei wäre dies von ganz besonderem Wert:

> Oder auch diesen Anfangsgottesdienst zu Beginn des Schuljahres. Dass man solche Aktionen auch macht, sich vernetzt mit den Lehrern, dass man solche Sachen zusammen machen kann, das find ich sehr wichtig [...] oder tatsächlich etwas macht, wo man in Austausch kommt, das fehlt, find ich. (Nur 101)

Solche Feste im schulischen Kontext sollten nicht nur von den ReligionslehrerInnen, sondern von der ganzen Schulgemeinschaft, zu der Schulleitungen, Eltern, Schüler und die LehrerInnen anderer Fächer gehören, organisiert werden. Dies wäre die ideale Grundlage für fächerübergreifende Vernetzungen. Um diese soll es nun im folgenden Abschnitt gehen.

6.5.3.2 Fächerübergreifende Vernetzungen

Auch die Notwendigkeit, soziale Kontakte sowie Vernetzungen im Lehrkörper der Schule aufzubauen und zu pflegen, wird von den Befragten immer wieder hervorgehoben. Diesbezüglich herrsche erheblicher

Mangel, dabei wäre all das für das Zustandekommen und Gelingen bestimmter Aktivitäten und für das Miteinander der Schulgemeinschaft essenziell. Cem weist auf den positiven Beitrag zur Schulatmosphäre hin, der durch die Zusammenarbeit mit anderen LehrerInnen gewährleistet werden könne:

> Freundlich, stets freundlich auftreten und einen guten Kontakt haben zu den Kollegen und Kolleginnen, vor allem mit den anderen Religionsgruppen. Ich empfehle da auch, sehr viel interkulturell und interreligiös zu arbeiten. Das ermöglicht an der Schule eine bessere Atmosphäre zwischen Muslimen und Nichtmuslimen. Das sollte der Religionslehrer gut managen und ausführen können, das ist sehr wichtig. (Cem 103)

Die Vernetzungs- und Kommunikationsarbeit wird von einigen Interviewten als ein langwieriger Prozess charakterisiert, der aber unabdingbar sei, um Inklusion und Anerkennung (als Professionelle) in der Berufsgemeinschaft zu erlangen. In diesem Sinne äußert sich beispielsweise Ela:

> Mittlerweile kenne ich auch alle Lehrkräfte und die Schulleitung. Aber es hat schon lange, eine längere Zeit gedauert, dass ich diese Position bekommen habe. (Ela 90)

Das in diesem Zusammenhang erwähnte Moment der Langwierigkeit legt die Vermutung nahe, dass die Vernetzung u. a. durch die in Kapitel 6.5.1 beschriebene Marginalisierung erschwert wird.

6.5.3.3 Fachinterne Vernetzungen

Defizite in Sachen Vernetzung und Kommunikation bestehen auch fachintern – nach den Aussagen der befragten IRL zu urteilen, jedenfalls in drei der vier untersuchten Bundesländer. Lediglich in einem Bundesland ist eine fachinterne Vernetzung in Form einer Arbeitsgemeinschaft gegeben: „Wir haben eine Gruppe. Wenn man ein Thema macht, verteilt man sich die Aufgaben", so Hud (26). Diese Arbeitsgemeinschaft erlaubt den IRL nicht nur die Aufteilung von Aufgaben, sondern auch die Nutzung von Synergien, Expertisen und Stärken. Hud beschreibt die Arbeit der Gemeinschaft folgendermaßen:

[Z]u bestimmten Themen haben wir auch, ich sag mal jetzt Experten, die zum Beispiel gezeichnet haben, weil sie das besser konnten. Andere haben zum Beispiel Videosequenzen, türkische ins Deutsche übersetzt, die mehr mit Technik zu tun gehabt haben, und die anderen Mitglieder haben Arbeitsblätter und Lehrer-Handouts erstellt. (Hud 26)

Zwar betonen auch die IRL aus den restlichen Bundesländern die Bedeutung und Dringlichkeit einer fachinternen Vernetzung, konkrete Schritte in diese Richtung werden aber nicht genannt. Stattdessen werden Gründe vorgebracht, warum eine Vernetzung im Kollegium nicht vorhanden und auch nicht möglich sei. Ein wesentlicher Grund für das Vernetzungsdefizit liege u. a. in der geringen Dichte der IRL in einer Region. So erzählt z. B. Ali:

[N]ein, die Möglichkeit hatten wir leider nicht, wir haben ja in Bezirk A, in Bezirk B und Bezirk C unterrichtet und die nächste Station sozusagen war ja in Bezirk F. Ja, also aufgrund der räumlichen Distanz war es ja fast unmöglich, ja also in so eine Interaktion zu treten. (Ali 42)

In einzelnen Fällen findet ein kollegialer Austausch zwischen befreundeten LehrerInnen statt; einen solchen pflegt beispielsweise Naz:

Wir haben uns auch sehr viel mit meinen Kolleginnen, die wir gleichzeitig damals begonnen haben, getroffen, ausgetauscht und gegenseitig unterstützt. Das hat auch sehr viel geholfen. (Naz 16)

Auch Ela berichtet von Treffen und vom Austausch im engeren Kreis:

[E]ine zweite Religionslehrerin aus Land X ist ja dazugekommen und eine weitere aus Land Y. Und wir haben uns oft außerhalb der Schule getroffen und haben geschaut, was wir in der Schule gemacht haben. Was ist gut angekommen, was nicht. Und durch Erfahrungsaustausch und Materialaustausch haben wir unser Konzept bissel erweitert. (Ela 34)

Im Interviewverlauf macht Ela deutlich, dass dieser Austausch in kleinem Rahmen kein Ersatz für eine Vernetzung oder Fachgemeinschaft ist. Tatsächlich sei die kaum vorhandene Vernetzung der IRL mit vielen Nachteilen verbunden:

[E]igentlich haben wir ein großes Problem, wir vernetzen uns wenig. Daher wissen wir auch nicht, wer was macht und wie vermittelt. Welcher Lehrer, welches Thema und so weiter. (Ela 76)

Als weiterer Grund für das Nicht-zustande-Kommen einer Vernetzung innerhalb des Kollegiums gilt das Kompetenz- bzw. Qualitätsgefälle zwischen einzelnen IRL. Dazu meint etwa Ali:

Ja, es ist, glaub ich, schon momentan schwierig, weil nicht alle Kollegen, das muss ich ganz ehrlich sagen, auch nicht auf dem gleichen Level sind. (Ali 78)

Den in diesem Abschnitt zitierten Stellungnahmen lassen sich zwei grundsätzliche Sichtweisen und Umgangsformen mit der u. a. von Ali angesprochenen unterschiedlichen Qualität und Kompetenz der gegenwärtigen IRL entnehmen. Die eine besteht darin, solche Unterschiede und Differenzen als Potenziale und Synergiemöglichkeiten wahrzunehmen (wie etwa bei Hud der Fall), der anderen zufolge stellen diese ein unüberwindbares Hindernis, wenn nicht gar eine Gefahr für den Berufsstand dar (vgl. z. B. Ela 124, 126).

6.5.4 Resümierende Analyse der berufsgemeinschaftlichen Perspektive des IRL-Berufs

In der Zusammenschau ergibt die Analyse der einzelnen Unterkategorien zur berufsgemeinschaftlichen Perspektive des IRL-Berufs Folgendes:

Ausgrenzung und Marginalisierung

- Ungünstige Rahmenbedingungen hinsichtlich des Stundenplans, der Stundenanzahl und der Anzahl der zu betreuenden Schulen machen es den IRL vielfach unmöglich, sich in den Schulen einzubringen, und bewirken oftmals das Gefühl, „fremd" bzw. nur „Gast" zu sein.
- Die problematische Verbindung von Leistungsbeurteilung und Abmeldemöglichkeit führt in den Augen einiger IRL zur Marginalisierung ihrer Lehrtätigkeit.
- Das Gefühl der Marginalisierung stellt sich bei manchen IRL auch angesichts des für sie nicht nachvollziehbaren Umgangs der Schul-

leitungen mit bestimmten Rahmenbedingungen des IRU wie z. B. Abmeldungen und Unterrichtszeit ein.

- Die soziale Interaktion mit Schulbehörden, KollegInnen und Schulleitungen ist gekennzeichnet durch asymmetrische Perspektiven und mangelnde Reflexion auf beiden Seiten.
- Vor diesem Hintergrund sehen manche der Interviewten sich selbst und ihre KollegInnen in der Pflicht, sich im Schulalltag mehr einzubringen und gegenüber den AkteurInnen der Schule ihre Inklusions- und Partizipationsbereitschaft zu kommunizieren.

Anerkennung der IRL

- Den Daten zufolge sind es primär drei Orte bzw. Felder, an bzw. in denen die IRL Anerkennung erfahren:
  - Die Mehrheitsgesellschaft: Hier schwanken die Wahrnehmungen der IRL stark zwischen Anerkennung und Ablehnung. Welches Gefühl überwiegt, wird maßgeblich von der Selbstwahrnehmung und der Einordnung von Fremdwahrnehmungen bestimmt.
  - Die muslimische Gemeinschaft: In diesem Feld erleben die IRL Spannungen und Widersprüche. Sie erfahren zwar in der Begegnung mit MuslimInnen Höflichkeit und Respekt, Anerkennung jedoch bleibt ihnen oftmals versagt, zumal in Fällen konträrer theologischer Positionen.
  - Das Schulsystem: Dies ist der Ort der institutionellen Anerkennung, an dem die LehrerInnen mit anderen AkteurInnen des Schulsystems – KollegInnen anderer Fächer, Schulleitungen, Schulbehörden sowie muslimischen und nichtmuslimischen SchülerInnen – in Kontakt treten.
- Des Weiteren wird deutlich, dass der Erwerb von Anerkennung insbesondere im Schulsystem oft eine Sache der Präsentation der eigenen Lehrtätigkeit und Kompetenz ist. Dafür nutzen die interviewten IRL etwa Kooperationen und die Reifeprüfung.

- Vernetzungen mit SystempartnerInnen sind aus Sicht der IRL in erster Linie für die Organisation – also für die institutionelle Professionalisierung des IRL-Berufs – relevant, da diverse SystempartnerInnen die Rahmenbedingungen des IRL-Berufs mitbestimmen.
- Fächerübergreifende Vernetzungen werden als notwendig erachtet und gelten als Chancen, die zur Inklusion und Anerkennung in der Schul- und Berufsgemeinschaft beitragen. In den Augen einiger IRL findet die fächerübergreifende Vernetzung nicht in ausreichendem Maße statt. Sie führen diesen Mangel u. a. auf ihren Status als „Gäste" zurück.
- Auch die fachinterne Vernetzung wird als mangelhaft eingestuft. Einige IRL sind der Auffassung, dass eine fachinterne Vernetzung aufgrund der geringen regionalen IRL-Dichte sowie aufgrund der unterschiedlichen Kompetenzen und Qualifizierungen ihrer KollegInnen kaum möglich und deshalb gegenwärtig nicht vorhanden ist. Zugleich betonen sie die Wichtigkeit der Vernetzung für die Entwicklung von Standards oder gemeinsame Veranstaltungen und Kooperationen.

6.6 Kategorien zur sachlich-inhaltlichen Perspektive (ES) der IRL

In diesem abschließenden Ergebniskapitel werden Kategorien vorgestellt, die die inhaltlich-konzeptuelle Perspektive des IRL-Berufs bzw. der interviewten IRL in den Fokus nehmen. Aus dem Datenmaterial ließen sich insbesondere Erkenntnisse zu den subjektiven Konzepten der IRL im Hinblick auf die Vorbereitung und Gestaltung des IRU sowie auf diverse Rollen der IRL gewinnen. In Anknüpfung an diese Themen wurden die in Abbildung 24 abgebildeten Kategorien ‚Konzepte zur Vorbereitung des Unterrichts', ‚Konzepte zur Gestaltung und Leitung von Lernprozessen' sowie ‚Rollenkonzepte der IRL' gebildet.

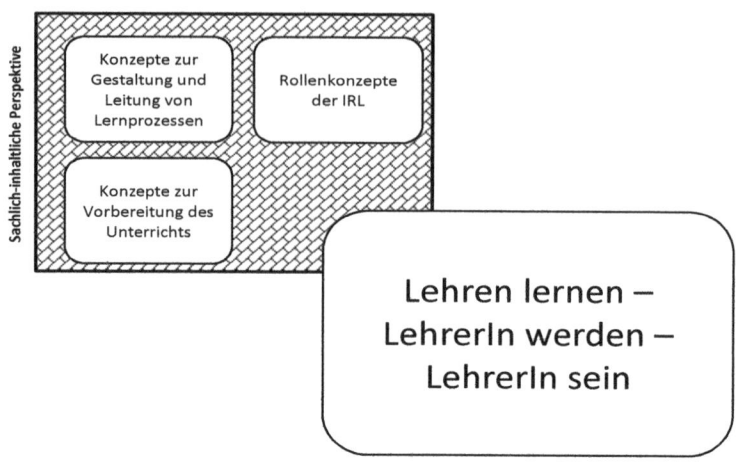

Abb. 24: Kategorien zur sachlich-inhaltlichen Perspektive

In der Kategorie ,Konzepte zur Vorbereitung des Unterrichts' werden u. a. Einstellungen und Sichtweisen der IRL sowie die in ihren Augen zu berücksichtigenden Faktoren der Unterrichtsvorbereitung analysiert. In der Kategorie ,Konzepte zur Gestaltung und Leitung von Lernprozessen' werden die Sichtweisen der IRL zur Leitung und Gestaltung des Unterrichts dargestellt. Den Schluss bildet die Kategorie ,Rollenkonzepte der IRL', in der die selbst- und fremdzugeschriebenen Rollen der IRL erörtert werden.

6.6.1 Konzepte zur Vorbereitung des Unterrichts

In dieser Kategorie werden die Haltungen und Einstellungen zur Unterrichtsvorbereitung sowie die aus Sicht der IRL wichtigsten Momente der Unterrichtsvorbereitung gebündelt. Einige IRL konzentrieren sich nicht nur auf die eigene Position, sondern beziehen auch Positionen und Praktiken ihrer KollegInnen ein, um so Kontrastierungen vorzunehmen und damit den eigenen Standpunkt hervorzuheben. Aus den Erzählungen konnten die in Abbildung 25 abgebildeten Subkategorien ,Einstellung zur Unterrichtsvorbereitung' und ,Faktoren der Unterrichtsvorbereitung' gewonnen werden:

Abb. 25: Kategorie ‚Konzepte zur Vorbereitung des Unterrichts'

6.6.1.1 Einstellung zur Unterrichtsvorbereitung

Der Erfolg des Unterrichts hängt nach Meinung der interviewten IRL grundsätzlich von einer guten Unterrichtsvorbereitung ab. „Ein gut vorbereiteter Unterricht gelingt immer besser als ein nicht vorbereiteter Unterricht", meint beispielsweise Cem (152). Ferner gilt die gute Vorbereitung als ein Qualitätsmerkmal sowohl des Unterrichts als auch der Lehrkraft – in Nurs Worten macht eine gute Lehrkraft u. a. aus, „dass der Lehrer erstmal gut vorbereitet ist" (Nur 53). Auch für Cem gehört zur Arbeitsweise eines/einer guten LehrerIn, dass „er oder sie sich gut vorbereiten muss" (Cem 103).

Zudem teilen die LehrerInnen die Ansicht, dass sich eine gute Vorbereitung aus Aktualität, Reflexion und Revision zusammensetzt. Unter Aktualität und Revision wird die auf Reflexion begründete Überarbeitung und Aktualisierung der bestehenden Unterrichtskonzepte verstanden. Ece erläutert diese Haltung an einem Negativbeispiel:

[E]s gibt wirklich Lehrer, die nehmen das, was sie schon mal gemacht haben, und die nehmen das Gleiche durch und tun sich nicht mal ordentlich vorbereiten. Ich meine nicht, dass sie das nötig haben, aber damit man das besser machen kann. (Ece 100)

Ferner setzt die Unterrichtsvorbereitung in den Augen einiger IRL auch Flexibilität und Offenheit im Sinne einer Wahrnehmung von Dynamiken und Möglichkeiten voraus – Planung allein, so meint etwa Cem, sei keineswegs eine Garantie für das Gelingen und für den reibungslosen Ablauf des Unterrichts:

Aber wie wir Lehrer wissen, gelingt nicht immer jeder Plan bzw. jeder Unterricht. Wieso? Es kommen viele andere Sachen im Unterricht ungeplant vor. Zum Beispiel: Du kannst dich gut vorbereiten und dann kommt ein Schüler mit einem persönlichen Problem oder Leiden oder irgendeinem Erlebnis, und das haut ihn um und das beschäftigt ihn. (Cem 156)

Ein solches Verständnis drückt sich exemplarisch in der Aussage von Nur aus, „dass der Lehrer erstmal gut vorbereitet ist für alles, was kommen könnte" (Nur 53). Demnach stellt für Nur und andere die Bereitschaft, ‚das Dazwischenkommende' anzunehmen, einen wesentlichen Aspekt der Unterrichtsvorbereitung dar. Das heißt: Zur Unterrichtsvorbereitung gehört, dass man sich Gedanken zum möglichen Ablauf des Unterrichts und zu Reaktionen sowie Interaktionen der beteiligten Subjekte macht und trotzdem sensibel, offen und flexibel für die Dynamiken des Unterrichts ist.

Im Lichte dieses Verständnisses wird der Lehrplan von manchen IRL als eine Orientierungshilfe gesehen, die ein „gezieltes Arbeiten" (Hud 106) ermöglicht. Das ‚Dazwischenkommende' macht in den Augen der IRL eine strenge Umsetzung des Lehrplans unmöglich, denn „es kommen einige Sachen noch dazu jetzt, die ganz aktuell sind und die mit den Kindern auch bearbeitet werden müssen" (Eda 50). Zwar hätten die IRL die „Verpflichtung, den Lehrplan einzuhalten" und „viele Vorgaben" zu erfüllen, dabei dürften sie aber „nicht immer nach dem quasi direkten Lehrplaninhalt gehen, sondern [müssten] auch Themen ansprechen, die die Schüler und Schülerinnen betreffen" (Cem 158).

Zu diesen Überlegungen gesellt sich der Faktor Erfahrung hinzu. Erfahrene IRL mit einem höheren Dienstalter erwähnen in den Interviews gelegentlich, dass die Unterrichtsvorbereitungen mit der Zeit abnehmen. So meint z. B. Naz (12) mit Blick auf den Vorbereitungsaufwand: „[M]it der Zeit habe ich gesehen: Dieser Stress ist nur am Anfang." Auch Nur (26) äußert sich in diese Richtung: „Was man am Anfang braucht, ist natürlich eine noch bessere Vorbereitung bzw. eine gezieltere Vorbereitung."

6.6.1.2 Faktoren der Unterrichtsvorbereitung

Als Faktoren der Unterrichtsvorbereitung werden in den Interviews die Entwicklung von Unterrichtsmaterialien, die zur Verfügung stehende Zeit, zusätzliche Nebenbeschäftigungen und/oder die gleichzeitige Betreuung verschiedener Schultypen, didaktisch aufbereitete Räumlichkeiten sowie das islamische und christliche Kalenderjahr angesprochen. Diese Faktoren werden im folgenden Abschnitt eingehender betrachtet.

Die Entwicklung von Unterrichtsmaterialien

Im Vordergrund der Unterrichtsvorbereitung steht die Entwicklung von Unterrichtseinheiten aus den Lehrplänen – der Darstellung der interviewten IRL zufolge fließt aufgrund der defizitären Unterrichtsmaterialien[209] ein Großteil der Vorbereitungszeit in die Erstellung und Entwicklung von Materialien. Dabei käme freilich manches zu kurz, z. B. das differenzierte Eingehen auf individuelle Bedürfnisse. So merkt Nur kritisch an:

> [W]enn man die Lehrer entlastet, mit Materialien zum Beispiel; wenn man genügend Sachen hätte, dann könnte man im Unterricht auch jedem einzelnen nochmal individuell gerecht werden, anstatt dass man ein Thema für alle macht. (Nur 41)

Auch andere IRL betonen, dass es Wichtigeres gäbe als das Erstellen von Materialien. Für Ece etwa ist der zentrale Aspekt einer Vorbereitung die didaktische Auseinandersetzung mit den Inhalten:

> Also ein guter Religionslehrer ist der, der sich schon wirklich im Vorhinein mit dem Inhalt beschäftigt und überlegt, wie er was besser weitergeben kann. (Ece 100)

Hier macht sich insbesondere der Faktor Zeit geltend – insofern, als die Befragten entweder den hohen Zeitaufwand für die Erstellung von Arbeitsmaterialien beklagen oder bedauern, dass ihnen für die wirklich wichtigen Dinge zu wenig Zeit bleibt. Die Analyse der Daten gibt Aufschluss über mögliche Ursachen für das Zeitproblem, um die es nun im nächsten Abschnitt gehen soll.

---

209 Siehe Kapitel 6.3.4.2.

Der Zeitfaktor

Auf den Faktor Zeit wird in den Interviews insbesondere von Cem eingegangen. Der ist der Überzeugung, dass die IRL, die einer zusätzlichen beruflichen Nebentätigkeit nachgehen, ihren Unterricht nur unzureichend
vorbereiten können.

> Das heißt, sie [LehrerInnen mit einem L3-Vertrag und einer zusätzlichen
> Beschäftigung trotz Vollzeit-Lehrtätigkeit] haben neben dem islamischen
> Religionsunterricht auch die Verpflichtung, ihren Lebensunterhalt zu ver-
> dienen. Und dann können sie den Unterricht nicht so gut vorbereiten wie
> alle anderen. (Cem 212)

Cem kann in diesem Zusammenhang auch aus persönlicher Erfahrung
sprechen, da er selbst zeitweise mit einer ähnlichen Herausforderung
konfrontiert war. Er betreute viele Schulen unterschiedlichen Typs,
arbeitete also gleichzeitig in zwei ähnlichen Feldern, die sich trotz vieler Ähnlichkeiten dennoch deutlich voneinander unterscheiden. Dies
bedeutete für ihn einen enormen Vorbereitungsaufwand, dem er nicht
gerecht werden konnte:

> [D]ieser große Sprung innerhalb von den Schulbereichen war sehr schwie-
> rig zu bewältigen. Und zweitens hatte ich auch sehr viele Schulen. Das heißt,
> ich hatte kaum Zeit, mich auch richtig vorzubereiten, weil die Schulzeit und
> die Weg- bzw. Fahrtzeit und die verschiedenen Klassenstufen sehr weit von-
> einander entfernt waren. Danach habe ich gesagt: Ich möchte lieber in einem
> Schulbereich bleiben. (Cem 57)[210]

Aus Cems Aussagen geht hervor, dass eine zusätzliche Nebenbeschäftigung sowie die Lehrtätigkeit an verschiedenen Schultypen zugleich
die Vorbereitung negativ beeinflussen können, da sie einen erhöhten
Arbeits- und Zeitaufwand mit sich bringen. Interessanterweise äußern
sich aber IRL, die selbst einer Nebenbeschäftigung nachgehen, sehr positiv über ihre zusätzliche Beschäftigung (z. B. Studium oder eine weitere Tätigkeit im Dienstleistungssektor trotz Vollzeitstelle als LehrerIn).

---

210 Den Daten ist zu entnehmen, dass diese von Cem beschriebenen Probleme
    keine Einzelfälle darstellen, sondern im IRL-Beruf seit seiner Einführung in
    Österreich immer wieder zu Schwierigkeiten führen.

Das islamische und das christliche Kalenderjahr

Islamische und christliche Feiertage und Feste, also das jeweilige Kalenderjahr, werden von den Befragten als Bezugspunkte für bestimme Themen aufgegriffen, die es bei der Planung und Unterrichtsvorbereitung zu berücksichtigen gilt. Dazu Cem:

> Das heißt, Opferfest und Ramadan-Fest fallen ins Schuljahr, bei solchen Schuljahren sollte man sich für diese Themen, das heißt Ramadan und Pilgerfahrt, sehr gut vorbereiten und das Thema auch sehr gründlich natürlich behandeln, ja – und es kommt drauf an, in welchem Monat das dann ist. (Cem 174)

Den Schilderungen der IRL zufolge ist das Schuljahr stark vom christlichen Kirchenjahr geprägt. Damit werden auch christliche Feste und Feiertage – zumal Jesus auch im Islam eine Rolle spielt – zu Bezugspunkten für den IRU. Christlich geprägte Anlässe bieten für die IRL gute Möglichkeiten, bestimmte Themen auch aus der Perspektive anderer Religionen zu behandeln.

> Zwischendurch gibt´s dann besondere Anlässe, zum Beispiel Weihnachtszeit hat man dann. Wenn möglich, sollte man Themen machen, wo man was mit den katholischen Religionskollegen machen kann. Zum Beispiel: Ich habe Jesus im Islam/Jesus im Christentum gemacht, habe zwei Stunden gemeinsam gemacht. (Hud 162)

Im Gegensatz dazu würden das islamische Kalenderjahr bzw. die islamischen Feste und Feiertage von manchen Schulleitungen und LehrerInnen als Störungen mit Konfliktpotenzial behandelt. Mehr zu dieser unter IRL verbreiteten Wahrnehmung folgt aus Darstellungsgründen im nächsten Kapitel (6.6.2.2).

Neben diesen Gesichtspunkten finden in den Interviews auch die Vorbereitung von Räumlichkeiten, kurzfristige und mittelfristige Planungen, Jahresplanungen sowie Stundenbilder als Merkmale einer guten Unterrichtsvorbereitung Erwähnung.

6.6.2 Konzepte zur Gestaltung und Leitung von Lernprozessen

Diese Kategorie widmet sich den Sichtweisen der IRL zur Gestaltung und Leitung von Lernprozessen. Die Ausführungen der LehrerInnen zu diesem Bereich drehen sich im Wesentlichen um die Frage nach einem guten Unterricht. In diesen Ausführungen kommen insbesondere religionsdidaktische Perspektiven, inhalts- bzw. themenbezogene Aspekte und vor allem die Frage nach dem Verhältnis von Pädagogik/Didaktik zu Theologie/Fachwissen zur Sprache.

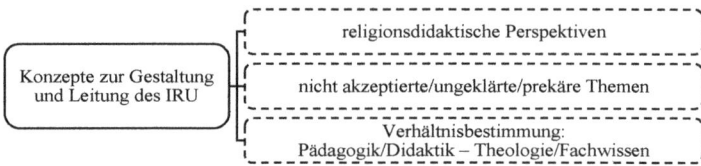

Abb. 26: Kategorie ‚Konzepte zur Gestaltung und Leitung des IRU'

6.6.2.1 Religionsdidaktische Perspektiven

Die von den interviewten IRL aus der religionsdidaktischen Perspektive heraus entwickelten Unterrichtsziele, Qualitäts- und Erfolgsmaßstäbe, didaktischen Grundausrichtungen sowie Unterrichtskonzepte sind – wie die Analyse des Datenmaterials zeigt – vielfältig. In der Folge werden die einzelnen Momente in der angeführten Reihenfolge erörtert. Da sie aber oftmals ineinandergreifen, ist eine klare Trennung zwischen den einzelnen Kategorien oft weder möglich noch sinnvoll.

Unterrichtsziele

Aus den Daten lassen sich vier grundsätzliche Unterrichtsziele herauskristallisieren, denen jeweils ein bestimmtes Berufsverständnis[211] zugrunde liegt. Zu nennen sind Sozialisation im Geist des Glaubens bzw. die Glaubensvermittlung (*da'wa*/Mission), die Identitätsvermittlung, die Werteerziehung sowie die kritische Hinterfragung von Religionen

---

211 Siehe Kapitel 6.4.5.

und Weltanschauungen. Gründet der Unterricht auf dem Berufsverständnis ‚Berufung und Beziehung – „für immer und ewig"', liegt der Fokus auf der Glaubensvermittlung und der Identitätsvermittlung. Ein Vertreter dieses Konzepts ist Amr, der immer wieder betont, wie wichtig es für ihn sei, dass die SchülerInnen bei ihm die richtige Glaubenserziehung erhalten:

> Was gewinne ich, wenn ein Kind sich abmeldet? Ja, ich gewinne nichts. Das heißt, Bruder, wir kämpfen ja nicht wegen Geld, wegen Lohn. Aber dieses Kind, wenn er zu mir kommt, ja, dann kann ich ihn vielleicht in diesen paar Jahren gut erziehen. Vielleicht hört er von mir etwas Wichtiges für seine Zukunft. (Amr 116)

Was Amr nämlich am meisten fürchtet, ist, dass die Abmeldung (und damit der Verzicht auf den IRU, also seinen Unterricht) nur den ersten Schritt in Richtung Abwendung vom Glauben darstellt:

> [...] weil ich dieses Mädchen nicht von meiner Stunde verloren habe, aber vielleicht nach einigen Jahren auch vom Islam. (Amr 116)

Bei anderen LehrerInnen mit diesem Verständnis des Berufs als Berufung – obwohl sie auch die Glaubensvermittlung und -praxis betonen – überwiegt hingegen das Moment der Identitätsvermittlung bzw. Identitätsstiftung. Für sie gehören gute Glaubenskenntnisse und die Sozialisation im Geist des Glaubens und der Glaubenspraxis zur muslimischen Identität, die es zu vermitteln gilt. Manche IRL sprechen in diesem Zusammenhang von multiplen Identitäten, deren Zentrum die religiöse Verwurzelung im Islam darstellt. Nuh formuliert dies folgendermaßen:

> Also meine ganz konkrete Vorstellung von Islamunterricht ist, diese muslimische österreichische Identität zu spüren. Das bedeutet also, nach dem islamischen Religionsunterricht sollen die Schüler damit klarkommen: „Ich bin ein österreichischer türkischer muslimischer Schüler und ich habe kein Problem damit." (Nuh 34)

Wie andere IRL verbindet Nuh die muslimische Identität eng mit der Glaubenspraxis der SchülerInnen bzw. mit deren Leben im Glauben:

[I]ch habe auch diese Wahrnehmung, dass viele muslimische Schüler auch das so sehen. Dass so ein muslimisches Leben wirklich nicht hierhergehört. Das kann man irgendwo auf dem Mond leben, aber hier kann man das nicht mehr leben. Das aber wiederum anders zu sehen, dass der Islam sehr wohl für Menschen da ist und dass er auch lebbar ist, ist mein Anliegen. Dass man das auch sehen kann und dass man das wirklich macht. (Nuh 62)

LehrerInnen, für die die Ausbildung bzw. Qualifizierung im Zentrum ihres Berufsverständnisses steht, heben dagegen die Vermittlung von Werten wie Nachhaltigkeit, Gerechtigkeit, Rechtschaffenheit und Ehrlichkeit, „also universal moralische Werte, aber auch speziell islamisch moralische Werte" (Han 64) hervor. Ali konstatiert diesbezüglich Versäumnisse seitens des Elternhauses – umso mehr müsse der Religionsunterricht die Werteerziehung in die Hand nehmen:

Ja, aus Erfahrung weiß man, dass die Erziehung, also die Werteerziehung aus dem Familienhaus heraus eben nicht so optimal funktioniert, das ist schon mal eben ein großes Thema. Mir liegt natürlich die Werteerziehung am Herzen. Ja, also die Erziehung der Jugendlichen, so dass sie eben ein wertvolles Mitglied der Gesellschaft sein können. (Ali 48)

Als eine weitere Grundausrichtung neben den genannten zwei wird in den Interviews die Förderung der kritischen Auseinandersetzung mit Religion und Weltanschauungen genannt – wären doch die kritische Auseinandersetzung, das Erarbeiten bzw. Hinterfragen von Religion und Weltanschauungen ein Weg zur Vertiefung des Glaubens und zur Entwicklung des Subjekts. Cem beschreibt dies wie folgt:

[M]an wird intellektuell gefördert, im Religionsunterricht auch seine eigene Meinung und Erfahrung ins Spiel zu bringen. Und dann kann man mit den Mitschülern und Mitschülerinnen und mit dem Lehrer diskutieren. Und die Einstellung kann sich entwickeln, erweitern, man kann durch Diskussionen viele Bereiche weiter erleben, als man selber vielleicht vorher nicht gedacht hat. (Cem 95)

Auch Isa sieht in der kritischen Auseinandersetzung eine Möglichkeit für die SchülerInnen, sich selbst zu entwickeln, und erläutert dies anhand des folgenden Beispiels:

Ja, also, dass man auch kritisch mit den Informationen umgeht. „Ja, Herr Lehrer, wieso siebenmal?" Ja, also, das ist eine gute Frage, denke ich mir, wieso siebenmal umrunden, siebenmal sozusagen, viermal hin und dreimal zurück; jetzt bei Sai [ein Pilgerfahrtritual] Sefa-und-Merve-Strecke. Dass man die Schüler so weit bringt, dass sie selber vernetzt denken, dass sie selber Informationen kritisch betrachten und selber Lösungsvorschläge machen. (Isa 102)

Die Analyse der Aussagen offenbart die symbiotische Verbindung zwischen Berufsverständnis und primärem Unterrichtsziel. IRL, deren Berufsverständnis untrennbar an eine Ausbildung bzw. Qualifizierung verknüpft ist, übertragen diese Sichtweise auch auf ihren Unterricht und legen diesen so an, dass er zur Subjektwerdung und Persönlichkeitsbildung der SchülerInnen beiträgt. Dagegen haben IRL, die sich berufen fühlen, das Ziel, ihre SchülerInnen im Geist des Glaubens zu sozialisieren und zu ihrer religiösen Identitätsbildung beizutragen.

Qualitäts- und Erfolgsmaßstäbe

Je nach Berufsverständnis unterliegt das Erreichen der Unterrichtsziele unterschiedlichen Qualitäts- und Erfolgsmaßstäben. Für IRL, deren Berufsverständnis auf ‚Berufung' und dem Ziel der Glaubensvermittlung gründet, zeigt sich die Qualität des Unterrichts an der Glaubenspraxis und der persönlichen Beziehung zu den SchülerInnen. Diese IRL sehen sich bestätigt, wenn SchülerInnen ihnen persönliche Probleme und Fragen anvertrauen und sie vorbehaltlos als Autorität anerkennen. Amr etwa beschreibt seine Vorstellung von Erfolg folgendermaßen:

Ich freu mich sehr, wenn Mädchen oder Buben zu mir kommen und sagen: „Darf ich dir etwas erzählen?" {im Flüsterton, stellt die intime Atmosphäre nach}. Wenn sie zu mir kommen, dann habe ich das Gefühl, bei diesen Schülern/Schülerinnen habe ich Erfolg, ich habe mein Ziel erreicht. (Amr 74)

Ähnlich die Sichtweise von Naz, bei der sich ein Erfolgsgefühl dann einstellt, „wenn sie was lernen oder das, was sie gelernt haben, praktizieren, dann denk ich mir, es ist es wert." (Naz 54)

Für IRL, die sich für die Werteerziehung einsetzen, gilt als Maßstab für Erfolg weniger die religiöse Praxis als vielmehr das, was die SchülerInnen aus ihrem Unterricht an ethischem und sozialem Verhalten für den weiteren Lebensweg mitnehmen. Dazu Ela:

> [W]enn ich ein muslimisches Kind vielleicht nach vielen Jahren, nach der Volksschule oder nach der Hauptschule in einem tollen Beruf mit *akhlāq* und Moral, also die moralische Seite gut erzogen sehe, dann freue ich mich sehr und das ist für mich das Motivierende, dass das Kind etwas mitgenommen hat während der Unterrichtszeiten. (Ela 48)

IRL, die ihre SchülerInnen zur Auseinandersetzung mit Religion und Weltanschauungen bewegen wollen, messen ihren Erfolg und die Qualität des Unterrichts an deren Fragen und Interesse. In den Worten von Ece:

> Ich komme gut von der Stunde hinaus, wenn ich nach der Stunde die Kinder immer noch über dieses Thema fragen höre. Also zum Schluss, es läutet, aber die fragen immer noch über dieses Thema, was wir eigentlich bearbeitet haben. Sie haben immer noch Fragen. Dann sag ich: Ja, das hat schon was genutzt, weil sie haben die Sachen, was ich eigentlich weitergeben will, schon...; sagen wir mal, das Interesse ist geweckt. (Ece 94)

Was die einzelnen Vorgehensweisen zur Sicherstellung von Erfolg und Qualität der Lehrtätigkeit gemeinsam haben, ist ihre Output-Orientierung. Manche IRL sehen den Output ihrer Lehrtätigkeit im Beherrschen und Umsetzen der religiösen Praxis, andere in der sozialen Kompetenz und wieder andere im kritischen Denken und in der Motivation der SchülerInnen.

Didaktische Grundausrichtungen

Im Zusammenhang mit den erörterten Zielsetzungen der IRL treten in der Analyse auch vier didaktische Grundausrichtungen zutage, die hier als Gegenstandsorientierung, Subjektorientierung, Kontextorientierung und Diversitätsorientierung bezeichnet werden.

Die Gegenstandsorientierung kann offenbar zweierlei Form annehmen: Zum einen tritt sie als das adressatengerechte Vermitteln von Inhalten in Erscheinung. Den Wert der Inhaltszentrierung hebt etwa Nur hervor, indem sie sie von kreativen didaktischen Mitteln wie dem Singen abgrenzt:

> Weil wir möchten ja keinen Unterricht, wo nur gesungen wird und ausgemalt wird und keine Inhalte weitergegeben werden, sondern unser Interesse war auch, den Kindern gegenüber die Inhalte kindgerecht zu machen – sodass [der Unterricht] genauso auch einem Vorschüler mit seinen Kompetenzen und seinem Bildungsstand gerecht wird wie einem Schüler in der Grundschule vierte Klasse. (Nur 24)

Zum anderen herrscht die Überzeugung, dass zur Sozialisation im Geist des Glaubens das Auswendiglernen bestimmter Glaubensinhalte im IRU gehöre. Das lässt sich etwa den Worten von Nuh entnehmen:

> [I]m Islam gibt es ja Regelungen, die man wirklich lernen muss. Sprich, wie bete ich die Gebete, wie verrichte ich sie – das muss man lernen. Also wirklich hinsetzen, sprich auswendig lernen oder das üben. (Nuh 36)

Im Fall von Nuh deutet sich übrigens ein Spannungsfeld an, das hier nur kurz angeschnitten und in Kapitel 6.6.2.3 ausführlich erörtert wird. Wenn Nuh – wie in der folgenden Interviewstelle – im Zusammenhang mit der Grundausrichtung bzw. den Inhalten des IRU von Problemen und Balanceakten spricht, gibt er zu erkennen, dass er hinsichtlich der Gewichtung des klassischen Auswendiglernens und des Lernens in der Auseinandersetzung mit gesellschaftlichen Fragen und Werten unschlüssig ist:

> [I]ch möchte schon nach einem Jahr, dass meine SchülerInnen gewisse Gebete und Gebetsregeln auswendig lernen, aber auch gesellschaftliche Fragen beantworten können. (Nuh 36)

Im Interviewverlauf lässt er freilich keinen Zweifel daran, dass er zum ‚klassischen' glaubensvermittelnden Unterricht tendiert. So versteht er das Memorieren von Suren und Inhalten als das „wirkliche Lernen" (Nuh 36).

Die zweite Grundausrichtung, die sich den Interviews entnehmen lässt, ist die Subjektorientierung im Sinne einer Differenzierung des Unterrichts und einer Ausrichtung an den Bedürfnissen (vgl. Nur 49, 51), Interessen und Vorstellungen (vgl. Ali 56, Nur 47, Hud 190) der SchülerInnen sowie ihren Stärken (vgl. Nur 45) und ihrer Lebensrealität (vgl. Ali 56, Nur 63, Ela 58). Demnach umfasst die Ausrichtung und Differenzierung sowohl die thematischen Inhalte als auch die didaktische Gestaltung des Unterrichts. Für Ersteres steht das Beispiel von Ali. Er priorisiert Themen, die im Einklang mit Subjektinteressen sind und meint diesbezüglich:

> [E]in wichtiges Thema, ein brennendes Thema bei den Schülern ist immer die Liebe – ja, also Liebe, Partnerschaft, Sexualität [...] usw. und als Religionslehrer ist es, glaub ich, die vordergründige [wesentlichste] Aufgabe, auf dieses Thema auch eingehen zu können, kompetent natürlich. (Ali 60)

Die didaktische Differenzierung wird u. a. als eine Ressourcenorientierung verstanden. Das heißt, dass IRL ihren Unterricht an den Stärken und individuellen Bedürfnissen der SchülerInnen ausrichten:

> Ich gehe in meinem Unterricht immer auf die Kinder ein, ressourcenorientiert, stärkenorientiert und nicht: „Das könnt ihr nicht, das müsst ihr noch lernen, das muss noch gelernt werden", sondern: „Was könnt ihr schon und worauf können wir aufbauen? Auf eurem Wissen können wir aufbauen." (Nur 45)

IRL, die Subjektorientierung in den Vordergrund stellen, verstehen ihre Lehrtätigkeit nicht als ein einseitiges Geben im Sinne der Vermittlung von Inhalten, sondern als ein gemeinsames Arbeiten und Lernen. Dieses Verständnis hilft ihnen, wie das folgende Beispiel von Nur zeigt, sich besser in die SchülerInnen hineinzuversetzen. Erst dadurch, so Nurs Überzeugung, wird ihre Arbeit dem Subjekt gerecht:

> Und der Lehrer muss mit der Einstellung auch in den Unterricht gehen: Nicht, ich bin der kompetente Lehrer, ich habe das Sagen, ich kenn mich am besten aus, sondern mit der Einstellung: Was kann ich eigentlich von den Kindern lernen? In die Welt der Kinder nochmal eindringen und sehen: Wie sehen die das eigentlich? Wie sehen die das, was ich ihnen vermitteln möchte? (Nur 63)

Die dritte didaktische Grundausrichtung, die in den Interviews deutlich wird, ist die Kontextorientierung, verstanden als die Orientierung an den Lebensumständen der SchülerInnen. Zum einen wollen manche

LehrerInnen dadurch „den Geist der Zeit" treffen bzw. „ständig am Ball bleiben" (Ali 46) und zum anderen sehen sie im Lebenskontext der SchülerInnen Themen und Herausforderungen, die im IRU behandelt werden sollten. So vertritt z. B. Hud folgende Auffassung:

> [I]n dieser Zeit des Terrors und des IS, wo wir wirklich Antworten brauchen, und die Schüler diese Antworten brauchen, glaube ich, muss der Lehrer sich auch so weit vorbereiten, dass er die Schüler auch überzeugen kann. Also nicht überzeugen – ich mein damit, er sollte auch bestimmte Themen bewusst ansprechen und nicht warten, bis die Schüler das fragen, sondern bewusst auch thematisieren im Unterricht. (Hud 210)

Einige IRL betonen ferner die Unerlässlichkeit der Einbeziehung von Diversität, verstanden etwa als die innerislamische Vielfalt und/oder die unterschiedlichen Auffassungen von Religiosität, die Sozialisationsgrade und religiösen Kenntnisse der SchülerInnen sowie die Vielfalt in der Klasse aufgrund der schulstufenübergreifenden Unterrichtsgruppen. Dabei erachtet Ali SchülerInnen, die sich erst im Laufe ihres Schullebens entscheiden, den IRU zu besuchen, insofern als Bereicherung, als sie im Hinblick auf die Religiosität und das Wissensniveau zur Diversität der Klasse beitrügen:

> Weil ich merke auch, dass viele Schüler vorher gar nicht den Islamunterricht besucht haben. Ja, es gibt auch solche Schüler, also die eben in die erste Klasse Unterstufe kommen oder dann in die Oberstufe erste Klasse kommen, und dass sie in der Volksschule, Neuen Mittelschule gar keinen Islamunterricht hatten. (Ali 86)

Andere IRL, darunter Nuh, machen Diversität in erster Linie an den in den Klassen herrschenden unterschiedlichen Sozialisationsgraden und Interessenslagen der SchülerInnen fest – und sehen den Umgang damit durchaus als Herausforderung:

> Wir haben natürlich auch das Problem, dass wir heterogene Gruppen haben. Das bedeutet, ich muss zuerst einmal natürlich diese Heterogenität balancieren. Dass man da einen Mittelweg findet, weil es gibt wirklich Leute, die sich sehr interessieren oder auch sehr viel Wissen haben, andererseits aber sich überhaupt nicht interessieren und kein Wissen haben. Und die sind

beide in demselben Unterricht, da muss man mal irgendeinen Faden finden
[...]. (Nuh 36)

In der Analyse fällt auf, dass die IRL im Zusammenhang mit Diversität
von ‚Balancieren‘ sprechen und nicht von Individualisierung. Offenbar
sind sie der Auffassung, dass Kompromisse nötig sind, die von allen bzw.
der Mehrheit der Klasse akzeptiert oder zumindest nicht abgelehnt werden. Dieses Herstellen einer Balance und einer gemeinsamen Basis wird
beispielsweise von Ali umschrieben mit den Formulierungen „einstim-
men“ und „klar zu machen, was Islam bedeutet“ (Ali 86). Mit diesen und
weiteren Aussagen gewähren die IRL auch Einblicke in ihre jeweiligen
Unterrichtskonzepte, die Gegenstand des folgenden Abschnitts sind.

Unterrichtskonzepte

Je nach Ausbildungsgrad lassen die LehrerInnen in ihre Ausführungen,
wie sie ihren Unterricht verstehen und gestalten, auch systematische
Konzepte und Begriffe aus den Bildungs- und Unterrichtswissenschaf-
ten einfließen. Wie aber die Analyse zeigt, sind für die Gestaltung und
Abhaltung des IRU dann doch das je eigene Verständnis bzw. implizite
Konzepte maßgeblich. Insgesamt lassen sich aus den Interviews fünf
mögliche Unterrichtskonzepte ermitteln, die sich wie folgt charakterisieren lassen: ‚implizit-spielerisch-erlebnisorientiert‘, ‚performatives
Lernen durch Interaktion und Methodenvielfalt‘, ‚materiell-inhaltsori-
entiert und instruierend‘, ‚kompetenz- und anwendungsorientiert‘ und
‚Antworten geben und die innere Leere füllen‘.

Unter ‚implizit-spielerisch-erlebnisorientiert‘ ist Folgendes zu verstehen: Insbesondere Lehrerinnen sehen die spielerische und erlebnis-
orientierte Gestaltung des Unterrichts als den richtigen und kindgemä-
ßen IRU. Sie verstehen das Unterrichten und das Lernen als ein impli-
zites Lerngeschehen. Daher bieten sie nicht einfach Lerngelegenheiten
an, sondern Erlebnisse und Motivationen, was z. B. Nur mit folgenden
Überlegungen begründet:

Also, dass dieser Unterricht tatsächlich ein Erlebnis ist, wo die Kinder sich
nochmals freuen auf das nächste Mal. Und nicht: „Schon wieder Islamunterricht, also es ist ja langweilig!“ Sondern: „Was kommt denn jetzt?“ – weil die

Lehrerin, die kann ja immer eine Überraschung sein. Du kannst ja noch deinen Unterricht gestalten, aber du kannst deinen Unterricht für den nächsten Unterricht immer so mit Spannung aufbauen. (Nur 67)

Eine spielerisch-musikalische Herangehensweise verfolgt auch Eda:

[Ich] versuche, irgendwie musikalisch an die Sache ranzugehen oder daraus ein Spiel zu machen oder ja, solche Dinge eigentlich. (Eda 64)

Dass das Konzept des impliziten Lernens insbesondere bei den weiblichen Befragten zu beobachten ist, ließe sich damit erklären, dass diese größtenteils in der Primarstufe tätig waren, während die Mehrheit der Lehrer aufgrund des Unterrichts an mehreren Schultypen zwar ebenfalls Erfahrungen in der Primar- und Sekundarstufe hatte, zum Interviewzeitpunkt jedoch in der Sekundarstufe I oder II unterrichtete. Das Unterrichtskonzept könnte also vom Schultyp abhängig sein. Freilich wird diese Hypothese ein wenig durch das folgende Beispiel von Nuh erschüttert, der ungeachtet seiner Lehrerfahrung in der Primarstufe ein materiell-inhaltsorientiertes instruktionistisches Unterrichtskonzept vertritt.

Im Fokus des materiell-inhaltsorientierten instruktionistischen Unterrichtskonzepts stehen das Memorieren von Fakten und das Einüben von Ritualen, mithin die Sichtbarmachung des Gelernten und Gelehrten. Demgegenüber sei das spielerische Lernen nicht zielführend, da es nicht explizit abfragbar sei, wie Nuh argumentiert:

[D]as haben wir so spielerisch gemacht. Also meine Meinung war: schönster Unterricht, den ich je gehabt habe. War natürlich sehr daran interessiert, wie das angekommen ist. Nächste Woche gehe ich hin, irgendwie will ich natürlich schon wissen, wie das angekommen ist. Und ich frage: „Ja, wer kann sich noch erinnern, was wir letztes Mal gemacht haben?" Und dann haben sie gesagt: „Ja, da haben wir mit Ball gespielt, das und des gespielt und so weiter." Vom Unterricht war eigentlich nichts da. (Nuh 80)

Neben der Abfragbarkeit von memoriertem Wissen spielt in diesem Konzept das Einüben von Ritualen und Gebeten eine große Rolle. Bei Amr ist das Beten mit männlichen Jugendlichen und Erwachsenen ein fester Bestandteil des Unterrichts:

[I]ch bete mit ihnen auch, mit den Erwachsenen; vielleicht vor der Stunde oder in den letzten fünf Minuten von der Stunde. Und manche sagen: „Wir können nicht beten." [Ich sage:] „Macht nichts, macht Gebetswaschung, macht mit." Das ist für die erwachsenen Buben. Ich sage den Mädchen nie, dass sie mitbeten sollen, aber den Buben schon. (Amr 148)

Auch Naz baut rituelle Gebetsübungen in den Unterricht ein:

Letztens habe ich zum Beispiel in einer zweiten Klasse das Thema Gebet behandelt. Wir haben dann gemeinsam in der Klasse zwei *rak'at* [Gebetseinheiten] gebetet. Die Kinder haben von zu Hause Gebetsteppiche, Kopftücher, was weiß ich was mitgenommen. (Naz 84)

Andere IRL wiederum gründen ihren Unterricht auf das Konzept des performativen Lernens durch Interaktion und Methodenvielfalt, in dessen Mittelpunkt das sinnerfassende Lernen der Inhalte steht. Mittels Methodenvielfalt und Interaktionen sollen die SchülerInnen an die Auseinandersetzung mit Inhalten herangeführt werden und so ein tieferes Verständnis der Materie erlangen. Hud preist die Vorzüge dieses Konzepts, indem er zunächst ein Negativszenario heraufbeschwört: Das Auswendiglernen oder Predigen von Prophetenaussagen und Koranversen sei vollkommen bedeutungslos, weil die Lernenden keinen Bezug dazu hätten:

Ja, sagen wir mal, wir haben das Thema Lügen. Ja, die erste Methode ist, ich komm rein – „salam alaikum", „alaikum salam" – und fang an zu erzählen: „Lügen ist verboten, Allah sagt im Koran über Lügen so, der Prophet sagt so", und rede die ganze Stunde. Wir wissen: Nach zehn Minuten, nach fünfzehn Minuten schaltet jeder Schüler ab. Ja, sie wissen am Ende vielleicht, dass Lügen etwas Schlechtes ist, aber sie haben keinen Bezug dazu. (Hud 88)

Demgegenüber – so Hud weiter – führten Methodenvielfalt und Interaktionen zu einem tieferen Verständnis der Materie, weil sie die SchülerInnen dazu anregen würden, sich mit den Inhalten und Themen eingehender zu befassen und sie selbst zu erarbeiten, anstatt nur zuzuhören und das Gehörte wiederzugeben:

[W]enn ich diesen Text den Schülern erarbeiten lasse, zu zweit, zu dritt untereinander, dann müssen sie es vortragen. Erstens, sie bereiten sich selbst vor, das heißt, sie lesen das, sie verstehen das. Dann müssen sie das noch vielleicht selbst zusammenfassen, damit die anderen das verstehen. Das heißt, sie haben mit dem Material was gemacht. (Hud 124)

Cem, ebenfalls ein Verfechter dieses Ansatzes, spricht in diesem Zusammenhang von Veranschaulichung, dem Einbringen von persönlichen Erfahrungen und Interaktionen, die den SchülerInnen Lerngelegenheiten böten, um sich das Thema selbst anzueignen:

> Und die Schüler und Schülerinnen sollen durch eigene Erfahrung und persönlichen Einsatz sich viele Inhalte aneignen können. Das ist ein guter Religionsunterricht. Also kein Frontalunterricht, sondern ein erlebter Unterricht, wo die Schüler im Mittelpunkt stehen und nicht der Lehrer. (Cem 142)

Dieses Konzept unterscheidet sich von den anderen vor allem darin, dass die SchülerInnen die HauptakteurInnen sind und nicht die Lehrperson. Die Inhalte werden nicht von dem/der LehrerIn vorgetragen, sondern von den SchülerInnen unter Anleitung der Lehrperson erarbeitet.

Ein an das performative Lernen durch Methodenvielfalt und Interaktion angelehntes Konzept, das von IRL verfolgt wird, die angeben, kompetenzorientiert zu arbeiten, ist jenes der ,Kompetenz- und Anwendungsorientierung'. In diesem spielen Methodenvielfalt, Interaktion und das Verstehen von Inhalten zwar auch eine Rolle, sind aber nicht die zentralen Anliegen. Im Mittelpunkt steht die Befähigung der SchülerInnen, das Gelehrte sinnerfassend zu lernen. Dazu Han:

> Also kompetenzorientiertes Unterrichten, wie der Begriff selbst schon sagt, ist die Förderung von Kompetenzen, von Fähigkeiten, von Fertigkeiten der SchülerInnen. Das, was ich unter klassischem Unterricht verstehe, ist im besten Fall dieses pure Vermitteln von Inhalten. Also das pure Vermitteln von Inhalten und der Kompetenzunterricht sind von Grund auf ganz unterschiedlich. (Han 98)

Kompetenzen, Fähigkeiten und Fertigkeiten wiederum werden verstanden als das Vermögen, das erlernte Wissen zu nutzen und anzuwenden. Das geht etwa aus den Ausführungen von Hud hervor:

> Kompetenzorientiert, das heißt, man schaut: Was kann der Schüler nachher? Was kann er damit machen? – Das ist wichtig. Was kann er, wenn er

das kann, oder was kann sie, wenn sie das kann? Das ist die Hauptfrage, während früher das nicht unbedingt das Ziel war. Ja, Ziel war, okay, Wissen, Wissensvermittlung auf der einen Seite, und jetzt eben nicht Wissen selbst, sondern: Was mach ich mit dem Wissen? – Fähigkeiten, Fertigkeiten erlangen. (Hud 132)

Auch Isa und Hud greifen auf das Konzept ‚Kompetenz- und Anwendungsorientierung‘ zurück. Bei manchen wirkt dieses Konzept jedoch aufgesetzt. Wenn es um Kompetenzorientierung geht, erwähnen LehrerInnen immer wieder schulbehördliche Vorgaben und Erwartungen. Isa zufolge habe man es hier mit einem ‚Sprechen über‘ und einem Umdenkprozess, der aktuell vonstattengehe, zu tun:

Ich meine, es wird ja über die Bildungsstandards und Kompetenzen gesprochen. Das ist ja noch im Gange, dieser Prozess. Wenn man das Ganze betrachtet, ich meine [...], was möchte ich am Ende erreichen erstmal? Was ist mein Ziel? Welche Standards will ich am Ende des Unterrichts erreichen? Welche Fähigkeiten, Fertigkeiten soll der Schüler besitzen? Wenn man so denkt, gestaltet man, glaub ich, den Unterricht ganz anders, als wenn man einen Schüler nur mit Informationen bombardiert. (Isa 100)

Zwischen den Zeilen scheint hier zusätzlich das Konzept ‚Antworten geben, die innere Leere füllen‘ durch. Einige der IRL sind sich dessen gewiss, dass ihre SchülerInnen auf Fragen – seien diese implizit oder explizit – eindeutige Antworten brauchen und sie scheinen keinen Zweifel zu hegen, dass sie die ‚richtige‘ Antwort haben. Dazu Amr:

Wenn sie [die SchülerInnen] die richtige Antwort bei mir nicht finden können, ja, sie suchen nach einem anderen und vielleicht bekommen sie eine falsche Antwort. (Amr 144)

Interessanterweise scheint dieses Konzept auch Element mancher Fortbildungsprogramme zu sein. Ece etwa besuchte eine Fortbildung, bei der es auch darum ging, den TeilnehmerInnen beizubringen, wie man Fragen beantworten kann:

Das war bei einer Fortbildung schon das Thema. Ein paar Stunden haben wir darüber gesprochen, wie wir auf Fragen antworten können, die sehr schwer zu beantworten sind. (Ece 18)

Manche IRL, wie z. B. Ali, hegen die Vermutung, dass die Fragen der SchülerInnen eine innere Leere widerspiegeln; diese müssten daher so beantwortet werden, dass am Ende einer Unterrichtseinheit keine Fragen (und somit auch keine innere Leere) mehr bestehen:

> [D]ie Fragen sind wirklich echt, sie sind authentisch. Ja, also es ist nicht so, dass die Schüler einfach jetzt, ja, wie soll ich sagen, um den Unterricht irgendwie auszuhöhlen, irgendwelche Fragen stellen, nein, das nicht, sondern sie sind wirklich interessiert. Ja, sie haben eine Leere in ihren Herzen und am Ende des Unterrichts sieht man, dass diese Leere gefüllt wurde. (Ali 58)

Gemäß dieser Sichtweise handelt es sich beim Verstand bzw. „Herzen" (Ali 58), dem etwa Glaubensfragen und das Bedürfnis nach Sinn entspringen, um eine Art ‚Gefäß', das durch Antworten gefüllt werde. Und das – so die Überzeugung etlicher IRL – könne und müsse der IRU leisten. Nun macht aber die Analyse der Daten deutlich, dass manche Fragen und Themen nur schwer zu beantworten und ‚abzuhaken' sind. Welche das sind und warum das so ist, geht aus dem nächsten Unterkapitel hervor.

6.6.2.2 Nicht akzeptierte/ungeklärte/prekäre Themen

In einer schwierigen Lage bzw. vor großen Herausforderungen befinden sich der IRU und der IRL-Beruf – das geht aus den Daten hervor – hinsichtlich bestimmter an sie herangetragener Themen, die auf verschiedenen Ebenen bzw. in bestimmten Kontexten nicht akzeptiert werden oder anderweitig ungeklärt und prekär sind, mit denen sie sich aber dennoch auseinandersetzen müssen. Darüber, warum manche Themen als prekär eingestuft werden und wie IRL mit schwierigen Themen und den daraus resultierenden Folgen umgehen, gab die nähere Analyse der Thematik Auskunft. Die Erkenntnisse werden in den Unterkategorien ‚Spannungen erzeugende Themen und Kontexte', ‚asymmetrische Diskursführung', ‚(un)möglicher Umgang mit prekären Themen in der Schule' und ‚Umgang mit prekären Themen im IRU' vorgestellt.

Spannungen erzeugende Themen und Kontexte

Immer wieder tauchen Themen auf, die auf den ersten Blick problematisch wirken und mit denen sich die IRL manchmal auch außerhalb ihres Unterrichts (gewollt oder ungewollt) auseinandersetzen. Eine eingehende Betrachtung zeigt Folgendes: Problematisch sind nicht die Themen an sich, sondern vielmehr die Frage, in welchem Kontext und aus welcher Perspektive sie betrachtet werden. Hud spricht in diesem Zusammenhang von „Problem erzeugenden Themen" (Hud 140), denen je nach Kontext und Perspektive der AkteurInnen Konfliktpotenzial innewohne. In den Interviews traten vier Themen-Kontext-Spannungsverhältnisse zutage, die im Folgenden erläutert werden: ‚säkulare Themen im islamischen Kontext', ‚islamische Themen im säkularen (österreichischen) Kontext', ‚ungeklärte innerislamische Diskurse im Kontext islamischer und gesellschaftlicher Vielfalt' sowie ‚Islamisierung der Politik und Radikalisierung'.

Der Grund, weshalb säkulare Themen[212] im islamischen Kontext Probleme und Spannungen erzeugen, liegt für die LehrerInnen darin, dass sie im islamischen Kontext nicht eindeutig geklärt sind oder die islamische Annäherung an sie eine andere ist als die der säkularen Gesellschaft. Zu diesen gehörten u. a. die Themen Evolution (vgl. Hud 140, Ali 66), Schwimmunterricht (vgl. Hud 176 und 178, Naz 42 und 107, Nuh 22) und Homosexualität (vgl. Hud 140). Es werden aber auch literarische Werke genannt wie „Nathan der Weise" oder „Faust" (vgl. Ali 66). Das Thema Evolution etwa gilt laut Hud deswegen als problematisch, weil die koranische Schöpfungserzählung und die Evolution trotz neuerer Ansätze und Auslegungsperspektiven von vielen Menschen muslimischen Glaubens nicht miteinander vereinbart werden können – vor allem auch deshalb, weil die Gelehrtenmeinungen zu diesem Thema stark divergieren:

> Themen wie Evolution, das sind natürlich Themen, die ich bisschen problematisch betrachte. Weil wir hier keine Einheit haben. Wir haben natürlich

---

212 Die Rubrik ‚säkulare Themen' umfasst entsprechend den Interviews Themen, die in einem säkularen Kontext eingebettet sind und in diesem eine Selbstverständlichkeit darstellen, im islamischen Kontext jedoch völlig anders gehandhabt werden.

eine Antwort vom Koran, aber wir sind mit vielen Themen konfrontiert. Ja, die Vermehrung der Menschen bzw. der Menschheit. Dann gibt's mittlerweile auch Gelehrte, sogenannte Gelehrte oder wirkliche Gelehrte, die die Evolution mittlerweile auch unterstützen. (Hud 140)

Andere Themen wiederum, so Hud weiter, würden einfach beiseitegeschoben; obwohl sie auch für MuslimInnen von Bedeutung wären, würden sie aus ihrem Bewusstsein und Alltag verdrängt und tabuisiert. Dies treffe etwa auf das Thema Homosexualität zu:

> [...] Homosexualität zum Beispiel. Es geht natürlich, du kannst aus Sicht des Islams betrachten und sagen: „Okay, das ist laut Koran so." Aber wir können das nicht mehr verdrängen und sagen: „Okay, sowas gibt's nicht." Das gibt's ja. (Hud 140)

Da diese und ähnliche Themen wie z. B. der Schwimmunterricht in der säkularen Schule zum Gegenstand gemacht werden, müssen die IRL wohl oder übel dazu Stellung nehmen. Dabei wird gerade am Beispiel des Schwimmunterrichts deutlich, welche Bedeutung dem Kontext zukommt. Schwimmen an sich wird im Islam durchaus positiv bewertet – es wird auch in den Hadithen des Propheten befürwortet bzw. empfohlen. Aus den Interviews geht aber hervor, dass das Problem aus den Rahmenbedingungen des Schwimmunterrichts, namentlich der Frage nach der angemessenen Schwimmbekleidung, resultiert. Die IRL, die dieses Thema aufgreifen, befürworten grundsätzlich den Schwimmunterricht und haben bereits Gespräche mit Schulleitungen, LehrerInnen und SchülerInnen auf der Suche nach einer gangbaren Kompromisslösung geführt. Nuh beispielsweise spricht in diesem Zusammenhang von „Weltbildern, die in Österreich umsetzbar sein sollen" (Nuh 22) und von einem „[B]alancieren" dieser Weltbilder. Er beschreibt die Problematik folgendermaßen:

> [O]ft einmal ist es ja das Problem zum Beispiel, dass die Direktoren zu mir kommen und von mir wollen zum Beispiel, ja, die Mädchen sollen schwimmen gehen dürfen. Aber andererseits gibt es ja schon eine Kleidervorschrift, und das zu balancieren, ist natürlich nicht so einfach. (Nuh 22)

An diesen Beispielen wird deutlich, dass bestimmte Themen aus dem eigenen Kontext heraus interpretiert und in der Schule umgesetzt werden. Diese Einseitigkeiten im Verbund mit den Differenzen in den unterschiedlichen Kontexten und Perspektiven führen zu Spannungen, die nun im Abschnitt ‚asymmetrische Diskursführung' erörtert werden.

Asymmetrische Diskursführung

Die weitere Analyse der Thematik zeigt, dass der Kontext auch für die Kommunikation von Bedeutung ist – in dem Sinn, dass manche Themen aus dem eigenen Minderheits- oder Mehrheitskontext heraus kommuniziert und aufgenommen werden. Diese hier als ‚asymmetrische Diskursführung' bezeichnete Kommunikationsführung manifestiert sich insbesondere im ‚Reden über', im ‚Positioniertsein', in ‚fremden Belehrungen' und in ‚unangemessenen LehrerIn-SchülerIn-Konfrontationen'.

Das ‚Reden über' findet aus Sicht der IRL in Form von unsensibel formulierten Kommentaren von LehrerInnen oder Schulleitungen statt. Solche Kommentare, etwa zu den Leistungen der muslimischen SchülerInnen, werden, auch wenn sie nicht so gemeint sind, von den befragten IRL als sehr negativ empfunden. Sie werden als Abfälligkeiten und mitunter auch als ein Richten über die SchülerInnen verstanden. Nur hegt gar die Sorge, dass die muslimischen SchülerInnen dadurch – indem ihnen so ein negatives Selbstbild eingeredet würde – um ihre Chancen gebracht werden könnten:

> [D]en Kindern wurde immer wieder [von Schulleitungen und LehrerInnen] zugesprochen: „Nein, das schaffst du nicht, das kannst du nicht." Mit diesen Schülern habe ich immer noch Kontakt und die sind jetzt im Gymnasium und sind sehr erfolgreich. [...] Die haben dann durch diese Lehrerin und durch diese Schuldirektorin, die so einen Druck ausübt und so eine negative Ausstrahlung hat – an allen möglichen Polen, sei es an die Eltern, sei es an mich, sei es an die türkische Lehrerin – {Nur unterbricht die Sätze, weil sie so empört ist} dass diesen Kindern dann überhaupt diese Chance weggenommen wird, dass sie ein positives Selbstbild haben. Du bist immer weniger wert. (Nur 85)

Des Weiteren lässt Nur sich darüber aus, dass LehrerInnen auf Fortbildungen zum Thema ‚interkultureller Dialog' ihr Gewissen beruhigen würden; an ihrem Verhalten aber änderte sich dadurch nichts:

Wie zum Beispiel interkultureller Dialog und all solche Sachen. Sie gehen dann zu den Fortbildungen, kommen zurück und erzählen so viel, dass sie so jetzt von diesen Sachen inspiriert worden sind. Aber was setzen die um? Gar nichts. Warum? Also die sind sehr vorurteilbesetzt, obwohl sie LehrerInnen sind und seit langen Jahren Erfahrungen haben. (Nur 85)

Und so muss sie abschließend feststellen:

> Sie [manche nichtmuslimischen LehrerInnen und Schulleitungen] haben tatsächlich die Bindung zu dem eigentlichen Kind verloren. (Nur 85)

Ohne so konkret zu werden wie Nur, lassen auch andere LehrerInnen in ihren Berichten durchblicken, dass das ‚Reden über‘, gepaart mit dem Desinteresse an gemeinsamen Unternehmungen und Reflexionen, oftmals zu Missverständnissen, Spannungen und Entfremdung führt.

Die weitere Analyse weist auf die Problematik von Fremdzuschreibungen und bestimmten Positionierungen hin, mit der manche IRL sich konfrontiert sehen. Ela bringt das Bild eines Sessels (im Sinne einer Anklagebank) ins Spiel, auf dem die MuslimInnen (fremd-)positioniert würden und auf dem sie unter Rechtfertigungsdruck gerieten:

> [I]ch weiß nicht warum, aber wir sind immer wieder auf einem Sessel, wo wir ständig befragt werden. Über die Dinge auf der ganzen Welt, vor allem, was in Europa läuft. Und wir versuchen wieder, unsere Unschuld oder den wahren Islam zu erzählen. (Ela 106)

Ob Kopftuch, Terror, Überfälle oder Gewalt gegen Frauen – immer wieder sähen sich die MuslimInnen dem von außen herangetragenen Zwang ausgesetzt, sich auf diese Themen einzulassen und sich zu rechtfertigen. Das lässt bei Ela – auch wenn sie davon selbst nicht persönlich betroffen ist – Gefühle wie Wut, Ärger und Ohnmacht aufkommen:

> Das ärgert mich immer wieder. Dass wir so eine Position haben oder positioniert worden sind, immer die Fragen zu beantworten, über die Dinge, wo wir nicht direkt angesprochen sind und nicht direkt beteiligt sind. Aber [die wir] trotzdem irgendwie übernehmen und verarbeiten müssen und rechtfertigen müssen. (Ela 106)

Von Situationen, in denen von ihnen zu bestimmten Themen eine Stellungnahme erwartet wird, wissen auch andere IRL zu berichten. Von Naz etwa forderte die Schulleitung eine klare Positionierung zum Fasten in der Schule – womit nicht anderes gemeint war, als dass sie sich doch der Position der Schule anschließen möge:

> Die Direktorin wollte zum Beispiel von mir, dass ich einen Elternbrief schreibe, wo drin steht: „Die Kinder in der Volksschule sind nicht verpflichtet zu fasten. Deshalb sollen sie nicht fasten." Ich sollte das als Religionslehrerin formulieren und den Eltern dann zum Unterschreiben geben. (Naz 95)

Und obwohl sie im Grunde die Einstellung der Schulleitung teilt, sieht Naz sich unter den gegebenen Umständen außerstande, dieser Forderung nachzukommen:

> Ich habe gesagt, das mach ich sicher nicht. Weil ich kann nicht entscheiden, ob jemand jetzt fasten soll oder nicht fasten soll. Stimmt, islamisch gesehen sind die Kinder in der Volksschule nicht verpflichtet, aber wenn sie wollen, dann kann niemand ihnen auch das verbieten. (Naz 95)

Naz interpretiert das Gebaren der Schule auch als eine Verletzung der den MuslimInnen zustehenden Grundrechte, diesfalls als Einschränkung der Religionsfreiheit. Und aus diesem Grund entschließt sie sich, dem Ansinnen der Schulleitung nicht nachzukommen, obwohl sie deren Position teilt. Überhaupt, so Naz weiter, käme die Einmischung von außen manchmal auch als Maßregelung daher, was ganz und gar nicht willkommen sei. So berichtet sie an anderer Stelle, wie eine Lehrerin glaubte, sie darüber belehren zu müssen, was es mit dem Kopftuch auf sich hat:

> Und es gab mal zum Beispiel eine Lehrerin, die hat gemeint über das Kopftuch oder allgemeine Bedeckung: „Ja, glaubst du nicht, dass dieses Gebot [Kopftuch bzw. Bedeckung] damals nur für diese Zeit gedacht war? Weil es dort sehr heiß war und ein anderes Klima war, ein anderes Land war. Und du bist ja jetzt in einem anderen Land, es ist nicht mehr so heiß und du bist sicherer, du brauchst dich auch vor niemandem beschützen." (Naz 107)

Belehrungen dieser Art über einschlägige Themen und Inhalte – so die IRL – seien auch im Unterricht einiger nichtmuslimischer FachlehrerInnen und im Schulalltag gang und gäbe. Ein Beispiel dafür, womit muslimische SchülerInnen immer wieder konfrontiert werden, liefert Hud:

> Ja, wenn wir als Beispiel IS hernehmen, IS oder Terror, Al-Kaida, was weiß ich was. Es gibt viele Lehrer, die sprechen die Schüler damit an. Ja, bewusst oder unbewusst, möcht ich auch nicht beurteilen. Und die Schüler sind dann in einer Ecke. Ja, sie wollen antworten, sie können nicht antworten. Ja, und dann kommen sie zu uns und fragen uns. (Hud 146)

Für Hud liegt hier eindeutig eine Überforderung der muslimischen SchülerInnen durch nichtmuslimische LehrerInnen anderer Fächer vor – eine Einschätzung, die von anderen IRL geteilt wird. Und Grund dafür sei das asymmetrische L-S-Verhältnis. In solchen Situationen wenden sich die SchülerInnen dann oft hilfesuchend an die IRL.

Im nächsten Unterkapitel wird der Umgang der Schulen mit prekären Themen im Detail untersucht.

(Un)möglicher Umgang mit prekären Themen in der Schule

Bezüglich des Umgangs der Schulen mit prekären Themen lassen die Daten vermuten, dass in den einzelnen Schulen schulautonome und individuelle Kompromisslösungen ausgehandelt werden, die nur von kurzer Dauer sind und immer wieder neu zur Debatte stehen. Im Folgenden wird der schulische Umgang mit prekären Themen anhand von kurzen Praxisbeispielen aus den Erfahrungsberichten der IRL vorgestellt.

Die hier genannten Kompromisslösungen sind in den Augen einiger keine echten Lösungen, da sie nicht immer von allen akzeptiert werden. In Bezug auf das Thema Schwimmunterricht gibt etwa Hud Folgendes zu Protokoll:

> [B]is jetzt gibt es keine wirkliche Lösung. Es wird gesagt: „Es gibt diese islamische Kleidung bzw. Schwimmanzug." Das ist die Lösung, die wir dann auch angeboten haben [...]. Und eine andere Lösung, das war eine schulinterne Lösung, die möchte ich nicht verraten [...]. (Hud 178)

Auch Nuh hat bereits Gespräche mit Schulleitungen zum Thema Schwimmunterricht geführt:

Wenn die Schüler das wirklich aus reiner Überzeugung machen – es gibt natürlich Schülerinnen, die, weil sie faul sind, weil sie nicht wollen, das als Argument geben. Aber, wenn sie wirklich aus Überzeugung das machen wollen, dann bitte ich, sie dann freizustellen. Also wenn die Kinder rein aus religiöser Überzeugung das machen, dann bitte ich die Direktoren, da nachzugeben, weil ich glaube, dass das auch ein vernünftiger Weg ist. (Nuh 24)

Diese beiden Beispiele zeigen, dass die Kompromisslösung von den beteiligten AkteurInnen, also Schulleitung, LehrerInnen, SchülerInnen und IRL, gemeinsam beschlossen und immer wieder neu ausgehandelt wird.

Dieser Praxis sei es geschuldet, so meint etwa Han, dass islamische Inhalte und Themen in den Schulen zu immer wieder aufgeworfenen Reizthemen werden. Das beträfe auch die Themen Ramadan und Fasten, bezüglich derer Han folgende Erwartung hat:

Dieses Jahr wird der ganze Ramadan im Schuljahr sein. Das heißt, das wird sicher ein sehr großes Thema, weil einige Schülerinnen und Schüler werden fasten und einige nicht. Das heißt, damit wird man sich dann auch auseinandersetzen müssen, weil einige werden dann sicher fragen: „Warum fasten die und warum fasten die nicht?" Es wird sicher viel mit den Lehrern darüber gesprochen werden, weil einige Lehrer sich daran stören, dass die Schülerinnen und Schüler fasten [...]. (Han 112)

Auch Ela beschreibt den Umgang mit prekären Themen in den Schulen als ein unablässiges, ermüdendes Wiederholen:

Es kommt immer wieder und geht wieder. Aber Hauptsache, dass wir sie ernst nehmen, annehmen und auch mal nicht stillschweigend bleiben, sondern auch Mut haben, darüber zu reden. Es waren schon, es wird wieder geben, aber ich nehme das nicht als persönlich [...]. (Ela 102)

Naz spricht im Zusammenhang mit dem Umgang mit Reizthemen von abwechselnden Phasen, Wiederholungen und Rückschlägen:

[N]achdem man eben darüber so offen spricht, sieht man, die denken dann anders. Und die verhalten sich dann auch wieder anders. Aber nach einem Monat passiert nochmal was, und sie ziehen sich dann wieder zurück. Also das Ganze wiederholt sich ständig. (Naz 48)

Aufgrund dieser Erfahrungen hat sich bei einigen der interviewten IRL der Eindruck verfestigt, dass manche LehrerInnen und Schulleitungen intolerant gegenüber Religionen – insbesondere dem Islam – seien. Diese Intoleranz schlage sich auch auf die Schulatmosphäre nieder und habe sogar Einzug in den Fachunterricht und die Schulgemeinschaft gehalten. Untermauert werden diese Wahrnehmungen mit Schülerberichten und persönlichen Erfahrungen. So kamen etwa Nuh die persönlichen Ansichten einer Lehrerin zu Ohren, die für ihn eine glatte Verleumdung darstellen:

> [I]ch habe mal mitbekommen, dass eine Lehrerin gesagt haben soll – soll muss man sagen, weil oft ist es so, dass das immer wieder manipuliert wird – eine Lehrerin gefragt haben soll: „Was macht man überhaupt im Religionsunterricht?"; [...] Und dann hat sie gleich die Antwort gegeben. Und Antwort war: „Ja ihr lernt, wie man Bomben baut im Religionsunterricht." (Nuh 103)

Auch wenn Nuh zu Beginn seiner Erzählung betont, dass solche Schülerberichte mit Vorsicht zu genießen seien, macht er im weiteren Gesprächsverlauf deutlich, dass in diesem Fall keine Manipulation vorliegt, denn der Vorfall wird bis zur Schulleitung getragen:

> Danach war ich natürlich sauer. Ich bin zum Direktor gegangen und ich wollte Anzeige erstatten. Der Direktor hat mich überredet, nichts zu unternehmen: „Sie ist sowieso Pension gegangen", und so weiter zum Beispiel. (Nuh 103)

Obwohl der Direktor die Beschwerde vordergründig ernst nimmt, zeigt er weder Interesse an der Klärung des Sachverhalts, noch sieht er sich zu einer Stellungnahme bemüßigt. Stattdessen wird über den Vorfall Stillschweigen vereinbart. Der Direktor scheint sich keine Gedanken zu machen, welche Botschaft das Statement der Lehrerin und das Stehenlassen bzw. die mangelnde Reaktion seinerseits – als Schulleitung – vermitteln. Nuh schließt seine Erzählung daher sarkastisch und resignierend mit dem Fazit ab: „Also man lernt im Islamunterricht, wie man Bomben baut." (Nuh 103)

Die in diesem Abschnitt zitierten Beispiele machen deutlich, dass manche Schulen, genauer gesagt manche LehrerInnen und Schulleitungen, z. T. sehr unsensibel und unreflektiert mit den Empfindungen der

IRL (bzw. der MuslimInnen im Allgemeinen) umgehen. Eben das aber begünstigt das Aufkommen von Spannungen und Konflikten.

Umgang mit prekären Themen im IRU

Dieser Abschnitt widmet sich der Frage, wie die IRL in ihrem Unterricht mit prekären Themen umgehen. Grundsätzlich sehen die Interviewten zwei Möglichkeiten:

Erstens: Sie gehen auf potenziell verfängliche Themen nach Möglichkeit gar nicht ein und sehen dazu auch keine speziellen Unterrichtseinheiten vor. So meint z. B. Hud: „[A]lso auf diese Themen sollte man lieber verzichten" (192), und fährt fort: „[I]ch verzichte auf diese Themen" (Hud 196). Auch Ece berichtet von ihrem Bestreben, ‚schwierige Themen' zu meiden:

[M]anchmal will ich Themen, die für mich schwierig sind, gar nicht ansprechen. Wenn sie fragen, dann mach ich das durch. Aber wenn ich selber nicht ganz weiß, wie ich das weitergeben soll, dann überspring ich es. (Ece 149)

Zweitens: Die LehrerInnen versuchen, die Themen so zu behandeln, dass sie dabei allen Beteiligten gerecht werden. Das heißt, prekäre und ungeklärte Themen werden im Unterricht so bearbeitet, „dass es nicht zu einem Missverständnis kommt" (Hud 196). Mit anderen Worten wollen die IRL sichergehen, dass diese Themen von den SchülerInnen so aufgenommen werden, wie deren Besprechung im Unterricht es nahelegt. Dazu Nuh:

[D]ie Schüler nehmen das so auf, wie sie es wünschen, oft mal auch nicht, wie ich das denen vorgespielt habe oder vorgesagt habe. Und deswegen müssen wir da auch aufpassen. (Nuh 22)

Dabei käme es angesichts der Diversität und der Kontextunterschiede sehr darauf an, die Themen so zu gestalten, dass Spannungen und Konflikte vermieden werden. In diesem Zusammenhang spricht z. B. Nuh von Lösungen, die im muslimisch-österreichischen Kontext umsetzbar sein sollen:

Mir ist es auch schon klar gewesen, dass wir als muslimische, also überzeugte praktizierende Muslime ein Weltbild haben, und dieses Weltbild sollte auch in Österreich umsetzbar sein. In der Theorie und Praxis ist es aber nicht immer so. Ich sollte auch Lösungen vorschlagen, die beide Seiten bedienen sollten. (Nuh 22)

Andere IRL gehen mehr auf innerislamische Differenzen ein und illustrieren ihren Ansatz des Allen-gerecht-Werdens so:

Da sag ich zu zumindest die Meinungen, sag aber auch, wer was vertritt. Weil manche sind von Atib, dann sagen sie: „Bei uns ist es nicht so.". Dann sag ich: „Ja, ihr sollt euch entscheiden und nicht das nehmen, was euch vorgegeben wird." (Ece 72)

Bei der Analyse dieser Aussagen fällt Folgendes besonders auf: Im Umgang mit prekären Themen, der sowohl von den IRL als auch von den Schulen – hier aus der Perspektive der IRL – an den Tag gelegt wird, ist das Aushalten von Differenzen und Widersprüchlichkeiten nicht vorgesehen. Selbst wenn die IRL über Diversität sprechen, gehen sie kaum auf das Aushalten von Differenzen und Widersprüchlichkeiten ein – im Gegenteil: Man will entweder sämtliche Standpunkte bedienen oder das betreffende Problem überhaupt nicht thematisieren.

6.6.2.3 Verhältnisbestimmung: Pädagogik/Didaktik – Theologie/ Fachwissen

Was das Verhältnis zwischen Pädagogik und Didaktik einerseits und Theologie andererseits mit Blick auf den IRL-Beruf angeht, nehmen die befragten LehrerInnen zweierlei Positionen ein. Einige sind überzeugt, dass angesichts der – von ihnen sowohl dem IRU als auch den IRL-KollegInnen attestierten – Defizite in Bezug auf Religionspädagogik und -didaktik diese Fachbereiche ausbaufähig seien bzw. ausgebaut werden müssten. Andere wiederum stellen im IRL-Beruf eine übertriebene Hinwendung zur Religionspädagogik und -didaktik auf Kosten der Theologie und der Inhalte fest. Im Folgenden werden diese beiden Positionen, die hier ‚die (nicht)vorhandene IRP und IRD' und ‚IRP auf Kosten der Theologie' genannt werden, erläutert. Abschließend werden mögliche Folgen fehlender IRP vorgestellt.

Die (nicht)vorhandene IRP und IRD

Im Zusammenhang mit bereits vorgestellten Kategorien wie LehrerInnen-Kompetenzen oder Qualifizierung verweisen einige IRL immer wieder darauf, dass es ihren KollegInnen im Allgemeinen nicht an theologischem Wissen und fachlicher Kompetenz fehle, sondern an Wissen und Kompetenz zur Gestaltung des Unterrichts. Das geht insbesondere aus der folgenden Aussage von Isa hervor:

> [N]ein, also an Wissen mangelt es bei vielen Lehrern nicht eigentlich. Aber ich habe jetzt nicht vom eigentlichen Wissen gesprochen, nicht vom Theologiewissen, sondern wie man den Unterricht gestaltet. (Isa 120)

Nur wiederum stellt bei manchen IRL ein Defizit an Kreativität und Methodenvielfalt fest:

> Unsere Lehrer sind sehr starr, habe ich das Gefühl. Dass sie tatsächlich immer noch nicht so kreativ sind. Also sei es musikalisch, sei es mit Basteln; mit anderen Methoden den Unterricht den Kindern nahebringen; nicht nur aufs Papier und mit Stift, sondern mit anderen Methoden. (Nur 49)

Diese Beispiele zeigen ferner, dass Pädagogik und Didaktik nicht konzeptionell, sondern eher praktisch-methodisch wahrgenommen und verstanden werden.

Manche IRL führen diesen Mangel u. a. auf den Entwicklungsstatus der IRP zurück und sehen darin zugleich auch eine Chance zur Mitgestaltung der IRP:

> [V]on der Islamischen Religionspädagogik gibt es noch relativ wenig, also sogar sehr wenig Literatur. Was ja schon irgendwie als ein Aufruf dazu dienen sollte, dass wir selber mehr recherchieren, mehr schreiben und mehr dazu verfassen. [...] In erster Linie sollte es für jeden Lehrer irgendwie ein Ansporn dazu sein, sich damit mehr auseinanderzusetzen. (Han 78)

Des Weiteren lässt die vernetzte Analyse der Daten auf ein stark inhalts- bzw. theologieorientiertes Wissens- und Bildungsverständnis der IRL schließen. Manche LehrerInnen, selbst solche mit einer positiven Einstellung zur Pädagogik und Didaktik, verstehen und definieren „das eigentliche Wissen" (Isa 120) als ein Auswendiglernen von Inhalten. Pädagogik und Didaktik dagegen werden vor allem als ein Werkzeug und Mittel zur Weitergabe des Wissens verstanden.

IRP und IRD auf Kosten der Theologie

Andere IRL – mit und ohne IRP-Ausbildung – üben an der Pädagogik und Didaktik heftige Kritik und führen dabei u. a. die Theologie ins Feld. Eine solche theologisch begründete Kritik finden wir beispielsweise bei Amr, der – unter Berufung auf die Theologie des Bilderverbots – den Einsatz von Anschauungsmaterialien zur Erläuterung bestimmter Themen im IRU verurteilt und kategorisch ablehnt. Bei den IRL der ‚zweiten Generation‘, die mit Veranschaulichungen arbeiten, will er eine unangemessene Annäherung an die christlichen KollegInnen erkannt haben:

> Die zweite Generation, sie sind wie die Christlichen tief im Material. Weißt du, ihr redet in IRPA immer: {mit verächtlicher Stimme} „Material, Material, macht ihr Material für den islamischen Unterricht“, stimmts? Und manchmal bin ich dagegen. Weil Sinn vom Islam ist, dass wir manchmal kein Material für einige Themen haben dürfen. Zum Beispiel, wenn es um Gott, wenn es um Engel geht. Die Christen dürfen eine Figur mit zwei Flügel zeigen – da, das ist ein Engel. Sollen wir es auch tun? Wir dürfen nicht. (Amr 216)

Amrs Auffassung, wonach die Veranschaulichung bestimmter Themen gleichbedeutend ist mit einer Reduzierung der theologisch-inhaltlichen Dimensionen und Vorstellungen, wird auch von manchen IRL mit Ausbildung geteilt. Auch unter ihnen ist die Einschätzung verbreitet, dass im IRL-Beruf zu viel Wert auf Materialien gelegt wird und die (theologischen) Inhalte vernachlässigt werden. Davon zeugt etwa die Stellungnahme von Eda:

> Man geht nicht mehr auf das Inhaltliche ein, sondern eher auf das Didaktische. Wie arbeitet man mit den Kindern und welche Methoden verwendet man? Das spielt jetzt eine viel zu große Rolle, denke ich. (Eda 104)

Aus dieser Perspektive heraus fällt der Blick auf die Ausbildung der neuen IRL denn auch sehr kritisch aus. Manche IRL beobachten darin eine Trendwende – von einem pädagogisch minderqualifizierten IRL-Kollegium hin zu einem theologisch minderqualifizierten Kollegium.

Vor diesem Hintergrund hebt z. B. Ece die Notwendigkeit der Ausbalancierung beider Kompetenzen hervor:

> Wir haben ja gesagt: Bei den früheren Religionslehrern war Theologie vorhanden, Pädagogik war nicht vorhanden. Aber bei den jetzigen, bei den neuen Lehrern ist es oft so, dass Pädagogik vorhanden ist, aber die Theologie ist nicht vorhanden. Ich find, da könnte man auch etwas machen, damit die Theologie und Pädagogik auf der gleichen Ebene sind, weil ich finde, beides ist wichtig. (Ece 195)

Als Fazit aus den oben angeführten Beispielen lässt sich festhalten, dass für die befragten IRL – mit und ohne Ausbildung – das Verhältnis zwischen IRP und Theologie ungeklärt ist und dringend einer Klärung bedarf. Abgesehen davon neigen manche IRL dazu, beide Kompetenzen des Berufs gegeneinander auszuspielen und die IRP abzulehnen. Solch ein Fall wiederum kann, wie der nächste Abschnitt zeigt, schwere Folgen für den IRU haben.

Folgen fehlender IRP

Die Folgen der oben beschriebenen Tendenzen werden exemplarisch im Unterricht von Amr deutlich, dessen ablehnende Haltung gegenüber der IRP und einseitige Hinwendung zur Theologie zur seelischen Vereinnahmung der SchülerInnen führen. In der folgenden Passage erzählt Amr von einem Schüler, der sich ihm in einer persönlichen Angelegenheit anvertraut hatte. Dabei lässt er erkennen, dass ihm sowohl religionspädagogische Sensibilität als auch reflektiertes Handeln als IRL fremd sind. Er betrachtet die Sachlage einzig und allein aus theologischer Perspektive, womit er den Schüler in seinem Glauben, Unzucht getrieben zu haben, nur noch bestärkt:

> Ein Junge hat mir vorgestern erzählt: „Hodscha, zum ersten Mal habe ich es getan." „Nedjat was ist los?" „Ich habe mit einem Mädchen geschlafen." Was bedeutet das? Er vertraut mir oder er mag mich. Was soll ich tun? [...] „Das ist *haram* [verboten]", ich sage „Das ist *zinā* [Unzucht]". (Amr 130)

Auch die Lösung, die Amr dem Schüler anbietet, um aus seinem Gewissenskonflikt herauszukommen, ist theologischer Natur: Er schlägt ihm vor, eine Moschee-Ehe zu schließen:

> Gibt's eine Lösung? Ja, sag ihr: „Ich will dich heiraten."; siebzehnjähriges Mädchen, wenn sie damit einverstanden ist. Wir hier in der Moschee machen das nie, außer nach dem Standesamt. Aber der [die Person XY] macht das. Ich finde, es ist manchmal gut. Sag ihr: „Ich will dich heiraten." (Amr 130)

Amrs durch eine theologische Perspektive bestimmtes Handeln hat einzig und allein das Heil des Jugendlichen und die Glaubensvermittlung im Blick, er glaubt, dem Jungen zu einem Leben ohne Sünde verhelfen zu müssen. Dies meint er auch dadurch zu erreichen, dass er für Nedjat Gebete spricht, in denen er das erbittet, was er für diesen für richtig und gut hält:

> Damit ich ihm irgendwie helfe, *wa-llāh* [bei Gott], ich habe für ihn *duʿāʾ* [Bittgebet] gemacht, dass das Mädchen ihn ablehnt. Hat Schwierigkeiten, der Vater ist religiös geworden, vier Kinder, drei Buben und ein Mädchen, und hat Österreich verlassen. Er lebt jetzt als Bauer im Land M. Die Mama hat kein Kopftuch und er will nach der Scharia leben {kritischer, herablassender Ton}! Ich habe ihm [Nedjat] gesagt: „Ja dein Vater, was macht er im Land M? Allah fragt ihn nach seinem Leben. Allah fragt ihn nach euch, jeder in eine Richtung und du hast eine Freundin. Du machst mit ihr Unzucht, *zinā*." (Amr 136)

In diesem Beispiel werden die Grenzen der L-S-Beziehung und des pädagogischen (professionellen) Handelns deutlich überschritten bzw. missachtet. Dabei gibt Amr ganz offen zu, dass er versucht, mittels bestimmter Ansätze und Strategien die ihm Anvertrauten – insbesondere die männlichen Schüler – emotional an sich zu binden und sie dadurch für sich zu gewinnen:

> [M]anchmal mach ich für die erwachsenen Buben eine Lobpreisung, mehr als den Mädchen. Soll ich dir das erklären? Ja wenn ein fünfzehnjähriger Junge kommt, Türke zum Beispiel, ja, und ich sage ihm: „Du Ahmed, du bist irgendwie schöner geworden." „Wie meinen Sie das, Hodscha?" „Na wirklich *wa-llāh* [bei Gott], *mā šāʾa llāh* [wie Gott will]. Was ist los mit dir?" Weil der Junge zum Beispiel einen Vollbart oder eine neue Frisur hat oder das Hemd

neu ist. Durch diese einfachen Sätze, Bruder, bekomm ich die Kinder hier {zeigt auf die Hemdtasche}. (Amr 144)

Amrs Ansatz, sich durch gezieltes Lob und einen respektvollen und anerkennenden Umgang die Zuneigung und das Vertrauen der SchülerInnen zu sichern, birgt natürlich die Gefahr, dass diese von ihm emotional abhängig werden, weil sie den Respekt und die Anerkennung ihres Lehrers nicht wieder verlieren wollen. Weihen die SchülerInnen Amr im Vertrauen in intime Angelegenheiten ein, verstärkt er durch Urteile über ihr Verhalten zunächst deren Gewissenskonflikte, wodurch sie dann umso mehr bereit sind, seine Ratschläge bzw. Anweisungen anzunehmen.

6.6.3 Rollenkonzepte der IRL

Den Abschluss des Ergebniskapitels bildet die Kategorie ‚Rollenkonzepte der IRL'. Im Rahmen dieser Kategorie werden die aus der Datenanalyse gewonnenen Rollenkonzepte ‚Vorbild und Identifikationsfigur', ‚RepräsentantIn und VermittlerIn des Glaubens', ‚Hodscha, Imam, Scheich', ‚MediatorIn' und ‚MentorIn und Coach' erörtert:

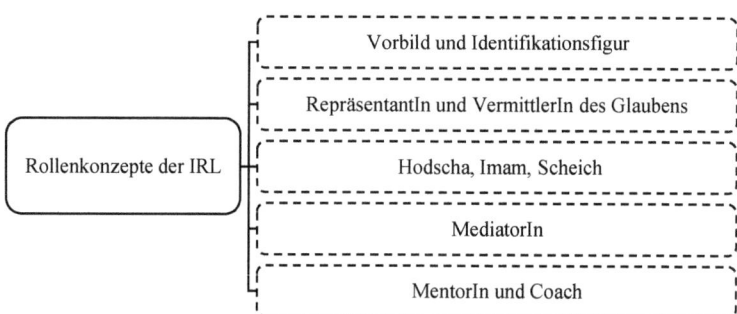

Abb. 27: Kategorie ‚Rollenkonzepte der IRL'

6.6.3.1 Vorbild und Identifikationsfigur

Einige IRL geben in den Interviews an, Vorbilder sein zu wollen, und zwar nicht nur im Rahmen ihrer Lehrtätigkeit, sondern auch außerhalb der Schule. Isa etwa erläutert seine Vorstellung von der Vorbildfunktion der IRL sowohl gegenüber den SchülerInnen als auch der Gesellschaft wie folgt:

> Ich meine, du musst mit besten Mitteln versuchen, wo du unterrichtest, wo du wohnst und überall sozusagen ein soziales Leben zu führen, vorbildlich zu handeln und die Leute, wenn es benötigt wird aber auch wenn nicht, in Kenntnis zu setzen und ihnen die Botschaft zu vermitteln. (Isa 72)

Während für Isa das Vorbildsein eine vornehme Aufgabe ist, nehmen andere IRL eher die Seite der Verantwortung oder Bürde wahr.[213] Für Ece verbindet sich damit vor allem die Verpflichtung zu einem authentischen Auftreten:

> [M]an muss auch im privaten Leben aufpassen und zwar, wenn das, was du in der Schule beibringst, außen mit dir nicht übereinstimmt. Weil du triffst die Kinder auch im Freien, besonders in Stadt/Bezirk Z, weil es eine Kleinstadt ist. Und wenn du das, was du sagst, nicht selber in deinem Leben irgendwie anwendest – weil die Kinder sehen das –, dann tun sie dich nicht als Lehrperson wahrnehmen. (Ece 76)

Manche IRL wissen auch von einem starken Bedürfnis nach Nähe bzw. Identifikation aufseiten der SchülerInnen zu berichten, nach dem Motto: „Diese Religion gehört mir und der Mann der's vertritt, ist von mir" (Nuh 46). Zur religiös bedingten Identifikation würden weitere Faktoren hinzutreten, etwa die gemeinsame oder ähnliche „Sprache und Kultur" (Nuh 46). Und so setze sich bei den SchülerInnen die Gewissheit durch: „Er [die/der IRL] versteht mich" (Nuh 46). Gelegentlich hätten diese Identifikation und Vorbildnahme auch zur Folge, dass die SchülerInnen versuchen, die Lehrperson nachzuahmen. Laut Ece trifft dies insbesondere auf Volksschulkinder zu:

> [Die Schülerinnen] kleiden sich sogar gleich wie du. Also als Kleinkind nehmen sie sogar das Unwichtige als Vorbild war. In der Volksschule sollte man darauf aufpassen [...]. (Ece 76)

---

213 Siehe dazu auch Kapitel 6.4.3.1.

Auch in diesem Zusammenhang betonen die IRL die notwendige Authentizität im Sinne eines Glaubenszeugen. Ela etwa meint, die IRL sollten „alles, was erzählt wird, im eigenen Leben praktizieren". Denn, so Ela weiter:

> [...] wenn die Kinder dich als vorbildliche Person sehen und vieles nachahmen, dann solltest du auch – keiner kann korrekt sein, aber – möglichst korrekt sein. (Ela 52)

Die Authentizität der IRL bzw. ihre Funktion als Glaubenszeugen und das Nachahmen der SchülerInnen werden von manchen IRL, wie z. B. Amr, als ein authentisches Lehren in Form einer Veranschaulichung verstanden:

> Die Dame [IRL] zum Beispiel. Ja, meiner Meinung nach, sie ist eine von den Besten. [...] Wie sie sich bekleidet, saubere Farben, schön, wunderbar, Kopftuch, ist eine Werbung für den Islam. Diese Dame zum Beispiel, ihr Unterricht ist nicht nur in der Stunde, sondern auch unterwegs [...]. (Amr 164)

Als die Grundlage der hier vorgestellten Vorbildfunktion der IRL und der Identifikation der SchülerInnen mit den IRL erfordert die Zugehörigkeit zu einer gemeinsamen Religion von den IRL Glaubwürdigkeit bzw. Authentizität, die sie sowohl durch ihren Lehrstil im Unterricht als auch ihren Lebensstil im Allgemeinen zeigen wollen.

6.6.3.2 RepräsentantIn und VermittlerIn des Glaubens

Aufgrund der engen Verknüpfung zwischen der Funktion des Vorbilds des Glaubenszeugen sehen sich manche IRL – insbesondere jene mit einem glaubensvermittelnden Unterrichtskonzept – als RepräsentantInnen und VermittlerInnen des Glaubens und der Religion nach innen und außen, und so wollen sie auch von anderen wahrgenommen werden. Exemplarisch dafür steht Nuh, der das IRL-Sein gleichsetzt mit dem Islam:

> [D]u bist ja Islam, also du bist, du wirst ja als Vertreter des Islam gesehen. Du bist Fachmann für alle Themen und alle Bereiche. Ich hoffe, dass auch viele islamische Religionslehrerinnen und -lehrer das so sehen. (Nuh 62)

IRL mit diesem Rollenverständnis sehen sich in einer Schlüsselfunktion, in der sie für die Weitergabe, Vermittlung, den Erhalt und Schutz des Glaubens und der Religion maßgeblich verantwortlich sind. So sagt z. B. Amr:

> Dass die Kinder wegen mir die Religion lieben und mögen sollen und nicht umgekehrt, nicht mich wegen Religion lieben und mögen, nein. Wegen mir sollen sie Religion lieben und mögen. (Amr 144)

Als Trägerin einer Schlüsselfunktion begreift sich auch Naz, wenn sie, wie sie meint, maßgeblich an der Vermittlung der Grundlagen für die Lebensgestaltung ihrer SchülerInnen beteiligt ist:

> Und dann sind sie einfach mit den Informationen, die ich ihnen gegeben habe, einfach da, und dementsprechend werden sie ihr Leben dann auch leben. Ich sehe mich persönlich verantwortlich dafür, was die Kinder eben bis zu diesem Zeitpunkt, wo sie die Schule dann endgültig verlassen, lernen. Ich bin die Person, die ihnen das gibt. (Naz 56)

In dieser Rolle meinen die IRL, durch die Vermittlung und Weitergabe des Glaubens und der Religion an die SchülerInnen einen wertvollen Beitrag für das Leben und die Lebensgestaltung der SchülerInnen leisten zu können.

6.6.3.3 Hodscha, Imam, Scheich

In Verbindung mit dem Rollenkonzept ,RepräsentantIn und VermittlerIn des Glaubens' wird in den Interviews immer wieder auf sogenannte klassisch-muslimische Rollenbilder wie Hodscha, Imam und Scheich als Vorbilder Bezug genommen und das IRL-Sein mit diesen gleichgesetzt. Diesbezüglich tut sich insbesondere Amr mit seiner Kritik an den neuen, pädagogisch ausgebildeten LehrerInnen hervor. In Amrs Augen sind die unzureichenden Kenntnisse der sogenannten ,zweiten Generation' in der islamischen Theologie darauf zurückzuführen, dass sie nicht wie die alte Generation über ,Scheich-' bzw. -Qualitäten verfügt:

> [W]enn jemand von der zweiten Generation null Ahnung vom Islam hat. Wenn jemand einen Scheich nach einem Thema fragt. Was macht der

Scheich? Der Scheich erwähnt einige Verse und einige Überlieferungen, drei, vier, fünf als Beweise. Du hast null Ahnung vom Islam oder sehr wenig, nur was im Buch steht, die anderen können das auch lesen, aber du bist nicht in der Lage, ihnen eine richtige Antwort zu geben oder zu sagen *halal* [erlaubt] oder *haram* [verboten]. (Amr 214)

IRL wie Amr, die ihre Rolle als LehrerIn mit anderen muslimischen Funktionen vergleichen oder gleichsetzen, beziehen sich dabei immer wieder auf das bereits beschriebene Frage-Antwort-Konzept.[214] Das heißt, sie interpretieren die Fragen der SchülerInnen u. a. als Heilsfragen oder Fragen nach Erlaubtem und Verbotenem, die binär – mit *halal* oder *haram* – beantwortet und theologisch begründet werden müssten. Auch für Cem bedürfen die Fragen der SchülerInnen theologischer Antworten und deren Schuldgefühle eines seelsorgerischen Umgangs:

Wenn Schüler und Schülerinnen kommen und fragen: „Herr Lehrer, ist das eine große Sünde, was ich gemacht habe? Wie soll ich mit dieser Sache umgehen? Reicht es, dass ich das einfach bereue und das ist dann damit geklärt?" und so weiter. Also mit solchen ganz persönlichen Sachen kommen manchmal Schüler und Schülerinnen. Das heißt, der Lehrer sollte imstande sein, die Schuldgefühle von den Schülern und Schülerinnen pädagogisch auf die richtige Linie zu führen, sag ich mal so, ja. (Cem 128)

Persönliche Fragen der SchülerInnen nach dem Sinn des Lebens oder nach Handlungsmöglichkeiten erfordern es, wie die Beispiele von Cem und Amr zeigen, dass die IRL manchmal auch seelsorgerische Tätigkeiten (wie ein Imam) ausüben und sich mit den Schuldgefühlen ihrer SchülerInnen auseinandersetzen. Wenn Cem hier auf seine Rolle als Pädagoge verweist, gibt er zu verstehen, dass er in ihr eher ein Hilfsmittel sieht, um den SchülerInnen die theologische Perspektive bzw. Antwort nahe zu bringen.

6.6.3.4 MediatorIn

Eine zusätzliche Rolle, die in den Interviews aufgegriffen wird, ist die eines Mediators/einer Mediatorin bzw. eines Brückenbauers/einer

---

214 Siehe dazu Kapitel 6.6.2.1.

Brückenbauerin zwischen Menschen unterschiedlicher Kulturen und Religionen. Im schulischen Rahmen handelt es sich dabei um eine Mediation zwischen Schulleitungen/LehrerInnen und muslimischen Eltern/SchülerInnen. Manche IRL berichten davon, dass sie als MediatorInnen insbesondere bei Konflikten zwischen Schule und Eltern bzw. SchülerInnen muslimischen Glaubens tätig werden. Nur liefert ein Beispiel dafür, wie ein solcher Einsatz beschaffen sein kann:

> [...] dass man eben tatsächlich eine Brückenfunktion hat; mehrere Male werden die islamischen Religionslehrer auch dafür genommen eben, dass man bei psychologischen Beratungen dabei ist, weil die Eltern eben in der deutschen Sprache so nicht bewandert sind oder bei anderen Schwierigkeiten, dann sind wir immer in dieser Brückenfunktion. (Nur 61)

Diese auf den ersten Blick allein auf Sprachschwierigkeiten zurückgeführte Begründung wird im Laufe der Analyse weiter aufgeschlüsselt und es wird deutlich, dass es hier auch um religiös-traditionelle und kulturelle Denkweisen, Muster und Perspektiven geht. Nur und weitere IRL sehen sich besonders geeignet, Brücken zu bauen, weil sie aufgrund vieler Gemeinsamkeiten die muslimischen Eltern und SchülerInnen besser verstehen und wissen, wie sie mit ihnen kommunizieren können.

> Wenn ich mit den Eltern rede, wird das nochmal ganz anders aufgenommen, als wenn das eine andere Lehrerin macht. Weil wir viel mehr Gemeinsamkeiten haben, und ich kann denen tatsächlich die besseren Ratschläge geben, auch wenn das dieselben sind. Ich muss sie bisschen umformulieren, denen gerecht machen und schon wird das dann eher angenommen als von einer anderen Lehrerin, die es genauso gut meint eigentlich. (Nur 45)

Hier wird auch deutlich, dass mehrere Rollen ineinander übergehen und sich gegenseitig ergänzen. So bauen die IRL in ihrer Rolle als MediatorInnen auf jener als Vorbild und Identifikationsfigur auf. Das ist in den Augen der LehrerInnen u. a. auch ein Grund dafür, dass sie für die Mediation besonders geeignet sind. Nuh beschreibt das folgendermaßen:

> Weil oft einmal sehen die muslimischen Eltern und Kinder das als eine Bereicherung, wenn auch der islamische Religionslehrer dabei ist. Oder wenn der islamische Religionslehrer da ist und mit ihnen redet. Weil es ist, glaub ich, auch verständlich, weil sie davon ausgehen: Er versteht mich. Er hat die

gleiche Sprache, er hat die gleiche Religion, Kultur; und er versteht mich. (Nuh 46)

In den Augen der IRL ist es besonders ihre Einfühlsamkeit, die andere LehrerInnen nicht hätten, die ihnen in diesem Rahmen zugutekomme. Nur vermittelt eine anschauliche Vorstellung davon, wie diese sich geltend macht:

> [D]urch die Religion habe ich einen Zugang, durch die Sprache und durch die Kultur. Obwohl ich im Unterricht nur Deutsch spreche, weiß ich, wie er [der/die SchülerIn] denkt, wenn er auch Deutsch spricht. Oder wenn wir nach dem Unterricht auch [die Sprache X] sprechen weiß ich, der hat ein anderes Bedürfnis, auch wenn er [diese andere Sprache] spricht, hat er ja eine andere Welt, die er auch mit sich trägt [...]. (Nur 45)

Die Mediation wird nicht nur als eine Mediation zwischen Individuen gesehen, sondern auch als eine Mediation zwischen Religionen und Kulturen. Als RepräsentantInnen der muslimischen Religionsgemeinde und als LehrerIn befinden sich die IRL in einer Position, in der sie mit Angehörigen verschiedener Religionen und Kulturen in Kontakt stehen. Und dies befähige sie – davon ist etwa Nuh überzeugt – dazu, die gesellschaftliche Integration zu befördern und Brücken zu bauen zwischen (Angehörigen von) verschiedenen Kulturen und Religionen:

> Man kann als islamischer Religionslehrer sehr viel bewirken. Sprich Integration, sprich auch gemeinschaftliches Leben, sprich, auch diese Brücken bauen. Weil wir Gott sei Dank immer noch unter Muslimen auch einen gewissen Stellenwert haben als Lehrer, können wir diese Menschen motivieren oder halt einlenken. (Nuh 116)

Die in diesem Abschnitt zitierten IRL sind sich also darin einig, dass das, was sie für die Rolle eines Mentors/einer Mentorin besonders qualifiziert, ihre Gemeinsamkeiten mit den muslimischen SchülerInnen und Eltern (die gemeinsame oder ähnliche Kultur, Religion, Sprache etc.) sowie ihr Arbeitsplatz als ein Ort, an dem sie Menschen mit unterschiedlichem Hintergrund begegnen, sind.

6.6.3.5 MentorIn und Coach

Schließlich finden sich LehrerInnen bisweilen auch in der Rolle von MentorInnen und Coachs wieder – einer Rolle, die dem Datenmaterial zufolge zwei Zielgruppen hat. Da ist zum einen die Gruppe jener Eltern und Erziehungsberechtigten, die entweder nicht in der Lage oder nicht willens sind, ihre Kinder entsprechend zu unterstützen. Fehlende Unterstützung aber wirke sich negativ auf die Leistungen und die Selbstwirksamkeit der SchülerInnen aus. Dazu Eda:

[W]enn von zu Hause auch keine Leistung kommt, keine Hilfe kommt, kann sie [die Lehrerin] auch schwer etwas bewegen. (Eda 72)

Auch Naz sieht dringenden Handlungsbedarf aufseiten von Eltern und Erziehungsberechtigten, insbesondere im Hinblick auf die Sprachkompetenz der SchülerInnen:

Erstens: Vor der Schule müssen die Eltern schauen, dass die Kinder einen bestimmten Grad von Deutschkenntnissen haben, und das lernen die Kinder vor dem Kindergarten daheim. [...] Nicht, indem sie ständig zum Beispiel daheim den Kindern alles Türkisch anschauen lassen, oder sie können ihnen auf Deutsch ja Geschichten vorlesen oder selber Geschichten erzählen. (Naz 24)

Eben in solchen Fällen sehen sich die LehrerInnen gefragt, Eltern und Erziehungsberechtigten etwa durch Beratungsgespräche und Kooperationsangebote, also als MentorInnen und Coachs Unterstützung zu leisten. Dabei ließen sich zumindest Teilerfolge erzielen, wie etwa Naz meint:

Dann kann die Mama doch mal herkommen und sagen: „Welche Themen macht ihr durch? Welche Wörter kommen da oft vor? Welche Wörter soll ich auch daheim nochmal mit meinem Kind auf Türkisch und auf Deutsch nochmal durchgehen, damit sie oder er das besser versteht?" Mit einigen Eltern haben wir das geschafft, die sich Zeit für ihre Kinder genommen haben, aber mit anderen Eltern [...]. (Naz 24)

Das Mentoring bzw. Coaching der Eltern wird offenbar ausschließlich von Lehrerinnen betrieben,[215] bei Lehrern hingegen überwiegt das Mentoring und Coaching von SchülerInnen. So sieht z. B. Han sich „als eine Art erweiterter Coach", der die Entwicklung und den Werdegang der SchülerInnen unterstützt. Er illustriert sein Verständnis vom Coach mit Negativbeispielen:

> Also ich hoffe, ich bin nicht jemand, der bloß irgendwelche Anforderungen an die Schüler stellt und ihnen dann nur mit Inhalten gegenübersteht und sie nicht wirklich voranbringt. Oder irgendwie Sachen liefere, mit denen sie sich dann selbst herumschlagen müssen, sondern dass ich wirklich jemand bin, der sie in ihrer Entwicklung voranbringt. Und das nicht nur so, wie ich mir das vorstelle, sondern auch in Kooperation mit ihren Vorstellungen. Das heißt, wirklich eine Art erweiterter Coach, würde ich sagen. (Han 132)

Ein anderes Verständnis von Mentoring und Coaching der SchülerInnen ist z. B. bei Cem zu beobachten, der das Mentoring in enger Verbindung mit klassischen Rollenbildern und dem klassischen Verständnis von *nasihats* (Ratschlägen) wahrnimmt, das darauf abzielt, die Lernenden auf den ‚rechten Pfad' zu leiten:

> Das heißt, er [der Lehrer] soll auch wegweisen können. Wenn Schüler und Schülerinnen Hilfe brauchen, dann soll er auch gute Ratschläge geben und wegweisen können. (Cem 126)

Als weiteres Motiv, als MentorInnen und Coachs tätig zu werden, führen manche IRL ihre besondere Eignung durch Gemeinsamkeiten wie Religion, Kultur und Sprache an, die sich gerade in einer Kleingruppe, wie sie der IRU darstellt, besonders gut entfalten könne:

> Ich kann mir mehr Zeit für die Kinder nehmen und auch gewisse Probleme ansprechen, was die anderen [nicht IR-]Lehrer nicht machen können, weil

---

215 Dies mag auch an der in der muslimischen Gemeinde nach wie vor stark ausgeprägten komplementären Rollenverteilung liegen, in der die Mütter bzw. Frauen die Rolle der Erzieherin einnehmen und die durch die verpönte Kontaktaufnahme zwischen Männern und Frauen zusätzlich verstärkt wird. Die Kontaktaufnahme und -pflege zwischen Frauen ist daher geläufiger und wird viel eher akzeptiert als Kontakte zwischen Männern und Frauen.

ich eine kleinere Gruppe habe, weil ich eine andere Sensibilisierung habe, weil ich ein anderes Bedürfnis habe. Deswegen finde ich diese Aufgabe tatsächlich sehr wichtig und die Lehrer [IRL] müssen sich sehr gut dafür vorbereiten [...]. (Nur 41)

Im Lauf ihrer Schilderungen weist Nur auch auf den mit der Wahrnehmung der unterschiedlichen Rollen verbundenen zusätzlichen Zeitaufwand hin, da IRL den jeweiligen Rollen nur mit entsprechend guter Vorbereitung gerecht werden könnten.

6.6.4 Resümierende Analyse der inhaltlich-konzeptuellen Perspektive der IRL

In der Zusammenfassung ergibt die Analyse der Daten mit Blick auf die inhaltlich-konzeptuelle Perspektive der IRL Folgendes:

Konzepte zur Vorbereitung des Unterrichts

- Grundsätzlich sind die interviewten IRL der Meinung, dass ein vorbereiteter Unterricht von wesentlich höherer Qualität ist als ein unvorbereiteter, dass aber die Vorbereitung keine Garantie für den Erfolg und das Gelingen des Unterrichts ist.
- Dementsprechend wird die Vorbereitung als eine flexible und offene Unterrichtsprozessplanung, die auch mit unvorhersehbaren und unkontrollierbaren Dynamiken rechnet, verstanden.
- Dazu aber, so das allgemeine Dafürhalten, bedürfe es des entsprechenden „Handwerkszeugs", das es den IRL erlaubt, die Planung kurzfristig oder ad hoc im Laufe des Unterrichts zu verändern und neu zu gestalten.
- Ein wichtiger Faktor bei der Planung ist der Arbeitsaufwand. In diesem Zusammenhang werden unterschiedliche Gründe genannt (wie z. B. Unterricht an verschiedenen Schultypen, Erstellen von Unterrichtsmaterialien oder zusätzliche Beschäftigungen), die es verunmöglichten, genügend Zeit und Ressourcen für die Vorbereitung aufzuwenden, worunter dann eben die Qualität des Unterrichts leide.

- Davon betroffen sind in den Augen der IRL solche bedeutende Faktoren wie Differenzierung und Individualisierung oder Methodenentwicklung.

Konzepte zur Gestaltung und Leitung von Lernprozessen

- Die von den IRL in ihrem Unterricht verfolgten Ziele umfassen u. a. Glaubensvermittlung, Identitätsstiftung, Werteerziehung, Subjektwerdung und Mündigkeit. Dies ist auch der Bezugsrahmen, innerhalb dessen Erfolg und Qualität des Unterrichts betrachtet und gemessen werden. Dabei ließe sich der Erfolg der Glaubensvermittlung, Identitätsstiftung und Werteerziehung – so die Überzeugung – an der Lebens- und Glaubenspraxis der SchülerInnen ablesen, Subjektwerdung und Mündigkeit wiederum bewiesen sich an den von den SchülerInnen formulierten Fragen und den ihnen zugrunde liegenden Geisteshaltungen.
- Aus der Analyse lassen sich ferner vier didaktische Orientierungen ableiten: Gegenstandsorientierung, Subjektorientierung, Kontextorientierung und Diversitätsorientierung. Die letzteren beiden gelten als externe Einflussfaktoren, die das Unterrichtsgeschehen in jedem Fall mitbestimmen. Ein durch Gegenstandsorientierung geprägter Unterricht zielt auf die kindgerechte Vermittlung von Inhalten und Themen ab, bei der Subjektorientierung stehen die SchülerInnen im Mittelpunkt des IRU.
- Als nahezu unlösbare Dauerprobleme werden Themen-Kontext-Konstrukte wie Fasten oder Schwimmen erachtet – begründet wird dieser Umstand mit den unterschiedlichen Kontexten, aus denen an Themen dieser Art herangegangen wird. Obwohl der IRU seit 1982 im Schulwesen verankert ist, sind manche Themen der muslimischen Minderheit, andere wiederum der nichtmuslimischen Mehrheit nach wie vor fremd. Eine Reihe von Themen ist selbst innerislamisch (noch) ungeklärt.
- Was den Umgang der IRL mit solchen Themen-Kontext-Konstrukten betrifft, lassen die Daten zwei Handlungsformen erkennen, die beide als durchaus problematisch zu werten sind: Da ist zum einen die Vermeidung von prekären Themen, was dazu führt, dass diese

fortwährend aufgeschoben werden – bis hin zum Punkt, an dem ein Ausweichen nicht mehr möglich ist. Ein anderer Zugang besteht darin, ein Thema aus möglichst allen Perspektiven zu bearbeiten, um zu gewährleisten, dass alle Beteiligten zufriedengestellt sind und jegliches Missverständnis vermieden wird.

- Als weitere Herausforderung taucht in den Interviews die Frage nach der Bestimmung des Verhältnisses zwischen Pädagogik/Didaktik und Theologie/Fachwissen auf. Einigen IRL zufolge dürfe die Hinwendung der IRL zur IRP keinesfalls auf Kosten der Theologie gehen und diese etwa verwässern oder verzerren, andere wiederum wünschten sich eine Stärkung der Rolle der IRP.

Rollenkonzepte der IRL

- Für einige IRL fällt das Wirken als IRL mit der Rolle des Vorbilds und der Identifikationsfigur zusammen, die sich u. a. in der Nachahmung der SchülerInnen widerspiegelt. Manche IRL verbinden diese Rolle eng mit der des Glaubenszeugen und der eigenen Authentizität.
- Im Einklang mit der Vorbild- bzw. Zeugenrolle begreifen LehrerInnen sich auch als RepräsentantIn und VermittlerIn des Glaubens. Als solche fungiere die Lehrperson gegenüber NichtmuslimInnen als Repräsentationsfigur, gegenüber Angehörigen der muslimischen Gemeinde als GlaubensvermittlerIn. Hierbei wird insbesondere auf das Konzept des Glaubenszeugen, dem es auferlegt sei, den Glauben authentisch vorzuleben oder zu veranschaulichen, zurückgegriffen.
- Eng verknüpft mit den beiden glaubenszentrierten Rollen sind die Vergleiche bzw. die Gleichsetzung und Selbstidentifizierung mit ‚klassisch muslimischen' Rollenbildern wie dem des Imams oder Scheichs. Nach diesem Verständnis obliegt es IRL – eben in der Art eines Imams oder Scheichs – für das Heil der SchülerInnen zu sorgen.
- Aufgrund der besonderen Natur ihres Arbeitsfelds – der Schule als Schnittstelle zwischen verschiedenen Akteuren, Kulturen und Religionen – sehen sich etliche IRL als MediatorInnen zwischen muslimischen SchülerInnnen/Eltern und der Schule und in weiterer Folge auch als MediatorInnen zwischen Kulturen, Religionen und Gesellschaften.

- Schließlich wird in den Interviews auch die Rolle des Mentors/der Mentorin und des Coachs erwähnt. Insbesondere Lehrerinnen nehmen diese Aufgabe in Form der unterstützenden Begleitung und Beratung von Eltern und Erziehungsberechtigten wahr. Lehrer dagegen wollen vor allem Mentoren und Coachs der SchülerInnen sein, wobei die einen darunter die Begleitung der SchülerInnen in ihrer Entwicklung, andere hingegen deren Anleitung in der Art eines Wegweisers verstehen.

7 Die Ergebnisse in Form von Thesen zur Professionalisierung der IRL

In diesem Abschnitt werden neun Thesen formuliert, die aus der Verdichtung der empirischen Ergebnisse und aus der Reflexion und dem Vergleich der Kategorien entstanden sind. Als Zusammenfassung der empirischen Ergebnisse benennen sie gleichzeitig die Herausforderungen auf dem Weg zur Professionalisierung und bilden die Grundlage für die Weiterentwicklung des Professionalisierungskonzepts im islamischen Kontext. Im Folgenden werden die Thesen zunächst im Detail erläutert und im Anschluss daran aus unterschiedlichen wissenschaftlichen Perspektiven diskutiert.

7.1 Die eingeschränkte Handlungsmacht der IRL

Die Handlungsfähigkeit und die Handlungsmacht der IRL können durch externe und interne Faktoren beträchtlich eingeschränkt werden. Als Einschränkungen treten den IRL vor allem die im Ergebniskapitel problematisierten Rahmenbedingungen, die Rolle und das Bild des IRL-Berufs in der muslimischen wie auch in der nichtmuslimischen Gesellschaft gegenüber.

Die extrinsischen Faktoren stellen sich aus der Perspektive der befragten IRL folgendermaßen dar:

- Die IRL erhalten zumeist auf ein Jahr begrenzte Arbeitsverträge und sind mit häufigen Schulwechseln und kurzfristigen Entscheidungen der islamischen Schulbehörden konfrontiert, die als handlungseinschränkend erlebt werden.
- Diesen spezifischen Umständen ist es geschuldet, dass den IRL die Kontinuität und die Sicherheit am Arbeitsplatz fehlen. Häufige Schulwechsel zwingen sie, immer wieder neu anzufangen und sich in die jeweilige Schule und Schulgemeinschaft einzuleben – wenn ihnen dafür überhaupt Zeit bleibt und sie nicht schon zuvor an einen neuen Arbeitsplatz versetzt werden. Dies bewirkt Vereinzelung sowie Gefühle der Unsicherheit und Vereinsamung.

- I L-Verträge[216] als Landes- und BundeslehrerIn werden nach Angaben der IRL selten vergeben, selbst wenn die (formalen) Anforderungen erfüllt sind. Diese für die IRL eigentlich nicht nachvollziehbare Praxis bleibt nicht ohne Folgen auf die Arbeitsmoral, wird sie doch als mangelnde Wertschätzung bzw. Anerkennung gedeutet.

- Die IGGÖ ist der Arbeitgeber der IRL und stellt zugleich auch die Lehrbefähigung aus, die – aus der Sicht der IRL – jederzeit ohne eine unabhängige externe Begutachtung und ohne jegliche Begründung wieder entzogen werden könne, was Misstrauen und Unsicherheit erzeugt.

- Zudem sehen sich die IRL von der IGGÖ angehalten, möglichst keine Unannehmlichkeiten und Störungen zu verursachen und prekäre sowie zu Missverständnissen führende Themen und Positionierungen zu vermeiden.

Zu diesen von außen herangetragenen Faktoren treten Faktoren hinzu, die die IRL selbst mitbringen:

- Die oben geschilderten Praktiken der IGGÖ lassen bei den IRL vielfach Resignation aufkommen.

- Etliche IRL stoßen sich an den Unterschieden in der Qualität und Ausrichtung der Ausbildung bzw. Qualifikation ihrer IRL-KollegInnen, weil die interne Heterogenität der Ausbildung und der Kompetenzen – dadurch, dass sie Handlungsmöglichkeiten als Berufsgemeinschaft einschränke – als Hindernis gesehen wird. Diese Einstellung findet sich in drei der vier Bundesländer, in denen Interviews geführt wurden. Lediglich in einem Bundesland wird die Heterogenität der Qualifikationen positiv wahrgenommen, nämlich als potenzielle Expertisen, Stärken und Fähigkeiten, die Synergien ermöglichen.

- Außerdem ist innerhalb des IRL-Kollegiums eine deutliche Rivalität zu beobachten, die auf externe Faktoren wie die Praxis der Vergabe von Arbeitsverträgen oder auf die fehlende Kontinuität und Sicherheit am Arbeitsplatz zurückgeführt werden kann. Diese Rivalität ist aber auch Folge divergierender Auffassungen von Religion und Theologie.

---

216 Siehe Kapitel 6.3.1.3, Anmerkung 198.

- Als weiteres Moment – auch das zeigt die Analyse – macht sich das Von-sich-Weisen von Eigenverantwortung und der Vertretung eigener Interessen geltend. Zwar werden die externen Faktoren und deren Auswirkungen in all ihren Widrigkeiten ausführlich beschrieben und kritisiert, etwas dagegen zu unternehmen gilt gleichwohl nicht als Option. Im Gegenteil: Dafür wird der Arbeitgeber für zuständig erklärt. Diesbezüglich ist Folgendes festzuhalten: Die jeweiligen Schulbehörden der Glaubensgemeinschaften – hier das Schulamt der IGGÖ – treten nicht nur als Arbeitgeber der IRL in Erscheinung, sondern sie sind zugleich die institutionelle Vertretung ihrer Angehörigen, deren Aufgabe es ist, im Gespräch mit der Politik und den Schulbehörden den IRU der Glaubensgemeinschaft – in den Augen der IRL also auch den IRL-Beruf – zu organisieren und zu vertreten.

Demnach hängen die Handlungsmöglichkeiten (bzw. die Handlungsmacht und -fähigkeit) der einzelnen IRL von der jeweiligen kontextuell zu beurteilenden Qualifizierung, der Identität, von Habitus und Kompetenz sowie von diversen Rahmenbedingungen, Ressourcen, institutionellen Organisationsformen und -strukturen ab.

7.2 Die fehlende Beheimatung der IRP im deutschsprachigen Kulturraum und im wissenschaftlichen Diskurs

Wie aus den Ergebnissen der Interviewanalyse weiters hervorgeht, besteht dringender Handlungsbedarf in Sachen Beheimatung des IRL-Berufs und auch anderer islamischer Berufe wie jener des Imams oder Seelsorgers sowohl in der deutschen Sprache, Kultur und Gesellschaft als auch im wissenschaftlichen Diskurs der IRP. Konkret geht es um folgende Erfordernisse:

- Die IRL sind hinsichtlich der Vorbereitung und Gestaltung von Unterrichtseinheiten stark auf die Erstellung von Lehrmitteln und Unterrichtsmaterialien fokussiert. Diese Fokussierung auf Mittel und Materialien kann Indikator für ein didaktisches Konzept sein, die Analyse der Daten legt als Grund dafür allerdings eher einen Mangel nahe – einen Mangel an im deutschen Sprach- und Kulturkontext entwickelten oder adaptierten, elaborierten und bewährten Lehrmitteln und Materialien, an Themen, Inhalten und Unterrichtskonzepten. Da die traditionellen islamischen Inhalte, die mitunter aus dem ursprünglichen muslimischen Kultur- und Sprachraum der LehrerInnen stammen, aufgrund der Kontextunterschiede nicht ohne Weiteres für den IRU in Österreich (Europa) übersetzt und übernommen werden können, sind die IRL gezwungen, unter entsprechender Verausgabung von zeitlichen und intellektuellen Ressourcen sich selbst um die Behebung dieses Mangels zu kümmern.

- Die im europäischen Kontext entstehende IRP wird unterschiedlich bewertet. Während manche IRL die Ausbildungsmöglichkeiten begrüßen, stehen andere der IRP skeptisch gegenüber, wobei die Kritik zumeist den jeweiligen Traditionshintergrund widerspiegelt. So erachten Letztere beispielsweise die Veranschaulichung – ein wesentliches Element in Pädagogik und Didaktik – als Verstoß gegen das Bilderverbot, dessen Zweck doch u. a. die Gewährleistung der theologischen Offenheit und der Kontingenz bestimmter Themen, Inhalte und Vorstellungen sei. Bei den anderen wiederum macht sich eine Spannung zwischen Tradition und den neuen Paradigmen und Konzepten der IRP bemerkbar, die sie ,auszubalancieren' versuchen.
- Schließlich gibt es eine Reihe von Themen, die als problematisch und konfliktträchtig gelten. Mit Blick auf den islamisch-religiösen Kontext sind das etwa die Themen Homosexualität, uneheliche Beziehungen (Sexualität) oder auch die Evolution, im säkularen Kontext gehören dazu die Themen Fasten oder Kopftuch. Die Probleme entstehen u. a., weil den Akteuren (IRL, LehrerInnen anderer Fächer, Schulleitungen, Eltern etc.) in der Schule und in der Gesellschaft die Mehrperspektivität fehlt und das Gefühl der wechselseitigen Fremdheit zwischen Islam bzw. MuslimInnen und der christlich-säkularen Mehrheitsgesellschaft noch immer nicht überwunden ist.

7.3   Die fehlende Integration im (Berufs-)System Schule

Hinsichtlich ihres Verhältnisses zum Schulbetrieb sehen sich die IRL der Analyse zufolge in einer Situation, in der sie ,wie Gäste kommen und gehen'. Den IRL fehlt in den Schulen die Präsenz, Kontinuität und Inklusion – und in der Folge auch die Anerkennung. Das führt dazu, dass sie sich nicht als Teil des Lehrkörpers wahrnehmen und daher ihre Stellung innerhalb der Schule und der Berufsgemeinschaft ungeklärt bleibt. Folgende Faktoren sind in den Augen der IRL hierfür ausschlaggebend:

- Die IRL betreuen in den meisten Fällen mehrere Schulen, da sie andernfalls kaum eine Vollzeitbeschäftigung erreichen können. Dazu kommt, dass bei der Zuteilung der Schulen große Unausgewogenheit herrscht. Während manche IRL zwei Schulen zu betreuen haben, können es bei anderen – in Extremfällen – bis zu 20 Schulen sein. Der hohe Arbeits- und Zeitaufwand, den die Beschäftigung an mehreren Schulen mit sich bringt, lässt es naturgemäß nicht zu, sich darüber hinaus in der Schule einzubringen. Auch der Umstand, dass sich viele schulische Aktivitäten zu bestimmten Zeiten häufen, bedeutet für viele IRL – neben der damit verbundenen Belastung –, dass sie an den Aktivitäten selten oder nie teilnehmen können.

- Eine große Rolle spielt im Hinblick auf die Inklusion der Stundenplan. Die Unterrichtsstunden der IRL werden oftmals auf den Nachmittag gelegt, führen also mit Blick auf den gesamten Schulbetrieb eine Randexistenz. Folglich sind die IRL insgesamt in den Schulen weniger präsent und weniger in das Schulleben eingebunden als die LehrerInnen anderer Fächer.

- Die geringe Präsenz in der Schule wirkt sich auch auf die Beziehung zwischen den IRL und den Schulleitungen aus. Manchen IRL fällt es schwer, unter diesen Gegebenheiten die Schulleitungen in angemessener Weise als Vorgesetzte anzuerkennen, umgekehrt nehmen die Schulleitungen die IRL nicht immer als Teil des Lehrkörpers wahr. Dies führt zu Konfrontationen, in denen die IRL um Lehrmittel, Werteinheiten, Anerkennung usw. ‚kämpfen' müssen.

- Ein weiterer Gesichtspunkt ist, dass im Hinblick auf die Betreuung mehrerer Schulen und die damit verbundenen schulischen Verpflichtungen der IRL vieles im Unklaren liegt. So gibt es für die IRL beispielsweise keine konkreten Handlungsrichtlinien in der Frage, inwieweit sie verpflichtet sind, an Konferenzen oder schulinternen Fortbildungen u. Ä. der einzelnen Schulen teilzunehmen und wie sie zugleich ihrer Lehrverpflichtung nachkommen sollen, wenn sie mehrere Schulen zu betreuen haben.

- Von der mangelnden Präsenz wird ferner auch die Position der IRL im Lehrkörper der Schule beeinflusst. Insbesondere in Schulen, in denen die IRL nur wenige Stunden unterrichten, treten Vorbehalte, Vorurteile und manchmal auch gegenseitige Denunzierungen sowie Unterstellungen auf. Mangelnde Präsenz führt eben zu Distanz, und wo Distanz herrscht, leidet auch das Entstehen eines gedeihlichen Miteinanders.
- Ein weiterer Aspekt, der aus der Untersuchung hervorgeht, ist die geringe Präsenz der IRL bzw. der MuslimInnen im Gesamtkontext Schule. Die MuslimInnen sind zwar eingeladen, Projekte ‚mit' zu organisieren und zu gestalten, also einen Beitrag zu der bereits vorhandenen Schulkultur zu leisten. Aber die muslimischen Feiertage und Feste finden keinen Eingang in die Schulkultur und/oder werden vom Lehrkörper der Schule nicht im gleichen Maße mitgetragen wie die christlichen oder säkularen Feiertage und Feste.

7.4 Das Dilemma der nicht ausdifferenzierten Identitätstrias: kollektive Identität – persönliche Identität – berufliche Identität

Die Ergebnisse deuten darauf hin, dass der Lehrerberuf mit einem Identitätsdilemma zu kämpfen hat, das die kollektive, persönliche und professionelle bzw. berufliche Identität der IRL betrifft. Die befragten IRL haben in den meisten Fällen eine stark ausgeprägte kollektive Identität, die auf der persönlichen Identität beruht und zu der in seltenen Fällen eine Berufsidentität hinzutritt. Deren latent ungleichmäßige Ausprägung sowie mangelndes Identitätsbewusstsein bzw. mangelnde reflektierte Differenzierung bringen die IRL mitunter in eine Zwangslage, in der sie ihre Handlungen zumeist an der kollektiven Identität ausrichten. Diese Identitäten können folgendermaßen charakterisiert werden:

- Die kollektive Identität baut auf Sprache und Kultur, vor allem aber auf der Identifizierung mit der Religion auf und bildet auch die Grundlage für die Identifikation mit SchülerInnen und mit MuslimInnen im Allgemeinen. Das heißt, das Muslimsein ist der gemeinsame

Nenner, das Bindeglied, das eine enge Beziehung zwischen den IRL und den SchülerInnen ermöglicht.

- Die persönliche Identität manifestiert sich im biografisch-kontextuellen Habitus und den Anschauungen und ist mitunter stark von der religiös-kollektiven Identität geprägt.
- Die berufliche Identität in Form eines sachlich und fachlich fundierten Berufshabitus oder -ethos und eines Berufsbewusstseins zeigt sich besonders deutlich bei IRL, die reflektiert arbeiten.

Diese Identitäten wirken sich wiederum auf das Handeln der IRL aus, und zwar auf dreierlei Art:

1. Wenn es darum geht, zwischen der säkularen Schule und den muslimischen SchülerInnen zu vermitteln bzw. die Position der Schule mitzutragen, kann die kollektive Identität ausschlaggebend dafür sein, der Schule die Unterstützung zu verweigern, selbst wenn sie als die richtigere erachtet wird.
2. In einigen Fällen verschwimmen die Grenzen zwischen den Identitäten, dann dominiert die kollektive Identität die anderen. Damit wirkt die religiös-kollektive Identität allumfassend und bestimmt die Handlungen, Ziele und den Unterricht der IRL.
3. IRL mit einer ausgeprägten Berufsidentität zeigen sich in ihrer Handlungsorientierung reflektiert und subjektbezogen. Dies schließt ein, dass sie den IRL-Beruf und die MuslimInnen im österreichischen Kontext betrachten und sich mit der Möglichkeit der multiplen Identitäten auseinandersetzen.

7.5 Fehlende innerislamische Anerkennung als Folge eines fehlenden Berufskonzepts und der innerislamischen Rivalität

Von den muslimischen Gemeinden wird den IRL die Anerkennung, verstanden als das Zugestehen bzw. Übertragen von Kompetenzen, Handlungsräumen und Handlungsmacht, aufgrund eines fehlenden IRL-Berufskonzepts und der innerislamischen Rivalität verweigert. Diese beiden Faktoren lassen sich folgendermaßen charakterisieren:

- Eltern, Moscheen und auch manche IRL verstehen den IRU als reine Glaubensvermittlung, die eben in der Schule stattfindet. Er wird so mit der Glaubensvermittlung in der Moschee gleichgesetzt und tritt damit in direkte Konkurrenz zum Moscheeunterricht, der auf eine bis in die Anfänge des Islams zurückzuführende Tradition blickt und somit hohe Autorität genießt. Hier ist besonders virulent, dass den IRL ein Berufskonzept bzw. Professionskonzept im Sinne eines Alleinstellungsmerkmals und einer Abgrenzung von Moscheeberufen fehlt.

- Diese Konkurrenzsituation in Kombination mit den unterschiedlichen Interpretationsmöglichkeiten von Koran und Sunna führt zu einer ausgeprägten Rivalität. Das heißt: IRL, die der Lehre der Moschee widersprechen oder im Unterricht andere Interpretationsmöglichkeiten aufzeigen, werden von den Moscheegemeinden offen herausgefordert und es werden Zweifel an ihrer religiösen Kompetenz und Autorität angemeldet. Dann wird den SchülerInnen empfohlen, sich vom IRU abzumelden, was mitunter auch mit Diffamierungen der IRL einhergeht. Diese Vorgehensweise der Moscheegemeinden ist insofern befremdlich, als die IRL ihre Lehrbefugnis ja von der IGGÖ, also der höchsten religiösen Instanz der MuslimInnen in Österreich, erhalten und die Moscheen offiziell ebenfalls an die IGGÖ gebunden und auf sie angewiesen sind.

7.6 Das Präsentieren der eigenen Kompetenz als Selbstwirksamkeit

Die Selbstwirksamkeit der IRL, verstanden als die persönliche Fähigkeit, Handlungen zu organisieren und auszuführen, also sich selbst als handlungsfähig und handlungswirksam zu erleben, ist – so zeigen die Ergebnisse – auf die Inszenierung der eigenen Kompetenz angewiesen. Folgende Zusammenhänge wurden in der Studie deutlich:

- Die IRL stellen fest, dass ihre Handlungsfähigkeit in der Schule stark von anderen Individuen – Schulleitungen, LehrerInnen anderer Fächer oder FachinspektorInnen – abhängt, weil diese beispielsweise über die Ressourcen und die Rahmenbedingungen, die ihnen zur Verfügung stehen, entscheiden.

- In weiterer Folge machen die IRL die Erfahrung, dass Kommunikation alleine hier nicht ausreicht, da diese ressourcenzuweisenden Personen ausschließlich aus der eigenen Perspektive heraus, also einseitig handeln. So bleiben die unterschiedlichen Positionen und Interessen zwischen IRL und Vorgesetzten, KollegInnen u. a., die diametral auseinandergehen können, bestehen.

- Die Lösung, die hier Anwendung findet, ist die Inszenierung der eigenen Kompetenz, in der Regel in Form einer theatralische Formen annehmenden Darstellungs- und Überzeugungsarbeit. Indem sie ihr Können demonstrativ zur Schau stellen, versuchen manche IRL Schulleitungen, LehrerInnen, etc. von der eigenen Kompetenz zu überzeugen und ihnen die Gewissheit zu geben, dass sie in der Schule einen wertvollen Beitrag leisten können. Als ‚Bühnen' für die Inszenierung und Präsentation der eigenen Kompetenz dienen etwa Projekte und Reifeprüfungen. Dadurch befinden sich diese IRL unter ständigem Beweisdruck gegenüber den anderen AkteurInnen in der Schule.

Das Präsentieren der eigenen Kompetenz wäre sicherlich auch als Strategie zur Gewinnung von innerislamischer Anerkennung interessant, wird aber von den IRL kaum erwähnt.

7.7 LehrerIn werden und LehrerIn sein: zwischen angeborenen und erlernten Fähigkeiten und grundsätzlichen berufsethischen Haltungen und Werten

LehrerIn zu werden und zu sein ist in den Augen der interviewten IRL eine sehr anspruchsvolle Aufgabe, deren Bewältigung mehr als die Aneignung von Wissen und Fähigkeiten erfordert. Dementsprechend greifen kompetente LehrerInnen auf erlernte Fähigkeiten, vor allem aber auf persönliche natürliche Veranlagungen und Ressourcen zurück. Ferner bauen sie auf handlungsleitende persönliche Konzepte, Haltungen und Werte im Sinne einer Berufsidentität und eines Berufsethos und bemühen sich, diese ständig weiterzuentwickeln. Dabei sind es folgende Faktoren, die diesen Zugang ratsam erscheinen lassen:

- Der IRL-Beruf ist, wie auch andere pädagogische Berufe, unvorhersehbaren, unkontrollierbaren, nicht planbaren Dynamiken ausgesetzt – in diesem Zusammenhang ist auch vom Technologiedefizit pädagogischen Handelns[217] die Rede. LehrerInnen benötigen daher bestimmte Kompetenzen, die ihnen den Umgang mit diesen Dynamiken ermöglichen.
- Aufgrund seines sozialen Charakters setzt der Beruf soziale Kompetenzen und Persönlichkeitsmerkmale voraus, die nicht ohne Weiteres erlernbar sind.
- Hinzu kommt, dass der IRU aufgrund seiner Natur als konfessioneller Unterricht und der in seinem Rahmen abzuhandelnden Fragen nicht durchführbar ist ohne ein gewisses Maß an Authentizität der Lehrenden bzw. an Kompetenz zu selektiver Authentizität[218].
- Besonders im Hinblick auf die Anerkennungsproblematik verlangt die bereits beschriebene Situation des IRL-Berufs einen individuellen und kollektiven Berufshabitus, verstanden als ein auf bestimmten Grundeinstellungen aufbauendes Gesamterscheinungsbild bzw. Verhalten.
- Von individuellen Identitäten, Konzepten oder Sichtweisen geleitet, geht das Lehrerhandeln oft weit über die Grenzen der Lehrtätigkeit

---

217 Niklas Luhmann und Karl Eberhard Schorr führten 1982 den Begriff „Technologiedefizit" in der Erziehung und Pädagogik ein, unter dem sie den fehlenden Kausalzusammenhang zwischen dem pädagogischen Handeln (Wirkung) und dem Lernerfolg und Handeln der SchülerInnen (Wirkung) thematisieren. Vgl. Luhmann, Niklas/Schorr, Karl Eberhard: ‚Das Technologiedefizit der Erziehung und die Pädagogik', in: Niklas Luhmann (Hrsg.): *Zwischen Technologie und Selbstreferenz: Fragen an die Pädagogik*, Frankfurt am Main 1982, S. 11–40.

218 Ruth C. Cohn übernahm bei der Entwicklung der Themenzentrierten Interaktion (TZI) einige Elemente aus der Gestalttherapie und prägte den Begriff der „selektiven Authentizität". Nach dem Konzept der selektiven Authentizität sollen PädagogInnen „nicht alles sagen, was sie denken, aber was sie sagen, soll authentisch sein". Siehe dazu Amendt-Lyon, Nancy: ‚Authentizität, selektive', in: Gerhard Stumm/Alfred Pritz (Hrsg.): *Wörterbuch der Psychotherapie*, Wien 2000, S. 55f.

hinaus – in einer Weise, die in der säkularen Schule nicht vertretbar wäre. Das zeigt die Dringlichkeit der Entwicklung eines Berufsethos, das als Hintergrundfolie für das LehrerIn-Werden, LehrerIn-Sein und die Professionalisierung dient. Dieses Berufsethos sollte nicht nur die Bereiche Ethik und Arbeitsmoral beinhalten, sondern auch Richtlinie sein für das Pflichtbewusstsein und die Entwicklung von Leistungsstandards.

7.8 Multiple Rollen: wahrnehmen, sich auseinandersetzen und reflektiert gestalten

Den Studienergebnissen zufolge finden sich die IRL oft in Situationen wieder, in denen eine bestimmte Rolle wie z. B. Vorbild, RepräsentantIn und VermittlerIn des Glaubens, MediatorIn usw. gefragt ist, die von unterschiedlichen Stellen (Schulleitungen, LehrerInnen anderer Fächer, Gesellschaft, Politik, Moscheen etc.) jeweils an sie herangetragen wird. Doch wie die Ergebnisse ebenfalls zeigen, tun sich manche IRL schwer damit, dem ständig gerecht zu werden. Tatsächlich fühlen sie sich mit den Rollenzuschreibungen des Öfteren überfordert, knüpfen sich daran doch bestimmte Erwartungen und Bilder, die mit den unterschiedlichen Selbstbildern bzw. selbstbeanspruchten Rollen der IRL im Einklang sein, aber ihnen auch entgegenstehen können. Daher benötigen sie die Kompetenz, diverse Rollen wahrzunehmen, zu reflektieren und die Entscheidung zu treffen, ob sie sich diese zu eigen machen und verkörpern wollen oder ob sie sich davon distanzieren. Diese Auseinandersetzung kann folgende Aspekte beinhalten:

- Das bewusste Wahrnehmen diverser Rollen bzw. Rollenerwartungen eines Berufs im Sinne einer Sensibilität für die unterschiedlichen kontextgebundenen Situationen, Erfordernisse, Erwartungen, Identitäten und Fremdbilder und -zuschreibungen erfordert Reflexion, Offenheit und Mut zur Entscheidung.
- Auf die Bewusstmachung (bzw. die Entscheidung) folgt die sach- und fachgerechte Auseinandersetzung und als nächster Schritt die Aneignung hierzu notwendiger Fähigkeiten, denn unterschiedliche

Rollen stellen unterschiedliche Anforderungen und benötigen unterschiedliche Fähigkeiten bzw. Kompetenzen.

- Das anschließende reflektierte Gestalten wird folgendermaßen verstanden: In der Auseinandersetzung werden Handlungen und Möglichkeiten zur Gestaltung der Rolle sichtbar. Das reflektierte Gestalten erfordert bewusste Handlungen, die fortlaufend reflektiert, also evaluiert, überdacht und manchmal auch neu gestaltet werden.

7.9 Professionalisierung unter dem Einfluss von individuellen, kollektiven und institutionellen Faktoren

Die Professionalisierung im Sinne eines Entwicklungs- und Qualitätsverbesserungsprozesses, der die Aneignung von Kompetenzen und professionelles Handeln ermöglicht, wird, wie in den Ergebnissen und in den Thesen zu sehen ist, von individuellen, kollektiven und institutionellen Faktoren geformt und gesteuert.

Im Zuge der Analyse konnten diesbezüglich folgende individuelle und kollektive Faktoren ausgemacht werden:

- Bestimmte persönliche Haltungen und Dispositionen wie z. B. das „lebenslange Lernen" fördern die persönliche Entwicklung im Sinne einer Professionalisierung.
- Die Professionalisierung eines/einer LehrerIn benötigt u. a. persönliches Engagement, Offenheit, Flexibilität, Kreativität, Resilienzbewusstsein, soziale Kompetenzen und Reflexionsfähigkeit.
- Manchen IRL fehlt sowohl ein berufsgemeinschafts- und professionsorientiertes Bewusstsein als auch das dazugehörige Selbstbild. Professionalisierung heißt auch, ein aus den Anforderungen der Tätigkeit und der Berufsgruppe sowie der persönlichen Qualifikation und Biografie hervorgehendes professionelles Ich zu entwickeln.
- Die Aus-, Fort- und Weiterbildungen sind diskursleitend für die Professionalisierung (der IRL) und sie bieten die für die Qualifizierungs- und Entwicklungsprozesse notwendigen bzw. förderlichen Räume und Infrastrukturen. Die Wahrnehmung von Aus-, Fort- und Weiterbildungsmöglichkeiten hängt freilich von der familiären Situation der IRL und weiterer sozialen Faktoren ab.

Die institutionellen Faktoren betreffen vor allem die Arbeits- und Organisationbedingungen und Strukturen des Berufs. Dazu liefert die Analyse folgende Erkenntnisse:

- Die Bereitschaft und Motivation zur Selbstentwicklung und die Wahrnehmung von Qualifikationsmöglichkeiten im Sinne einer Professionalisierung werden immer wieder durch die aus Sicht der IRL mangelhaften Rahmenbedingungen, Ressourcen, Organisationsformen, -praktiken und -strukturen des Berufs auf die Probe gestellt. Die damit verbundene Verunsicherung und Belastung lassen für Selbstentwicklung und Qualifizierung, also die Professionalisierung, keine persönlichen Ressourcen übrig.
- Professionalisierung setzt finanzielle Sicherheit und Kontinuität am Arbeitsplatz voraus, die aufgrund der spezifischen Umstände im IRL-Beruf nicht immer gegeben sind.
- Die institutionelle Organisation des IRL-Berufs braucht, wenn sie professionsorientiert konzipiert werden soll, Anreize. Dazu gehören die Ausarbeitung und Festlegung von Zugangsbestimmungen und Qualitätssicherungsmaßnahmen wie Qualitätskriterien, Evaluierungen und Kontrollmechanismen. Ferner bedarf es hier transparenter Organisations- und Kommunikationsstrukturen, Regelwerken und Arbeitskreisen.
- Unabdingbar sind des Weiteren adäquate, zugängliche und staatlich anerkannte Aus-, Fort- und Weiterbildungsmöglichkeiten, in denen nicht nur Wissensinhalte und Theorien vermittelt werden, sondern auch Kompetenzen wie Selbst- und Fremdleitungskompetenzen, Konzeptdenken, Haltungen, Einstellungen, Berufs- bzw. Professionalitätsbewusstsein etc.
- Das ‚Lernen am Arbeitsplatz‘ – in den Interviews wird immer wieder von „Learning by Doing" gesprochen – ist in den Augen der IRL der wichtigste Faktor für das Lehren-Lernen und LehrerIn-Werden und somit auch bedeutsam für die Professionalisierung des IRL-Berufs. Angesichts dessen, dass die Gruppe der gegenwärtig tätigen IRL großteils aus QuereinsteigerInnen – meist ohne einschlägiges Lehramtsstudium – besteht, müsste das ‚Lernen am Arbeitsplatz‘ für den IRL-Beruf einen sehr hohen Stellenwert haben. Und doch wird es zur Gänze vernachlässigt. Das heißt: Aktuell sind weder Strategien noch

Konzepte vorhanden, um das ‚Lernen am Arbeitsplatz' effektiv und professionsorientiert zu gestalten, zu nutzen und zu begleiten. Das bestehende Konzept der Fortbildungsveranstaltungen trägt diesen Notwendigkeiten nicht Rechnung.

8 Die Thesen im Lichte relevanter wissenschaftlicher Diskurse

Zur Wahrung des Eigenwerts der Ergebnisse wurden diese zunächst ohne Berücksichtigung der vorhandenen wissenschaftlichen Theorien und Konzepte dargestellt. Dabei wurde die Schlüsselkategorie ‚Lehren lernen – LehrerIn werden – LehrerIn sein‘ entwickelt und entfaltet. Dieser Schlüsselkategorie liegt folgende Annahme zugrunde: Um als LehrerIn Professionalität zu erlangen und zu besitzen, bedarf es des Durchschreitens eines fortwährenden Lern- und Entwicklungsprozesses, der durch verschiedene Faktoren beeinflusst wird. In diesen Prozessen reifen LehrerInnen zu Professionellen heran, indem sie sich laufend persönliche und fachliche Kompetenzen, Haltungen und Werte aneignen, ein professionelles Berufsbewusstsein und -ethos sowie eine Identität entwickeln und diese kontinuierlich reflektieren und (neu-)gestalten.

Im vorhergehenden Kapitel wurde die resümierende Verdichtung der Ergebnisse vorgenommen. Vor dem Hintergrund der forschungsleitenden heuristischen Frage

Welche Elemente und Faktoren sind im Hinblick auf ein Professionalitäts- und Professionalisierungskonzept für den islamischen Religionslehrberuf relevant?

wurden Thesen formuliert, die in diesem Kapitel aus unterschiedlichen wissenschaftlichen Perspektiven beleuchtet, erweitert und angereichert werden.

8.1 Die eingeschränkte Handlungsmacht der IRL

Das Thema des (pädagogischen) Handelns im Sinne von Handlungsfähigkeit und Handlungsmacht wird von verschiedenen Disziplinen aufgegriffen und elaboriert, so z. B. von der IRP, der Professionsforschung und der Soziologie. Einige dieser Perspektiven sollen im Folgenden herangezogen werden, um die These der eingeschränkten Handlungsfähigkeit der IRL einer näheren Betrachtung zu unterziehen.

8.1.1 Das (religionspädagogische professionelle) Handeln in der IRP

Ein Blick auf die Empirie zeigt, dass es dem IRL-Beruf an hinlänglich transparenter regulatorischer Systematisierung und Profilierung mangelt, worunter u. a. auch die Entwicklung von Handlungsmacht leidet. Dazu liefert Ibn Sahnūn (817–870) in seinem Werk „Adab al-mua´llimin" (Verhaltensregeln für Lehrer) zwei grundsätzliche Erkenntnisse: 1. Der Übergang einer Tätigkeit zu einer bezahlten Berufstätigkeit, hier insbesondere zur islamischen Lehrtätigkeit, bedarf einer regulatorischen Systematisierung. Diese sollte u. a. die Ernennung und Anwerbung als LehrerIn, die Bereitstellung von adäquaten Unterrichtsräumlichkeiten – Moscheen sind nach Sahnūn nicht für das Unterrichten konzipiert –, die Erstellung von Stundentafeln, die leistungsorientierte Bezahlung nach Vereinbarung sowie die Graduierung und Beurteilung von Lernergebnissen der Lernenden umfassen.[219] 2. Über die genannten zu regulierenden Faktoren sollte im Gespräch zwischen Lehrenden und anderen Beteiligten (z. B. den Erziehungsberechtigen) Übereinkunft erzielt werden. Dies aber setzt im Fall der IRL ein grundsätzliches Umdenken und neue Perspektiven hinsichtlich der Frage der Zuständigkeit und der eigenen Handlungsfähigkeit voraus.

8.1.2 Handeln, handlungsfähig und -mächtig sein in der Professionstheorie

Bezüglich der Frage der Handlungsfähigkeit von Individuen greift die Professionsforschung das Konzept des Empowerment auf, das hier kurz dargestellt und mit Blick auf die empirischen Ergebnisse bzw. die Thesen diskutiert werden soll.

Ulrich Bröckling zufolge liegt dem Empowerment-Konzept der Erweiterung der Mündigkeit

---

219 Vgl. Günther, Sebastian: ‚Advice for Teachers: The 9th Century Muslim Scholars Ibn Sahnun and Al-Jahiz on Pedagogy and Didactics', in: DERS.: *Ideas, Images, and Methods of Portrayal*: *Insights into Classical Arabic Literature and Islam*, Boston u. a. 2010, S. 79–116, hier S. 107–111.

[...] die Maxime [zugrunde], stets so zu handeln, dass dieses Handeln die Mündigkeit [verstanden als autonomes und selbstbestimmtes Handeln] seiner Adressaten (einschließlich der des Handelnden selbst) fördert.[220]

In der Professionstheorie im Allgemeinen gilt insbesondere die Befähigung der Adressaten (*to empower people*) als Bestandteil bzw. Merkmal professioneller Tätigkeit.[221] Weniger thematisiert wird die Selbstbefähigung (*self-empowerment*), auf die allerdings immer wieder im Zusammenhang mit der professionellen Selbstentwicklung von LehrerInnen zurückgegriffen wird.[222] In diesem Rahmen sind insbesondere die Ohnmachtsgefühle bzw. der *sense of powerlessness*, verursacht durch asymmetrische Machtverhältnisse und *have-nots*, von großer Bedeutung. Diese Gefühle werden durch „Erfahrungen von Fremdbestimmungen, verweigerter Anerkennung und Deprivation" begünstigt.[223] Sie führen dazu, „dass verbliebene Autonomie- und Partizipationspotenziale [also Handlungsmöglichkeiten] ungenutzt bleiben", so Bröckling. Diese Ohnmachtsgefühle und die sie begünstigenden Faktoren treten auch in der empirischen Untersuchung zutage. So erwähnen die IRL das Gefühl, auf sich allein gestellt zu sein, oder sie berichten von Fremdzuschreibungen, Vereinnahmungen oder verweigerter Anerkennung. Als Reaktion stellt sich Resignation ein, in der die IRL die Zuständigkeit für das Handeln von sich weisen.

Empowerment-Konzepte bieten hier sowohl Möglichkeiten zum Verständnis solcher Haltungen und Phänomene als auch Strategien zum Umgang mit ihnen an. Empowerment verfolgt laut Bröckling grundsätz-

---

220 Bröckling, Ulrich: ‚You are not responsible for being down, but you are responsible for getting up. Über Empowerment', in: *Leviathan* 31 (2003), H. 3, S. 323–344, hier S. 324.

221 Vgl. Michael Dick: ‚Professionsentwicklung als Forschungs- und Handlungsfeld', S. 12.

222 Siehe dazu Lowrie, Tom: ‚An educational practices framework: the potential for empowerment of the teaching profession', in: *Journal of Education for Teaching* 40 (2014), H. 1, S. 34–46; siehe auch Bailey, Kathleen M./Curtis, Andy/Nunan, David: *Pursuing Professional Development: The Self as Source*, Boston, MA 2001, S. 6–10.

223 Vgl. Ulrich Bröckling: ‚You are not responsible for being down, but you are responsible for getting up. Über Empowerment', S. 327f.

lich zwei Lösungsstrategien:[224] 1. die Förderung der Problemlösungskompetenz der Individuen und 2. die Bewusstmachung der handlungsbeeinflussenden Faktoren, Ressourcen und Strukturen. Die Bewusstmachung ist die erste Voraussetzung, um die eigene Handlungsfähigkeit wiederherzustellen und die Grenzen des eigenen Handelns zu verändern.

8.1.3 Agency, eine sozialwissenschaftliche Perspektive: handeln, handlungsfähig und -mächtig sein

Eine zusätzliche Perspektive zur Wahrnehmung und zum Umgang mit Einschränkungen und Begrenzungen eröffnet die aus den Sozialwissenschaften stammende Agency-Theorie, die der Frage nachgeht, „wie individuelle und kollektive Handlungsfähigkeit sozial ermöglicht, begrenzt und formiert wird"[225] und dafür in einem integrativen Ansatz Strukturtheorien, Handlungstheorien und Subjekttheorien heranzieht. Die Agency-Theorie spricht diesbezüglich nicht nur von Einschränkungen, sondern auch von Ermöglichung. So nimmt man an

> [...], dass individuelle und kollektive Akteure mit bestimmten (ökonomischen, kulturellen, sozialen) Ressourcen ausgestattet sind, die sowohl zu bestimmten Handlungen befähigen, als auch einschränken, welche Handlungen möglich sind, aber nicht festlegen, wie gehandelt wird.[226]

Im Lichte dessen wird Agency (nach Emirbayer/Mische) als die Fähigkeit verstanden,

> [...] sich kulturelle Kategorien sowie Handlungsbedingungen auf der Grundlage persönlicher und kollektiver Ideale, Interessen und Überzeugungen anzueignen, zu reproduzieren sowie potenziell zu verändern.[227]

---

224 Vgl. ebd., S. 328f.
225 Scherr, Albert: ‚Agency – ein Theorie- und Forschungsprogramm für die Soziale Arbeit?', in: Gunther Graßhoff (Hrsg.): *Adressaten, Nutzer, Agency: Akteursbezogene Forschungsperspektiven in der Sozialen Arbeit*, Wiesbaden 2013, S. 229–242, hier S. 232.
226 Ebd., S. 235.
227 Emirbayer, Mustafá/Mische, Ann: ‚What Is Agency?', in: *American Journal of Sociology* 103 (1998), H. 4, S. 962–1023, hier S. 963, zit. nach: Albert Scherr:

Auch hier ist – ähnlich dem Empowerment-Konzept – die Bewusstwerdung bzw. die Reproduktion von Handlungsbedingungen ausschlaggebend für einen erfolgreichen Umgang mit Einschränkungen bzw. Handlungsmöglichkeiten.

Daraus ließe sich in Anbetracht der empirischen Daten der Studie die Empfehlung ableiten, dass Konzepte wie Empowerment oder Agency im Sinne der Professionalisierung Eingang in die Fort- und Weiterbildungen der IRL finden sollten, um bei diesen ein Bewusstsein und eine Sensibilität für die handlungsbeeinflussenden Faktoren ihres Berufs, die als Handlungsmöglichkeiten verstanden werden, zu schaffen. Welche Handlungsoption ausgeführt wird, entscheiden die IRL selbst. Ein solches Bewusstsein bzw. eine solche Sensibilität würde es den IRL erlauben, die Bedingungen ihrer Handlungen zu reproduzieren, zu reflektieren und gegebenenfalls neu zu gestalten.

8.2 Die fehlende Beheimatung der IRP im deutschsprachigen Kulturraum und im wissenschaftlichen Diskurs

Religionen bzw. die Frage der Religionszugehörigkeit nehmen sowohl im wissenschaftlichen Diskurs als auch in den medial geführten politischen Integrationsdebatten im deutschsprachigen Raum eine prominente Rolle ein.[228] In den einschlägigen Debatten wird den Vertretern des IRL-Berufs und anderer islamischer Berufe – z. B. den Imamen – entweder das Bemühen um Integration zugutegehalten oder die Förderung von Desintegration und Parallelgesellschaften vorgeworfen.[229] Demnach

---

,Agency – ein Theorie- und Forschungsprogramm für die Soziale Arbeit?', S. 233.

228 Vgl. Yildiz, Erol: ,Vom methodologischen Orientalismus zur muslimischen Alltagspraxis', in: Zekirija Sejdini (Hrsg.): *Islam in Europa: Begegnungen, Konflikte und Lösungen*, Münster 2018, S. 61–77, hier S. 61.

229 Siehe dazu u.a. Ceylan, Rauf: ,Religiöse Erziehung muslimischer Schülerinnen und Schüler – Zur Bedeutung des islamischen Religionsunterrichts in Deutschland', in: Bülent Uçar/Martina Blasberg-Kuhnke/Arnulf von Scheliha (Hrsg.): *Religionen in der Schule und die Bedeutung des Islamischen Religionsunterrichts*, Göttingen 2010, S. 201–210; Mouhanad Khorchide:

wird von diesen Berufen, die allesamt in einem anderen Kultur- und Bildungskontext entstanden sind, zwar ein Beitrag zur Integration erwartet, gleichzeitig enthält man ihnen einen Gutteil von Voraussetzungen, nämlich Konzepte zur Beheimatung[230] der Berufe in Österreich und Europa, vor. Im Folgenden soll diese fehlende Beheimatung, von der sowohl die Empirie als auch die aktuellen Diskurse Zeugnis ablegen, diskutiert werden.

8.2.1 Beheimatung: Perspektiven der IRP

Abseits der eingangs erwähnten Diskurse sind zahlreiche Anstrengungen im Gange, deren Ziel die Beheimatung des IRL-Berufs ist, wie z. B. der Aufbau von Instituten für Islamische Theologie und Religionspädagogik, der Abschluss von Verträgen zur Gleichstellung der MuslimInnen sowie die Einführung des IRU in deutschen Bundesländern. Aus der Perspektive der IRP fördern diese Maßnahmen die Inklusion der MuslimInnen und bieten zugleich Möglichkeiten zur wissenschaftlichen Auseinandersetzung.[231] Ein leitender Gesichtspunkt in den wissenschaftlichen Diskursen innerhalb der Islamischen Theologie und Religionspädagogik ist der europäische Kontext. Dessen Leitfunktion wird exemplarisch anhand der 2015 veröffentlichten Studie von Aslan et al. „Imame und Integration" herausgearbeitet.

In der Studie von Aslan et al. wurden 40 qualitative Interviews durchgeführt, die die Grundlage für die Untersuchung des Integrationsbeitrags

---

Der islamische Religionsunterricht zwischen Integration und Parallelgesellschaft; *Kronen Zeitung*: Islam-Einfluss wächst. Lehrerin: „Von 25 Kindern muss man 21 integrieren", in: *krone.at* 12. März 2018.

230 Siehe zur Heimat/Beheimatung: Höhn, Hans-Joachim: ‚Befremdliche Nähe. Typologie und Topologie prekärer Beheimatung', in: Ulrich Hemel/Jürgen Manemann (Hrsg.): *Heimat finden – Heimat erfinden: Politisch-philosophische Perspektiven*, Paderborn 2017, S. 11–30, hier S. 18–23; Sejdini, Zekirija: ‚Einleitung', in: DERS.: *Islamische Theologie und Religionspädagogik in Bewegung: Neue Ansätze in Europa*, Bielefeld 2016, S. 9–13, hier S. 9f.

231 Vgl. z. B.: Sejdini, Zekirija: ‚Vorwort', in: DERS.: *Islamische Theologie und Religionspädagogik in Bewegung: Neue Ansätze in Europa*, Bielefeld 2016, S. 7f., hier S. 7.

von aus der Türkei stammenden Imamen bildeten.[232] Hierfür wurde der Begriff ‚Integration' in Anlehnung an Hartmut Essers Modell[233] der sozialen Integration unter den Gesichtspunkten Kulturation, (strukturelle) Platzierung, Interaktion und Identifikation operationalisiert. Für die in der vorliegenden Arbeit vertretene These der mangelnden Beheimatung sind insbesondere die Ergebnisse der Studie zur strukturellen Platzierung von Bedeutung. Unter dem Gesichtspunkt der strukturellen Platzierung wurde die Positionierung am Arbeitsmarkt und in Institutionen sowie die unabhängige Grundversorgung angesprochen.[234] Die Untersuchung ergab u. a., dass die Integrationsleistung der Imame „durch die strukturellen Bedingungen, unter denen sie als Imame tätig sind" erschwert wird. Insbesondere sähen sich die Imame mit unrealistischen Erwartungen seitens der Moscheeverbände, der Gesellschaft, der Politik etc. konfrontiert, die sie überfordern, zumal sie vor der Herausforderung stehen, mit der mangelnden strukturellen Integration ihres Berufs umzugehen. So fehlt ihnen – ähnlich wie den IRL – die Kontinuität und Sicherheit am Arbeitsplatz bzw. „die langfristige Lebensperspektive". Sie erhalten nur eine befristete Arbeits- und Aufenthaltserlaubnis und werden nach wenigen Jahren durch neue Imame aus der Türkei ersetzt. Zudem sind sie mit Aufgaben konfrontiert, für die sie nicht vorbereitet bzw. ausgebildet sind, weil die Anforderungen an die Imame in Europa und der Türkei nicht deckungsgleich sind. Schließlich wird von den Imamen eine ständige Präsenz in den Moscheevereinen erwartet, was den Erwerb der deutschen Sprache und neuer Kompetenzen zusätzlich erschwert.[235] Die Imame sollen also einen wesentlichen Beitrag zur Integration leisten, ohne dass ihnen die Möglichkeit zur Selbstbeheimatung gegeben würde.

In der Diskussion der Studienergebnisse gehen Aslan et al. zunächst auf die bemängelte strukturelle Integration ein und definieren diese als

232 Vgl. Aslan, Ednan/Erşan Akkılıç, Evrim/Kolb, Jonas: *Imame und Integration*, Wiesbaden 2015, S. 56.

233 Vgl. Esser, Hartmut (Hrsg.): *Die fremden Mitbürger: Möglichkeiten und Grenzen der Integration von Ausländern*, Düsseldorf 1983; Esser, Hartmut/Gaugler, Eduard/Neumann, Karl-Heinz: *Arbeitsmigration und Integration: Sozialwissenschaftliche Grundlagen*, Königstein/Ts. 1979.

234 Vgl. Ednan Aslan u. a.: *Imame und Integration*, S. 83.

235 Vgl. ebd., S. 322f.

eine gesellschaftliche Aufgabe, die von allen Beteiligten – PolitikerInnen und BürgerInnen, NichtmuslimInnen und MuslimInnen – angegangen werden müsse. Sie betonen aber vor allem die unangemessene (bzw. nicht europakonforme) Ausbildung der von der türkischen Religionsbehörde entsandten Imame. Zudem werden Abhängigkeitsverhältnisse wie z. B. die Bezahlung und Bestellung der Imame durch externe Dachverbände sowie Interessen politischer Natur – sprich die Nähe mancher Verbände zu bestimmten politischen Lagern bzw. Parteien – hervorgehoben, die der Integration der MuslimInnen gleichfalls abträglich seien.[236] Abschließend erheben Aslan et al. die Forderung nach einer universitären Ausbildung von in Österreich tätigen Imamen und sie beenden ihr Plädoyer mit Blick auf die strukturelle Platzierung mit dem folgenden Resümee:

> Die kommenden Jahre werden zeigen, ob es den Gesellschaften der europäischen Staaten mit ihrer christlich geprägten Tradition gelingt, den Islam mit seinen Institutionen an die Verhältnisse einer säkularen Gesellschaft anzupassen.[237]

Die europäische säkulare Gesellschaft und ihre Moderne werden hier als Maßstab bzw. Referenz genommen, an die sich die MuslimInnen bzw. der Islam anzupassen hätten. Nun hat die Empfehlung, westliche Werte und Konzepte als „die Moderne" bzw. als Referenzsystem anzunehmen, auf die MuslimInnen bestenfalls ambivalente Wirkungen. So stellt Rauf Ceylan 2016 als Ergebnis seiner Forschung fest, dass manche muslimische Kreise bestimmte deutsche Begrifflichkeiten und mit ihnen verbundene Konzepte ablehnen.[238] Dahinter verberge sich u. a. die Angst vor dem Bruch mit der eigenen Tradition sowie die Vereinnahmung durch als fremd wahrgenommene europäische Konzepte bzw. Maximen. Die Ablehnung gilt also nicht den Konzepten an sich, sondern der Vereinnahmung. Das kann dazu führen, dass eine vertiefte Auseinandersetzung erschwert oder ganz verunmöglicht wird.[239]

---

236 Vgl. ebd., S. 324.
237 Ebd., S. 325.
238 Vgl. Ceylan, Rauf/Kiefer, Michael: *Muslimische Wohlfahrtspflege in Deutschland: Eine historische und systematische Einführung*, Wiesbaden 2016, S. 145f.
239 Vgl. Muḥammad ʿĀbid al-Ǧābirī: *Kritik der arabischen Vernunft*, S. 50f.

An dieser Stelle sei auf das Verständnis der Moderne von Muḥammad ʿĀbid al-Ǧābirī hingewiesen.[240] Ǧābirī will die Moderne nicht als Ablehnung oder einen Bruch mit der eigenen Vergangenheit und Tradition verstanden wissen, ebenso wenig wie eine Konstante, an der man sich zu orientieren oder an die man sich anzupassen hätte – wie manchmal gefordert –, sondern als „die Art, in der wir uns zur Tradition verhalten"[241]. Die Moderne ist demnach „eine Botschaft und innovative Dynamik, die darauf zielt, Mentalitäten, Denk- und Urteilsnormen zu erneuern"[242]. Das Besondere an der Konzeption von Ǧābirī ist „der Versuch, sein eigenes Vorgehen ins Innere des kulturellen, arabisch-islamischen Feldes selbst einzuschreiben"[243]. Also nicht eine „Moderne um der [europäischen] Moderne willen"[244], sondern die Beheimatung des Islams in der Moderne. Diese Beheimatung wiederum setzt voraus, dass die MuslimInnen sich mit den eigenen Traditionen auseinandersetzen – im Bemühen um eine fortwährende dynamische Erneuerung von islamischen Mentalitäten, Denk- und Urteilsnormen, an deren Ende die gleichen modernen europäischen Erkenntnisse und Werte stehen können, aber nicht zwingendermaßen müssen.[245]

Hinsichtlich der Rolle Europas und der säkularen Gesellschaft in der Islamischen Religionspädagogik und Theologie lässt sich der Analyse der Interviews folgende Erkenntnis entnehmen: Zum einen fordert die ‚europäische Moderne' die IRL heraus und liefert ihnen dadurch Impulse sowie Anreize, sich mit der eigenen Theologie und Religionspädagogik auseinanderzusetzen. Zum anderen aber löst sie bei manchen IRL reflexartige Abwehrreaktionen aus, die in der unreflektierten Ablehnung des Fremdwahrgenommenen münden. Das zeigt, dass die Orientierung allein an Europa und der säkularen Gesellschaft nicht zielführend ist. Worum es tatsächlich geht, ist eine grundsätzliche Beheimatung der MuslimInnen und ein Verständnis der Moderne im Sinne Ǧābirīs. Gleichzeitig werden die MuslimInnen, insbesondere IRL, nicht darum herumkommen, sich mit dem europäischen Kontext, den Fremd-

---

240 Vgl. ebd., S. 37f.
241 Vgl. ebd., S. 56.
242 Ebd., S. 60.
243 Ebd., S. 37.
244 Siehe dazu ebd., S. 55–64.
245 Vgl. ebd., S. 50.

zuschreibungen, den Vereinnahmungen und Asymmetrien reflektiert auseinanderzusetzen.

8.2.2 Professionalisierung und Beheimatung

Aus Sicht der Professionsforschung sind Professionen u. a. Teil des primären (auch: zivilen/sozialen/intimen) Leistungssystems der Gesellschaft.[246] Professionsinhaber leisten als Akteure dieses Systems einen unersetzlichen Beitrag zur gesellschaftlichen Entwicklung.[247] Das Erlangen des Professionsstatus wiederum wird in der Literatur auch als eine Reihe von langwierigen Durchsetzungsprozessen beschrieben, die von vielen Faktoren abhängen.[248] Ein markantes Beispiel dafür stellt im europäischen Kontext der Beruf des Lehrenden dar. Obwohl dessen gesellschaftlicher Beitrag unübersehbar ist, gilt der Lehrerberuf als Profession insgesamt als durchaus mangelbehaftet – kritisiert wird u. a. die eingeschränkte Autonomie bzw. Möglichkeit zur Selbstregulierung, weil der Beruf gänzlich durch staatliche und behördliche Vorgaben definiert ist.

Im Fall des IRL-Berufs ist die Frage des Professionsstatus noch brisanter. Der IRL-Beruf wird mitunter als Fremdkörper in der Gesellschaft bzw. im System und in diesem Sinne als etwas, das eigentlich nicht ‚hierher' gehöre, angesehen. Die medialen und politischen Debatten der letzten Jahre, in denen die Zugehörigkeit des Islams zu Europa[249] und der gesellschaftliche Beitrag der IRL und des IRU diskutiert wurden, können als Beleg für die Nichtselbstverständlichkeit im Sinne einer ständigen Problematisierung und damit für die fehlende Beheimatung bzw. für Exklusion gelten. Folgt man machttheoretischen und merkmalsorientierten Ansätzen oder dem Professionalisierungsansatz von Wilensky, sind

---

246 Die Gesellschaft kann funktional in drei Leistungssysteme differenziert werden. Siehe dazu Schimank, Uwe: *Gesellschaft*, Bielefeld 2013.

247 Vgl. Michael Dick: ‚Professionsentwicklung als Forschungs- und Handlungsfeld', S. 10.

248 Vgl. Harald A. Mieg: ‚Profession: Begriff, Merkmale, gesellschaftliche Bedeutung', S. 34–38.

249 Vgl. *Spiegel Online*: ‚Geschichte eines Satzes: „Der Islam (gehört) nicht zu Deutschland"', in: *spiegel.de* 16. März. 2018.

diese Diskurse Teil von (Professions-)Durchsetzungsprozessen – insofern nämlich, als sie eine prägende Wirkung auf die Rolle, die Funktion, den Stellenwert und die Anerkennung der islamischen Berufe, speziell des IRL-Berufs, haben.

Entscheidend ist bei den Diskursen, die Durchsetzungsprozesse markieren, wie sich die IRL positionieren und verhalten. Dabei kommt den IRL sowie der Islamischen Religionspädagogik und Theologie die Aufgabe zu, laufende Diskurse und Prozesse bewusst zur Kenntnis zu nehmen, zu reflektieren und sich mit ihnen sachlich und wissenschaftlich auseinanderzusetzen. Nur so können sie vor dem Hintergrund dieser Diskurse und mit Blick auf die Professionalisierung ihres Berufs handlungsfähig bleiben.

8.3   Die mangelnde Inklusion im (Berufs-)System Schule

Die mangelnde Inklusion der IRL in der Schule ist in erster Linie auf die kaum vorhandene zeitliche und räumliche Präsenz und die daraus folgenden vorurteilbehafteten und einseitigen Fremdzuschreibungen und Positionierungen zurückzuführen. Die Faktoren Zeit und Raum werden in diesem Kapitel aus verschiedenen Perspektiven beleuchtet.

8.3.1   Schule und Unterricht: Zeit und Raum als Inklusionsfaktoren

Die unzureichende zeitliche und räumliche Präsenz der IRL stellt religionspädagogisch und -didaktisch auf vielen Ebenen eine Herausforderung dar – etwa auf der Ebene der Organisation (Unterrichtszeit, Schulzeit und Schuljahr), der Planung, der Vorbereitung und Gestaltung des IRU sowie auf der Ebene der Kooperation und Vernetzung mit KollegInnen.

Eine weiterführende pädagogische und didaktische Ausdifferenzierung – mit Blick auf die Frage der Inklusion – ist bei Lothar Klingberg und Ursula Drews zu finden.[250] Klingberg betrachtet die Zeit, die er nicht

---

250 Ursula Drews zitiert vielfach aus Klingbergs Arbeit „Zeit und Raum des Unterrichts", die sie nach eigenen Angaben von Klingberg persönlich erhielt (das Manuskript wurde nicht veröffentlicht, da Klingberg kurz nach seiner

nur als Rahmenbedingung, sondern auch als eine konstitutive Größe des Unterrichts und der Schule versteht, unter folgenden Gesichtspunkten:[251]

1. Zeit wird mit Blick auf die Gegenwart verstanden als in Schule und Unterricht verbrachte „Lebenszeit", mit Blick auf die Vergangenheit als „Erbe vergangener Zeit" und mit Blick auf die Zukunft als „Ereignis, das selbst nachwirkt, Künftiges intendiert und vorbereitet und Spuren hinterlässt";
2. Zeitdifferenz und Zeitgenossenschaft werden verstanden als ein gleichzeitiges und ungleichzeitiges Erleben der Welt, der anderen und der eigenen Person als Zeitgenossen;
3. Dimension des Unterrichts: In Anlehnung an Herbart spricht Klingberg von einer (zeitlichen) Länge und Breite des Unterrichts. Drews gibt das folgendermaßen wieder:
   Die Breite ergibt sich aus dem, was nebeneinander gelehrt werden muss, also mehr oder weniger zeitgleich, zumindest zeitnah zu unterrichten ist. Die Länge des Unterrichts umschreibt das Nacheinander, das unter Umständen Jahre in Anspruch nehmen kann. Ein enger Zusammenhang zwischen Breite und Länge des Unterrichts ist dabei immer gegeben.[252]

Die im Unterricht und in der Schule verbrachte Zeit ist zugleich auch eine „Zeit im Raum der Schule"[253]. Damit ist der Raum genauso eine konstitutive Größe des Unterrichts und der Schule wie die Zeit. In der Pädagogik wird der Raum unter verschiedenen Gesichtspunkten diskutiert, von denen hier drei von Klingberg betonte Aspekte hervorgehoben seien:

Fertigstellung starb). Siehe dazu Michailow-Drews, Ursula: *Zeit in Schule und Unterricht: Souverän im Umgang mit Zeit*, Weinheim u. a. 2008, S. 24.

251 Vgl. Klingberg, Lothar: *Lernen – Lehren – Unterricht: Über den Eigensinn des Didaktischen*, 1997, URL: https://publishup.uni-potsdam.de/opus4-ubp/frontdoor/deliver/index/docId/445/file/KLINGBER.pdf (letzter Abruf: 17.04.2019), S. 34.

252 Ursula Michailow-Drews: *Zeit in Schule und Unterricht*, S. 27.

253 Vgl. Lothar Klingberg: *Lernen – Lehren – Unterricht*, S. 26.

- Schule hat einen eigenen Begriff von ‚Leben' – Schulleben –, der sich vom Leben ‚draußen' abheben soll. Darin liegt auch der Reiz von ‚Schulleben', anders zu sein.
- Schule soll sich gegenüber dem (anderen) Leben öffnen; sie darf jedoch nicht ihre Konturen verlieren, das heißt, sie muß sich auch abschließen und ihre Wege gehen.
- Schule muß ein Ort, ein Übungsfeld für Lebensbewältigung sein, für das Austragen (und auch Aushalten) von Widersprüchen.[254]

Die von Klingberg genannten, der Reformpädagogik entlehnten Aspekte scheinen im 21. Jahrhundert mehr und mehr in Vergessenheit geraten zu sein. Eine exemplarische Durchsicht aktueller Veröffentlichungen zum Thema ‚Raum und Schule' zeigt, dass die aktuellen Forschungen sich mehr mit der architektonischen und/oder der medialen Gestaltung des Raums beschäftigen.[255] Jörg W. Link stellt diesbezüglich fest, dass viele reformpädagogische Versuche Vergangenheit seien, ihre Bedeutung für das 21. Jahrhundert hätten sie dennoch keinesfalls verloren.[256] Und Link arbeitet die Bedeutung reformpädagogischer Ansätze u. a. am Beispiel der Berlin-Neuköllner Rütli-Schule heraus.

2006 richtete der Lehrkörper der Rütli-Schule einen schriftlichen Hilferuf an die Schulverwaltung und die Öffentlichkeit, in dem die LehrerInnen u. a. die Einstellung, die Lernbereitschaft und die Gewaltbereitschaft der SchülerInnen (mit Migrationshintergrund) kritisierten und sich ratlos und überfordert zeigten.[257] Die SchülerInnen der Rütli-Schule begründeten ihr Verhalten und die daraus resultierenden Probleme in zahlreichen Interviews mit dem fehlenden gegenseitigen Respekt, der

---

254 Ebd., S. 35.
255 Siehe z. B. Opp, Günther/Bauer, Angela (Hrsg.): *Lebensraum Schule: Raumkonzepte planen, gestalten, entwickeln*, Stuttgart ²2015. Siehe auch Weyland, Beate/Watschinger, Josef (Hrsg.): *Lernen und Raum entwickeln: Gemeinsam Schule gestalten*, Bad Heilbrunn 2017.
256 Vgl. Link, Jörg-W.: ‚Schule als Lebensraum – Reformpädagogische Impulse und schulpädagogische Perspektiven', in: Günther Opp/Angela Bauer (Hrsg.): *Lebensraum Schule: Raumkonzepte planen, gestalten, entwickeln*, Stuttgart ²2015, S. 27–54, hier S. 45.
257 Vgl. ebd., S. 47; vgl. auch *Spiegel Online*: ‚Notruf der Rütli-Schule', in: *spiegel. de* 30. Juni 2006.

sich u. a. in der mangelnden Gestaltung der Lebenszeit und des Lebensraums Schule sowie in der Kommunikation zeige. Die SchülerInnen fühlten sich von den LehrerInnen nicht respektiert.[258] Link stellt in seiner Analyse fest, dass „Schule verstanden als Lebensraum", den gegenseitigen Respekt erfahrbar machen und maßgeblich zur erfolgreichen und pädagogischen Arbeit beitragen kann.[259]

Im März 2018 entschied sich eine Lehrerin aus Wien – die zugleich auch Personalvertreterin ist – für eine ähnliche Vorgehensweise. Auch sie wandte sich – in einem Interview mit der Rechercheplattform „Addendum" – an die Öffentlichkeit.[260] Im Unterschied zur Rütli-Schule formulierte sie ihr Anliegen aber deutlich weniger sachlich. So beschränkte sie sich nicht auf die Darstellung von Problemen, sondern benannte darüber hinaus auch die (in ihren Augen) Schuldigen. Schuld an der Misere seien der Islam bzw. der IRU, die IRL und die religiöse Identität[261] der SchülerInnen. Eine ihrer Erkenntnisse lautete: „Die Scharia ist für viele meiner Schüler sicherlich höherstehend. Das ist schon das Wichtigste, ein guter Muslim und eine gute Muslima zu sein."[262] Wenn die Lehrerin den Islam für die Probleme mit den muslimischen SchülerInnen verantwortlich macht, ist ihr offenbar nicht bewusst, dass gerade in der islamischen Tradition LehrerInnen – egal welcher Disziplin, Religion und Kultur – einen sehr hohen Stellenwert haben.[263] Hinsichtlich der Sachlichkeit der Darstellung und der Wertung und Interpretation von ‚fremdem' Verhalten offenbart dieser Fall gegenüber dem oben be-

---

258 Vgl. Jörg-W. Link: ‚Schule als Lebensraum – Reformpädagogische Impulse und schulpädagogische Perspektiven', S. 48.

259 Vgl. ebd.

260 Siehe: Braunisch, Stefanie/Thies, Jan/Kern, Maria u. a.: *Brennpunkt Schule: Machtlos gegen islamische Einflüsse?*, 2018, URL: https://www.addendum. org/schule/islam-in-der-schule/(letzter Abruf: 17.04.2019).

261 Siehe dazu Joas, Hans: ‚Religion als Integrationshindernis?', in: Ulrich Hemel/Jürgen Manemann (Hrsg.): *Heimat finden – Heimat erfinden*: *Politisch-philosophische Perspektiven*, Paderborn 2017, S. 151–156.

262 *Kronen Zeitung:* Islam Einfluss wächst (wie Anm. 229).

263 So wurden z. B. zur Zeit des Propheten Menschen nichtmuslimischen Glaubens trotz Differenzen als LehrerInnen eingesetzt und respektiert. Vgl. Aydın, M. Şevki: ‚İslam Eğitim Geleneğinde Öğretmenlik', in: *Erciyes Üniversitesi – İlahiyat Fakültesi Dergisi* 11 (2001), S. 59–74, hier S. 66.

schriebenen Fall der Rütli-Schule Asymmetrien in der Kommunikation, im Respekt gegenüber der anderen Religion sowie in der Inklusion bei der Gestaltung des Lebensraums der Schule.

Der Wiener Fall und der Fall der Rütli-Schule machen deutlich, dass im Lebensraum Schule (d. h. im Unterricht) wechselseitiger Respekt bzw. das respektvolle Austragen und Aushalten von Widersprüchen erfahrbar sein sollte. Dazu gehörte auch, dass muslimische SchülerInnen, (Religions-)LehrerInnen und der Islam den Lebensraum und die Lebenskultur sowie die in der Schule verbrachte (Lebens-)Zeit mitgestalten dürfen und sollten. Andernfalls treten an die Stelle des respektvollen Austragens bzw. des Aushaltens von Widersprüchen und des respektvollen und friedlichen Miteinanders Vereinnahmungen und Fremdzuschreibungen, die dann den Weg freimachen für Probleme, Krisen und Exklusion.

In Anbetracht dessen brauchen IRL Konzepte und Strategien, die ihnen helfen, trotz der geringen Unterrichtszeit und Anwesenheit in den Schulen die Lebenszeit und den Lebensraum Schule und Unterricht dennoch aktiv mitzugestalten und so zur Inklusion ihrer Person und der muslimischen SchülerInnen beizutragen. Ferner setzt die Gestaltung der im Lebensraum Schule verbrachten Lebenszeit im Sinne einer Inklusion die bewusste und respektvolle Einbeziehung aller beteiligten AkteurInnen sowie die Berücksichtigung der Interaktion und Kommunikation zwischen ihnen voraus. Andernfalls könnten manche AkteurInnen sich aufgrund von Zeit und Raum – bzw. deren unsensibler Gestaltung – von der Gemeinschaft der Schule ausgeschlossen fühlen.

8.3.2 Handlungsspielräume: Zeit und Raum in Organisationen und Professionen

Zeit und Raum sind für die Inklusion auch deshalb so bedeutsam, weil sie die Handlungsspielräume der Akteure bestimmen. Hierbei steht die Frage im Vordergrund, welchen Spielraum die IRL haben oder inwieweit sie Zeit und Raum in der Schule mitgestalten können oder dürfen. Diese Fragen hängen wiederum eng mit den in der Schule herrschenden Machtverhältnissen und -strukturen zusammen. Sie werden im Folgenden in der Auseinandersetzung mit der Theorie diskutiert.

Nach dem Human-Relations-Ansatz besitzen Organisationen formale und informale Strukturen. Die formalen Strukturen bestehen aus Regeln und Vorschriften, die u. a. die sozialen, humanen und technischen Verflechtungen einer Organisation regulieren und systematisieren. Die informalen Strukturen dagegen entstehen im Rahmen der sozialen Interaktion der AkteurInnen. Das heißt, die AkteurInnen – in dem Fall die an der Schule Lehrenden, die SchülerInnen etc. – handeln untereinander informale Arbeitsstrukturen (Regeln, Routinen, Traditionen, Aufgabenverteilung, Machtverteilung etc.) aus, die wesentlich zur Effizienz oder Ineffizienz der Organisation und der Arbeitstätigkeit beitragen.[264]

Wie aus der Studie hervorgeht, sind die machtrelevanten informalen Strukturen der jeweiligen Schulen für die IRL kaum zu durchschauen. Das liegt u. a. daran, dass diese oft ersessene Rechte und Gewohnheiten widerspiegeln. Die Schulen brauchen Mechanismen und Strategien zur Reflexion der eigenen Strukturen – sowohl der formalen als auch der unsichtbaren informalen Strukturen. Andernfalls können diese Strukturen für die Inklusion und Professionalisierung der IRL sowie der Schule nur schwer erschlossen und zu Hindernissen werden.

Im Folgenden wird auf die Bedeutung der gemeinschaftlichen Kooperation in der Professionalisierung eingegangen, die u. a. auch die Sichtbarmachung und Reflexion von informalen Strukturen erleichtern kann. LehrerInnen können durch den Zusammenschluss zu „professionellen Lerngemeinschaften" von und miteinander lernen, gemeinsame Ziele und Interessen verfolgen sowie gemeinsam reflektieren und so die Professionalisierung der eigenen Person und der Berufsgemeinschaft initiieren, unterstützen und fördern.[265] Einige empirische Studien – beispielsweise jene von Berkemeyer et al. – konnten bereits Erkenntnisse zur Förderung von Professionalisierungsprozessen durch Vernetzun-

---

264 Vgl. Schmerbauch, Andrea: *Schulleitung und Schulsteuerung: Zwischen Ansprüchen der Profession, ökonomischen Interessen und Reformbestrebungen*, Wiesbaden 2017, S. 74ff.; vgl. auch Bonsen, Martin: *Schule, Führung, Organisation: Eine empirische Studie zum Organisations- und Führungsverständnis von Schulleiterinnen und Schulleitern*, Münster 2003, S. 80ff.

265 Vgl. Berkemeyer, Nils/Järvinen, Hanna/Otto, Johanna u. a.: ‚Kooperation und Reflexion als Strategien der Professionalisierung in schulischen Netzwerken', in: Werner Helsper/Rudolf Tippelt (Hrsg.): *Pädagogische Professionalität* (57), Weinheim u. a. 2011, 225–247, hier S. 228f.

gen und Reflexionen in Gemeinschaften vorlegen.[266] Weitere Ansätze wie z. B. „Supervision und Coaching"[267], „Qualitätszirkel"[268], „kollegiale Beratung"[269] etc. gehen in eine ähnliche Richtung. Sollte es gelingen, solche Ansätze in den Schulen und insbesondere in der Gemeinschaft der IRL zu verankern, wäre ein maßgeblicher Beitrag zur Professionalisierung geleistet. Diese Ansätze würden es den einzelnen IRL erlauben, von den unterschiedlichen Qualitäten, Kompetenzen und Erfahrungen ihrer KollegInnen zu lernen und als Berufsgemeinschaft zu denken und zu handeln.

8.4 Professionelle Identität und pädagogische Beziehungen der IRL

Die Ergebnisse der Studie weisen darauf hin, dass manche IRL in ihren Handlungen – insbesondere im Hinblick auf ihre pädagogische Beziehung zu den SchülerInnen – von der individuellen und kollektiven Identität geleitet werden. Die folgende Diskussion setzt sich mit der Bedeutung der Identität und der pädagogischen Beziehung auseinander. Zunächst erfolgt die professionsorientierte Charakterisierung der pädagogischen Beziehungen von Lehrenden.

Das professionelle pädagogische Handeln ist nach Hermann Giesecke als bezahlte Berufstätigkeit immer zeitlich begrenzt und durch die bildungspolitischen sowie rechtlichen Rahmenbedingungen zweckgebunden.[270] Die zeitliche Begrenzung hat zur Folge, dass ein ständiger „Wechsel von Aufbau und Abbau der Beziehung" zwischen Lehrenden

---

266 Vgl. ebd.

267 Vgl. Eberling, Wolfgang: ‚Supervision und Coaching', in: Michael Dick/Winfried Marotzki/Harald A. Mieg (Hrsg.): *Handbuch Professionsentwicklung*, Bad Heilbrunn 2016, S. 283–294.

268 Vgl. Bahrs, Ottomar/Andres, Edith: ‚Qualitätszirkel im Gesundheitswesen', in: Michael Dick/Winfried Marotzki/Harald A. Mieg (Hrsg.): *Handbuch Professionsentwicklung*, Bad Heilbrunn 2016, S. 295–309.

269 Vgl. Tietze, Kim-Oliver: ‚Kollegiale Beratung', in: Michael Dick/Winfried Marotzki/Harald A. Mieg (Hrsg.): *Handbuch Professionsentwicklung*, Bad Heilbrunn 2016, S. 309–320.

270 Vgl. Giesecke, Hermann: *Die pädagogische Beziehung: Pädagogische Professionalität und die Emanzipation des Kindes*, Weinheim u. a. 1997, S. 250.

und Lernenden stattfindet. Aus diesem Wechsel folgert Giesecke mit Blick auf die professionelle Gestaltung von pädagogischen Beziehungen,

daß die Beziehung nicht so eng sein darf, daß ein solcher Wechsel nicht möglich wäre oder nur unter erheblichen emotionalen Reibungsverlusten erfolgen könnte.[271]

Demnach haben die IRL die Aufgabe, zweckorientierte und begrenzte professionelle pädagogische Beziehungen aufzubauen, ohne dass sich dabei eine uneingeschränkte Bindung sowie eine (kollektive) Identifizierung mit den Lernenden auf der Basis der Religionszugehörigkeit entwickelt. Mit Blick auf die Ergebnisse der Untersuchung lässt sich hinzufügen, dass der Zweck der Beziehung die qualitätsvolle und kompetente Erfüllung der Bildungsziele und -aufgaben des öffentlichen, im säkularen Raum stattfindenden IRU sein sollte und nicht die Erfüllung von persönlichen Zielen oder die Weitergabe von persönlichen oder religiösen Weltanschauungen.

Nach dieser professionsorientierten Charakterisierung der pädagogischen Beziehung wird auf die Bedeutung der Identität eingegangen, die, wie die Ergebnisse der Studie nahelegen, in den pädagogischen Beziehungen von IRL eine große Rolle spielt. Zur Bedeutung von Identität und Persönlichkeit von Religionslehrkräften mit Blick auf Professionalität und Professionalisierung werden hier für die Diskussion der These exemplarisch Ergebnisse aus mehreren empirischen und theoretischen Studien herangezogen.

8.4.1   (I)RL-Identität aus der Perspektive der Professionsforschung

Professionelle werden in der Literatur u. a. dadurch charakterisiert, dass sie ihre eigene Biografie, Person und Persönlichkeit bzw. Identität als reflexive Ressource einsetzen.[272] Laut Bailey et al. können LehrerInnen sich selbst als Quelle (*the self as source*[273]) für ihre professionelle Entwick-

---

271 Ebd., S. 251.

272 Vgl. Michael Dick: ‚Professionsentwicklung als Forschungs- und Handlungsfeld', S. 16.

273 Bailey, Kathleen M./Curtis, Andy/Nunan, David: *Pursuing Professional Development: The Self as Source*, Boston, MA 2001.

lung nutzen, indem sie eine *self-awareness* im Sinne eines bewussten und ganzheitlichen Wahrnemens der eigenen Person und Handlungen sowie *self-observation*, verstanden als das gezielte Beobachten der eigenen Person im Ganzen, etablieren.[274] Hierfür können diverse Techniken und Methoden wie z. B. das Führen von Tagebüchern oder das audiovisuelle Aufzeichnen und Analysieren von eigenen Unterrichtseinheiten etc. als reflexive Hilfsmittel eingesetzt werden.[275]

Wissenschaftliche Analysen zum Thema Persönlichkeit und Professionalität von Religionslehrkräften, wie z. B. die Übersichtsanalyse von Judith Everington, machen die Bedeutung des *self* für die Professionalisierung deutlich und empfehlen den Lehrenden, das Verhältnis zwischen ihrem persönlichen und professionellen Leben mit Blick auf Professionalität und Professionalisierung zu reflektieren. Darüber hinaus vertritt Everington in ihrer Analyse die Ansicht, dass es die Aufgabe der Aus-, Fort- und Weiterbildung der RL sei, die Reflexionsarbeit zu begleiten.[276] Zu ähnlichen Befunden gelangen u. a. auch die im nächsten Abschnitt vorgestellten Studien von Andreas Feige et al.

8.4.2 Identität und Persönlichkeit: empirische Einblicke aus katholischer und evangelischer Perspektive

Andreas Feige et al. führten qualitative und quantitative Befragungen von evangelischen ReligionslehrerInnen in Niedersachsen[277] und evangelischen sowie katholischen ReligionslehrerInnen in Baden-Württemberg durch.[278] Der qualitative Teil der niedersächsischen Studie ergab im We-

---

274 Vgl. ebd., S. 22–31.

275 Vgl. ebd., S. 34ff., Kapitel 3–12.

276 Vgl. Everington, Judith: ,'Being professional': RE teachers' understandings of professionalism 1997–2014', in: *British Journal of Religious Education* 38 (2016), H. 2, S. 177–188, hier S. 186.

277 Vgl. Feige, Andreas/Dressler, Bernhard/Lukatis, Wolfgang u. a. (Hrsg.): *„Religion" bei ReligionslehrerInnen*, Münster 2000.

278 Vgl. Feige, Andreas/Tzscheetzsch, Werner/Dressler, Bernhard (Hrsg.): *Christlicher Religionsunterricht im religionsneutralen Staat?*, Ostfildern 2005. Feige, Andreas/Dressler, Bernhard/Tzscheetzsch, Werner (Hrsg.): *Religionslehrer oder Religionslehrerin werden: Zwölf Analysen berufsbiografischer Selbstwahrnehmungen*, Ostfildern 2006.

sentlichen, dass zwischen der gelebten und der gelehrten Religion von ReligionslehrerInnen eine als fruchtbar eingeschätzte Distanz besteht. Laut Feige vollzieht sich „ein für den Unterricht fruchtbarer Zugriff auf die eigene Biografie [...] nicht unvermittelt, sondern über individuelle Reflexionsprozesse"[279]. Darüber hinaus wies die Studie nach, dass die Produktivität religiöser Bildungsprozesse von Faktoren wie z. B. dem vielfältigen und kreativen Zugriff auf religiöse Ressourcen sowie der Berücksichtigung des Spannungsverhältnisses zwischen gelebter und gelehrter Religion abhängt.[280]

Die Ergebnisse der vorliegenden Studie lassen vermuten, dass manche IRL ihre eigene Biografie, Religiosität und Persönlichkeit sowie die religiöse kollektive Identität mit Blick auf den Unterricht und das IRL-Sein kaum reflektieren. Infolgedessen kann die notwendige professionelle Distanz zwischen der professionellen und persönlichen oder kollektiven Identität fehlen und eine vermeintliche gegenseitige Solidarisierung und Identifizierung von muslimischen SchülerInnen und IRL entstehen. Eine solche Beziehung auf der Basis der Religionszugehörigkeit kann wiederum zu unprofessionellen emotionalen Handlungen der IRL führen. Zur Wahrung der Sachlichkeit und Professionalität des Handelns bedarf es eines reflektierten, distanzierten und sachlichen Zugriffs auf die persönliche und kollektive Identität im Sinne von *the self as source*. Dies wiederum setzt die Kultivierung einer professionellen Identität und eines Bewusstseins voraus, die sowohl Handlungsmöglichkeiten erkennen lassen als auch eine Orientierungshilfe für Handlungsentscheidungen bieten können. So kann auch die von Giesecke geforderte professionelle Gestaltung der pädagogischen Beziehung von Lehrenden und Lernenden gewährleistet werden.

Dabei können Techniken der *self-observation* wie Tagebücher, audiovisuelle Aufzeichnungen etc. in Kombination mit den in Kapitel 8.3 erwähnten Konzepten wie z. B. Supervision oder Coaching als Teil der Aus-, Fort- und Weiterbildung sowie in der Schule und der Fachgemein-

---

279 Feige, Andreas: „,Einzelfall' und ,Kollektiv' – zwei Seiten einer Medaille?', in: Bernhard Dressler/Andreas Feige/Albrecht Schöll (Hrsg.): *Religion – Leben, Lernen, Lehren*: *Ansichten zur „,Religion' bei ReligionslehrerInnen"*, Münster 2004, S. 7–16, hier S. 13.
280 Vgl. ebd., S. 14f.

schaft, die gezielte Reflexion und Entwicklung der professionellen Identität der IRL fördern und sichern.

8.5 Fehlende innerislamische Anerkennung: das Verhältnis der IRL zu den Moscheegemeinden

Für die Professionalisierung der IRL ist eine funktionierende Kommunikation zwischen den IRL und der IGGÖ bzw. der muslimischen Community sowie den muslimischen Moscheegemeinden unabdingbar. Die in den Thesen vorgestellten Themen wie Beheimatung und Inklusion erfordern die Kommunikation und Aushandlung mit verschiedenen AkteurInnen.

Bezüglich der These der fehlenden innerislamischen Anerkennung zeigt die Durchsicht der Literatur zu den muslimischen Organisationen und Institutionen in Österreich und Deutschland grundsätzliche Probleme in der Kommunikation und im Umgang mit unterschiedlichen Meinungen, Interessen und Erwartungen, die nun eingehender beleuchtet werden.

8.5.1 IRL und IRU im Vergleich zum Moscheeunterricht

Aus der vorliegenden Untersuchung geht u. a. hervor, dass Eltern und Moscheeverbände hinsichtlich des IRU und der IRL einerseits unrealistische Erwartungen hegen und andererseits Vorstellungen haben, die den Kontext des IRU und des IRL-Berufs außer Acht lassen. Eltern und Moscheegemeinden betrachten die IRL und den IRU vor allem unter dem Aspekt des Moscheeunterrichts. Entsprechen IRL und IRU dem erwarteten Bild nicht oder weichen sie in manchen theologischen Fragen von den Inhalten des Moscheeunterrichts ab, wird die Anerkennung verweigert. Dazu kann auch mangelnde oder eine gestörte Kommunikation in der muslimischen Community bzw. zwischen IRL, IGGÖ und islamischen Wissenschaftsdisziplinen (Religionspädagogik und Theologie) sowie den Moscheeverbänden beitragen. Empirische Untersuchungen, wie z. B. die Studie des Sachverständigenrats deutscher Stiftungen für Integration und Migration aus dem Jahr 2010, deuten laut Ceylan auf eine mangelnde oder gestörte Kommunikation in der muslimischen

Community hin. Die Studie ergab u. a., dass die Hälfte der in Deutschland lebenden MuslimInnen die Deutsche Islamkonferenz nicht kennt.[281] Die innermuslimische Anerkennung der IRL und des IRU wird also auch Sache der Ausarbeitung eines IRL-Berufskonzepts sein, welches im Gespräch mit den Moscheegemeinden bzw. der muslimischen Community entwickelt werden sollte.[282]

Die Unterscheidung zwischen Gemeindekatechese, verstanden als Sozialisation im Verband der Gemeinde, und dem Religionsunterricht als Beitrag zur Allgemeinbildung, wie im katholischen Raum üblich, wurde in Deutschland vor allem durch die Synode der deutschen Bistümer in Würzburg 1974 eingeleitet, an der sowohl Geistliche als auch Laien teilnahmen.[283]

Eine ähnliche Auseinandersetzung, an der ReligionspädagogInnen, Moscheegeistliche und Laien teilnehmen, könnte sich auch für die IRL und den IRU als fruchtbar erweisen. Sie könnte sowohl zur Entwicklung von differenzierten Moscheeunterrichts- und Religionsunterrichtskonzepten als auch zur Anerkennung der IRL und des IRU maßgeblich beitragen.[284]

---

281 Vgl. Sachverständigenrat deutscher Stiftungen für Integration und Migration: *Adressat nicht erreicht? Deutsche Islam Konferenz bei Muslimen kaum bekannt*, Berlin 2010.

282 Siehe zur Kommunikation mit den Moscheegemeinden: Rauf Ceylan u. a.: *Muslimische Wohlfahrtspflege in Deutschland*, S. 142–145.

283 Vgl. Scharer, Matthias: ,Der Synodenbeschluss zum Religionsunterricht in der Schule: Heute gelesen und im Blick auf morgen weitergeschrieben', in: *Österreichisches Religionspädagogisches Forum* 17 (2009), H. 1, S. 30–37; siehe auch Bertsch, Ludwig/Boonen, Philipp/Hammerschmidt, Rudolf u. a. (Hrsg.): *Gemeinsame Synode der Bistümer in der Bundesrepublik Deutschland: Ergänzungsband: Arbeitspapiere der Sachkommissionen*. Offizielle Gesamtausgabe II, Freiburg im Breisgau ²1977, S. 261ff.

284 Vgl. Ceylan, Rauf: „Raus aus den Koranschulen": Das Verhältnis von Moscheekatechese und Islamischem Religionsunterricht.', in: *Theo-Web. Zeitschrift für Religionspädagogik* 14 (2015), H. 2, S. 169–183.

8.5.2   Professionalisierung durch Konzeptualisierung

In der Auseinandersetzung mit Professionalisierung spricht die Literatur von einer Innendimension – verstanden als die Professionalisierung von einzelnen BerufsinhaberInnen – und von einer Außendimension – die Durchsetzung eines Berufs als Profession –, die beide gleichermaßen entwickelt werden müssten. Dies – die Einbeziehung beider Dimensionen – gilt es bei der Konzeptualisierung von Professionalisierungsprozessen zu bedenken, um zu gewährleisten, dass diese zielorientiert sind und den Bedürfnissen des Berufs Rechnung tragen.

Mit dieser Absicht wurde im Jahr 2005 die Expertenarbeitsgruppe „EPIK (Entwicklung von Professionalität im internationalen Kontext)" unter der Leitung von Michael Schratz ins Leben gerufen und vom österreichischen Bildungsministerium beauftragt, ein Konzept zur Professionalität von Lehrenden zu entwickeln.[285]

Beim EPIK-Konzept handelt es sich um ein Fünf-Domänen-Modell, in dem die für die Profession der LehrerInnen essenziellen Kompetenzfelder und Querschnittsthemen der wissenschaftlichen Professionsdiskussionen klassifiziert werden. Diese fünf Domänen – „Reflexions- und Diskursfähigkeit", „Professionsbewusstsein", „Kollegialität", „Differenzfähigkeit" und „Personal Mastery" – werden als Bausteine gesehen, die ‚in-, auf- und übereinander' liegen (sich aufeinander beziehen/sich schneiden). Die Domänen beziehen sich sowohl auf Strukturveränderungen als auch auf die individuell-persönliche Weiterentwicklung der Lehrkräfte. Sie werden ergänzt durch die sogenannte „sechste Disziplin", die verstanden wird als eine Spirale, die alle Domänen umfasst und sie in den Kontext der Lehrtätigkeit einbettet.[286]

Kurz darauf (2006) entwickelten Jürgen Baumert und Mareike Kunter für das Forschungsprogramm Mathematiklehrerstudie COACTIV ein Modell zur professionellen Handlungskompetenz der Lehrenden. Das Modell beschreibt Kompetenzen wie Professionswissen, Überzeugungen/Werthaltungen/Ziele, motivationale Orientierungen und Selbstregulation. Das Professionswissen beinhaltet mehrere Bereiche wie Fach-

---

285 Vgl. Schratz, Michael/Paseka, Angelika/Schrittesser, Ilse: *Pädagogische Professionalität: quer denken – umdenken – neu denken: Impulse für next practice im Lehrerberuf*, Wien 2011, S. 7.

286 Vgl. ebd., S. 24.

wissen, fachdidaktisches Wissen, pädagogisch-psychologisches Wissen, Organisationswissen und Beratungswissen. Diese haben ihrerseits Facetten wie etwa Erklärungswissen, Wissen um Leistungsbeurteilung oder Wissen über Lernprozesse.[287] Das COACTIV-Modell diente zahlreichen Studien zu verschiedenen Unterrichtsfächern als Grundlage zur Erforschung und Weiterentwicklung der LehrerInnenprofessionalität. Zudem beschreibt die Literatur auch einzelne Professionalisierungs- bzw. Professionalitätskonzepte für den Beruf des katholischen Religionslehrers/der katholischen Religionslehrerin, wie z. B. die COACTIV-Adaptierung von Pirner et al.[288], das Konzept des „professionell religionspädagogischen Habitus" von Heil und Ziebertz[289] oder das Modell der Schlussmodi (Induktion, Deduktion und Abduktion) als Strukturprinzipien religionspädagogischer Professionalität von Heil[290].

In der IRP finden Professionsbegriffe tendenziell als Qualitätsmerkmal bzw. -bezeichnung Verwendung.[291] Zwar gibt es einige Arbeiten zu den IRL und zu Vertretern anderer islamischer Berufe wie Imamen oder

---

287 Vgl. Baumert, Jürgen/Kunter, Mareike: ‚The COACTIV Model of Teachers' Professional Competence', in: Jürgen Baumert/Werner Blum/Ute Klusmann u. a. (Hrsg.): *Cognitive Activation in the Mathematics Classroom and Professional Competence of Teachers: Results from the COACTIV Project* 2013, S. 25–48. Vgl. auch Krauss, Stefan/Bruckmaier Georg: ‚Das Experten-Paradigma in der Forschung zum Lehrberuf', in: Ewald Terhart/Hedda Bennewitz/Martin Rothland (Hrsg.): *Handbuch der Forschung zum Lehrerberuf*, Münster u. a. ²2014, S. 241–261, hier S. 253ff.

288 Vgl. Pirner, Manfred L./Scheunpflug, Anette/Kröner Stephan: ‚Religiosität und Professionalität von (Religions-)Lehrerinnen und -lehrern: Einblicke in eine Forschungswerkstatt', in: *Religionspädagogische Beiträge* 75 (2016), S. 81–92.

289 Vgl. Stefan Heil u. a.: ‚Professionstypischer Habitus als Leitkonzept in der Lehrerbildung'.

290 Vgl. Heil, Stefan: *Strukturprinzipien religionspädagogischer Professionalität: Wie Religionslehrerinnen und Religionslehrer auf die Bedeutung von Schülerzeichen schließen*, Berlin 2006.

291 Ceylan und Kiefer verwenden z. B. in ihrer Publikation zur Wohlfahrtspflege Begriffe wie „professionell" oder „semiprofessionell" und beziehen sich dabei vorwiegend auf die Qualität von Strukturen oder Handlungen. Siehe dazu z. B.: Rauf Ceylan u. a.: *Muslimische Wohlfahrtspflege in Deutschland*, S. 5.

Mitarbeitern der Wohlfahrtspflege, diese setzen sich aber mit Professionalität und Professionalisierung nicht eingehend auseinander.[292]

Die Ergebnisse der vorliegenden Studie zeigen mit Blick auf Konzeptualisierungen wie EPIK oder COACTIV, dass beide Konzepte die Organisations- bzw. Systembedingungen z. T. vernachlässigen. Beide beschreiben den Umgang mit den Organisations- und Systembedingungen als zusätzliche Kompetenz von Professionellen, ohne sich mit ihnen eingehender auseinanderzusetzen. Sie dienen primär zur Modellierung von Professionalität, da sie zum einen das Verstehen und Untersuchen von Professionalität im Kontext des Lehrerberufs und zum anderen auch eine Professionsorientierung in der Aus-, Fort- und Weiterbildung von LehrerInnen ermöglichen. Aber sie berücksichtigen z. B. nicht, dass Religionslehrkräfte – wie bereits diskutiert – aufgrund von unterschiedlichen Systembedingungen, wie etwa der Möglichkeit zur Abmeldung vom Unterricht, gefordert sind, ihre Kompetenzen darzustellen, was in anderen Fächern nicht in dem Maße erforderlich sein dürfte.

8.6 Das Präsentieren der eigenen Kompetenz als Selbstwirksamkeit

Um als Lehrpersonen kompetent handeln zu können, sind die Vertreter des IRL-Berufs – wie die anderer Berufe auch –, darauf angewiesen, dass sie von den „KlientInnen" als kompetent wahrgenommen werden.[293] In der Literatur sind damit meistens SchülerInnen gemeint; wie jedoch aus den Interviews hervorgeht, sind die IRL diesbezüglich nicht nur auf die SchülerInnen[294] angewiesen, sondern auch auf die Schulleitung und Kol-

---

292 Sie können jedoch Diskurse im Sinne von Durchsetzungsprozessen anstoßen.

293 Vgl. Kühl, Stefan: ‚Ächtung des Selbstlobs und Probleme der Kompetenzdarstellung', in: Thomas Kurtz/Michaela Pfadenhauer (Hrsg.): *Soziologie der Kompetenz*, Wiesbaden 2010, S. 275–291, hier S. 277f., 288.

294 Die IRL bedürfen der Kooperation der SchülerInnen freilich in ganz besonderem Maß, da diese im Gegensatz zu anderen Fächern nicht nur die Kooperation im Unterricht verweigern, sondern sich auch vom Unterricht abmelden können. Siehe dazu Mehmet Hilmi Tuna: *„Islam ist nach der Schule…"*.

legInnen, die konstitutive Bestandteile des Unterrichts und der Schule wie Raum, Zeit sowie die informalen Strukturen (mit)bestimmen.[295] Auch sie müssen – wie die Analyseergebnisse ebenfalls nahelegen – die IRL als kompetent wahrnehmen, wenn die dafür notwendige Kooperation erfolgreich sein soll. Es muss den IRL also gelingen, die genannten AkteurInnen von ihrer Kompetenz zu überzeugen und sie versuchen dies, indem sie diese performativ darstellen. Stefan Kühl spricht in diesem Zusammenhang von der „Kompetenzvermutung", mit der die Klienten den Leistungserbringern entgegentreten müssten.[296]

8.6.1 IRL-Professionalisierung und Professionalität verstanden als Performance

Die Schwierigkeit bei der Darstellung und Überzeugung der anderen von der eigenen Kompetenz ist laut Kühl die Gratwanderung zwischen Glaubhaftigkeit und offensiver „Pose" bzw. „Selbstlob". Wird die Kompetenzdarstellung als inszeniert durchschaut, löst sie u. a. Gefühle der „Irritation, des Misstrauens und der Ächtung" aus. Ist dies der Fall, so wird die Frage, ob der Professionelle wirklich kompetent ist oder nicht, belanglos.[297] So stellt Kühl fest, dass erfolgreiche „Kompetenzdarstellung meistens in der Form indirekter Kommunikation"[298] stattfindet bzw. Kompetenzen nur in dieser Form dargestellt werden können.

Im IRL-Beruf – bei den interviewten IRL – verläuft die Kompetenzdarstellung nach eben diesem Muster. Die Kompetenz wird indirekt – durch das Projekt, durch die Prüfungssituation und die SchülerInnen – dargestellt, jedoch als eine Kompetenzleistung des/der IRL wahrgenommen bzw. ihm/ihr zugerechnet.[299]

---

295 Siehe Kapitel 6.3.4.
296 Vgl. Stefan Kühl: ‚Ächtung des Selbstlobs und Probleme der Kompetenzdarstellung', S. 277.
297 Vgl. ebd., S. 278f.
298 Ebd., S. 280.
299 Siehe dazu Knoblauch, Hubert: ‚Von der Kompetenz zur Performanz', in: Thomas Kurtz/Michaela Pfadenhauer (Hrsg.): *Soziologie der Kompetenz*, Wiesbaden 2010, S. 237–255, hier S. 253.

Des Weiteren stellt sich die Frage, wie zu verfahren ist, wenn einzelne Professionsinhaber die von der Profession erwarteten Kompetenzen nicht in ausreichendem Maße besitzen oder darstellen können. In solchen Fällen bedarf es laut Kühl einer „Kompetenzhygiene"[300], die die Reputation und die Kompetenzvermutung bei der Klientel weiterhin sicherstellt. Dabei, so Kühl, bedienten sich die Professionellen der Methode, ihre KlientInnen für die Inkompetenz und den Misserfolg verantwortlich zu machen – auf den Lehrerberuf bezogen bedeutet das, etwa Lernverweigerung oder schlechte Zensuren der SchülerInnen nicht der Lehrkraft anzulasten, sondern beispielsweise der Faulheit der SchülerInnen.[301]

Die Kompetenzhygiene baut darauf auf, dass die Profession bereits eine Reputation hat – etwas, an dem es dem IRL-Beruf, den medialen Diskursen und den Ergebnissen der vorliegenden Studie nach zu urteilen, weitgehend mangelt. Dies macht die Kompetenzdarstellung für die IRL umso bedeutsamer, da als kompetent wahrgenommen zu werden eine Grundvoraussetzung für die Gestaltung des eigenen Arbeitsrahmens ist.[302] Ist die Reputation einmal hergestellt, nimmt die Notwendigkeit der Kompetenzdarstellung von sich aus ab und es wird das Paradox der Kompetenzdarstellung wirksam. Dieses lautet: Je weniger man darauf angewiesen ist, die eigenen Kompetenzen darzustellen, desto höher die Wahrscheinlichkeit, als kompetent wahrgenommen zu werden.[303]

8.6.2 Kompetenzdarstellung als Wesensmerkmal der islamischen Tradition

Bis in das 20. Jahrhundert gab es in der islamischen Bildungstradition kaum eine pädagogische Ausbildung für Lehrende, obwohl etliche Gelehrte wie Ibn Saḥnūn, Ibn Ğamāʿah und andere wiederholt das LehrerIn-Werden und LehrerIn-Sein thematisierten.[304] Gleichwohl

---

300 Stefan Kühl: ‚Ächtung des Selbstlobs und Probleme der Kompetenzdarstellung', S. 286ff.
301 Vgl. ebd., S. 287.
302 Vgl. ebd., S. 288f.
303 Vgl. ebd., S. 283ff.
304 Vgl. M. Şevki Aydın: ‚İslam Eğitim Geleneğinde Öğretmenlik', S. 69ff.

nahmen Lehrende im islamischen Bildungswesen – vor und nach der Entstehung der Medresen – eine bedeutende Rolle ein. Dabei war es für sie essenziell, sich gegenüber den SchülerInnen und Eltern zu beweisen, denn diese konnten die Lehrenden zum Teil auswählen. Die Lehrenden mussten also danach trachten, ihre SchülerInnen und Eltern von der eigenen Kompetenz zu überzeugen. Wem das gelang, der konnte LehrerIn werden, aber LehrerIn bleiben konnte nur, wer sich langfristig als fähig erwies, sich eine Reputation und einen Lehr- und Lernkreis aufbauen konnte.[305] Das Bildungswesen und die Medresen waren kaum staatlich organisiert oder strukturiert. Die Lehrenden bezogen ihre Gehälter von SchülerInnen, Eltern oder Stiftungen. Die SchülerInnen konnten nicht nur die Lehrenden frei wählen, sondern auch ihr eigenes Curriculum erstellen. Nach M. Şevki Aydın führte dieses einer freien Marktwirtschaft ähnliche System anfangs zu einem sehr fruchtbaren akademischen Wettbewerb,[306] wurde aber mit der Zeit korrumpiert, bis es endgültig zur Günstlingswirtschaft verkam.[307]

Ein Blick auf die aktuelle Situation in Österreich zeigt, dass die SchülerInnen von heute bezüglich des Religionsunterrichts eine ähnliche Freiheit genießen. Zwar können sie sich ihre LehrerInnen nicht aussuchen, wohl aber ihnen die Kooperation verweigern bzw. sich zu Beginn des Schuljahres vom Unterricht abmelden. Vor allem Letzteres ist relevant: Denn die Kooperation verweigern können SchülerInnen auch in anderen Fächern, abmelden können sie sich von anderen Fächern jedoch nicht (freilich können sie auch die Kooperation nicht vollkommen verweigern, weil damit eine positive Beurteilung auf dem Spiel stünde). Im Gegensatz zu LehrerInnen anderer Fächer müssen ReligionslehrerInnen also auf die freiwillige Teilnahme der SchülerInnen am Unterricht bauen; für die IRL gilt es, wie in der islamischen Bildungstradition üblich, ihre Kompetenz gegenüber den SchülerInnen und Erziehungsberechtigten auf überzeugende Weise darzustellen. Auch wenn es – wie die vorliegende Studie zeigt – bereits IRL gibt, die ihre Kompetenz performativ darstellen, wäre eine gezielte und reflektierte Auseinandersetzung mit den Konzepten der Kompetenzdarstellung, der

---

305 Vgl. ebd., S. 66–69.
306 Vgl. ebd., S. 69.
307 Vgl. ebd., S. 67.

indirekten Kommunikation sowie der Kompetenzhygiene für die Professionalisierung des gesamten Berufsstands sinnvoll.

8.7 LehrerIn werden und LehrerIn sein: zwischen angeborenen und erlernten Fähigkeiten und grundsätzlichen berufsethischen Haltungen und Werten

Es war bereits davon die Rede, dass das IRL-Werden und das IRL-Sein eine Vielzahl von unterschiedlichen angeborenen und erworbenen Fähigkeiten und Fertigkeiten sowie Haltungen, Sichtweisen und Werten erfordert. Diese sollen nun – im Bestreben, ein besseres Verständnis vom LehrerIn-Werden und LehrerIn-Sein sowie von deren Bedingungen zu vermitteln – entlang verschiedener theoretischer Gesichtspunkte aus der Literatur analysiert werden.

8.7.1 LehrerIn werden und LehrerIn sein in der islamischen Tradition

Die Analyse ergab, dass dem IRL-Werden und dem IRL-Sein ein ganzheitliches Berufsverständnis zugrunde liegt, das nachstehend in Auseinandersetzung mit der islamischen und religionspädagogischen Theorie diskutiert wird. Für die religionspädagogische Perspektive steht hier exemplarisch das Werk „Tadhkirat as-Sami wa'l-Mutakallim fi Adab al-'Alim wa'l-Muta'allim" (Ein Memorandum an den Zuhörer und den Redner über die Etikette des Gelehrten und des Lernenden) von Badr-ad-dīn ibn Ǧamā'ah.[308]

Ibn Ǧamā'ah[309] charakterisiert das LehrerIn-Werden und das LehrerIn-Sein u. a. unter den Gesichtspunkten ‚Feldwissen' und ‚pädagogische

---

308 Mangels Verfügbarkeit des Werks in englischer oder deutscher Sprache wurde auf den türkischsprachigen Beitrag von M. Şevki Aydın zurückgegriffen: Aydın, M. Şevki: ‚İbn Cemaa'ya Göre Öğretmenin Görev ve Nitelikleri', in: *Erciyes Üniversitesi – Ilahiyat Fakültesi Dergisi* 8 (1992), S. 213–228.

309 Ibn Ǧamā'ah lebte im 13./14. Jh. Angesichts des großen zeitlichen und kulturellen Abstands zum heutigen Kontext stellt sich die Frage, inwiefern sein

Bildung'. Unter ersterem Gesichtspunkt ist nach Ibn Ǧamāʾah u. a. Folgendes wichtig:[310]

- Für angehende LehrerInnen ist Expertise in ihrem Feld zwingend erforderlich. Sie dürfen in einem Feld nur unterrichten, wenn die Expertise eindeutig gegeben ist.
- Das Erlangen der Expertise gilt nicht als Abschluss des Lehrerwerdungsprozesses, sondern vielmehr als Befähigung zum Unterrichten, die der fortwährenden Anreicherung durch neues Wissen bedarf.
- In diesem Zusammenhang schließt Ibn Ǧamāʾah sich an folgendes Diktum des Saʿīd b. Ǧubair an (übersetzt aus dem Türkischen): Solange er/sie weiter lernt, ist er/sie ein/e Gelehrter/e; sobald er/sie aufhört zu lernen und gesättigt zu sein glaubt, ist er/sie der/die Unwissendste von allen.[311]
- Das LehrerIn-Sein wird als Bewahren und Vermitteln von altbewährtem Wissen, aber zugleich als Produktion von neuem Wissen verstanden. Demnach müssten LehrerInnen lesen, schreiben, diskutieren, sich mit anderen Meinungen und Perspektiven auseinandersetzen, untersuchen und forschen.

Ibn Ǧamāʾah beschreibt das Handeln von Lehrenden unter dem Gesichtspunkt pädagogischer Bildung wie folgt:[312]

- LehrerInnen sollten die soziokulturellen und ökonomischen Umstände sowie die kognitiven und physiologischen Stärken und Schwächen der SchülerInnen wahrnehmen und diese in der Gestaltung des Unterrichts berücksichtigen.

Konzept mit dem heutigen Kontext vergleichbar ist bzw. inwiefern es für den heutigen Kontext fruchtbar gemacht werden kann. Allerdings stehen im Konzept von Ibn Ǧamāʾah Grundhaltungen im Vordergrund, die auch heute (wieder) stark betont werden. So versteht er z. B. LehrerIn-Werden und LehrerIn-Sein als lebenslangen Lernprozess – ein Ansatz, der im deutschsprachigen Raum als „lebenslanges Lernen" Eingang gefunden hat.

310 Vgl. M. Şevki Aydın: ‚İbn Cemaaʾya Göre Öğretmenin Görev ve Nitelikleriʻ, S. 215–218.

311 Saʿīd b. Ǧubair zit. nach: ebd., S. 217.

312 Vgl. ebd., S. 218–224.

- Inhalte sollten so strukturiert werden, dass das Lernen erleichtert wird und die SchülerInnen nicht überfordert werden.
- Inhalte sollten außerdem nicht einfach vorgetragen werden; vielmehr sollten LehrerInnen bestrebt sein, die SchülerInnen auch aktiv in den Unterricht einzubinden, etwa indem sie sie anhalten, Aufgaben selbst zu lösen oder Themen zu diskutieren.

Ǧamāʿah konstruiert somit das LehrerIn-Werden und das LehrerIn-Sein als einen lebenslangen Lernprozess, zu dem neben Fähigkeiten und Wissen auch bestimmte Grundhaltungen und Sichtweisen gehören. Die Entwicklung von religionspädagogischen Haltungen und Werten soll ebenso wie die Aneignung von Kompetenzen in der Aus-, Fort- und Weiterbildung angestoßen und gefördert werden. Im Fall der IRL könnte das insbesondere ein Thema für die Fort- und Weiterbildung sein, schließlich ist kaum anzunehmen, dass alle berufstätigen IRL ohne Qualifizierung die islamisch-religionspädagogische Ausbildung nachholen werden.[313]

8.7.2 ReligionslehrerIn werden und ReligionslehrerIn sein: ein professionstheoretisches Annäherungsbeispiel aus der katholischen Religionspädagogik

Heil und Ziebertz entwickelten 2005 in Anlehnung an Pierre Bourdieus Habituskonzept ein Theoriemodell des professionstypischen Habitus. In Anknüpfung an Bourdieu verstehen Heil und Ziebertz den Habitus als eine Erscheinungsform bzw. Realisierung von Haltungen, die sich aus der kompetenten Handhabung und Reflexion religionspädagogischer Routinen, religiöser Pluralität, Schule/Kirche sowie der eigenen Lebens- und Glaubensbiografie zusammensetzt.[314] Der Habitus entwickelt sich durch die Sozialisation und die Verarbeitung von kontextuellen und

---

313 Siehe Kapitel 2.1, Anmerkung 18.
314 Vgl. Stefan Heil u. a.: ‚Professionstypischer Habitus als Leitkonzept in der Lehrerbildung', S. 55–61.

sozialen weltlichen Umständen.[316] Ferner „resultiert der Habitus aus dem Handeln, bestimmt es aber gleichzeitig"[317].

Vor diesem Hintergrund entwerfen Heil und Ziebertz ihr Modell des professionellen religionspädagogischen Habitus:

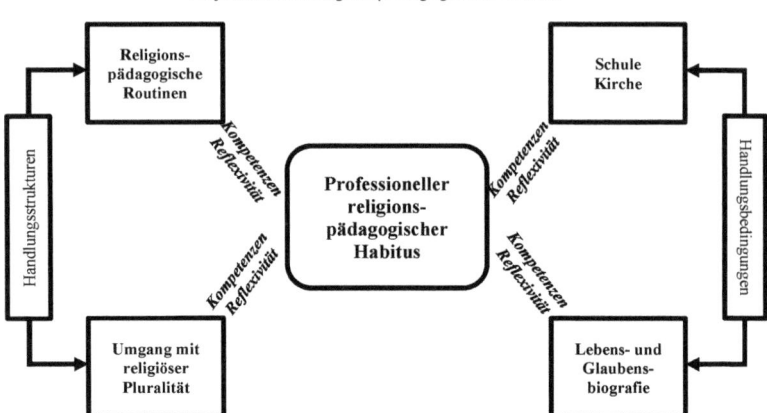

Abb. 28: Professioneller religionspädagogischer Habitus nach Heil/Ziebertz[315]

Das Modell umfasst die vier Bereiche: „religionspädagogische Routinen", „Umgang mit religiöser Pluralität", „Schule und Kirche" sowie „Lebens- und Glaubensbiografie", aus denen das habituelle Handeln bzw. die habituellen Kompetenzen und die Reflexivität der RL entwickelt und bestimmt werden.

- Religionspädagogische Routinen werden als kontextuell entstehende Handlungsroutinen und Strategien verstanden, die den IRL Orientierungshilfen sowie Handlungsmöglichkeiten innerhalb und außerhalb des Unterrichts und der Schule bieten.[318]
- Unter „Umgang mit religiöser Pluralität" wird die erfolgreiche pädagogische Handhabung einer internen religiösen Pluralität im Unterricht bezeichnet. Die interne religiöse Pluralität stellt für die

---

315 Vgl. ebd., S. 56.

316 Vgl. ebd., S. 42ff.

317 Ebd., S. 45.

318 Vgl. ebd., S. 56f.

Religionslehrkräfte eine Herausforderung und eine Kontingenz im Sinne einer Möglichkeitsoffenheit dar.[319]

- Schule und Kirche sowie die Lebens- und Glaubensbiografie der Lehrenden gelten als prägende Einflussfaktoren, die das habituelle Handeln mitbestimmen. Religionslehrkräfte sind aufgrund der Konfessionalität des Unterrichts sowohl an die staatliche Schule als auch an die Kirche gebunden.[320]

Um in ihrem Beruf handlungsfähig zu sein und die vorgestellten vier Bereiche in konkreten Fällen auch gestalten, verändern und erweitern zu können, brauchen die Religionslehrkräfte laut Heil und Ziebertz verschiedene Kompetenzen, die sich aus den vorgestellten vier Anforderungsbereichen des Berufs ableiten. Vor allem benötigen sie Reflexivität, insbesondere im Sinne von *reflection-in-action*, also eine Reflexion beim Handeln, die darin besteht, dass die Lehrkraft „das verfügbare Wissen spezifisch auf die jeweilige Situation ausrichtet"[321].

Wendet man das Modell von Heil und Ziebertz auf die Ergebnisse der Studie an, wird deutlich, dass es zwar Bereiche zusammenfasst, die auch für die IRL relevant sind, die aber im IRL-Beruf inhaltlich anders akzentuiert sind. So etwa ist die Rolle der Schule und der islamischen Religionsgemeinde insofern vielschichtiger, als beide Akteure nicht nur Bildungsziele vorgeben, sondern die Entwicklung der IRL und des IRU durch die von ihnen bereitgestellten Strukturen und Ressourcen maßgeblich beeinflussen.

8.8 Multiple Rollen: wahrnehmen, sich auseinandersetzen und reflektiert gestalten

In diesem Abschnitt wird die These der multiplen Rollen, nach der die ReligionslehrerInnen in unterschiedlichen Situationen unterschiedliche

---

319 Vgl. ebd., S. 57ff.
320 Vgl. ebd., S. 59ff.
321 Vgl. Heil, Stefan/Ziebertz, Hans-Georg: ‚Reflexivität als Schlüsselkompetenz', in: Hans-Georg Ziebertz/Stefan Heil/Hans Mendl u. a. (Hrsg.): *Religionslehrerbildung an der Universität: Profession – Religion – Habitus*, Münster 2005, S. 78–96, hier S. 83f.

Rollen (und Funktionen) einnehmen und ausgestalten, aus verschiedenen Perspektiven erörtert.

8.8.1 Rolle der IRL in der IRP

Harry H. Behr führt in seiner Analyse des Religionsunterrichts und der Ausbildung der Lehrkräfte in Deutschland, die stark von Integrationsdiskursen geprägt ist, zwei grundsätzliche Rollen von IRL an. Erstens: In der Moderatorenrolle sind die ReligionslehrerInnen angehalten, muslimischen Heranwachsenden zu helfen, „sich im Geflecht multipler Loyalitätsanforderungen zurechtzufinden und sich selbst dabei nicht aus den Augen zu verlieren"[322]. Zweitens: In der Rolle des *„al-mudschtahid bi-nafsih"* sind sie „im Wechselspiel zwischen Bewahrung und Überwindung der Tradition"[323] berechtigt und verpflichtet, Beurteilungen abzugeben.

Die Rollen, die Behr den IRL zuweist, entsprechen weitgehend jenen, die in Kapitel 6.6.3 beschrieben wurden – mit Ausnahme der von Behr geforderten Beurteilungskompetenz im Hinblick auf das Wechselspiel von Bewahrung und Überwindung der Tradition. Manche IRL nehmen eben nur die Rolle des Glaubensvermittlers oder des Glaubensrepräsentanten wahr und entscheiden sich für die Bewahrung der Tradition bzw. sprechen sich gegen ihre Weiterentwicklung aus. Fällen IRL wiederum eigene Urteile, sind Spannungen zwischen den IRL und den Moscheegemeinden unausweichlich, da Letztere die Beurteilungskompetenz und die Autorität der IRL nicht anerkennen.

Daraus folgt, dass die Aus-, Fort- und Weiterbildung der IRL die Aufgabe hat, LehrerInnen zu dieser Beurteilungskompetenz zu befähigen. Diese müsste dann – als Teil des IRL-Berufskonzepts – auch den Moscheegemeinden kommuniziert werden.

---

322 Behr, Harry Harun: ‚Ursprung und Wandel des Lehrerbildes im Islam mit besonderem Blick auf die deutsche Situation', in: Bernd Schröder/Daniel Krochmalnik/Harry Harun Behr (Hrsg.): *Was ist ein guter Religionslehrer?: Antworten von Juden, Christen und Muslimen*, Berlin 2009, S. 149–187, hier S. 186.

323 Ebd., S. 187.

8.8.2 Profession verstanden als role making: Perspektiven aus der katholischen Religionspädagogik

In der von der katholischen Religionspädagogik geführten Professionsdiskussion weisen einzelne Autoren wie Hans-Georg Ziebertz, Stefan Heil oder Bert Roebben darauf hin, dass die ReligionslehrerInnen sich in einem Rollengeflecht befinden, wobei die unterschiedlichen Rollen für sie sowohl eine determinierende als auch eine handlungsermöglichende und orientierende Funktion hätten.[324] „Rollen erkennen, rollentypische Muster akzeptieren und gestalten (role making), mit der Rolle als Vertreter der Kirche in der Schule umgehen"[325] gilt daher als eine Kompetenz und ein Merkmal der Professionalität von katholischen ReligionslehrerInnen. Nach Ziebertz gehört das Wissen über „Theorien der Person in Institutionen" und „Rollentheorien" sowie das Bearbeiten der Rollenbilder zur persönlichen Qualifikation von Religionslehrkräften.[326]

Zusätzlich zu diesem Rollenverständnis postuliert Roebben ausgehend von der Frage nach der (professionellen) Rolle der ReligionslehrerInnen in einer pluralen Gesellschaft in Anlehnung an die Hattie-Studie[327] drei professionelle Rollen bzw. Aufgaben der Lehrkräfte: 1. Sie fördern Identitäten, 2. sie zelebrieren und fördern die Pluralität in der Klasse, 3. Lehrende bauen Gemeinschaften auf, begleiten SchülerInnen auf dem Weg zur Selbstklärung/Identitätsfindung, machen Klassenräume sicher für die Entfaltung der Pluralität und tragen zur „Kultur der Anerkennung" bei. In diesen drei Aufgaben bzw. Rollen sieht Roebben die Möglichkeit zur Entwicklung einer persönlichen und professionellen Identität der Lehrkräfte.[328] Roebben nimmt den pluralen Kontext im Schulalltag sowie die Einseitigkeiten der ReligionslehrerInnen wahr

---

324 Vgl. Ziebertz, Hans-Georg/Heil, Stefan/Mendl, Hans u. a. (Hrsg.): *Religionslehrerbildung an der Universität: Profession – Religion – Habitus*, Münster 2005, S. 41.

325 Ebd., S. 75.

326 Vgl. ebd., S. 74f.

327 Siehe dazu Hattie, John/Beywl, Wolfgang/Zierer, Klaus: *Lernen sichtbar machen*, Baltmannsweiler 2013.

328 Vgl. Roebben, Bert: ‚The Religious Education Teacher as a Guide in Fostering Identity, Celebrating Diversity and Building Community', in: *REVER – Revista de Estudos da Religião* 15 (2015), H. 2, S. 150–159, hier S. 152.

und baut diese in ein zukunftsfähiges und professionelles LehrerInnen-Rollenverständnis ein. Sein Postulat bietet zum einen eine Abgrenzung zu anderen Fachdisziplinen und ermöglicht damit die Begründung des Religionsunterrichts. Zum anderen bietet es eine grundlegende Perspektive für die Professionalisierung der ReligionslehrerInnen.

Die vorgestellten Studien stimmen darin überein, dass ReligionslehrerInnen im Allgemeinen fähig sein sollten, die multiplen und kontextgebundenen Rollen, die ihr Beruf mit sich bringt, wahrzunehmen, sich mit ihnen auseinanderzusetzen und sie reflektiert zu gestalten. Das wiederum, so Heil und Ziebertz, setze den Erwerb – ob in der Aus-, Fort- oder Weiterbildung – von gewissen Kenntnissen und Kompetenzen mit Blick auf Rollentheorien voraus.

8.9 Professionalisierung unter dem Einfluss von individuellen, kollektiven und institutionellen Faktoren

In der Diskussion der letzten These wird der Frage nachgegangen, welche Faktoren die Professionalisierung und Professionalität von IRL beeinflussen. Für die Diskussion werden exemplarisch einige Forschungsarbeiten herangezogen, die bereits ähnliche Fragestellungen behandelten.

8.9.1 Professionalität und Professionalisierung beeinflussende Faktoren in der Forschung

In der Literatur wird Professionalisierung, wie bereits in Kapitel 4.2 dargelegt, auch als Kompetenzerwerb verstanden und unter eben diesem Aspekt analysiert. So wurde beispielsweise in der TEDS-M Studie zur professionellen Kompetenz von Mathematiklehrenden (in Anlehnung an den Expertiseansatz von Bromme 1992[329]) die Kompetenz bzw. der Kompetenzerwerb von Mathematiklehrkräften anhand von standardisierten Leistungstests in verschiedenen Bereichen und zu unterschiedlichen kognitiven Verknüpfungsprozessen untersucht. Auf Basis einiger Studi-

---

329 Bromme, Rainer: *Der Lehrer als Experte: Zur Psychologie des professionellen Wissens,* Bern 1992.

en mit Mathematiklehrenden aus verschiedenen Ländern in den Jahren 2010/11 wurden die in Abbildung 29 dargestellte Bedingungsfaktoren für den Kompetenzerwerb von Mathematiklehrkräften modelliert:[330]

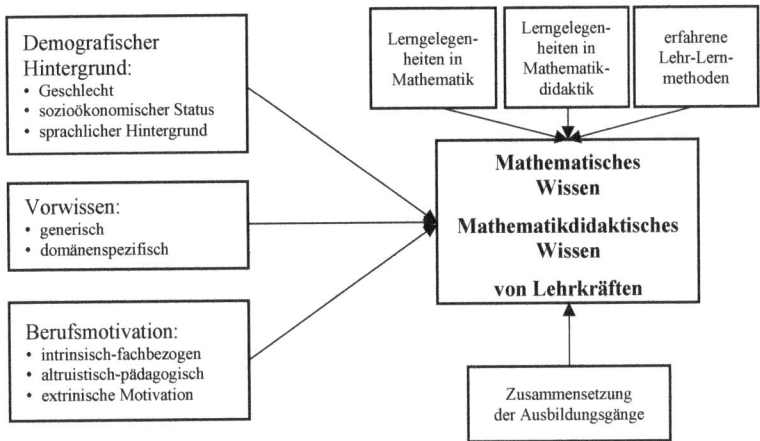

Abb. 29: Individuelle und institutionelle Bedingungsfaktoren des Kompetenzerwerbs in der Mathematiklehrerausbildung für die Sekundarstufe I[331]

Auf Basis dieses Modells und seiner Bedingungsfaktoren wurden in 15 Ländern angehende Mathematiklehrkräfte im letzten Jahr ihres Studiums befragt. Die standardisierten Leistungstests enthielten sowohl Mathematik- als auch Mathematikdidaktik-Items zu unterschiedlichen Inhaltsbereichen und mit unterschiedlichen kognitiven Anforderungen.[332] Die Studie ergab, dass das erworbene Wissen signifikant von der mittleren Schulnote bzw. dem Vorwissen und der fachbezogenen

---

330 Vgl. Blömeke, Sigrid/Kaiser, Gabriele/Döhrmann, Martina: ‚Bedingungsfaktoren des fachbezogenen Kompetenzerwerbs von Lehrkräften: Zum Einfluss von Ausbildungs-, Persönlichkeits- und Kompositionsmerkmalen in der Mathematiklehrerausbildung für Sekundarstufe I‘, in: Werner Helsper/ Rudolf Tippelt (Hrsg.): *Pädagogische Professionalität* (57), Weinheim u. a. 2011, S. 77–103, hier S. 82.

331 Abbildung erstellt nach Blömeke et al.; vgl. ebd.

332 Vgl. ebd., S. 83f.

Berufsmotivation abhängt. Von signifikanter Bedeutung waren auch die Lerngelegenheiten sowie die Zusammensetzung der Ausbildung.[333]

Mit Blick auf die Professionalisierung der IRL macht die Studie deutlich, dass Professionalisierung, verstanden als Kompetenzerwerb, auf fachliche sowie fachbezogene pädagogische Lerngelegenheiten angewiesen ist, die es didaktisch und methodisch aufzubereiten gilt. Für IRL ohne Ausbildung sind hierbei insbesondere Lerngelegenheiten am Arbeitsplatz sowie Fort- und Weiterbildungen von Relevanz. Die Lerngelegenheiten am Arbeitsplatz sind vor allem unter dem Gesichtspunkt des *the self as source* zu verstehen, die sowohl durch Begleitung als auch durch gezielte Techniken zur *self-awareness* und *self-observation* für die Professionalisierung fruchtbar gemacht werden können. Die Fort- und Weiterbildungen benötigen zum einen selbst ein gutes didaktisches und methodisches Konzept und sollten zum anderen den Erwerb der für den IRL-Beruf notwendigen Kompetenzen ermöglichen.

8.9.2 Auswirkung von Arbeits- und Organisationsbedingungen und -strukturen

Der Literatur sind grundsätzlich zwei Annäherungen an die Auswirkung von Arbeits- und Organisationsbedingungen auf die Professionalität und Professionalisierung von Lehrenden zu entnehmen, die hier als organisationstheoretische und kompetenztheoretische Annäherung bezeichnet werden. ForscherInnen wie z. B. Girmes sehen die Bereitstellung von die Professionalität und Professionalisierung fördernden Arbeits- und Organisationsbedingungen als eine Aufgabe von „Wissenschaft, Administration und Politik"[334]. So ist laut Girmes zu fragen,

> welche Schritte von Wissenschaft, Administration und Politik zu tun sind, um Organisationen zu schaffen, welche die formulierte Professionalität von Lehrenden befördern und stützen, statt von Lehrerinnen und Lehrern

---

333 Vgl. ebd., S. 92–97.
334 Vgl. Girmes, Renate: ‚Organisation und Profession: Welches Organisationsformat fördert Professionalität in Bildungseinrichtungen?', in: Wolfgang Böttcher/Ewald Terhart (Hrsg.): *Organisationstheorie in pädagogischen Feldern: Analyse und Gestaltung*, Wiesbaden 2004, S. 103–122, hier S. 118f.

weiterhin zu erwarten, dass sie quasi heldenhaft, aber ,sisyphosgleich' das relativieren und ausgleichen [...].[335]

Andere ForscherInnen hingegen formulieren den Umgang mit den gegebenen Arbeits- und Organisationsbedingungen als eine Aufgabe bzw. professionelle Kompetenz des Lehrerberufs. Marcus Eckert et al. zufolge etwa müssen LehrerInnen und Schulen, um leistungsstark zu sein, Emotionsregulations- und Belastungskompetenzen sowie Stützsysteme und Konzepte, verstanden als kollegiale Kooperation und Unterstützung, vorweisen und diese laufend weiterentwickeln.[336] Martin Rothland wiederum spricht in Anlehnung an das COACTIV-Modell von Baumert und Kunter von „Selbstregulation" mit den folgenden drei Komponenten:[337]

- soziale Kompetenz als „die Fähigkeit zur Aktivierung sozialer Unterstützung insbesondere durch Kollegen und Schulleitung",
- Selbstregulationskompetenz im Sinne einer „Ungewissheitstoleranz" bzw. als „Engagement, Distanzierungs-, Widerstands- und Erholungsfähigkeit",
- Motivation als „instrumentelles Selbstkonzept und Selbstwirksamkeitsüberzeugung".

Der Analyse der mit den IRL geführten Interviews nach zu urteilen, besteht eine zentrale Aufgabe der Professionalisierung in der Auseinandersetzung sowohl mit den Arbeits- und Organisationsbedingungen als auch mit den Kompetenzen der IRL. Dies deshalb, weil sich im IRL-Beruf nicht nur die Organisation der Lehrtätigkeit als problematisch erweist, sondern auch die Aus-, Fort- und Weiterbildung. Es wäre illusorisch, von den IRL Kompetenzen im Umgang mit den Arbeits- und Organisationsbedingungen ihres Berufs zu erwarten, wenn diese in der Aus-,

---

335 Ebd.
336 Vgl. Eckert, Marcus/Ebert, David/Sieland, Bernhard: ,Wie gehen Lehrkräfte mit Belastungen um? Belastungsregulation als Aufgabe und Ziel für Lehrkräfte und Schüler', in: Martin Rothland (Hrsg.): *Belastung und Beanspruchung im Lehrerberuf: Modelle, Befunde, Interventionen*, Wiesbaden ²2013.
337 Rothland, Martin: ,Belastung und Beanspruchung im Lehrberuf und die Modellierung professioneller Kompetenz von Lehrerinnen und Lehrern', in: DERS.: *Belastung und Beanspruchung im Lehrerberuf: Modelle, Befunde, Interventionen*, Wiesbaden ²2013, S. 2–20, hier S. 15f.

Fort-, und Weiterbildung aus verschiedenen Gründen – etwa, weil eine Ausbildung nicht möglich war und diese nicht ohne Weiteres nachgeholt werden kann oder wird – nicht erworben wurden.

9 Ganzheitlich gedachte Professionalisierung im Horizont von Bildung

Die Analyse der Thesen aus verschiedenen wissenschaftlichen Perspektiven (Kapitel 8) legt eine ganzheitliche Annäherung an die Professionalisierung der IRL nahe, die sowohl die individuelle als auch die institutionelle organisatorisch-strukturelle Ebene einbezieht.

Mit Blick auf die Ausbildung und persönliche Entwicklung von LehrerInnen weisen viele AutorInnen – darunter Jürgen Rekus, Matthias Scharer, Mirjam Schambeck u. a. – darauf hin, dass in den letzten Jahren in der Schule und in der Ausbildung von LehrerInnen eine Wendung vom ganzheitlich gedachten Bildungsbegriff hin zum Kompetenzbegriff stattgefunden hat, die kritisch zu reflektieren sei. Diesen AutorInnen zufolge zieht diese Wendung u. a. nach sich, dass Schule und Lehrtätigkeit ökonomisiert werden und die Ausbildung der LehrerInnen entsprechend diesem Trend immer mehr den Charakter eines Kompetenztrainings oder Coachings annimmt.[337] Rekus sieht in dieser Wendung eine „Engführung", die u. a. folgende Gefahren berge: Das ganzheitliche Denken, das dem Bildungsbegriff zugrunde liegt, werde vernachlässigt und die Lehrenden würden zu „Standarderfüllern", die dafür sorgen sollen, dass alle Schulen qualitativ gleichwertig werden.[338] Zugleich beflügelten die Output-Orientierung und die Messung bzw. Evaluierung der vordefinierten und standardisierten Kompetenzen ein Konkurrenzdenken zwischen den Lehrenden und den Schulen. Diese Konkurrenz kann laut

---

337 Vgl. Rekus, Jürgen: ‚Kompetenz oder Bildung?: Über die Aufgabe zukunftsweisender Lehrerbildung‘, in: *Seminar – Lehrerbildung und Schule* (2011), H. 1, S. 49–58, hier S. 54; Vgl. auch Scharer, Matthias: ‚Wenn das Herz am Output hängt: Kommunikativ-theologische und religionsdidaktische Überlegungen zu Bildungsstandards und Kompetenzorientierung in Religion‘, in: *Österreichisches Religionspädagogisches Forum* 18 (2010), H. 1, S. 16–26; Schambeck, Mirjam: ‚Warum Bildung Religion braucht ...: Religionspädagogische Einmischungen in bildungspolitisch sensiblen Zeiten‘, in: *Theo-Web. Zeitschrift für Religionspädagogik* 9 (2010), H. 1, S. 249–263.

338 Vgl. Jürgen Rekus: ‚Kompetenz oder Bildung?‘, S. 54.

Scharer wiederum dazu führen, dass LehrerInnen SchülerInnen primär auf standardisierte Tests hin unterrichten.[339]

Im Rahmen seiner Auseinandersetzung mit dem Kompetenzbegriff kommt Rekus zu dem Schluss, dass für Lehrkräfte gewisse Tugenden und Vernunftleistungen im Hinblick auf das pädagogische Handeln (die Handlungsentscheidungen) essenziell sind; diese ließen sich zwar auch als Kompetenzen beschreiben, nicht jedoch lehren, sondern müssten eingeübt werden bzw. sich mit der Zeit durch das Sammeln von Erfahrungen entwickeln.[340] Bernd Lederer macht in seiner Analyse der Begriffe ‚Bildung' und ‚Kompetenz' eine ähnliche Wendung im Verständnis und Gebrauch des Bildungsbegriffs aus. Er stellt u. a. fest, dass der ganzheitlich verstandene, unter aufklärerisch-humanistischen Gesichtspunkten wie „individuelle Selbsterkenntnis, Selbstentfaltung, Mündigkeit, Autonomie, Emanzipation und Selbstbestimmung" betrachtete Bildungsbegriff immer mehr durch einen funktionalisierten und ökonomisierten Bildungsbegriff, verstanden als Employability, verdrängt wird.[341]

Verfolgt man die Ausführungen von Scharer, Rekus u. a., wird das ganze Ausmaß deutlich, in dem die gegenwärtige Kompetenzorientierung und die Debatten über Standards in der Schule und im Fachunterricht die Entwicklung der LehrerInnen beeinflussen können und bereits beeinflussen. Sie bestimmen die Lehrtätigkeit bzw. die Leistung, die die LehrerInnen erbringen und zu der sie fähig sein sollten. Zugleich definieren sie, welche Lerngelegenheiten es am Arbeitsplatz gibt, welche Erfahrungen gesammelt und welche Tugenden und Vernunftleistungen von den LehrerInnen eingeübt werden. Die institutionellen und bildungspolitischen Rahmenbedingungen sind also entscheidend für den Professionalisierungsprozess von LehrerInnen.

Die Ergebnisse der vorliegenden Studie legen nahe, dass eine auf Professionalisierung abzielende Aus-, Fort- und Weiterbildung von LehrerInnen eines ganzheitlichen Bildungsverständnisses bedarf, das sowohl aufklärerisch-humanistische Gesichtspunkte als auch den Erwerb

---

339 Vgl. Matthias Scharer: ‚Wenn das Herz am Output hängt', S. 17.
340 Vgl. Jürgen Rekus: ‚Kompetenz oder Bildung?', S. 54–58.
341 Vgl. Lederer, Bernd: *Kompetenz oder Bildung: Eine Analyse jüngerer Konnotationsverschiebungen des Bildungsbegriffs und Plädoyer für eine Rück- und Neubesinnung auf ein transinstrumentelles Bildungsverständnis*, Innsbruck 2014, S. 675.

von Kompetenzen, verstanden als Professionalität oder Employability, umfasst.[342]

IRL benötigen nicht nur Kompetenzen, die ihnen den Umgang mit den Anforderungen ihres Berufs ermöglichen und sie zu pädagogisch-didaktischen Handlungen befähigen, sie brauchen auch Strategien und Methoden, um ihre eigene Persönlichkeit, ihre Identität und ihren Charakter fortwährend reflektieren und weiterbilden zu können. Daher müssen sie befähigt werden, ethisch und pädagogisch vertretbare Entscheidungen zu treffen, die förderlich für das Lehren und Lernen sowie für die Entwicklung (Bildung) der SchülerInnen und ihrer eigenen Person sind. Zudem sollten sie die den SchülerInnen vermittelten Inhalte, Werte, Fertigkeiten und Fähigkeiten durch authentisches Auftreten und vorbildliches Verhalten während und außerhalb des Unterrichts beglaubigen. Eine in diesem Sinne verstandene Bildung setzt auch voraus, dass die IRL selbst tätig werden und nicht nur Kompetenzen erlernen, sondern auch ihre Handlungen und ihre Persönlichkeit als Ganzes reflektieren.

Durch die Bereitstellung von verschiedenen Ressourcen, die Formulierung von Konzepten, Methoden und Leistungszielen in der Aus-, Fort- und Weiterbildung sowie der Organisation des Berufs können die Bildung und die Professionalität der IRL gezielt gefördert werden.

---

342 Vgl. ebd., S. 675ff.

Literatur

Amendt-Lyon, Nancy: ‚Authentizität, selektive‘, in: Gerhard Stumm/Alfred Pritz (Hrsg.): *Wörterbuch der Psychotherapie*, Wien 2000, S. 55f.

Anselm L. Strauss im Gespräch mit Heiner Legewie und Barbara Schervier-Legewie: „„Forschung ist harte Arbeit, es ist immer ein Stück Leiden damit verbunden. Deshalb muss es auf der anderen Seite Spaß machen.“‘, in: Günter Mey/Katja Mruck (Hrsg.): *Grounded Theory Reader*, Wiesbaden ²2011, S. 69–78.

Arjmand, Reza: ‚Introduction to Part I: Islamic Education: Historical Perspective, Origin, and Foundation‘, in: Holger Daun/Reza Arjmand (Hrsg.): *Handbook of Islamic Education*, Cham 2018, S. 3–32.

Aslan, Ednan: ‚Situation und Strömungen der islamischen Religionspädagogik im deutschsprachigen Raum‘, in: *Theo-Web. Zeitschrift für Religionspädagogik* 11 (2012), H. 2, S. 10–18.

Aslan, Ednan: ‚Religiöse Pluralität als Herausforderung an den islamischen Religionsunterricht‘, in: Thomas Krobath/Andrea Lehner-Hartmann/Regina Polak (Hrsg.): *Anerkennung in religiösen Bildungsprozessen: Interdisziplinäre Perspektiven*, Göttingen 2014, S. 53–64.

Aslan, Ednan/Erşan Akkılıç, Evrim/Kolb, Jonas: *Imame und Integration*, Wiesbaden 2015.

Austria Presse Agentur (APA): Science: *Auch an Pflichtschulen zahlreiche Lehrer mit Sondervertrag* 2018.

Aydın, M. Şevki: ‚İbn Cemaa‘ya Göre Öğretmenin Görev ve Nitelikleri‘, in: *Erciyes Üniversitesi – Ilahiyat Fakultesi Dergisi* 8 (1992), S. 213–228.

Aydın, M. Şevki: ‚İslam Eğitim Geleneğinde Öğretmenlik‘, in: *Erciyes Üniversitesi – Ilahiyat Fakultesi Dergisi* 11 (2001), S. 59–74.

Bahrs, Ottomar/Andres, Edith: ‚Qualitätszirkel im Gesundheitswesen‘, in: Michael Dick/Winfried Marotzki/Harald A. Mieg (Hrsg.): *Handbuch Professionsentwicklung*, Bad Heilbrunn 2016, S. 295–309.

Bailey, Kathleen M./Curtis, Andy/Nunan, David: *Pursuing Professional Development: The Self as Source*, Boston, MA 2001.

Bartsch, Darjusch: *Konzepte und Modelle zur Vermittlung der Lehrinhalte im deutschsprachigen Islamkunde-Unterricht*, Hamburg 2009.

Bauer, Catherine Eve/Bieri Buschor, Christine/Safi, Netkey (Hrsg.): *Berufswechsel in den Lehrberuf: Neue Wege der Professionalisierung*, Bern 2017.

Baumert, Jürgen/Kunter, Mareike: ‚The COACTIV Model of Teachers’ Professional Competence‘, in: Jürgen Baumert/Werner Blum/Ute Klusmann u. a. (Hrsg.): *Cognitive Activation in the Mathematics Classroom and Professional Competence of Teachers: Results from the COACTIV Project* 2013, S. 25–48.

Bayrhammer, Bernadette: Quereinsteiger: Ich bin dann mal Lehrer, in: *DiePresse*, 21. November 2010.

Behr, Harry Harun: ,Ursprung und Wandel des Lehrerbildes im Islam mit besonderem Blick auf die deutsche Situation', in: Bernd Schröder/Daniel Krochmalnik/Harry Harun Behr (Hrsg.): *Was ist ein guter Religionslehrer?*: *Antworten von Juden, Christen und Muslimen*, Berlin 2009, S. 149–187.

Berkemeyer, Nils/Järvinen, Hanna/Otto, Johanna u. a.: ,Kooperation und Reflexion als Strategien der Professionalisierung in schulischen Netzwerken', in: Werner Helsper/Rudolf Tippelt (Hrsg.): *Pädagogische Professionalität* (57), Weinheim u. a. 2011, 225–247.

Bertsch, Ludwig (Hrsg.): *Gemeinsame Synode der Bistümer in der Bundesrepublik Deutschland*: *Offizielle Gesamtausgabe – Band I*, Freiburg im Breisgau ⁴1978.

Bertsch, Ludwig/Boonen, Philipp/Hammerschmidt, Rudolf u. a. (Hrsg.): *Gemeinsame Synode der Bistümer in der Bundesrepublik Deutschland*: *Ergänzungsband: Arbeitspapiere der Sachkommissionen*. Offizielle Gesamtausgabe II, Freiburg im Breisgau ²1977.

BIFIE – Bundesinstitut für Bildungsforschung, Innovation & Entwicklung des österreichischen Schulwesens: *Informelle Kompetenzmessung (IKM)*, URL: https://www.bifie.at/lernen-begleiten/ikm/(letzter Abruf: 19.04.2019).

Blömeke, Sigrid/Kaiser, Gabriele/Döhrmann, Martina: ,Bedingungsfaktoren des fachbezogenen Kompetenzerwerbs von Lehrkräften.: Zum Einfluss von Ausbildungs-, Persönlichkeits- und Kompositionsmerkmalen in der Mathematiklehrerausbildung für Sekundarstufe I', in: Werner Helsper/Rudolf Tippelt (Hrsg.): *Pädagogische Professionalität* (57), Weinheim u. a. 2011, S. 77–103.

Bock, Wolfgang (Hrsg.): *Islamischer Religionsunterricht?*: *Rechtsfragen, Länderberichte, Hintergründe*, Tübingen ²2007.

Boe, Erling E./Shin, Sujie/Cook, Lynne H.: ,Does Teacher Preparation Matter for Beginning Teachers in Either Special or General Education?', in: *The Journal of Special Education* 41 (2007), H. 3, S. 158–170.

Bohnsack, Ralf/Nentwig-Gesemann, Iris/Nohl, Arnd-Michael (Hrsg.): *Die dokumentarische Methode und ihre Forschungspraxis: Grundlagen qualitativer Sozialforschung*, Wiesbaden ³2007.

Bonsen, Martin: *Schule, Führung, Organisation: Eine empirische Studie zum Organisations- und Führungsverständnis von Schulleiterinnen und Schulleitern*, Münster 2003.

Brandenburg, Dietrich: *Die Madrasa: Ursprung, Entwicklung, Ausbreitung und künstlerische Gestaltung der islamischen Moschee-Hochschule*, Graz 1978.

Braunisch, Stefanie/Thies, Jan/Kern, Maria u. a.: *Brennpunkt Schule: Machtlos gegen islamische Einflüsse?*, 2018, URL: https://www.addendum.org/schule/islam-in-der-schule/(letzter Abruf: 17.04.2019).

Breuer, Franz/Mey, Günter/Mruck, Katja: ,Subjektivität und Selbst-/Reflexivität in der Grounded-Theory-Methodologie', in: Günter Mey/Katja Mruck (Hrsg.): *Grounded Theory Reader*, Wiesbaden ²2011, S. 427–448.

Breuer, Franz/Muckel, Petra/Dieris, Barbara u. a.: *Reflexive Grounded Theory: Eine Einführung für die Forschungspraxis*, Wiesbaden ³2017.

Brix, Emil: ,Die politische Diskussion um eine "Leitkultur" als Kritik an Moderne und Säkularisierung', in: Wilhelm Guggenberger/Dietmar Regensburger/Kristina Stoeckl (Hrsg.): *Politik, Religion, Markt: Die Rückkehr der Religion als Anfrage an den politisch-philosophischen Diskurs der Moderne*, Innsbruck 2009, S. 187–196.

Bröckling, Ulrich: ,You are not responsible for being down, but you are responsible for getting up. Über Empowerment', in: *Leviathan* 31 (2003), H. 3, S. 323–344.

Bromme, Rainer: *Der Lehrer als Experte: Zur Psychologie des professionellen Wissens,* Bern 1992.

Brühl, Ute/Davidovits, Daniela: Islam-Lehrer im Zwielicht: Schule. Debatte um Religionsunterricht provoziert die Frage: Wer sucht eigentlich die Lehrer aus?, in: *Kurier,* 14. September 2017.

Buchholtz, Nils/Kaiser, Gabriele/Blömeke, Sigrid: ,Die Erhebung mathematik-didaktischen Wissens – Konzeptualisierung einer komplexen Domäne', in: *Journal für Mathematik-Didaktik* 35 (2014), H. 1, S. 101–128.

Bundesministerium für Bildung und Forschung: *Islamische Theologie*, URL: https://www.bmbf.de/de/islamische-theologie-367.html (letzter Abruf: 17. 04.2019).

Bundesministerium für Unterricht, Kunst und Kultur: *Bekanntmachung der Bundesministerin für Unterricht, Kunst und Kultur betreffend die Lehrpläne für den islamischen Religionsunterricht an Pflichtschulen, mittleren und höheren Schulen* 2011.

Ceylan, Rauf: ,Religiöse Erziehung muslimischer Schülerinnen und Schüler – Zur Bedeutung des islamischen Religionsunterrichts in Deutschland', in: Bülent Uçar/Martina Blasberg-Kuhnke/Arnulf von Scheliha (Hrsg.): *Religionen in der Schule und die Bedeutung des Islamischen Religionsunterrichts*, Göttingen 2010, S. 201–210.

Ceylan, Rauf: „Raus aus den Koranschulen": Das Verhältnis von Moscheekatechese und Islamischem Religionsunterricht.', in: *Theo-Web. Zeitschrift für Religionspädagogik* 14 (2015), H. 2, S. 169–183.

Ceylan, Rauf/Kiefer, Michael: *Muslimische Wohlfahrtspflege in Deutschland: Eine historische und systematische Einführung*, Wiesbaden 2016.

Ceylan, Rauf/Margit, Stein/Zimmer, Veronika: ,Religiösität und religiöse Selbstverortung muslimischer Religionslehrer/innen sowie Lehramtsanwärter/

innen in Deutschland', in: *Theo-Web. Zeitschrift für Religionspädagogik* 16 (2017), H. 2, S. 347–367.

christlich.leben.lernen – Info-Portal der katholischen Kirche zu Bildung & Schule: *Schulaufsicht. Aufgaben der FachinspektorInnen*, URL: http://www.reli gionsunterricht.at/schulaufsicht (letzter Abruf: 17.04.2019).

Clarke, Adele E.: *Situationsanalyse: Grounded Theory nach dem Postmodern Turn*, Wiesbaden 2012.

Crotty, Michael: *The foundations of social research: Meaning and perspective in the research process*, London u. a. 2003.

Darling-Hammond, Linda/Holtzman, Deborah J./Gatlin, Su Jin u. a.: ,Does Teacher Preparation Matter? Evidence about Teacher Certification, Teach for America, and Teacher Effectiveness', in: *education policy analysis archives* 13 (2005), H. 42, S. 1–51.

Dewe, Bernd/Wagner, Hans-Josef: ,Professionalität und Identität in der Pädagogik', in: Monika Rapold (Hrsg.): *Pädagogische Kompetenz, Identität und Professionalität*, Baltmannsweiler ³2012, S. 51–76.

Dick, Michael: ,Professionsentwicklung als Forschungs- und Handlungsfeld', in: Michael Dick/Winfried Marotzki/Harald A. Mieg (Hrsg.): *Handbuch Professionsentwicklung*, Bad Heilbrunn 2016, S. 9–26.

Dick, Michael/Marotzki, Winfried/Mieg, Harald A. (Hrsg.): *Handbuch Professionsentwicklung*, Bad Heilbrunn 2016.

Dietrich, Myrian: *Islamischer Religionsunterricht: Rechtliche Perspektiven*, Frankfurt am Main 2006.

Eberling, Wolfgang: ,Supervision und Coaching', in: Michael Dick/Winfried Marotzki/Harald A. Mieg (Hrsg.): *Handbuch Professionsentwicklung*, Bad Heilbrunn 2016, S. 283–294.

Eckert, Marcus/Ebert, David/Sieland, Bernhard: ,Wie gehen Lehrkräfte mit Belastungen um?: Belastungsregulation als Aufgabe und Ziel für Lehrkräfte und Schüler', in: Martin Rothland (Hrsg.): *Belastung und Beanspruchung im Lehrerberuf: Modelle, Befunde, Interventionen*, Wiesbaden ²2013.

Emirbayer, Mustafá/Mische, Ann: ,What Is Agency?', in: *American Journal of Sociology* 103 (1998), H. 4, S. 962–1023.

Engelhardt, Jan Felix: *Islamische Theologie im deutschen Wissenschaftssystem: Ausdifferenzierung und Selbstkonzeption einer neuen Wissenschaftsdisziplin*, Wiesbaden 2017.

Enzelberger, Sabina: *Sozialgeschichte des Lehrerberufs: Gesellschaftliche Stellung und Professionalisierung von Lehrerinnen und Lehrern von den Anfängen bis zur Gegenwart*, Weinheim 2001.

Esser, Hartmut (Hrsg.): *Die fremden Mitbürger: Möglichkeiten und Grenzen der Integration von Ausländern*, Düsseldorf 1983.

Esser, Hartmut/Gaugler, Eduard/Neumann, Karl-Heinz: *Arbeitsmigration und Integration: Sozialwissenschaftliche Grundlagen*, Königstein/Ts. 1979.

Everington, Judith: ,'Being professional': RE teachers' understandings of professionalism 1997–2014', in: *British Journal of Religious Education* 38 (2016), H. 2, S. 177–188.

Evetts, Julia: ,The Sociological Analysis of Professionalism', in: *International Sociology* 18 (2003), H. 2, S. 395–415.

f4transkript, URL: https://www.audiotranskription.de/f4.htm (letzter Abruf: 17.04.2019).

Feige, Andreas: „Einzelfall' und ,Kollektiv' – zwei Seiten einer Medaille?', in: Bernhard Dressler/Andreas Feige/Albrecht Schöll (Hrsg.): *Religion – Leben, Lernen, Lehren: Ansichten zur „Religion' bei ReligionslehrerInnen"*, Münster 2004, S. 7–16.

Feige, Andreas/Dressler, Bernhard/Lukatis, Wolfgang u. a. (Hrsg.): *„Religion" bei ReligionslehrerInnen*, Münster 2000.

Feige, Andreas/Dressler, Bernhard/Tzscheetzsch, Werner (Hrsg.): *Religionslehrer oder Religionslehrerin werden: Zwölf Analysen berufsbiografischer Selbstwahrnehmungen*, Ostfildern 2006.

Feige, Andreas/Tzscheetzsch, Werner/Dressler, Bernhard (Hrsg.): *Christlicher Religionsunterricht im religionsneutralen Staat?*, Ostfildern 2005.

Förderverein für differenzierte Allgemeinbildung: *Umrechnungstabelle der Unterrichtsstunden in Werteinheiten*, 2009, URL: http://www.oepu.at/index.php/service/rechts-infos/infos-a-z/816-umrechnungstdwe (letzter Abruf: 17.04.2019).

Freidson, Eliot: *Dominanz der Experten: Zur sozialen Struktur medizinischer Versorgung*, München u. a. 1975.

Froschauer, Ulrike/Lueger, Manfred: *Das qualitative Interview: Zur Praxis interpretativer Analyse sozialer Systeme*, Wien 2003.

Ğābirī, Muḥammad ,Ābid al: *Kritik der arabischen Vernunft: Naqd al-'aql al-'arabī die Einführung*, Berlin 2009.

Giesecke, Hermann: *Die pädagogische Beziehung: Pädagogische Professionalität und die Emanzipation des Kindes*, Weinheim u. a. 1997.

Girmes, Renate: ,Organisation und Profession: Welches Organisationsformat fördert Professionalität in Bildungseinrichtungen?', in: Wolfgang Böttcher/Ewald Terhart (Hrsg.): *Organisationstheorie in pädagogischen Feldern: Analyse und Gestaltung*, Wiesbaden 2004, S. 103–122.

Glaser, Barney G./Strauss, Anselm L.: *The discovery of grounded theory: Strategies for qualitative research*, New York u. a. 1967.

Glaser, Barney G./Strauss, Anselm L.: *Awareness of Dying*, New York NY [9]1979.

Goethe-Universität Frankfurt am Main: *BMBF-Förderung für Zentren der Islamischen Theologie*, URL: https://www.uni-frankfurt.de/42914349/zentren_islamische_theologie (letzter Abruf: 17.04.2019).

Grimmitt, Michael: *Religious Education and Human Development*: *The Relationship Between Studying Religions and Personal, Social and Moral Education*, Great Wakering 1987.

Groves, Robert M.: *Survey Methodology*, Hoboken, NJ ²2009.

Günther, Sebastian: ‚Advice for Teachers: the 9th Century Muslim Scholars Ibn Sahnun and Al-Jahiz on Pedagogy and Didactics', in: DERS.: *Ideas, Images, and Methods of Portrayal*: *Insights into Classical Arabic Literature and Islam*, Boston u. a. 2010, S. 79–116.

Günther, Sebastian: „„Das Buch ist ein Gefäß mit Wissen und Scharfsinn": Pädagogische Ratschläge klassischer muslimischer Denker', in: Peter Gemeinhardt/ Sebastian Günther (Hrsg.): *Von Rom nach Bagdad*: *Bildung und Religion von der römischen Kaiserzeit bis zum klassischen Islam*, Tübingen 2013, S. 357–380.

Hattie, John/Beywl, Wolfgang/Zierer, Klaus: *Lernen sichtbar machen*, Baltmannsweiler 2013.

Heil, Stefan: *Strukturprinzipien religionspädagogischer Professionalität*: *Wie Religionslehrerinnen und Religionslehrer auf die Bedeutung von Schülerzeichen schließen*, Berlin 2006.

Heil, Stefan/Ziebertz, Hans-Georg: ‚Professionstypischer Habitus als Leitkonzept in der Lehrerbildung', in: Hans-Georg Ziebertz/Stefan Heil/Hans Mendl u. a. (Hrsg.): *Religionslehrerbildung an der Universität*: *Profession – Religion – Habitus*, Münster 2005, S. 41–64.

Heil, Stefan/Ziebertz, Hans-Georg: ‚Reflexivität als Schlüsselkompetenz', in: Hans-Georg Ziebertz/Stefan Heil/Hans Mendl u. a. (Hrsg.): *Religionslehrerbildung an der Universität*: *Profession – Religion – Habitus*, Münster 2005, S. 78–96.

Helfferich, Cornelia: *Die Qualität qualitativer Daten*: *Manual für die Durchführung qualitativer Interviews*, Wiesbaden ⁴2011.

Helsper, Werner: ‚Lehrerprofessionalität – der strukturtheoretische Professionsansatz zum Lehrberuf', in: Ewald Terhart/Hedda Bennewitz/Martin Rothland (Hrsg.): *Handbuch der Forschung zum Lehrerberuf*, Münster u. a. ²2014, S. 216–240.

Herrmann, Ulrich: *Wie lernen Lehrer ihren Beruf?*: *Empirische Befunde und praktische Vorschläge*, Weinheim u.a. 2002.

Höhn, Hans-Joachim: ‚Befremdliche Nähe. Typologie und Topologie prekärer Beheimatung', in: Ulrich Hemel/Jürgen Manemann (Hrsg.): *Heimat finden – Heimat erfinden*: *Politisch-philosophische Perspektiven*, Paderborn 2017, S. 11–30.

Institut für Islamische Theologie und Religionspädagogik: *Studiengänge*, URL: https://www.uibk.ac.at/islam-theol/studium/ (letzter Abruf: 17.04.2019).

Işık, Tuba: ‚Konzeptionelle Überlegungen für die Islamische Religionspädagogik in Deutschland.: Wie viel religiösen Ritus verträgt der islamische Religionsunterricht in Deutschland?‘, in: Mouhanad Khorchide/Klaus von Stosch (Hrsg.): *Herausforderungen an die islamische Theologie in Europa*, Freiburg im Breisgau 2012, S. 180–195.

Islamische Glaubensgemeinschaft in Österreich: *Lehrplan für den islamischen Religionsunterricht*, 2011, URL: http://www.derislam.at/schulamt/schulamt /dokumente/lehrplan/gesamt_1–99.pdf (letzter Abruf: 17.04.2019).

Joas, Hans: ‚Religions als Integrationshindernis?‘, in: Ulrich Hemel/Jürgen Manemann (Hrsg.): *Heimat finden – Heimat erfinden: Politisch-philosophische Perspektiven*, Paderborn 2017, S. 151–156.

Keck Frei, Andrea/Kocher, Mirjam/Spiess, Reta u. a.: ‚Die berufsintegrierte Ausbildungsphase von quereinsteigenden Lehrpersonen: Lernen an der Pädagogischen Hochschule und am Arbeitsort Schule‘, in: Catherine Eve Bauer/ Christine Bieri Buschor/Netkey Safi (Hrsg.): *Berufswechsel in den Lehrberuf: Neue Wege der Professionalisierung*, Bern 2017, S. 141–160.

Kellermann, Ingrid/Lorenz, Ditte: ‚Islamischer Religionsunterricht an einer urbanen Grundschule. Ethnografische Perspektiven auf Bedeutungsdimension der Anerkennung‘, in: Gerald Blaschke-Nacak/Stefan E. Hößl (Hrsg.): *Islam und Sozialisation: Aktuelle Studien*, Wiesbaden 2016, S. 69–100.

Keller-Schneider, Manuela: ‚Kompetenz von Lehrpersonen in der Berufseinstiegsphase. Die Bedeutung von zwei methodisch unterschiedlichen Erfassungszugängen.‘, in: *Zeitschrift für Bildungsforschung* (2014), H. 4, S. 101–117.

Khorchide, Mouhanad: *Der islamische Religionsunterricht in Österreich*, 2009, URL: https://www.integrationsfonds.at/publikationen/oeif-dossiers/ (letzter Abruf: 15.05.2019).

Khorchide, Mouhanad: *Der islamische Religionsunterricht zwischen Integration und Parallelgesellschaft: Einstellungen der islamischen ReligionslehrerInnen an öffentlichen Schulen*, Wiesbaden 2009.

Klingberg, Lothar: *Lernen – Lehren – Unterricht: Über den Eigensinn des Didaktischen*, 1997, URL: https://publishup.uni-potsdam.de/opus4-ubp/frontdoor/ deliver/index/docId/445/file/KLINGBER.pdf (letzter Abruf: 17.04.2019).

Knoblauch, Hubert: ‚Von der Kompetenz zur Performanz‘, in: Thomas Kurtz/ Michaela Pfadenhauer (Hrsg.): *Soziologie der Kompetenz*, Wiesbaden 2010, S. 237–255.

KPH: *Ausbildung von christlichen und islamischen ReligionslehrerInnen erstmals unter einem gemeinsamen Dach*, 2015, URL: http://www.kphvie.ac.at/filead min/Dateien_KPH/News/Fotos/PA_KPH_Ausbildung_islamischer_Religi onslehrerInnen_an_Pflichschulen_IRPA.pdf (letzter Abruf: 17.04.2019).

Krainz, Ulrich: *Religion und Demokratie in der Schule: Analysen zu einem grund-sätzlichen Spannungsfeld*, Wiesbaden 2014.

Krauss, Stefan/Bruckmaier Georg: ‚Das Experten-Paradigma in der Forschung zum Lehrberuf‘, in: Ewald Terhart/Hedda Bennewitz/Martin Rothland (Hrsg.): *Handbuch der Forschung zum Lehrerberuf*, Münster u. a. [2]2014, S. 241–261.

Kronen Zeitung: Islam Einfluss wächst: Lehrerin: „Von 25 Kindern muss man 21 integrieren“, in: *krone.at,* 12. März 2018.

Kruse, Jan: ‚Sensitizing concepts‘, in: Markus Antonius Wirtz (Hrsg.): *Dorsch – Lexikon der Psychologie*, Bern [18]2017, S. 1535.

Kuckartz, Udo: *Einführung in die computergestützte Analyse qualitativer Daten*, Wiesbaden [3]2010.

Kuckartz, Udo: *Mixed Methods: Methodologie, Forschungsdesigns und Analyseverfahren*, Wiesbaden 2014.

Kühl, Stefan: ‚Ächtung des Selbstlobs und Probleme der Kompetenzdarstellung‘, in: Thomas Kurtz/Michaela Pfadenhauer (Hrsg.): *Soziologie der Kompetenz*, Wiesbaden 2010, S. 275–291.

Kühn, Thomas/Witzel, Andreas: ‚Der Gebrauch einer Textdatenbank im Auswertungsprozess problemzentrierter Interviews‘, in: *FORUM: Qualitative Social Research* 1 (2000), H. 3, Art. 18.

Langmaack, Barbara: *Einführung in die Themenzentrierte Interaktion (TZI): Das Leiten von Lern- und Arbeitsgruppen erklärt und praktisch angewandt*, Weinheim 2011.

Larson, Magali Sarfatti: *The Rise of Professionalism: A Sociological Analysis*, Berkeley 1977.

Lederer, Bernd: *Kompetenz oder Bildung: Eine Analyse jüngerer Konnotationsverschiebungen des Bildungsbegriffs und Plädoyer für eine Rück- und Neubesinnung auf ein transinstrumentelles Bildungsverständnis*, Innsbruck 2014.

Lehmann, Bianca/Dick, Michael: ‚Empowerment: Die Stärkung von Klienten‘, in: Michael Dick/Winfried Marotzki/Harald A. Mieg (Hrsg.): *Handbuch Professionsentwicklung*, Bad Heilbrunn 2016, S. 156–164.

Link, Jörg-W.: ‚Schule als Lebensraum – Reformpädagogische Impulse und schulpädagogische Perspektiven‘, in: Günther Opp/Angela Bauer (Hrsg.): *Lebensraum Schule: Raumkonzepte planen, gestalten, entwickeln*, Stuttgart [2]2015, S. 27–54.

Lowrie, Tom: ‚An educational practices framework: the potential for empowerment of the teaching profession‘, in: *Journal of Education for Teaching* 40 (2014), H. 1, S. 34–46.

Luhmann, Niklas/Schorr, Karl Eberhard: ‚Das Technologiedefizit der Erziehung und die Pädagogik‘, in: Niklas Luhmann (Hrsg.): *Zwischen Technologie und Selbstreferenz: Fragen an die Pädagogik*, Frankfurt am Main 1982, S. 11–40.

Maclure, Jocelyn/Taylor, Charles: *Secularism and Freedom of Conscience*, Cambridge, Mass. 2011.

MAXQDA, URL: http://www.maxqda.de (letzter Abruf: 17.04.2019).

MAXQDA: *Manual 2018*, URL: https://www.maxqda.de/hilfe-max18/03-daten -organisieren-und-editieren/zeilennummerierung-in-ein-textdokument-einfuegen (letzter Abruf: 17.04.2019).

Mayring, Philipp: *Einführung in die qualitative Sozialforschung*: *Eine Anleitung zu qualitativem Denken*, Weinheim [4]1999.

Mey, Günter/Mruck, Katja: ,Methodologie und Methodik der Grounded Theory', in: Wilhelm Kempf/Markus Kiefer (Hrsg.): *Forschungsmethoden der Psychologie*: *Zwischen naturwissenschaftlichem Experiment und sozialwissenschaftlicher Hermaneutik*, Berlin [3]2009, S. 100–152.

Mey, Günter/Mruck, Katja (Hrsg.): *Grounded Theory Reader*, Wiesbaden [2]2011.

Mey, Günter/Mruck, Katja: ,Grounded-Theory-Methodologie: Entwicklung, Stand, Perspektiven', in: DIES.: *Grounded Theory Reader*, Wiesbaden [2]2011, S. 11–50.

Michailow-Drews, Ursula: *Zeit in Schule und Unterricht*: *Souverän im Umgang mit Zeit*, Weinheim u. a. 2008.

Mieg, Harald A.: ,Professionalisierung', in: Felix Rauner (Hrsg.): *Handbuch Berufsbildungsforschung*, Bielefeld 2005, 342–349.

Mieg, Harald A.: ,Profession: Begriff, Merkmale, gesellschaftliche Bedeutung', in: Michael Dick/Winfried Marotzki/Harald A. Mieg (Hrsg.): *Handbuch Professionsentwicklung*, Bad Heilbrunn 2016, S. 27–39.

Mohr, Irka-Christin/Kiefer, Michael: *Islamunterricht – islamischer Religionsunterricht – Islamkunde*: *Viele Titel – ein Fach?*, Bielefeld 2009.

Morse, Janice M.: ,Tussles, Tensions and Resolutions', in: Janice M. Morse/Phyllis Noerager Stern/Juliet Corbin u. a. (Hrsg.): *Developing Grounded Theory*: *The Second Generation*, Walnut Creek 2009, S. 13–19.

Muckel, Petra: ,Die Entwicklung von Kategorien mit der Methode der Grounded Theory', in: Günter Mey/Katja Mruck (Hrsg.): *Grounded Theory Reader*, Wiesbaden [2]2011, S. 333–352.

Neuhauser, Julia: Fachfremder Unterricht: Wenn Lehrer "fremdgehen", in: *Die Presse*, 3. Oktober 2010.

Nittel, Dieter: ,Von der Profession zur sozialen Welt pädagogischer Tätiger: Vorarbeiten zu einer komparativ angelegten Empirie pädagogischer Arbeit', in: Werner Helsper/Rudolf Tippelt (Hrsg.): *Pädagogische Professionalität* (57), Weinheim u. a. 2011, S. 40–59.

Oevermann, Ulrich: ,Theoretische Skizze einer revidierten Theorie professionalisierten Handelns', in: Arno Combe/Werner Helsper (Hrsg.): *Pädagogische Professionalität*: *Untersuchungen zum Typus pädagogischen Handelns*, Frankfurt am Main 1996, S. 70–182.

Offenbach, Stadt: Wie kann die multikulturelle Gesellschaft Radikalisierungstendenzen begegnen?, in: *focus.de*, 6. September 2017.

Opp, Günther/Bauer, Angela (Hrsg.): *Lebensraum Schule: Raumkonzepte planen,
gestalten, entwickeln*, Stuttgart ²2015.

Österreichischer Nationalrat: *Bundesgesetz vom 27. Juni 1984 über das Dienstrecht der Landeslehrer (Landeslehrer-Dienstrechtsgesetz – LDG)* 1984.

Österreichischer Nationalrat: *446 d. B. (XXV. GP) - Bundesgesetz über die äußeren
Rechtsverhältnisse islamischer Religionsgesellschaften: Islamgesetz* 2015.

Ott, Michael: *Ausbildung islamischer Religionslehrer und staatliches Recht*, Berlin
2009.

Pachner, Jürgen: Islamischer Lehrer vom Unterricht abberufen, in: *kurier.at*,
15. Juni 2016.

Pausch, Robert: Europa extrem, in: *zeit.de*, 4. Februar 2015.

Pfadenhauer, Michaela: *Professionalität: Eine wissenssoziologische Rekonstruktion institutionalisierter Kompetenzdarstellungskompetenz*, Opladen 2003.

Pirner, Manfred L./Scheunpflug, Anette/Kröner Stephan: ‚Religiosität und Professionalität von (Religions-)Lehrerinnen und -lehrern: Einblicke in eine
Forschungswerkstatt‘, in: *Religionspädagogische Beiträge* 75 (2016), S. 81–92.

Pumperger, Sebastian: Wenn Lehrer, die keine Lehrer sind, unterrichten, in: *der-
Standart.at*, 10. Februar 2011.

Raffler, Reinhold: *RUNDSCHREIBEN Nr. 1/2015*, 2015, URL: http://www.lsr-t.gv.at/
sites/lsr.tsn.at/files/upload_rs/RS201501.pdf (letzter Abruf: 17.04.2019).

Reinisch, Holger: „Lehrerprofessionalität" als theoretischer Term‘, in: Olga
Zlatkin-Troitschanskaia (Hrsg.): *Lehrprofessionalität: Bedingungen, Genese,
Wirkungen und ihre Messung*, Weinheim 2009, S. 33–45.

Reiss, Wolfram: *Gutachten über die im islamischen Religionsunterricht verwendeten Bücher*, 2012, URL: https://www.bmeia.gv.at/fileadmin/user_upload/
Zentrale/Integration/Studien/Gutachten_islamischer_Schulbuecher.pdf
(letzter Abruf: 17.04.2019).

Rekus, Jürgen: ‚Kompetenz oder Bildung?: Über die Aufgabe zukunftsweisender
Lehrerbildung‘, in: *Seminar – Lehrerbildung und Schule* (2011), H. 1, S. 49–58.

Roebben, Bert: *Religionspädagogik der Hoffnung: Grundlinien religiöser Bildung
in der Spätmoderne*, Münster ²2011.

Roebben, Bert: ‚The Religious Education Teacher as a Guide in Fostering Identity, Celebrating Diversity and Building Community‘, in: *REVER – Revista de
Estudos da Religião* 15 (2015), H. 2, S. 150–159.

Rothland, Martin: ‚Belastung und Beanspruchung im Lehrberuf und die Modellierung professioneller Kompetenz von Lehrerinnen und Lehrern‘, in: DERS.:
*Belastung und Beanspruchung im Lehrerberuf: Modelle, Befunde, Interventio-
nen*, Wiesbaden ²2013, S. 2–20.

Ruth-Cohn-Schule Oberstufenzentrum, URL: http://www.osz-ruth-cohn.de/schulportrait/ruth-cohn/themenzentrierte-interaktion-tzi (letzter Abruf: 17. 04.2019).

Sachverständigenrat deutscher Stiftungen für Integration und Migration: *Adressat nicht erreicht? Deutsche Islam Konferenz bei Muslimen kaum bekannt*, Berlin 2010.

Sarıkaya, Yaşar: ‚Die Entwicklung des „ modernen" Religionsunterrichts in der Türkei (1839–1923)', in: Bülent Uçar/Yaşar Sarıkaya (Hrsg.): *Entwicklung der modernen islamischen Religionspädagogik in der Türkei im 20. Jahrhundert*, Hamburg 2009, S. 15–36.

Sarıkaya, Yaşar/Aygün, Adem (Hrsg.): *Islamische Religionspädagogik: Leitfragen aus Theorie, Empirie und Praxis*, Münster u. a. 2016.

Schambeck, Mirjam: ‚Warum Bildung Religion braucht …: Religionspädagogische Einmischungen in bildungspolitisch sensiblen Zeiten', in: *Theo-Web. Zeitschrift für Religionspädagogik* 9 (2010), H. 1, S. 249–263.

Scharer, Matthias: ‚Religion unterrichten lernen: Das Innsbrucker Modell', in: Anne Arntz/Wolfgang Isenberg (Hrsg.): *Kompetenz für die Praxis?*, Bergisch Gladbach 2000, S. 55–68.

Scharer, Matthias: ‚Der Synodenbeschluss zum Religionsunterricht in der Schule: Heute gelesen und im Blick auf morgen weitergeschrieben', in: *Österreichisches Religionspädagogisches Forum* 17 (2009), H. 1, S. 30–37.

Scharer, Matthias: ‚Wenn das Herz am Output hängt: Kommunikativ-theologische und religionsdidaktische Überlegungen zu Bildungsstandards und Kompetenzorientierung in Religion', in: *Österreichisches Religionspädagogisches Forum* 18 (2010), H. 1, S. 16–26.

Scharer, Matthias: „Learning (in/through) Religion' in der Gegenwart der/des Anderen: Unfall und Ernstfall öffentlicher Bildung', in: *Österreichisches Religionspädagogisches Forum* 22 (2014), H. 1, S. 93–102.

Scherr, Albert: ‚Agency – ein Theorie- und Forschungsprogramm für die Soziale Arbeit?', in: Gunther Graßhoff (Hrsg.): *Adressaten, Nutzer, Agency: Akteursbezogene Forschungsperspektiven in der Sozialen Arbeit*, Wiesbaden 2013, S. 229–242.

Schimank, Uwe: *Gesellschaft*, Bielefeld 2013.

Schmeiser, Martin: ‚Soziologische Ansätze der Analyse von Professionen, der Professionalisierung und des professionellen Handelns', in: *Soziale Welt* 57 (2006), H. 3, S. 295–318.

Schmerbauch, Andrea: *Schulleitung und Schulsteuerung: Zwischen Ansprüchen der Profession, ökonomischen Interessen und Reformbestrebungen*, Wiesbaden 2017.

Schneider-Landolf, Mina/Spielmann, Jochen/Zitterbarth, Walter (Hrsg.): *Handbuch Themenzentrierte Interaktion (TZI)*, Göttingen ²2010.

Schratz, Michael/Paseka, Angelika/Schrittesser, Ilse: *Pädagogische Professionalität: quer denken – umdenken – neu denken: Impulse für next practice im Lehrerberuf,* Wien 2011.

Schröter, Jörg Imran: *Die Einführung eines Islamischen Religionsunterrichts an öffentlichen Schulen in Baden-Württemberg,* Freiburg im Breisgau 2015.

Schulamt der IGGÖ: *Fachinspektoren,* URL: http://www.derislam.at/schulamt/ ?c=personalbild&o=personal&kat=2&cssid=Fachinspektoren&navid=18&p ar=6 (letzter Abruf: 16.04.2019).

Schulamt der IGGÖ: *Über das Schulamt,* URL: http://www.derislam.at/schul amt/index.php#&cssid=Schulamt&navid=286&par=300&par2=262#st (letzter Abruf: 17.04.2019).

Sejdini, Zekirija: ‚Einleitung‘, in: DERS.: *Islamische Theologie und Religionspädagogik in Bewegung: Neue Ansätze in Europa,* Bielefeld 2016, S. 9–13.

Sejdini, Zekirija (Hrsg.): *Islamische Theologie und Religionspädagogik in Bewegung: Neue Ansätze in Europa,* Bielefeld 2016.

Sejdini, Zekirija: ‚Vorwort‘, in: DERS.: *Islamische Theologie und Religionspädagogik in Bewegung: Neue Ansätze in Europa,* Bielefeld 2016, S. 7f.

Sejdini, Zekirija: ‚Zwischen Gewissheit und Kontingenz: Auf dem Weg zu einem neuen Verständnis von islamischer Theologie und Religionspädagogik im europäischen Kontext‘, in: DERS.: *Islamische Theologie und Religionspädagogik in Bewegung: Neue Ansätze in Europa,* Bielefeld 2016, S. 15–31.

Sejdini, Zekirija: „Wer das eigene Ufer nie verlässt, wird Neues nicht entdecken.“: Herausforderungen für die Islamische Religionspädagogik im europäischen Kontext‘, in: DERS.: *Islam in Europa: Begegnungen, Konflikte und Lösungen,* Münster 2018, S. 17–32.

Sejdini, Zekirija/Cakin, Ayse-Nur: *Österreichweit erstes Institut für Islamische Theologie und Religionspädagogik,* 2017, URL: https://www.uibk.ac.at/news room/oesterreichweit-erstes-institut-fuer-islamische-theologie-und-religi onspaedagogik.html.de (letzter Abruf: 17.04.2019).

Shakir, Amena (Hrsg.): *Islamstunde,* Linz 2015.

Siepmann, Maren/Groneberg, David A.: ‚Der Arztberuf als Profession – der machttheoretische Ansatz‘, in: *Zentralblatt für Arbeitsmedizin, Arbeitsschutz und Ergonomie* 62 (2012), H. 2, S. 104–107.

Spiegel Online: Notruf der Rütli-Schule, in: *spiegel.de* 30. Juni 2006.

Spiegel Online: Hamburg unterzeichnet Staatsvertrag mit Muslimen und Aleviten, in: *spiegel.de,* 13. November 2012.

Spiegel Online: Geschichte eines Satzes: „Der Islam (gehört) nicht zu Deutschland“, in: *spiegel.de* 16. März 2018.

Steirische Lehrervertretung, URL: http://www.diesteirischelehrervertretung. at/informationen/vertragslehrer/#3 (letzter Abruf: 17.04.2019).

Stern, Phyllis Noerager: ‚In the Beginning Glaser and Strauss Created Grounded Theory', in: Janice M. Morse/Phyllis Noerager Stern/Juliet Corbin u. a. (Hrsg.): *Developing Grounded Theory: The Second Generation*, Walnut Creek 2009, S. 23–29.

Stichweh, Rudolf: ‚Professionen in einer funktional differenzierten Gesellschaft', in: Arno Combe/Werner Helsper (Hrsg.): *Pädagogische Professionalität: Untersuchungen zum Typus pädagogischen Handelns*, Frankfurt am Main 1996, S. 49–69.

Strauss, Anselm L./Corbin, Juliet: *Grounded Theory: Grundlagen qualitativer Sozialforschung*, Weinheim 1996.

Taylor, Charles: *Ein säkulares Zeitalter*, Frankfurt am Main 2009.

Terhart, Ewald: *Lehrerberuf und Lehrerbildung: Forschungsbefunde, Problemanalysen, Reformkonzepte*, Weinheim u.a. 2001.

Terhart, Ewald: ‚Lehrberuf und Professionalität: Gewandeltes Begriffsverständnis – neue Herausforderungen', in: Werner Helsper/Rudolf Tippelt (Hrsg.): *Pädagogische Professionalität* (57), Weinheim u. a. 2011, S. 202–224.

Tietze, Kim-Oliver: ‚Kollegiale Beratung', in: Michael Dick/Winfried Marotzki/Harald A. Mieg (Hrsg.): *Handbuch Professionsentwicklung*, Bad Heilbrunn 2016, S. 309–320.

Tuna, Mehmet Hilmi: *„Islam ist nach der Schule...": Die Situation des islamischen Religionsunterrichts mit Blick auf Abmeldungsmotive und -praxis*, Wien 2014.

Uçar, Bülent/Bergmann, Danja/Blasberg-Kuhnke, Martina u. a. (Hrsg.): *Islamischer Religionsunterricht in Deutschland: Fachdidaktische Konzeptionen: Ausgangslage, Erwartungen und Ziele*, Gottingen 2010.

Uçar, Bülent/Blasberg-Kuhnke, Martina/Scheliha, Arnulf von (Hrsg.): *Religionen in der Schule und die Bedeutung des Islamischen Religionsunterrichts*, Göttingen 2010.

Uçar, Bülent/Sarıkaya, Yaşar: ‚Der islamische Religionsunterricht in Deutschland: Aktuelle Debatten, Projekte und Reaktionen', in: Ednan Aslan (Hrsg.): *Islamische Erziehung in Europa: Islamic education in Europe*, Wien 2009, S. 87–108.

Universität Wien: *Universität Wien richtet Bachelorstudium Islamisch-Theologische Studien ein*, 2017, URL: https://medienportal.univie.ac.at/presse/ak tuelle-pressemeldungen/detailansicht/artikel/universitaet-wien-richtet-bachelorstudium-islamisch-theologische-studien-ein/ (letzter Abruf: 17.04. 2019).

Weyland, Beate/Watschinger, Josef (Hrsg.): *Lernen und Raum entwickeln: Gemeinsam Schule gestalten*, Bad Heilbrunn 2017.

Wilensky, Harold L.: ‚The Professionalization of Everyone?', in: *American Journal of Sociology* 70 (1964), H. 2, S. 137–158.

Wissenschaftsrat: *Empfehlung zur Weiterentwicklung von Theologien und religionsbezogenen Wissenschaften an deutschen Hochschulen*, Köln 2010.

Witzel, Andreas: ‚Das problemzentrierte Interview‘, in: *FORUM: Qualitative Social Research* 1 (2000), H. 1.

Yildiz, Erol: ‚Vom methodologischen Orientalismus zur muslimischen Alltagspraxis‘, in: Zekirija Sejdini (Hrsg.): *Islam in Europa: Begegnungen, Konflikte und Lösungen*, Münster 2018, S. 61–77.

Ziebertz, Hans-Georg/Heil, Stefan/Mendl, Hans u. a. (Hrsg.): *Religionslehrerbildung an der Universität: Profession – Religion – Habitus*, Münster 2005.